Scientific Examination of Questioned Documents

可疑文件的科学检验

Second Edition

（第2版）

Edited by Jan Seaman Kelly Brian S. Lindblom

[美] 简・西曼・凯利
[美] 布赖恩・S.林德布洛姆 | 主编

李 震
胡祖平 | 译

王 全
李 震 | 审校

法律出版社
LAW PRESS · CHINA

著作权合同登记号
图字：01-2018-7452

中文版序

20世纪50年代，我国文件检验学术界以贾玉文教授为代表的老一代文件检验员师从于苏联专家，学习现代法庭科学文件检验的理论与方法，并经过半个多世纪的辛勤耕耘，努力将法庭科学文件检验的理论与中国司法实践相结合，摸索出一套适合中国国情的行之有效的法庭科学文件检验的理论框架，并在办案实践中积累经验，不断充实理论体系，积累了丰富的学术成果和实践经验。

近年来，随着我国经济的发展和外事交流的愈加频繁，涉外案件呈逐年上升的趋势，伴随着跨境人员经济交往的不断深入，全球化时代的诸多新问题、新情况、新变化也使我国法庭科学文件检验人员在进行涉外案件的检验鉴定中遇到许多意想不到的新问题，而且这些问题由于处在不同的文化背景和诉讼体制下变得愈加突出，显得尤为严峻。特别是在2017年2月最高人民法院制定了《关于全面推进以审判为中心的刑事诉讼制度改革的实施意见》，全面推进以审判为中心的诉讼制度改革的大背景下，刑事诉讼制度进一步改革和创新。面对不断变化的新形势，我国法庭科学文件检验界也面临着新的机遇和挑战，迫切要求法庭科学文件检验从业者充分了解西方法庭科学文件检验的相关理论和技术方法。

《可疑文件的科学检验》(*Scientific Examination of Questioned Documents*)在美国法庭科学文件检验界被称为法庭文件检验员的“圣经”，此书是美国法庭科学文件检验专业的权威著作，此书既可以帮助非专业人员了解法庭文件检验的从业领域，认识现今已被广泛接受的文件检验方法论以及明确法庭文件检验员所应具有的资格，也可以作为实习鉴定人员和具有多年执业经验从业者的权威参考书。

李震副教授和胡祖平先生潜心致力于法庭科学文件检验的研究，有意将西方的文件检验理论与方法引荐给我国同行。在翻译《可疑文件的科学检验》(第2版)的过程中，克服语言、文化以及司法制度的差异，在准确而精练地表达原著本意的基础上，尽力符合中文的表达习惯。为此，两位译者不辞辛苦地参阅了大量的英文资料并参考我本人参与翻译的《可疑文件的科学检验》(第1版)，在此基础上不断推敲完善，以最大限度地避免翻译过程中出现的瑕疵和纰漏。

显然，该书的出版和发行将会使国内法庭科学文件检验从业者零距离了解当今西方法庭科学文件检验的先进理论和技术方法，真正做到知己知彼，取长补短。他山之石，可以攻玉，我衷心希望此书的翻译能使我国法庭科学文件检验学界更上一个台阶，以全新的国际化视角思考法庭科学文件检验界所面临的新问题,提供解决难题的新思路。我为二位学者在翻译此书过程中取得的成就感到无比自豪和欣慰。为此,欣然为之做序,并希望其在学术道路上更上一层楼。

王世全

2017年9月11日

译者序

《可疑文件的科学检验》被美国法庭科学文件检验界称为法庭文件检验员的“圣经”，此书是法庭科学文件检验专业的一本权威著作和专业的参考书，侧重于向读者介绍该领域内的相关进展。《可疑文件的科学检验》（第 2 版）介绍了成为一名训练有素的文件检验员所需的资格，并详细介绍了在该领域所使用的最新方法。对于新手和经验丰富的专业人士而言，这是一本重要的指导手册，也是对本专业感兴趣的外行人士有价值的参考资料。正是由于该书在美国法庭科学文件检验界的权威性，我和胡祖平先生选择翻译这本著作，并希望通过此书打开了解西方文件检验工作的大门。

本书的作者是简·西曼·凯利（Jan Seaman Kelly）和布赖恩·S. 林德布洛姆（Brian S. Lindblom）。简·西曼·凯利于 1993 年成为美国法庭文件检验员委员会（the American Board of Forensic Document Examiners，ABFDE）认证的法庭文件检验专家，先后担任该组织董事、秘书和主席，是美国法庭科学研究院（the American Academy of Forensic Sciences）可疑文件部门的研究员，以及美国可疑文件检验员协会（the American Society of Questioned Document Examiners）的正式成员。2004 年，她获得了美国法庭科学研究院可疑文件检验部门颁发的奥德韦·希尔顿奖（Ordway Hilton Award）。美国法庭文件检验员委员会于 2002 年向简·西曼·凯利颁发了查尔斯·C. 斯科特奖（Charles C. Scott Award），以表彰她作为道伯特标准小组（the Daubert Group）成员对法庭文件检验行业所进行的辩护。1994 年，美国法庭文件检验员委员会出版了她的 62 页专题论文《打字方式的重要日期》（*Significant Dates of Typing Methods*）。她在专业期刊，如《法庭科学》（*the Journal of Forensic Sciences*）和《美国可疑文件检验员学会杂志》（*the Journal of the American Society of Questioned Document Examiners*）上发表了多篇文章，并于 2002 年出版专著《橡皮图章的法庭科学检验》（*Forensic Examination of Rubber Stamps*）。布赖恩·S. 林德布洛姆是加拿大法庭科学学会（the Canadian Society of Forensic Science，CSFS）、英国法庭科学学会[Forensic Science Society（England）]、美国法庭文件检验员学会和美国法庭科学学院（The American Academy of Forensic Sciences，AAFS）的成员。他于 1990 年获得美国法庭文件检验员委员会认证，于 1995 年至 1998 年任美国法庭文件检验员委员会董事，并于 2004 年 1 月至 2005 年 8 月连任。他拥有英国法庭科学学会的法庭文件检验认证会员资格。布赖恩·S. 林德布洛姆在专业期刊上发表了多篇文章，并受邀为两本教科书《专家证人指南》（*The Litigator's Guide to Expert Witnesses*，1997 年）和

《加拿大法庭科学证据》(*Forensic Evidence in Canada*,1999 年)撰写了有关法庭文件检验的章节。他曾在渥太华大学法学院和多伦多大学继续教育学院法庭科学课程中担任多年的客座教授。布赖恩·S. 林德布洛姆最大的成就就是他全程参与了 Write-On© 系统的开发和推广。

该书的部分章节是由多名美国法庭科学文件检验专家共同撰写的。这一新版本经过广泛修订后,反映了美国法庭科学文件检验界的发展状况及面临的问题。随着科学技术的日新月异,人类社会出现了书面交流的新途径,以及伴随着台式电脑和打印机的普及,出现了许多形形色色的文件制成方法。这两个因素都极大地影响了所进行的检验的性质和所使用的方法。这本书深入探讨了由于这些发展所导致的检验鉴定工作的复杂性,并通过介绍各种文件和案例研究来帮助读者领会和理解法庭科学文件检验的鉴定原理和科学方法。本书讨论的主要内容包括各种可疑笔迹的检验、文件检验中使用的计算机软硬件以及创新的图表制作技术。新章节涵盖了电脑打印机技术、传真机、检测数字化伪造文件和静电复印技术以及用于鉴定报告的结论和使用先进检测技术的美国测试与材料协会(American Society for Testing Material,ASTM)标准。与第 1 版相比,更新的章节包括对静电检测设备和其他分析工具、文件制成时间、现代印章制作技术等方面的扩展讨论。

为了方便读者准确理解并对照核查,本书在相关处附以原文表述和译者注释,并以边码的方式注明了原著的页码(因本书图片较多,图片排版位置按照正文内容作了适当调整)。另外,为了方便读者了解和利用国外文献,原著参考文献并未全部译出。本书第 1 章至第 32 章由中国刑事警察学院文件检验技术系李震副教授翻译,第 33 章至第 38 章是由浙江省汉博鉴定科学技术研究院名誉院长、中国刑事警察学院客座教授胡祖平先生翻译,全书翻译完成后由王全教授、李震副教授进行审校并统改定稿。

最后,在本书付梓之际,要特别感谢原中国刑事警察学院党委书记、院长王世全教授在本书翻译过程中给予的指导和帮助,同时也对王院长在百忙之中为本书作序表示感谢;另外还要感谢原著作者简·西曼·凯利和布赖恩·S. 林德布洛姆,以及在本书翻译出版过程中给予支持和帮助的加拿大华侨袁野先生、中国刑事警察学院的王全教授。特别感谢我的合作伙伴浙江省汉博鉴定科学技术研究院名誉院长、中国刑事警察学院客座教授胡祖平先生的支持和参与。特别感谢我的妻子李黎女士,感谢你给予我最大的理解、支持和包容,没有你对家庭的默默付出,就没有这本书的顺利翻译和出版。在此,我向上述各位表示最诚挚的谢意,衷心祝愿大家身体健康,家庭幸福美满。

李　震

2017 年 9 月 11 日于中国刑事警察学院图书馆

关于主编/作者

简·西曼·凯利被拉斯维加斯大都会警察局法庭科学实验室聘为法庭文件检验员。她在加利福尼亚州圣布鲁诺的美国邮政犯罪实验室接受了乔治·刘易斯(George Lewis)和苏珊·莫顿(Susan Morton)的法庭文件检验的正式培训。简·西曼·凯利成功地完成了美国法庭文件检验员委员会的认证测试程序,1993 年成为认证法庭文件检验专家。

简·西曼·凯利在法庭文件检验领域的成就包括 1995 年至 1999 年任美国法庭文件检验员委员会董事,1999 年至 2001 年担任美国法庭文件检验员委员会秘书,2001 年至 2003 年任美国法庭文件检验员委员会主席。凯利是美国法庭科学研究院可疑文件部门的研究员,以及美国可疑文件检验员协会的正式成员。

2004 年,她获得了美国法庭科学研究院可疑文件检验部门颁发的奥德韦·希尔顿奖。2004 年 9 月,南内华达州的扶轮社(the Rotary Clubs)将她评为当年的安全专员。美国法庭文件检验员委员会于 2002 年向简·西曼·凯利颁发了查尔斯·C. 斯科特奖,以表彰她作为道伯特标准小组成员对法庭文件检验行业所进行的辩护。

简·西曼·凯利是 2002 年由查尔斯·C. 托马斯(Charles C. Thomas)出版社发行的《橡皮图章的法庭科学检验》的作者。1994 年,美国法庭文件检验员委员会出版了她 62 页的专题论文《打字方式的重要日期》。她在专业期刊,如《法庭科学》和《美国可疑文件检验员学会杂志》上发表了多篇文章。

布赖恩·S. 林德布洛姆毕业于马尼托巴大学(the University of Manitoba),获得社会学学士学位。他于 20 世纪 80 年代初在渥太华加拿大皇家骑警法庭科学实验室(the Royal Canadian Mounted Police Forensic Laboratory)接受法庭文件检验培训,在该实验室一直工作到 1987 年。从那时起,林德布洛姆一直在私人执业,在渥太华和多伦多设有办事处。他的公司——文件检验顾问公司(Document Examination Consultants, Inc.),是一家国际法庭科学咨询公司,接受政府和私营部门的文件检验案件。

林德布洛姆是加拿大法庭科学学会、英国法庭科学学会、美国法庭文件检验员学会和美国法庭科学学院的成员。他于 1990 年获得美国法庭文件检验员委员会认证,于 1995 年至 1998 年任美国法庭文件检验员委员会董事,并于 2004 年 1 月至 2005 年 8 月连任。他拥有英国法庭科学学会的法庭文件检验认证会员资格。

林德布洛姆已经提交了许多篇论文,并在专业期刊上发表了多篇文章。他受邀为两本教科书《专家证人指南》和《加拿大法庭科学证据》撰写了有关法庭文件检验的章节。

他曾在渥太华大学法学院和多伦多大学继续教育学院法庭科学课程中担任多年的客座教授。林德布洛姆还在由美国法庭文件检验员委员会、东南法庭文件检验员协会(the Southeastern Association of Forensic Document Examiners,SAFDE)举办的研讨会和联合出版社主办的“职业调查报告”系列讲座中担任讲师和协调员。

林德布洛姆最为骄傲的成就之一就是他参与了 Write-On© 系统的开发,从构思这个计算机程序到寻找程序员来开发软件,从协助开发和测试到向法庭文件检验界介绍最终的产品。

参　编

邦尼·L. 比尔（Bonnie L. Beal）从科罗拉多州丹佛市大都会州立学院获得化学科学学士学位，侧重于犯罪学的研究。1998 年，她在印第安纳州警察局（Indiana State Police, ISP）的弗雷德里克·H. 潘霍斯特（Frederick H. Panhorst）的指导下开始进行文件检验的训练。2003 年以来，她一直从事法庭文件检验员工作，并被分配到田纳西州孟菲斯的美国邮政检验局实验室（laboratory of the U. S. Postal Inspection Service）。比尔具有美国法庭文件检验员委员会的认证资格。她还是美国法庭科学研究院可疑文件部门的准会员（associate member），也是美国可疑文件检验员协会的正式成员（regular member）。

威廉·J. 弗林（William J. Flynn）拥有凤凰城大学计算机信息系统学士学位。他在费城警察犯罪实验室（the Philadelphia Police Crime Laboratory）开始法庭文件检验领域的培训。在 1972 年，他接受了亚利桑那州立公共安全犯罪实验室（the Arizona State Department of Public Safety Crime Laboratory）的职位，并于 1991 年以可疑文件组负责人身份退休。1983 年，弗林成立了附属法庭科学实验室（Affiliated Forensic Laboratory, Inc.），这是一个私人实验室，专门从事民事和刑事案件中法庭科学文件检验工作。他是美国可疑文件检验员学会、美国法庭科学学院和西南法庭文件检验员协会（the Southwestern Association of Forensic Document Examiners）成员，西南法庭检验员委员会是他于 1981 年与他人共同成立的。他具有美国可疑文件检验员委员会的认证资格，并从 1989 年到 1991 年担任这个组织的主席。

苏珊·L. 福尔图纳托（Susan L. Fortunato）拥有明尼苏达州圣彼得堡古斯塔夫斯·阿道弗斯（Gustavus Adolphus）学院的文学学士学位。过去 17 年来，她一直受聘于美国特勤局（the U. S. Secret Service）法庭科学服务部门。福尔图纳托在美国特勤局接受培训并被该局认证为具有文件化学家资格。她的职责包括通过分析纸张、印刷、书写墨水、喷墨墨水、墨粉和其他微量成分来确定文件的真实性及其形成时间。作为法庭自动化部门的主任助理，她负责其办公室众多数据库的连接、使用和扩散，包括访问国际自动指纹识别系统（the international automated fingerprint identification system）、笔迹法庭信息系统（the forensic information system for handwriting）和可疑身份证件数据库（the questioned identification document database）。福尔图纳托是美国法庭科学研究院的准会员、中大西洋法庭科学家协会的成员，也是美国测试与材料协会的成员。

罗伯特·热尔韦(Robert Gervais)拥有安大略省渥太华AMJ电子学院的电子工程技术学位。1984年,他开始了16年计算机图形学生涯并得到业界的赞赏和认可。在那段时间里,他掌握了各种各样的图形软件程序,如Macromedia FreeHand®和Adobe Photoshop®,并获得使用扫描和成像设备以及众多输出设备(包括激光和喷墨打印机)的经验。2000年,热尔韦改变了自己的职业方向,并加入了文件检验顾问公司,并作为法庭科学技术人员。在法庭文件检验员布赖恩·S.林德布洛姆的指导下,他完成了凹陷压痕(indented impressions)的培训,并广泛开展有关设计和制备演示图表的工作。热尔韦参与了与法庭文件检验相关的研究项目和软件应用程序的定制,并在法庭科学会议上介绍了他的研究结果。

弗兰克·希克斯(Frank Hicks)是位于加利福尼亚州长滩的里莱&希克斯(Rile&Hicks)公司的法庭文件检验员。在密西西比大学毕业后获得法庭科学学士学位,希克斯在亚特兰大的佐治亚州犯罪实验室(the Georgia Crime Laboratory)的可疑文件部门接受了专业培训。随后他返回了密西西比州,并在杰克逊市的密西西比州犯罪实验室(the Mississippi Crime Laboratory)可疑文件部门任职。在该实验室工作了25年之后,他从政府部门退休,并在里莱&希克斯公司全职私人执业。希克斯具有美国法庭文件检验员委员会的认证资格,并于1999年至2001年作为美国法庭文件检验员委员会主席、美国法庭科学研究院可疑文件部门的研究员。他还是美国可疑文件检验员协会、东南法庭文件检验员协会和西南法庭文件检验员协会成员。

柯尔斯滕·杰克逊(Kirsten Jackson)获得弗吉尼亚大学心理学学士学位和乔治华盛顿大学理学硕士学位。她从事法庭文件检验员工作19年,目前在弗吉尼亚州杜勒斯的美国邮政检验局法庭科学实验室工作。在担任现职之前,她曾受聘于美国国税局(The Internal Revenue Service)内部安全法庭科学实验室。在该机构工作的7年时间里,她接受了弗吉尼亚法庭科学部门(the Virginia Division of Forensic Science)的培训。杰克逊是美国法庭科学研究院可疑文件部门的成员、美国可疑文件检验员协会和美国测试与材料协会的成员。美国法庭文件检验员委员会于2002年向杰克逊颁发了查尔斯·C.斯科特奖,以表彰她作为道伯特标准小组成员捍卫法庭文件检验行业所做的工作。杰克逊具有美国法庭文件检验员委员会的认证资格,目前担任本组织理事会董事。

玛丽·W.凯利(Mary W. Kelly)拥有俄亥俄州州立大学遗传学理学学士学位和克利夫兰马歇尔法学院法学博士学位。1983年,她在菲利普·布法德(Philip Bouffard)博士的指导下开始文件检验训练。凯利被克利夫兰警察法庭科学实验室聘为法庭文件检验员22年之久。目前,她兼职于雷克县犯罪实验室。她是美国可疑文件检验员协会成员、美国法庭科学学院和中西部法庭科学家协会(the Midwestern Association of Forensic Scientists,MAFS)的成员。凯利具有美国法庭文件检验员委员会的认证资格。从1995年至1997年,她还担任该组织的主席。

卡尔·R. 麦克拉里(Carl R. McClary)在哥伦比亚的南卡罗来纳大学获得心理学学士学位。他在哥伦比亚的南卡罗来纳州执法机构工作期间获得了法庭文件检验的培训。1996 年以来,麦克拉里一直是亚特兰大酒精、烟草、枪支和爆炸物管理局(the Bureau of Alcohol, Tobacco, Firearms, and Explosives)法庭科学实验室的法庭文件检验员。麦克拉里是美国测试与材料协会的 E30.02 可疑文件小组的委员会主席。他也是美国法庭科学学院的成员和美国可疑文件检验员协会成员,以及东南法庭文件检验员协会成员和前任主席。麦克拉里也具有美国法庭文件检验员委员会的认证资格。他于 2006 年获得了美国法庭科学学院可疑文件部门授予的奥德韦·希尔顿奖。

苏珊·E. 莫顿(Susan E. Morton)获得佐治亚州迪凯特市的阿格尼丝·斯科特(Agnes Scott)学院的文学学士学位。她在法庭文件检验方面的正式培训包括两个为期一年的见习训练,一个是在佛罗里达州执法部门的约翰·麦凯里(John McCarthy)指导下完成的,另一个是在佐治亚州犯罪实验室(Georgia State Crime Laboratory)的詹姆斯·凯利(James Kelly)指导下完成的。作为法庭文件检验员,她曾在以下执法机构任职:佐治亚州犯罪实验室(1971 ~ 1976 年),美国邮政检验局(1976 ~ 1998 年)和旧金山警察犯罪实验室(San Francisco Police Criminalistics Laboratory)(1998 年至今)。莫顿是美国法庭科学研究院可疑文件部门的研究员,以及美国可疑文件检验员协会的正式成员。她具有美国法庭文件检验员委员会的认证资格(1978 年至今),并且是 1999 年西南法庭文件检验员协会颁发的约翰·黑尔(John Hale)奖的共同获得者。她还是 1991 年美国法庭科学学院可疑文件部门颁发的奥德韦·希尔顿奖的获得者。

丹·C. 珀迪(Dan C. Purdy)获得不列颠哥伦比亚大学数学和物理学学士学位。他于 1969 年加入加拿大皇家骑警,并在加拿大皇家骑警温哥华实验室接受了可疑文件检验的训练。1979 年,他调动到渥太华,随后在中央法庭科学实验室管理可疑文件部门。1989 年,他被任命为文件检验首席科学家,并以此身份服役到 1999 年。当他离开加拿大皇家骑警后建立法庭文件检验服务公司(Forensic Document Examination Services),这是加拿大渥太华的私人咨询公司。珀迪于 1986 年被法庭科学学会授予法庭文件检验认证资格。他还获得了美国法庭文件检验员委员会的认证资格,并于 1993 年至 1995 年担任该组织的主席。他是法庭科学学会的成员、美国法庭科学学院和美国可疑文件检验员协会的成员,以及加拿大法庭科学学会的研究员。

霍华德·C. 里莱(Howard C. Rile, Jr.)获得洛杉矶加利福尼亚州立大学化学学士学位。在洛杉矶的哈里斯 & 哈里斯(Harris & Harris)公司完成实习之后,他一直担任文件检验员,在 1983 年私人执业之前,首先在洛杉矶县审计办公室和科罗拉多州调查局工作。里莱目前是(2004 ~ 2006 年)美国可疑文件检验员协会副主席。他已获得美国法庭文件检验员委员会认证,并曾担任美国法庭文件检验员委员会理事、副主席和主席。里莱是加利福尼亚州长滩的里莱 & 希克斯(Rile&Hicks)公司的全职法庭文件检验员。

法雷尔·C. 希弗(Farrell C. Shiver)拥有阿拉巴马州杰克逊维尔州立大学执法科学学士学位和阿拉巴马州特洛伊州立大学刑事司法科学硕士学位。他目前是佐治亚州伍德斯托克私人执业的法庭文件检验员。希弗已经在该领域工作16年。他曾在美国陆军刑事调查实验室接受过培训,曾担任可疑文件部门主任和培训官员。他是美国可疑文件检验员协会、美国法庭科学学院和东南法庭文件检验员协会成员,他具有美国法庭文件检验员委员会的认证资格。

汤姆·瓦斯特里克(Tom Vastrick)在萨克拉曼多市加州州立大学获得法庭科学学士学位。目前,他在私人执业,在田纳西州孟菲斯和佛罗里达州奥兰多设有办事处。他已经从事法庭文件检验工作28年。瓦斯特里克在美国华盛顿特区的美国邮政检验局接受了法庭文件检验培训。在受聘于美国邮政检验局期间,他被派往华盛顿哥伦比亚特区和田纳西州孟菲斯的实验室。他是美国可疑文件检验员协会、美国法庭科学学院可疑文件部门和东南法庭文件检验员协会的成员。瓦斯特里克也具有美国法庭文件检验员委员会的认证资格。

奥德韦·希尔顿(Ordway Hilton)(1913~1998年)1935年在伊利诺伊州西北大学获得了理学学士学位,1937年获得文学硕士。他于1938年至1941年受雇于芝加哥警察犯罪实验室并接受培训。在私人执业期间,希尔顿在纽约市(1946~1979年)和南卡罗来纳州的兰顿市(1979~1996年)工作。他是《可疑文件的科学检验》(1956年)和修订版(1982年)的作者。他的著作《检测和辨读擦除铅笔字迹》(*Detecting and Deciphering Erased Pencil Writings*)于1991年出版。希尔顿还撰写了80多篇文章。

他具有美国法庭文件检验员委员会的认证资格,也是美国法庭科学学院研究员(1959~1960年任该机构主席)和创始成员。美国法庭科学学院可疑文件部门于1980年授予希尔顿该机构的第一个奖项,1990年,他被指定为“杰出研究员”的五人成员之一。希尔顿还是美国可疑文件检验员协会(1960~1962年任该协会主席)和英国法庭科学学会的成员。他获得了1978年的H.沃德·史密斯(H. Ward Smith)奖,以表彰他为法庭科学做出的杰出贡献。

本书的章节包含希尔顿先生的贡献,体现在其1982年出版的修订版中。

序　言

《可疑文件的科学检验》(第 2 版)有两个目的:首先,帮助非专业人员了解法庭文件检验的从业领域,认识现在已经被广泛接受的文件检验方法论和作为一个受过良好训练的法庭文件检验员(forensic document examiner,FDE)所应具有的资格;另外,本书也可以提供给法庭文件检验界作为实习鉴定人员和多年从业者的参考。这个版本中增加了本专业大量的内容和参考资料。

除了两名编辑,另外还有 13 名作者也参与了本书的编撰工作。每一个章节都是由在相关领域具有大量实践经验的专家撰写。编者认为通过编撰多名在本专业相关领域有所建树的法庭文件检验专家的论著,使这种经过广泛修订和大量更新的最新修订本成为一本全面反映 1982 年至今法庭文件检验实践和当代文件检验鉴定方法的著作。

在审查每一位专家稿件和撰写各自章节的过程中,编者们切身体会到奥德韦·希尔顿先生的领导才能〔1〕和他本人所展示出来的对这个专业的热情。他曾撰写了许多文章,出版了两本专著,[1,2]对建立美国法庭科学学院可疑文件部门起着关键作用。

在修订版的序言中,奥德韦·希尔顿先生写道:

> 现在,从最近发表的论文算起 20 年已经过去了。在这 20 年间制备文件过程中使用了许多新工具和新材料,其中包括多孔尖笔(porous tip)和滚珠笔(roller pens)、单体打字机和电子打字机,以及干式复印机。识别和鉴定它们的工作对不断进步的文件检验人员提出了挑战。为应对这些新的问题,文件检验人员已经进行重要的技术革新。与此同时,在该领域工作的专业人员已经研发出许多新方法,如薄层色谱法、红外荧光法和分色滤光片检验法*来更加完整、更加精确地解释以前存在的问题。在许多方面,今天的文件检验较之以前更加先进,或者具体说是较 20 世纪 50 年代更加先进。

从建立这个专业作为一门科学直到今天,它从未停止过进步的脚步。现代科技的高速发展影响着我们生活的各个方面,从引入书面交流沟通的新途径到改进墨水成分和书写工具的人体工程学设计。台式电脑和打印机的应用对文件检验鉴定本身和使用的方法产生深远的影响。电脑和配套软件能够在一份文件中插入文本或签名,从而使检验复

---

〔1〕 奥德韦·希尔顿(1913～1998 年)于 1956 年撰写了本书的第 1 版。

* 在本书原文中是 diachronic filters,但查阅奥德韦·希尔顿先生在修订版的序言中是 dichroic filters,故翻译为分色滤光片。本书中译者注码采用*标示。——译者注

印件中是否存在变造变得极具挑战性。一个受过正式训练的法庭文件检验员通过应用实践中已被接受的方法可以鉴别出这种插入的反常现象。本书致力于研究法庭文件检验领域内各个方面的复杂性和对各种各样的可疑文件及相关案件进行分析。

该书1982年版发行以来,整个世界日新月异,读者会注意到一些过时的内容,如油印机和办公室复印机已被删除。其他部分,考虑到它们在今天的商业世界的影响有限,如打字机章节则是进行缩编。尽管如此,它们仍然是最新概要的组成部分。这本书着重于现代办公设备,如现代数码复印机、传真机、电脑打印机。

奥德韦·希尔顿先生选择了减少关于方法论的讨论,因为他撰写的书不应该是一本培训手册,它的目的是教育律师、调查人员和对法庭科学感兴趣的人。虽然这本书涵盖了某些学科领域中相当多的细节,但它并不能算做一本唯一来源的训练手册。本书致力于成为一本有价值的参考工具,它能够概括最新的并被普遍接受的关于笔迹、印章、复印、传真和计算机生成文件的检验方法。

主编、参编和美国法庭文件检验员委员会提供的论文作为参考工具进一步扩展从业者的认识,方便非法庭科学家学习法庭文件检验的依据。

参考文献

1. Hilton, O., *Scientific Examination of Questioned Documents*, Revised Edition, Elsevier Science Publishing Co., New York, 1982.

2. Hilton, O., *Detecting and Deciphering Erased Pencil Writing*, Charles C Thomas Publisher, Springfield, IL, 1991.

致 谢

编者感谢每一位作者对《可疑文件的科学检验》(第 2 版)的贡献。每位做出贡献的人在同意撰写一个或多个章节时都承担着巨大的责任。很难找到具有勇气、远见,并愿意贡献出个人宝贵时间从事这样一项工作的法庭文件检验员。我们感谢以下人士履行了自己的承诺:邦尼·比尔、威廉(比尔)·弗林、苏珊·福尔图纳托(Sue Fortunato)、罗伯特·热尔韦、弗兰克·希克斯、柯尔斯滕·杰克逊、玛丽·凯利、卡尔·麦克拉里、苏珊·莫顿、丹·珀迪、霍华德·里莱、法雷尔·希弗和汤姆·瓦斯特里克。

我们向美国法庭文件检验员委员会理事会在本书准备过程中给予物质和精神上的帮助和支持表示感谢。美国法庭文件检验员委员会是法庭文件检验鉴定人员的独立认定机构,这个组织一直通过提供高质量的研讨会和支持道伯特标准小组来帮助文件检验团体——道伯特标准小组负责帮助那些面临道伯特听证会或批评者挑战的法庭文件检验员。组成理事会的成员把他们的目光投向法庭文件检验行业的未来。我们赞赏理事会对这项有价值的工作及其产生成果的敏锐洞察力。

编者们向格兰特·斯佩里(Grant Sperry)致以特殊的感谢,感谢他的鼓励和支持。在作为编辑参与的早期阶段,我们必须做出许多决定,格兰特在此给予指导并对我们面临的许多问题指出方向。

我们也感谢渥太华的罗布·热尔韦(Rob Gervais)文件检验顾问有限公司在准备出版手稿时所做的无数贡献,从文件的管理到本书中许多插图的构建和格式。

许多人提供了参考文献、插图和其他用于本书各章的信息。我们向菲尔·布法德(Phil Bouffard)、唐纳德·科菲(Donald Coffey)、劳埃德·坎宁安(Lloyd Cunningham)、纳内特·戴维斯(Nanette Davis)、约翰·哈里斯(John Harris)、汉斯·吉迪恩(Hans Gideon)、安妮·格里森(Anne Greeson)、威廉·容布卢特(William Jungbluth)、保罗·卢埃林(Paul Llewellyn)、罗伯特·拉德利(Robert Radley)、卡伦·史密斯(Karen Smith)、安迪·希曼斯基(Andy Szymanski)、彼得·泰特尔(Peter Tytell)和 罗伯特·莱特诺(Robert Whritenour)表示感谢。

布赖恩的伴侣,南希·多布森(Nancy Dobson)投入大量的时间对本书进行仔细的校对和编辑,不放过微小的细节。我们非常感谢她对这本书的奉献,布赖恩在此对她在本书撰写和编辑时给予的支持和耐心表示感谢。

简的丈夫戴维(David),准备第 4 章、第 10 章和第 11 章的插图,以及出现在本版封面美国法庭文件检验员委员会的印章。他卓越的图形艺术能力为本书提供了优质的插图。

就我个人而言,特此向简·西曼·凯利的家庭成员:戴维、凯蒂(Katie)和碧嘉(Becca)表示感谢。这种规模的项目有时会带来压力,耗时费力。谢谢你们的耐心、爱心和支持。

目　录

Section Ⅰ　Introduction

第一部分　引　　言

本书的组织与内容 1

布赖恩·S.林德布洛姆　简·西曼·凯利

《可疑文件的科学检验》是一本全面的参考书,向读者描述了文件检验是什么和在这一领域从业所需要的培训,通过一系列法庭科学检验,并最终在法庭上作证。本书重点已经放在当代的办公设备和用于对可疑文件进行日常分析的检验程序上。

在过去的几十年里,文件分析领域的专家通常被称为可疑文件检验员(examiners of questioned documents or questioned document examiner)。这些称呼已经让位给更现代的术语即法庭文件检验员,或简单称为文件检验员。本书将使用后两种专业术语,即法庭文件检验员和文件检验员。

在这篇论著中引用的观点是为律师量身定做的。律师这个通用术语是用来描述在法律实践中那些在诉讼过程代表一方当事人或作为一方当事人的法律顾问。他们的称号依法律实践中司法管辖权而异,然而,本书全篇统一称其为律师。

第一部分将使读者了解文件检验这门行业:文件由哪几部分组成、各种提交检验的材料、检验范围、比较标准的要求、参考资料收集的重要性和用途以及法庭科学实验室中的科研设备。第3章记录了法庭文件检验员培训要求的概要,强调需要有组织的学习训练,包含阅读作业、论文、实际测试、研讨会、同行评审、参观考察、模拟审讯。只有通过强化的全日制课程并在一个高级文件检验人员的指导下,学员才可以获得必要的法庭文件检验的基础知识。法庭学会的成员资格和出席会议、参加培训研讨会能够确保法庭文件检验员紧跟时代潮流和注意文件检验问题的多样性。美国法庭文件检验员委员会颁发的证书或法庭科学学会(Forensic Science Society)文件检验资格文凭证明法庭文件检验员通过同行专家的测试并具备从业资格。 3

在第二部分"文件检验案件",第4章着重于在分析之前或分析过程中适当地保管和处理文件。偶然的标记、折叠,或对材料的其他损害阻碍检验的过程,甚至在极端情况下,导致文件不被法庭采信。第4章还包括了处理文件的注意事项。第5章主要针对法庭文件检验人员讨论了做工作记录的必要性和做工作记录的各种方法,包括使用摄影、电脑绘图和其他软件。为了在法庭上有效地提供证据,法庭文件检验员必须能够记录下他(她)本人的方法和观察结果。未能做出详细、准确和有组织的记录,在日后回顾文件时可能会导致混乱和错误。

第三部分“科学、笔迹检验和法庭”提供了有关在美国法庭对笔迹证据可采性问题的全面回顾。第 7 章总结了笔迹检验和鉴定结论的指导方针。其中所载的资料大部分是来自美国测试与材料协会的国际标准,这些标准也被法庭文件检验界所公认。

1993 年美国最高法院在道伯特诉美林道制药公司案件(Daubert v. Merrill Dow Pharmaceuticals)[1]中做出的决定概括出五个标准为法院所使用,并将其功能作为入门标准,以确定提出的专业知识是否为一门科学。通过道伯特听证会,法院评估科学方法的有效性和可靠性。在一些案件中,某一领域的证词已经被限制或完全排除。法庭文件检验(尤其是笔迹比较项目)是首批经历道伯特听证会的领域之一。最初法庭科学没有经历过这些挑战,因为法庭科学专家之前从未被要求证明他(她)的学科是一门科学。在弗莱诉美国政府案件[2]中,所需要的只是证明专家所具有的知识超出了事实审判者。法庭科学团体通过对这个 100 多岁的学科已确立的要素联合编目来进行回应,包括检验程序、强调高等教育和继续教育的机会,并列举了本学科许多同行评审的出版物,用以向法庭证明这个行业是一门科学,符合在道伯特案件中提出的标准。

确立一个人笔迹的个性特点和变化的研究已经在纽约州立大学开展。这些研究在证明法庭笔迹比对作为存在已久的公理方面已经取得了很大进展,并有助于反驳批评笔迹的检验过程没有科学依据的说法。

1991 年以来,法庭文件检验一直经受广泛的测试,以确定是否从业者能够超越外行人。费城德雷克塞尔大学的教授摩西·金(Moshe Kam)博士制定并继续管理这些测试。本章概括摩西·金博士的测试结果及其对道伯特标准的影响。

4 第四部分“笔迹检验与比较”致力于手写印刷体、笔迹、数字和签名检验这些非常重要的课题。用于本部分的页码数量是其重要性的证据。笔迹比对在法庭文件检验员所办案件中的比例最大,也是最经常需要出庭作证的检验项目。作者强调,需要考虑有争议笔迹的所有特征,运用逻辑和良好的推理得出结论。一些有趣和具有挑战性的案例显示出该项目的复杂性。这些案例说明简单合计符合点和差异点并不一定得出恰当的结论。相反,考虑到以下因素,如书写者的年龄、健康状况、签名样式和其他外部因素是至关重要的。任何鉴定意见的证据效力部分依赖于所提供样本的质量——在本部分的最后一章做具体论述。

在第四部分的各章中,专业词汇字符(character)和字母(letter)是同义的。在许多国家签名本质上是象征性的,不是由单个字母组成,而是象征性的形式或表意文字。无论其形状和原意如何,类似的方法都适用于这些形式的检验。

第五部分和第六部分是对非手写笔迹进行分析。鉴于在日常经营活动中的突出作用,排版、电脑打印机、传真机、复印机、橡皮图章等题目都会进行详细探讨。在过去 20

---

〔1〕 *Daubert v. Merrill Dow Pharmaceuticals*, 509 U. S. 579 (1993).

〔2〕 *Frye v. United States*, 293 F. 1013, D. C. Cir. (1923).

年来最重大的变化和进步是涉及建立电子文件及其输出。越来越多案件涉及其来源、种类以及传真、复印、打印文件的真实性问题。今天许多商业表格及有关文件都是平面艺术印刷和计算机图像技术合并的结果。法庭文件检验员必须较好地掌握其涉及的制作方法,才能够正确检验可疑文件的多样性。第五部分以一个完整的章节介绍一个非常复杂的内容,排版——从印刷机、手工排版到定制的个性化字体,还解释了字体分类、测量系统和设备、软件程序和输出设备之间的相互影响。

介绍打字机的章节比修订版中的内容更简短。这也反映了打字机在当今商业世界的影响有限。然而,第 15 章提供了有关其发展过程中重要进步的历史回顾,以及如何区分打字机种类。本章也包括当代信息,如哈斯图的使用。

由于在私营和公共部门已经接受非原始文件,使复制文件和传真文件大量应用。对这种性质文件的验证提出了许多挑战,从确定复印代(copy generation)到确定什么品牌什么型号机器传送了可疑的传真到鉴别特定的打印机作为匿名通信的来源。集复印机、扫描仪、打印机和传真机功能于一体的多功能一体机的出现,已经加剧了这些挑战。事实上,简单的问题,“这是原件还是复印件?”成为一个复杂的问题。

在过去十年来,随着现代技术的应用,印章制作技术已经有了巨大的进步。第 20 章记载了印章制作技术的演化和与每个制作工艺相关的特征,详细列出能够得出正确结论所需要的检验方法和标准。 5

第六部分涉及现代印刷机印刷、造纸、无碳复写纸检验。该部分介绍了纸张的历史和制造工艺,对各种印刷方法的特点也进行了描述,对用于鉴别纸张的有损和无损分析技术进行了详细讨论。

由于其应用于许多备受瞩目的案件中,近几年压痕字迹的检测取得突出的成就。这种检验方法在第 26 章加以介绍,并在第 29 章再次提及,最近在压痕测序和压痕增强的发展已经拓宽了该检验方法在检验倒填日期和变造文件中的应用。

对一份文件在它创建后发生变化的怀疑经常是提交到法庭科学实验室的依据。第八部分介绍手写和电子生成文件上的擦除、添加、涂抹和替换,并对用于解答有关文件完整性方面问题的仪器和测量设备进行了讨论。

许多询问集中于文件制成时间。大量的检验技术和参考材料能够在回答一个特定的项目或整个文件已经制成多长时间这类问题中发挥作用。一个多方面的方法往往是要发现以前制作或最近制作的实例。调查可以涉及纸的研究、预先印制的表格、油墨、签名的演变、压痕分析和装订孔检验。这些技术和其他分析技术将在第九部分详细介绍。

第十部分为“数字摄影及增强”,此章内容在法庭文件检验实验室发挥重要的作用。图形软件程序用于制备复杂的法庭图表和辅助检验鉴定。通过使用许多软件程序能够显现和增强微弱的压痕和不清晰的书写内容。在手写条目或电子生成文件中,扫描仪可以帮助区分油墨,数码相机能够捕捉微小的细节。

第十一部分中讨论指导方针,“法庭文件检验 ASTM 指导方针”在批准出版前经过一个漫长的同行评审过程。该指导方针描述了已使用多年行之有效的法庭科学技术。它们继续进行评估、测试和验证,以反映技术进步。然而,检验方法的基本原则将保持不变:比较可疑材料与已知材料是一个有条不紊的、多步骤的过程。初始步骤的顺序可能有所不同,但法庭文件检验界使用的检验过程是相同的。按照公布的 ASTM 指导方针,法庭文件检验员能够按照有条不紊的、系统化的方式进行他(她)的检验。

文件检验案件并不总是随着检验报告的发布而结束。有些案件则会送到法庭或听证会,在法官、陪审员或仲裁人面前进行解释。在进行检验的同时,法庭文件检验员必须要认识到他(她)可能会被要求在司法机构面前阐明他(她)的调查结果。对于法庭文件检验员来说,了解法庭程序、审判准备工作、制作演示图表来说明鉴定结果,并提交有效的证词是非常重要的。第十二部分将会深入讨论这些主题。

在第 34 章中许多示范图例说明一系列检验可以得到有效的可视化支持。最新的软
6 件图形工具已经被安装并用来创建这些图表。一个正确制备的插图不言自明,能够让法
庭上所有人感觉到他们会得到与法庭文件检验员相同的结论。

在美国如何强调准备道伯特听证会或批评家挑战的重要性都不过分。第 36 章会向读者逐点介绍法庭准备工作。作为法庭文件检验人员所出示证据的一部分,法庭文件检验人员必须让法庭了解在某一专题领域进行的研究、同行评议的出版物、同行测试、ASTM 指导方针,以及法庭文件检验界对有争议方法的接受。

第 37 章致力于讨论未受过训练的文件检验专家证人。尽管他们的背景各不相同,所有这些证人缺乏必要的正规培训来应用已被接受的检验方法。文件检验员有义务协助其受雇的律师或调查者对两类人员之间的差异进行鉴别。披露未受过训练的专家证人在技能和资格上的不足是非常重要的,使法庭认识到有从业资格的法庭文件检验员和未受过训练的专家证人之间的差别。

引进新的办公设备、科学仪器和检验程序,使法庭文件检验成为一个有活力的领域。
然而,概括出的基本理念与原则是这个变化和具有挑战性的行业的基础。这本书将向读
7 者提供丰富的知识,这些知识紧跟时代潮流并经得起时间的考验。

什么是法庭文件检验？ 2

布赖恩·S. 林德布洛姆

目　　次

2.1　文件

文件在金融、法律、商业、社会和大多数人的个人事务中占据突出地位。但文件仅仅是包含笔迹或计算机生成文本的一张纸吗？不是这样的，至少它涉及法庭文件检验这门科学。从广义上讲，文件是一份材料，其包含记号、象征和传达意思或消息的标志。虽然绝大多数文件是由电子或机械方式加工制作或持钢笔或铅笔手写完成的，但是也可以使用其他工具在各种表面上形成文件。用口红在镜子上写；光盘、包或箱子上的标签；墙壁上的涂鸦；只有在紫外线照射下可见的印章印文，以上只不过是几个文件超出了狭义定义的例子。这种多样性是其中一小部分，它们被称为可疑或有争议的文件——这些文件涉嫌欺诈或其来源或发展过程是有争议的。

一份可疑文件可能是使用众多可用材料中的任何一种制成的。有时正是构成文件的材料会引起对该文件的怀疑。甚至即使是构成文件的各种材料完全符合文件的发展过程和目的，但其真实性仍然会遭受质疑。这些文件涉及欺诈、伪造、假冒、冒充、勒索、威胁、谋杀或其他违法犯罪行为。这些问题可能会影响一个人的财富、财产或声誉。因此，关于文件的完整性和真实性的事实真相非常重要。

2.2 法庭文件检验员

法庭文件检验员或可疑文件检验员的职业是为帮助法庭解释证据的需要而应运而生的,这些证据有关文件的形成和文件的后续处理。它实际上是纯粹的法庭科学,因为它是在法律范畴内发展起来,而不是作为其他专业的延伸,如医学、牙医学、化学或工程学。

几十年来,法庭文件检验员专门从事文件的研究和调查,以确定关于文件的制备和发展过程的事实。许多调查涉及笔迹,因此,这些经常被咨询的人们往往被称为笔迹检验员或笔迹检验专家。这是一个颇具限制性的标签,并没有正确地反映法庭文件检验员的技术专长范围。这些专家不仅要能够识别笔迹和印刷品,他们还必须能够识别真伪,分析油墨、纸张和其他组成文件的物质;揭示文件的添改和替换,并恢复或显现被擦除和涂抹的字迹。当复杂的现代办公设备所产生的记录被怀疑篡改过,法庭文件检验员可能是第一个被咨询的。

法庭文件检验员不仅仅是一名技术人员,他(她)必须是一名科学家,他(她)处理文件的方法属于应用科学。检验必须全面、准确、完全客观。这项工作并不是验证那些送检人先入为主的想法,而是通过研究可供鉴定的细节特征以及对其中的组成成分与已知样本的组成成分进行比较研究,从而确定文件是如何形成以及形成过程的有关事实。

法庭文件检验员的工作并不是以发现鉴定的细节特征为结束。他(她)必须正确地解释这些细节特征,并通过逻辑推理,得出一个关于手头上问题的正确结论。在形成意见后,必须形成一份报告,这份报告能够让外行,无论是法官、陪审员,还是其他有关当事人理解和领会到其实质内容。

2.3 标准

许多常见的文件调查需要将有争议的材料和已知来源的样本进行比较。这些已知的真实的样本通常被称为标准(standards),必须精心挑选,这样才能真正具有代表性。它们其实应该是来自特定来源的一个真实或可靠材料的抽样。如果标准不符合这个条件,它们不能被认为充分或具有代表性。

在对可疑文件与已知的样本进行检验时,有必要比较类似的项目。无论是对油墨、纸张、手写笔迹、计算机生成文本,还是对文件上的其他部分进行分析,这条规则都是成
10 立的。例如,如果已知材料和有争议材料是一个相似的类型,笔迹或打字检验更容易得出有意义的和明确的结果。相比之下,笔迹与手写印刷体或签名与匿名票据进行比较几乎不能得到明确的结论。

2.4　参考资料收集

有些特殊类别的标准是由参考资料中汇编的材料组成的。法庭文件检验员汇集和分类源材料，如打字文件、传真文件中的发送终端标识符（transmit terminal identifiers，TTI）、水印。通过不断扩大并补充最新的参考资料，法庭文件检验员具有供他们自己使用的必要材料，通过这些材料回答许多基本问题。

2.5　科学设备

文件检验的发展很大程度上归结于科学仪器的应用和研发专门的法庭科学设备。在一些高科技领域取得的令人难以置信的进步已经帮助法庭文件检验员进行他（她）的调查。数码相机和电脑扫描仪是两个这样的进步。它们记录高分辨率精细细节的能力使它们在法庭科学实验室非常宝贵。当需要进行现场检验时，其多功能性和便携性对法庭文件检验员有非常大的帮助。

有两种类型的显微镜用来分析文件。第一种，立体双目显微镜，它产生出一个立体的放大倍率，文件检验员每天依靠它发现许多特征和重要的细节。第二种，比较显微镜，其特殊的构造以便于对微观细节特征进行并排研究，它也是对某些类型检验颇有价值的工具。以上两种显微镜的现代版本有特殊的照明功能和透镜系统，以便于进行各种分析和进行显微摄影。微距镜头（macro-scopes）和不同款式的手持放大镜也经常使用。

受控照明对法庭文件检验员的工作是非常重要的，有多个光源可供选择，包括日光、白炽灯、荧光灯、光导纤维。有些光源是内置的，而有些光源，如光导纤维光源，可单独使用或通过使用特殊的适配器和固定装置连接到一个微距镜头或显微镜上。不仅仅是出自这些专门光源的可见光被用于检验，使用光谱中的紫外线和红外线部分对文件进行照射也可用于激发文件。这是通过使用专门的紫外线灯箱和将不可见的红外反应转换成一幅可见图像的成像系统实现的。文件可以在红外线反射和红外荧光条件下进行分析。光学过滤系统现在可以直接连接到电脑上进一步完成图像增强和打印功能。许多有助于显现微弱或被涂抹图像的软件程序已经与成像系统相互结合。

目前已经设计出许多测量设备和模板用来检验打印文本和计算机生成文本的对齐
方式和间距特征。一些设备和模板生产在玻璃或塑料表面上，而其他的则创建和安装在 11
图形软件程序内。

静电检测装置（electrostatic detection devices，EDD）已经被设计出来并且逐步升级，以帮助文件检验员发现书写压痕和偶然标记。压痕是由书写工具透过几张纸后的压力所产生的沟槽。它们可以通过使用静电设备观察到。这些设备的重要性已经越来越多地体现在调查医疗图表、匿名信件、日记、日程和警察的笔记本中。

所有这些工具,连同化学检验,特别是借助于薄层色谱(thin-layer chromatography,TLC)、质谱(mass spectrometry,MS)、气相色谱(gas chromatography,GC)在文件检验中取得了显著和稳步的进展。

2.6 文件的科学检验

通常来讲,文件检验员应该分析文件并确定它是由谁或是什么设备制备的,文件从它制成以后已经发生了哪些变化,并且文件是否与其声称的那样古老。检验范围包括笔迹、手写印刷体、签名比较,添改、删除和替换检验,机械和电子印迹比较,真伪检验,显现被涂抹的字迹,恢复浸泡、烧毁、污染或断离的文件,墨水和纸张的比较,确定文件各要素形成次序,检验和分析压痕和其他偶然标记,以及文件形成时间。有很多项目需要提交检验,如遗嘱、支票、信用卡收据、商务合同、抵押、土地契约、转让和租赁、保险申请、协议、会计账簿和财务记录、匿名恐吓信、测验和考试、医疗图表、日记、议程和任命书以及法律文件。针对这些文件的完整性和制作方法所提出的问题,需要对这些文件的鉴定工作进行检验技术的任意组合。

所有文件中出现的问题可以分为两类,一类需要从个体来源处得到已知的样本,从而得出关于其真实性的结论。另一类或者仅仅通过研究可疑文件本身,或者通过对收集的参考资料进行比较来完成调查。在这本书的后续章节中,读者将体会到文件检验每个领域的全部范围和限制。

法庭科学检验是用来发现一些能够成为一份文件鉴定属性或特征的要素。事实上,所有的要素都有助于鉴定,但是最特殊的要素有最重要的意义。因为任何单一的特征,即使是最个性化的特征,也可能从其他的文件中发现,没有一个单一特征本身能够作为鉴定的唯一依据。事实上极有可能存在许多鉴定特征在大多数不同来源的文件中都是
12 常见的,这些特征被称为种类特征。显而易见,这些种类特征无法独自鉴定文件上的手写笔迹或打字,在每次检验时仍然必须进行分析和评断。因此最终认定或排除嫌疑并非建立在一个或两个特征之上,而是以所有特征的总体组合为基础,其中既包括种类特征,又包括个体特征。

为了确保客观科学的检验程序,文件检验员必须找出其中的符合点和差异点并区分为本质的差异还是一般性的变化。每个人书写的笔迹,无论是在一连串签名或几页笔迹中都会表现出一定程度的变化。任何一台电脑打印机或其他办公设备的输出也是如此。文件检验员必须能够完全确信比较检验中所使用的样本能够代表书写人的笔迹或机具生成的样本能够反映其缺陷和鉴定特征,只有这样,不寻常的变化才能够被解释为显著特征。以这种方法,法庭文件检验员才能够正确地解释所观察到的特征。样本越不理想或越不完整,要区分某个具体特征是否是一个真正的差异还是一般性的变化就越困难。

在前面的段落中已经谈到了变化,这又是另一个必须考虑的重要因素,因为重复的

行为并不总是得到完全相同的结果,无论它是由一台机器制作的,还是由人类努力创造的。例如,一个人的笔迹是由一种复杂的习惯模式组成的,这种习惯模式是在主要形态周围的特定变化范围内反复进行的;支票打印机的特性在一定程度上受其运动部件变化的影响,油墨配方在成分比例上也显示出批次的差异。在笔迹检验的案件中,适当考虑自然变化是必不可少的,以便区分真伪笔迹。不管问题的类型如何,变化是永远存在的,必须进行准确的评断。与每个鉴定特征本身一样,这也是鉴定过程中的一个基本组成部分。

2.7 非同一的来源

要想确定已知样本材料和有争议的材料不是相同来源,需要它们之间有一些显著差异,也就是说,本质的鉴定特征不会以同样的方式出现在这两套文件中。这些特征表明,笔迹是由不同人书写的,或打印文本是来自不同的电脑打印机,或纸张是使用不同的原料。仅仅是种类特征的显著差异通常就足够排除嫌疑人或嫌疑机具。虽然种类特征相同,但存在个体特征的本质差异,也将导致来源不同的意见。面对许多较好的符合点,即使数量有限的本质差异也将起到决定作用并准确地认定非同一性,这是鉴定的基本准则。

2.8 检验意见

形成检验意见时需要考虑和评估已观察到的物理特征的集合。法庭文件检验员应该能够向所有有关各方清晰地展示证据来说明得出结论的原因。理论上,如果得出的结论正确,证据的展示会使看到检验报告的人或听取证言的人得到同样的结论。

虽然可以推断出文件检验所得出的所有结论是明确的,但并非总是如此。一些问题,要么是因为其固有的性质或者因其提供材料的局限,只能给出有保留的意见。显然, 13
这些结果对法庭文件检验员和当事人来说都不太理想。然而,这是不可改变的事实,在某些情况下,保留意见是恰当的。事实上,除在极少数情况下,某些类型的问题不允许得出明确的结论。读者将在以后的章节中找到这些问题的具体例子。一个自称他(她)所采用的方法从没得出无法确定结论或保留结论的文件检验员,即使对他(她)的观点没有怀疑,也需要对他(她)的意见慎重考虑。

2.9 有效法庭陈述的基础

法庭文件检验员经常被要求对其意见提供证词。在审理中对文件证据的有效陈述是需要法庭文件检验员和律师之间的协调努力。律师必须对法庭文件检验的基本理论、应用方法、观测数据和结论有一个基本了解。文件检验员必须熟悉出庭作证的礼仪。经验丰富的律师应该具有法律培训背景和审判经验,而合格的法庭文件检验员需要提供技术知识并辅以丰富的经验。法庭文件检验员和律师在审前协商时实现有效的证据提交。这些讨论不仅从道德的角度来看是正确的,在实际方式上也是正确的。因此,双方能够通过最有效的事实陈述更好地帮助法官,从而运用高效、有序的证言节省宝贵的法庭时间。技术方面的、科学方面的证词对法庭和陪审团来说是很难理解的。因此,必须简单、直接地提供这方面的证词以便它的基本要素和结论是完全清楚的。这些证词可以通过使用插图和演示的图表来部分实现,插图和演示的图表能够突出法庭文件检验员研究结
14 果的重要方面。

法庭文件检验员的训练

3

布赖恩·S. 林德布洛姆

目 次

在过去的十年里,所有法庭科学的训练标准已受到更为严格的审查。最近的法律判决和在媒体上越来越多地曝光已经提高了法庭的鉴定意识,并鼓励法庭更加积极地调查专家的资格。因而,法庭科学专家所获得的培训已成为令法庭感兴趣的话题,法庭文件检验员们也不例外。

文件检验员们给这个行业带来了不同的学术背景,包括化学、物理、计算机科学、心理学、社会学、法律和刑事司法方面的本科或研究生学历。许多法庭文件检验员也获得了像美国、苏格兰、澳大利亚等国家大学的法庭科学硕士学位。像许多其他的法庭科学一样,文件检验训练主要是通过专职的内部实习训练或候补鉴定的方式获得。能够在法庭科学领域提供学术研究的少数几所大学认识到,没有在有资格的文件检验员指导下接触实际案例的培训是不够充分的。由于这个原因,法庭文件检验不适合纯粹的函授课程或自学。[1] 相反,一个有组织的、全面的实习训练是强制性的。在通常情况下,一个全职的候补鉴定人需要超过 2 ~3 年实习期。

一个法庭文件检验全面的培训计划包括研究领域,如笔迹、手写印刷体和签名比较,伪造检验,机械和电子印迹比较(如电脑打印机、标识设备、支票打印机),变造文件的检验,压痕检测和分析,墨水和纸张的检验,伪造文件检验,印刷方法,损坏、浸泡、烧毁文件的修复,测定文件形成时间的方法和物理匹配技术。学员必须熟练掌握立体显微镜、红外和紫外成像系统、静电压痕检测设备、各种测量网格、图像增强系统、照相和扫描技术。

一名法庭文件检验员的培训很大一部分是笔迹、手写印刷体和签名比较。对于许多法庭文件检验员,这方面的检验鉴定在其所办理案件中占很大比例。笔迹检验的一个重要方面是能够在书写笔迹的外形上识别出微妙的差异和符合之处。出于这个原因,往往是在候选人开始培训之前进行测试以确定候选人是否存在形状盲和色盲的问题。

许多内容均包含在笔迹、手写印刷体和签名的研究和鉴定中:字母和书写系统的发展历史,书写中的自然变化,个人的书写习惯,伪装和摹仿的方法,疾病、年老和其他外部因素的影响,评断符合点、差异点和得出鉴定结论。

许多培训课程的特点是配备有大量需要阅读的书籍、演示文稿和已发表的文章。论文、实际操作测试、口头和书面考试、参观生产设施(如笔、纸、保密的印刷厂)和模拟审讯通常是整个实训期间的一部分工作。培训期间,学生也要进行水平测试和无数真实案例的监督检验,这些真实的案例让学员在现实中和各种各样实际案例中获得第一手经验。

某些个别实验室和单位已经将他们的文件检验部门分成两组,例如,一组重点进行笔迹检验,另外一组重点进行变造、伪造、机械和电子印迹的比较和各种损坏文件的恢复。

一些法庭文件检验员一直在特定领域接受专门培训和积累相关经验,例如,墨水分析和时间测定、排版、伪造、传真机或电脑打印机。事实上,这些专家也对这本书中的相关章节做出了贡献。

许多组织都有同行测试。三个最著名的组织是美国可疑文件检验员协会(the American Society of Questioned Document Examiners, ASQDE)、美国法庭文件检验员委员会和法庭科学协会(the Forensic Science Society, FSS)。通过笔试、实际操作测试和接下来的口头陈述,美国法庭文件检验员委员会对法庭文件检验员提供个人资格认证。美国可疑文件检验员协会是一个国际法庭文件检验组织,要求会员凭考试取得会员资格,如果准成员已经经过美国法庭文件检验员委员会认证则免试取得资格。法庭科学协会则提供一个通过课程学习的文凭。

与大多数职业发展一样,继续教育在法庭文件检验员的培训中起着重要作用。电脑打印机和传真机等办公设备技术变化已经成为众多由法庭科学协会、学术机构、高等职业院校、产品制造商主办的培训讲习班发展的推动力。[2]通过定期出席在法庭科学会议和回顾在该领域发表的文献可以获得更多的知识。法庭文件检验显然不是一个静止的专业知识,不断积累新的信息是至关重要的,以确保法庭文件检验员能够保持技术竞争力。

培训内容中并不涉及笔迹学或笔迹分析的研究。这是因为笔迹学试图通过评估一个书写示例区分性格特征,而法庭文件检验涉及通过笔迹的比较确定书写者的身份。虽然在这两种情况下的主题都是笔迹,但目标是完全不同的。不幸的是,多年来,尽管事实上笔迹学家并没有经过法庭文件检验领域的正式培训,但许多笔迹学家仍然涉足文件鉴
16 定。

如果法庭文件检验员不能提交法庭证据,那么作为一名专家证人而言他(她)将是无用的,无论其接受过多么良好的教育,多么训练有素,多么经验丰富。法庭文件检验员必须学会如何客观地回答律师提出的问题,并清晰和简明扼要地向外行人介绍目前的技术成果。法庭文件检验员同时需要学会制作说明性的图表和其他形式的演示证据并将它们与有效的证词结合在一起。法庭文件检验员还需要花费时间和精力来熟悉相关的法庭制度。

培训标准已成为一个关键因素,不仅适用于法庭文件检验,而且适用于所有的法庭科学。在法庭文件检验领域,一个全面的、有效的培训计划必须由安排合理的学习计划

和在受控的实验室环境下分析大量的实际案件和模拟案例组成，并辅以参加法庭科学会议和有机会阅读法庭科学期刊。这种专职、全面的实习训练是必不可少的。

参考文献

1. American Board of Forensic Document Examiners, *Profile of a Forensic Document Examiner*, American Board of Forensic Document Examiners, Houston, n. d.

2. Frieman, M. J. and Berenblut, M. L., Eds., *The Litigator's Guide to Expert Witnesses*, Canada Law Book, Aurora, Ontario, 1997, p. 163.

Section Ⅱ　The Document Case

第二部分　文件检验案件

文件的保管与处理　4

简·西曼·凯利

目　　次

对有争议文件[1]的不当或不小心处理可能危及物证的保管链或检验。道伯特案件以后,法律领域强制要求对证据即可疑的文本和已知的样本,具有正确的保管链。在大多数案件中,处理文件证据的协议是由法庭文件检验员的雇主授权的。执法机关有政策手册,手册中列出他们对证据的收集、记录和处理的程序。因为法庭文件检验员通常不是最早来到犯罪现场的一名急救员或调查探员,一旦证据归文件检验员所有,他(她)只是负责妥善保管和处理证据。在提交证据之前控制处理证据的个人行为不在法庭科学家的责任范围内。伪造的支票、汽车所有权、契约、会计记录和遗嘱,虽然仅仅是几份文件,但这些文件在正常业务过程中往往已经被许多人接触过。常见的问题,如橡皮图章在手写文字上盖印、打孔、装订、折叠经常发生在商业交易中。当文件首先被确认对一些犯罪或其他诉讼或民事调查具有一定的重要意义,妥善处理文件证据的过程就开始了。

4.1　文件处理程序

常识是保管和处理证据的两个黄金法则中的第一个。妥善收集和处理程序有助于保持证据的完整性。对证据不当的处理会限制检验结果。阻止某些无损检验来确定书写压痕或油墨差异,因为任何改变都会严重危害检验。对这条规则最后要说明的是,检验之前,法庭文件检验员应该意识到在他(她)的检验完成后,该证据还将做其他的法庭科学检验。

---

〔1〕　争议的文件并不局限于纸张上的文字。墙壁、镜子、玻璃和尸体都是可能遇到的其他承受物的具体实例,其中任何一个承受物都可能包含书写的或印刷的信息、签名、绘图等。就本章而言,术语"文件"包括所有包含任何视觉形式信息的媒体。

21 这些信息将有助于确保证据不会受到影响,以免干扰或阻止其他学科的法庭科学检验。

第二条黄金法则是对证据进行其他法庭科学检验之前,必须先进行文件检验。例如,对文件上潜在指纹的处理阻止法庭文件检验员检验书写压痕。潜在指纹处理可能会污染或损坏墨水。这种类型的损害阻止法庭文件检验员对有争议的内容与嫌疑书写者的已知样本进行比较。在有些情况下,该文件必须经过有损检验。例如,薄层色谱法需要移除一块墨水和纸张(载体)测定油墨样品的化学成分。因此,为确保进行全面的文件检验,法庭文件检验员必须优先检验证据。

在本章所讨论的文件证据处理程序是一些建议。它们的具体应用程序部分取决于案件是刑事诉讼还是民事诉讼。在刑事案件中,执法机关通常有政策手册,手册中概括出证据的收集和储存的程序。这些政策往往是通用的,而下面讨论的程序则涉及在处理、标记和包装证据时应采取的具体操作。在民事案件中,一些建议可能被认为不是很重要。例如,对于诉讼者或法庭来说,任何触碰文件的个人是否戴防护手套可能不是那么重要。说来说去,超出文件检验员控制的个人决定了这些建议的应用。教育文件检验员的客户关于如何处理证据并确保法庭文件检验员遵循相应的建议才能确保证据的完整性。

即使法庭文件检验员只是负责证据,一旦证据归其保管,教育那些有机会接触到证据的人能够减少操作不慎的发生。法庭文件检验员可以在由执法机关、律师协会和法学院主办的继续教育研讨会上,对参加者进行保管和处理文件的指导。必要时,法庭文件检验员以每一个案件为基础提供个别指导。

因为第一个处理和收集文件的人,其所做的工作能够影响检验,所以向他们推荐的程序值得讨论。侦探或调查人员必须非常小心地保存文件。建议佩戴手套,确保来自犯罪现场急救员的潜在指纹不会留在有争议的文件上。不小心的处理也可引起交叉污染,这将直接影响到对证据的解释。例如,从死者的办公桌上提取了一封自杀遗书,将其放
22 在浴室柜台面上会导致遗书的交叉污染。

调查者应在一个单独的记录中记下每个文件的位置,或在证据袋上写下这个信息。如果在证据袋上记录,则该信息必须在文件放入证据袋之前写完,以免又引入书写压痕。

一个文件将保留其证据价值,必须遵守以下准则:

禁止事项:

(1)使用订书钉、大头针或夹子。

(2)给文件打孔。

(3)建立新的折痕。

(4)以书写或其他方式对文件进行标记。如果必须要加标签和草签,那么应该在空白处标示识别标志。

(5)如果证据信封包含文件,在其上面书写。

(6)用铅笔、钢笔或其他尖头工具触碰文件。

(7)将撕裂或零散的文件碎片粘合到衬纸上。在一个密封的证据袋内"原样"提交。

(8)涂改文件。

(9)在文件上描画。

(10)切割或撕裂文件。另外,不要试图修复切口处。

(11)使用下划线,突出显示或圈字。

(12)将有争议的文件松散地放在口袋里携带。

(13)让其他人来处理或摆弄可疑的书写内容。

(14)允许犯罪嫌疑人处理或看见有争议的文件。

(15)允许除经过良好训练的法庭科学家之外的其他人进行化学或其他方面的检验。

可行事项:

(1)使用证据信封进行储存和运输。证据信封必须足以容纳文件,无须折叠。如果该文件还要进行指纹或书写压痕检验,须戴手套或用手指之间紧紧地夹住文件,只是需要很长时间才能装入证据信封中。务必要在证据信封上贴上指纹标签。

(2)复印、拍照或扫描所需的文件——在处理过程中无论如何不能损坏它们。不要使用复印机上的自动进纸选项(the autofeed option)。

(3)保护文件避免过热、过度光照或潮湿。

(4)对每个文件都需要制备一个完整的历史记录,能够显示日期、地点,以及该文件从何人那里获得。

(5)尽可能少地处理文件。

(6)记住:在对文件证据进行其他的法庭科学检验之前,必须首先进行文件检验。一定要在证据袋上写明或者告知法庭文件检验员还要进行其他的法庭科学检验。

使用证据信封用于文件的存储和运输需要进一步讨论。使用纸张或非插页式塑料文件保护套(lift-free plastic sleeves)、文件保护膜(page protectors)或存放证据的塑料袋,可以是个人的选择或雇主的强制政策规定。文件不正确地存放在一个塑料文件保护套内将是灾难性的。机器生成的文本是由墨粉组成的,接触到塑料时会发生化学反应。当塑料和文件证据分开时,墨粉形成的文字可能会被损坏,墨粉则附着到塑料上。如果必 23
须使用一个塑料的文件保护膜,那应该使用非插页式的,不损坏墨粉的保护套。非插页式保护套的功能可以避免机器生成的文本内容转移到塑料上。

4.2　照片证据

许多以往的建议只适用于可以拿到法庭文件检验员面前的证据。偶尔,有争议的书写内容完成在一个物体上,这些物件不能轻易地送到法庭文件检验员的实验室。这类案件可能包括在尸体、管道、横梁、门和墙壁上书写的字迹。尽管提交的不是原始证据,法庭文件检验员得到的是证据照片。既然最好的证据是照片,那么对于法庭文件检验员来说最佳的情形是直接到犯罪现场拍照并记录可疑的内容。如果这种情况不太可能,也仍然有机会,法庭文件检验员应给予指导如何对书写内容进行拍照。其中一部分指导应包括告诉摄影师将他(她)的摄像头位置与书写内容平行(图4.1的a和b)。以奇怪的角度拍摄的照片在检验中没有任何好处。至少应该有一张照片拍摄整个书写内容的全貌(如果书写内容非常大,则需要拍摄多张照片以获得全景)并且对每个字母或字母组合拍摄一张特写照片,这样法庭文件检验员可以把所有书写内容作为一个整体进行观察,也可以按照单个字母进行观察(图4.2a—c)。拍摄有争议书写内容的人,应该记录拍摄的日期、具体时间、书写的位置。这张照片中也应该包括一把直尺或一个比例尺。这将提供图像中文件的实际大小。摄影者也应该使用一个适合该任务的照相机。宝丽来(Polaroid)相机或低档的傻瓜相机(point-and-shoot cameras)是不可能记录文件检验所需的具体细节。不管是由法庭文件检验员还是由其他人拍摄,照片都应该按原始证据处理。

(a)

(b)

(a)在街区墙壁上涂鸦者绰号的照片。

(b)一个受损卡车的照片,卡车上写有许多涂鸦者的绰号和他的团队姓名。在两张照片的拍摄中,整个书写内容与镜头平行。照片中还尽可能多地包括写有涂鸦的物体。拍摄者拍下的照片包括所有的书写内容及周边地区的环境,不仅能够记录其相对于周围环境的位置,也能够显示在受损财产上文件涂鸦的大小。

图4.1 两幅有涂鸦的插图画在不能提交到法庭科学实验室检验的物体上

(a)

(b)

(c)

(a)在电箱上书写涂鸦者绰号的照片。这张照片记录了完整的姓名。

(b)和(c)是字母的特写照片。这些照片辅助法庭文件检验员进行笔迹检验工作,因为它们能揭示微小的细节,这些细节在照片(a)中是无法观察到的。

图 4.2　全景照片和近距离特写照片推荐用于可疑的书写内容,这些可疑的内容书写在不能提交到法庭科学实验室检验的物体上

4.3 烧焦文件

处理烧焦文件需要格外小心。甚至即使很少进行烧焦文件的检验,法庭文件检验员和调查人员都应该对法庭科学实验室如何收集和运输这种脆弱的证据有一个基本的了解。

烧焦纸张的物理成分各不相同并且是在多种不同的条件下燃烧。原始纸张的组成与烧焦碎片的脆弱程度密切相关。为了避免不必要的破损,建议将所有烧焦的文件视为最脆弱的文件。[1]采用的收集技术应经过深思熟虑,而不是一个草率的决定。一些烧焦的文件可能是柔软的,而另一些即使在最轻微的触摸下都会破碎。在一个保险箱或储存箱中发现的烧焦文件不应该从容器中移走。由于其脆弱的状态,建议它应该被尽快地送到法庭文件检验员手中。在运输之前,应将药棉或其他衬垫材料填充到文件和容器四壁之间。[1]松散的文件需要额外的措施来限制或防止破损。如果它们堆放在一起,则不应该被分成单独的页面。相反,最好用刮铲将脆弱的文件证据稍微抬起并向下方滑入馅饼盘子
24 (a pie tin)或类似的一块薄金属或硬纸板上。在某些情况下,如果烧焦文件的大部分能够安全移动并不会造成进一步的损害,则可以使用一个大盘子(pan)。这个大盘子随后被放在一个坚固的盒子内,包装材料是用来将其固定在安全位置上。建议使用平头镊子一片一片轻轻地放置在平底盒或平底盘子中以防止其受损。[1]

4.4 总结

本章讨论文件的保管和处理,列举了标记和包装文件证据的注意事项。如前所述,
25 列出的建议可以为每一名调查人员和法庭文件检验员提供遵循的准则。通过精心处理保存的证据,有助于确保文件证据揭示的事实真相能够被发现。

参考文献

1. Doud, D., Decipherment of charred documents, *J. Criminal Law Criminol.*, 38, 812 -
27 826, 1948.

工作记录 5

简·西曼·凯利

目　　次

工作记录也称为案件记录，因为它涉及具体案件，是记载法庭文件检验员活动的书面历史记录。如果工作记录能够通过说明或描述检验过程中所使用的方法，协助法庭文件检验员对提交检验的文件进行鉴定，陈述案件中所有检验的结果来实现其主要目标，任何格式都是可以接受的。工作记录中的内容可以手写形成或机器生成。法庭文件检验员会使用包含有空白文本框或线条并且已预先印制好的表格，以此来帮助记录具体的信息。工作记录的格式有很大的灵活性，只要它们能够提供文件检验员对案件的准确记录和其检验的历史记录即可。

5.1　工作记录的格式

工作记录的格式受法庭文件检验员为一名私人从业者还是受雇于某一个鉴定机构的影响很大。如果权威的美国犯罪实验室理事会实验室认可委员会（an accredited American Society of Crime Laboratory Directors Lab，ASCLD-LAB）是法庭文件检验员的雇主，该机构的政策手册将列明指导方针。通常，所选择的格式是法庭文件检验员从事办案工作的最低要求。例如，如果政策手册声明文件检验员应该将文件复印并使用钢笔来标识在可疑文本和已知样本文本之间所观察到的符合点和差异点，那么每一个案件都必须采用这种方法来展示这些特征。除了标识复印件之外，如果法庭文件检验员选择以手工绘制一些字母，这也是可以接受的，因为它超出了最低要求。未经认证的代理实验室不一定有详细说明法庭文件检验人员工作记录内容的政策手册。在这样的情况下，所使用的格式是由法庭文件检验员选择的，而不是由他（她）的雇主选择的。

私人从业者在选择适合自己的方法时更加自由，他（她）在选择案件记录格式上有充分的自由,案件记录根据案件具体情况量身定做。由于私人从业者比为政府工作的法庭文件检验员鉴定更多的文件检验案件,这种自由为工作记录的样式提供了灵活性,以适应必须进行检验的案件类型。

5.2 创建一个案件档案

创建工作记录的第一步是制备案件档案,案件档案可以使用客户的姓名或唯一的数字标识符来标识。最初的申请书,无论是代理实验室申请表或来自申请鉴定方的委托函,都需要放置在档案中。在案件卷宗中,法庭文件检验人员记录收到证据的日期并列出文件的详细列表。书面信函、会议、电子邮件或电话交谈都应该在工作记录上记录并注明日期。一些私人从业者有客户签署的聘请合同(retainer contracts),一旦案件被受理,这个文书也会被保管起来。如果文件检验员使用缩写,则应该包括缩写符号的一览表。这就进一步促进了和第三方(工作记录的读者)交流法庭文件检验员所采取的步骤和观察到的结果。

法庭文件检验员通常选择一种使其工作效果最佳的格式,这种格式能够使其回想起所提交的证据和所做的鉴定。例如,在一起笔迹或签名鉴定的案件中,一些文件检验员手绘可疑内容和已知样本内容作为他们直观捕捉书写内容中每个字符微小细节的方法。在他们的工作记录中会包括对可疑内容和已知样本内容之间所观察到的明显符合点或差异点的说明。其他法庭科学文件检验员喜欢复制文件并使用不同颜色的记号笔(markers)、钢笔墨水或铅笔记下符合点和差异点。另外一些文件检验人员扫描这些文件并使用电脑和图像处理软件,如 Adobe Photoshop® 或 CorelDRAW® 以电子方式来标示作为鉴定结论依据的特征。

5.3 记录所提交的证据

工作记录的制备工作包括对提交证据的复制。使用扫描仪、电脑复印和拍摄每一个文件是当今的复制方法。如果在任何检验中涉及有损检验,在检验之前记录证据最初提交时的状况是非常重要的。如果选择采用扫描或复印的方法复制,不要使用机器上的自动进纸选项。如果自动进纸机制发生故障,造成卡纸,文件可能会损坏。此外,自动进纸装置在复印或扫描过程中抓取和移动纸张时会添加多余的痕迹。

应制作反映文件原始大小的复印件。任何放大或缩小文件比例的复印设置应记录在工作记录中。如果拍照,每个文件至少有一张照片应为1∶1比例。在照片中应该放把
30 尺子作为确定放大或缩小的程度的工具。在一些情况下,需要记录设置,如光圈、镜头尺寸、胶卷或数码媒体等。

数字增强技术对于有涂抹文字内容的文件、有微弱书写压痕的纸张或在深色介质上

的浅淡笔迹而言是一个有用的工具。采取增强文本内容的步骤应被清楚地记录,使另一名法庭文件检验员可以遵循相应的程序来获得相同的图像质量。如果采用硬拷贝,每个复印件应说明采用什么样的措施取得特定的图像,并放置在档案中。将图片存储到如CD等数字媒体上是非常明智的,然后将其存放在案件档案中。

软件程序,如Write-On®和Access®是按单个字母、字母组合或单词来进行分类的。这些程序是法庭文件检验员用来检验大量笔迹材料和涉及大量可疑文件案件的工具。它们非常有利于帮助文件检验员掌握某些特征的出现频率(图5.1)。这两个软件都需要将文件扫描到计算机中。文件检验员应在工作记录中注明扫描的文件和使用软件检索到的信息。

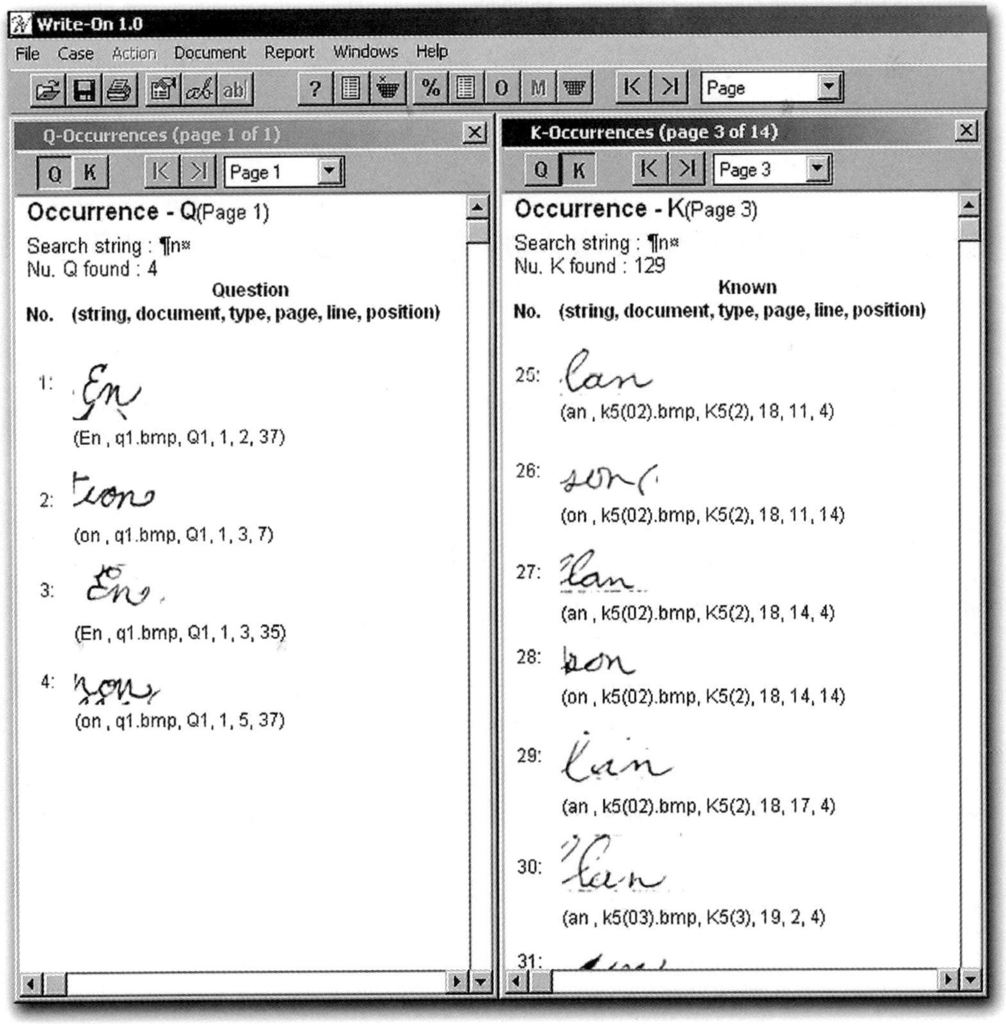

(a)

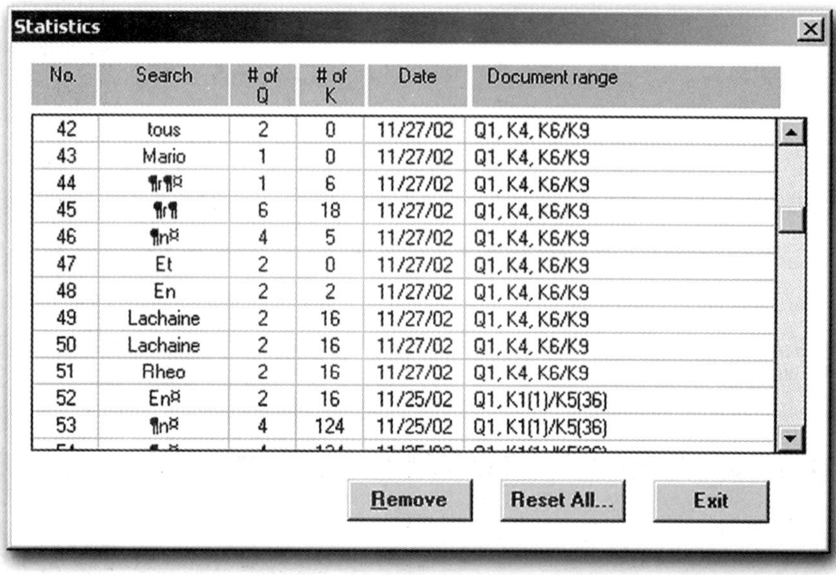

No.	Search	# of Q	# of K	Date	Document range
42	tous	2	0	11/27/02	Q1, K4, K6/K9
43	Mario	1	0	11/27/02	Q1, K4, K6/K9
44	¶r¶¤	1	6	11/27/02	Q1, K4, K6/K9
45	¶r¶	6	18	11/27/02	Q1, K4, K6/K9
46	¶n¤	4	5	11/27/02	Q1, K4, K6/K9
47	Et	2	0	11/27/02	Q1, K4, K6/K9
48	En	2	2	11/27/02	Q1, K4, K6/K9
49	Lachaine	2	16	11/27/02	Q1, K4, K6/K9
50	Lachaine	2	16	11/27/02	Q1, K4, K6/K9
51	Rheo	2	16	11/27/02	Q1, K4, K6/K9
52	En¤	2	16	11/25/02	Q1, K1(1)/K5(36)
53	¶n¤	4	124	11/25/02	Q1, K1(1)/K5(36)

(b)

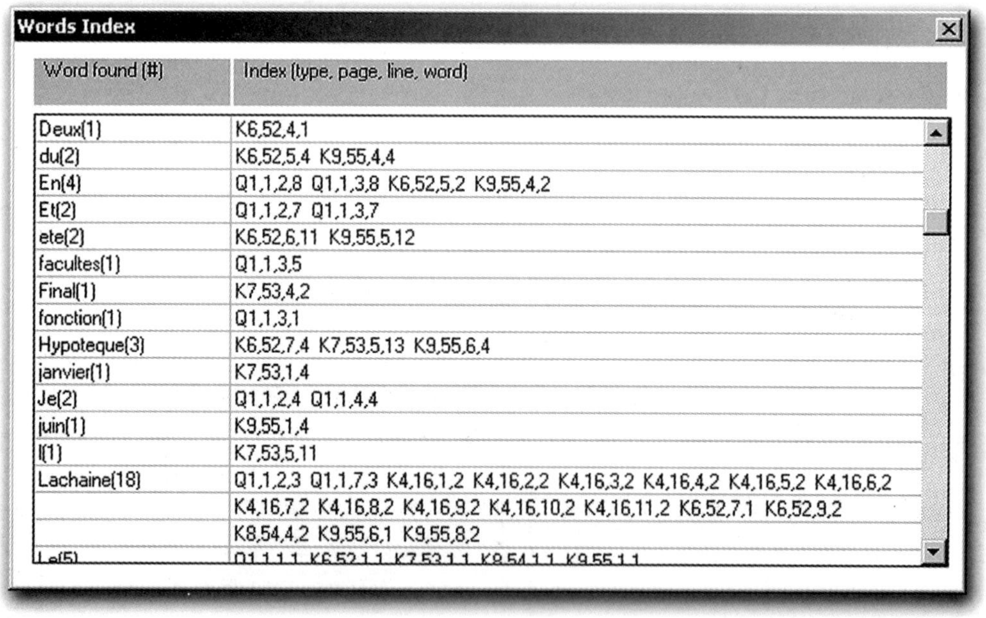

Word found (#)	Index (type, page, line, word)
Deux(1)	K6,52,4,1
du(2)	K6,52,5,4 K9,55,4,4
En(4)	Q1,1,2,8 Q1,1,3,8 K6,52,5,2 K9,55,4,2
Et(2)	Q1,1,2,7 Q1,1,3,7
ete(2)	K6,52,6,11 K9,55,5,12
facultes(1)	Q1,1,3,5
Final(1)	K7,53,4,2
fonction(1)	Q1,1,3,1
Hypoteque(3)	K6,52,7,4 K7,53,5,13 K9,55,6,4
janvier(1)	K7,53,1,4
Je(2)	Q1,1,2,4 Q1,1,4,4
juin(1)	K9,55,1,4
l(1)	K7,53,5,11
Lachaine(18)	Q1,1,2,3 Q1,1,7,3 K4,16,1,2 K4,16,2,2 K4,16,3,2 K4,16,4,2 K4,16,5,2 K4,16,6,2
	K4,16,7,2 K4,16,8,2 K4,16,9,2 K4,16,10,2 K4,16,11,2 K6,52,7,1 K6,52,9,2
	K8,54,4,2 K9,55,6,1 K9,55,8,2

(c)

(a)一个 Write-On®出现图表显示的实例,其中"n"出现在末端位置。从"Q found"和"K found"可以看出,检材中有 4 个以 n 结尾,样本中有 129 个以 n 结尾。

(b)显示 Write-On 笔迹比较软件查询搜索出的数据结果。这些数据包括搜索序号、搜索的单词或字母组合、在检材和样本材料出现的匹配数目、进行搜索的日期和字符出现的文件名称。

(c)在第二个表中,即单词索引表列出了所有搜索出来的单词或字母组合、出现的次数、每个单词或字母组合在搜索出来的文件中所处的位置。

图 5.1　Write-On®软件是法庭文件检验员用来检验笔迹材料较多案件的工具,辅助文件检验员掌握某些特征的出现频率

书写压痕和怀疑对可见书写内容进行添改或涂抹都需要专门的仪器来进行检验。使用红外线/红外荧光(infrared/infrared luminescence,IR/ IRL)和成像系统能够让法庭文件检验员记录他(她)在显示器屏幕上所观察到的现象。通过使用连接到以上仪器的打印机可以记录检验结果。如果系统没有连接到打印机,则可以在显示器上拍摄图像(图5.2)。记录红外线/红外荧光显示结果的另一种方法是对显示器上出现的图像进行录像。涉及仪器的检验,包括立体显微镜,甚至手持放大镜都应记载在工作记录中。任何对照实验的描述和结果也应记录。

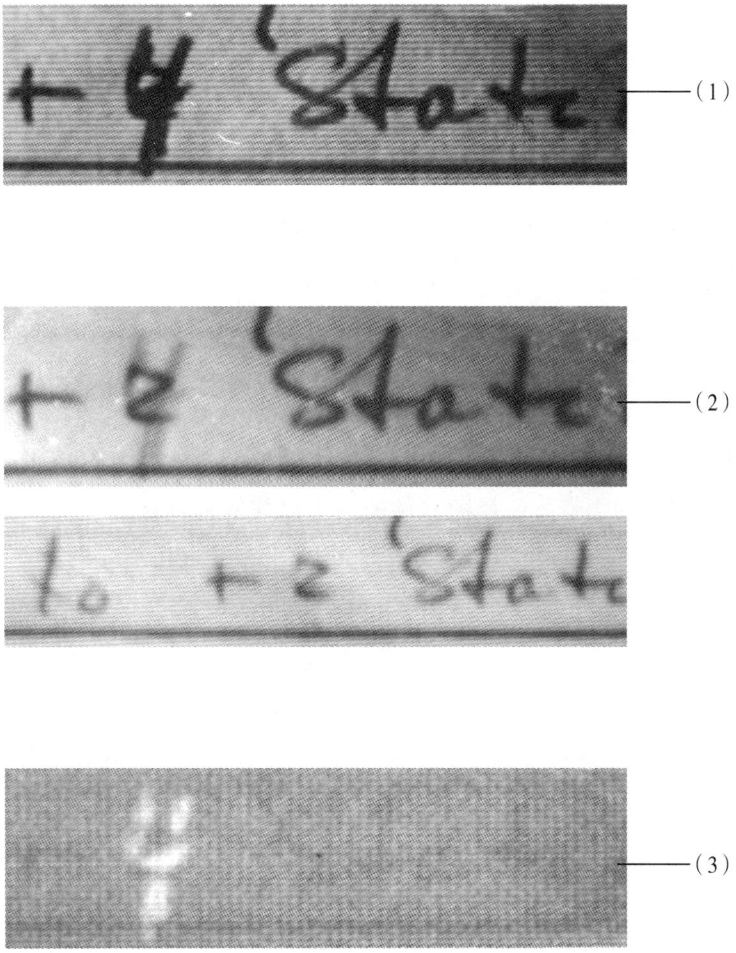

(1)顶部的窗口显示未经滤光器过滤的条目。

(2)接下来的两个图像显示数字 4 在不同波长的红外反射光照射下的反应。

(3)底部窗口显示数字 4 相对于其他条目在红外荧光下的反应。

图 5.2　手写条目在红外光/红外荧光下进行检验

使用静电检测设备进行检验,会形成一种潜在的透明薄膜片,该透明薄膜片不一定包含有书写压痕的证据。包含书写压痕的透明薄膜根据政府机构的书面政策或私人执业者的政策进行保存和存储。如果原来的透明薄膜没有存储在案件档案中,需要制作能够清楚显示压痕文字内容的复制拷贝并将其补充到工作记录中。关于静电检测设备中透明薄膜原始位置的标示也需要记录。

日期,对照实验的结果,以及所涉及仪器的检验结果都应记载到工作记录中。自2004年起,根据美国犯罪实验室理事会实验室认可委员会的政策,对于政府机构或私人从业者不再强制性保存使用静电检测设备得出否定结果的透明薄膜,即没有观察到明显的凹痕。由于材料和储存成本的缘故,许多政府组织并不需要保存否定结果的透明薄膜。在这种情况下,法庭文件检验员须注释静电检测设备检验结果是否定的,透明薄膜未保存。私人从业者则更可能保存所有检验测试的硬拷贝,以证明他们进行了检验。然
31 而,这不是硬性规定,它是法庭文件检验员的个人选择。

5.4 结论

案件档案可以使用硬拷贝的形式进行保存或进行电子存储。它是由工作记录组成,工作记录是法庭文件检验员从事与本案有关活动的历史记录,应包含以下内容:在检验中使用的所有提交证据的副本(检材和样本)、法庭文件检验员与委托方之间的任何信函(律师、调查员、法院等)、检验中所采用方法的描述以及发出的检验报告。所有这些信息都应该反映出每个活动发生的日期。工作记录应该在格式上允许另一位文件检验员复制原来文件检验员的鉴定工作,并能够得出同样的结论。案件档案的副本可以代替证据展示的传票给予对方的律师。详尽的案件记录不仅能够辅助法庭文件检验员进行检验
34 鉴定,如果工作记录表明文件证据对对方非常不利,而且还会可能促进对方寻求和解。

Section Ⅲ Science, Handwriting Examination and the Courts

第三部分 科学、笔迹检验和法庭

道伯特时代

6

柯尔斯滕·杰克逊

目　次

20世纪90年代是一个意义深远的十年，这十年永远改变了法庭文件检验和美国法院之间的关系。美国最高法院对道伯特案、乔伊纳（Joiner）案和锦湖轮胎（Kumho Tire）案（道伯特三部曲）累积的决策果断地改变了原有的方式，即所有专家的证词都需要被提供和研究。德雷克塞尔大学（Drexel University）教授摩西·金博士开始了一系列对照研究，这些研究对法庭笔迹检验的可采性仍然至关重要。这个学科本身在巨大压力下遵守不断变化的法律要求，将证明其有能力在道伯特标准的时代作为一个专业做出回应并不断加强。

6.1　道伯特案件年表

1923年以来，大多数美国法院经常应用弗莱（Frye）[1]测试（普遍接受），准许或禁止采信科学证据。作为一个已经确立的专门技术，法庭文件检验，特别是法庭笔迹检验，在弗莱诉美国政府案件中是没有争议的。事实上，法庭笔迹证据在1925年当时广为人知的林德伯格（Lindbergh）绑架案中判定布鲁诺·豪普特曼（Bruno Hauptmann）有罪起着关键的作用。

1975年《联邦证据规则》（The Federal Rules of Evidence，FRE）通过后，许多联邦法院和州法院放弃弗莱测试，赞成证据规则的相关性标准，该标准对科学证据提供了较为宽松的采信要求。从本质上讲，该证据规则允许法院接受对陪审团利大于弊的证据。然而,越来越多的巡回法院对应用哪一个采信标准出现分歧。

在 1993 年,最高法院在审查道伯特诉梅里尔道制药公司(Merrell Dow Pharmaceuticals, Inc.)案件中[2]一致得出结论,严格的弗莱测试现在应该被更加包容的《联邦证据规则》所取代,以此来确定联邦法院对科学家证据的可采性,从而解决双重受理标准的问题。

法庭的决定是重要的。科学家的证词将根据标准进行评估,设想的标准没有弗莱测试那么严格,如果它被认为是"对事实审判者有帮助的科学、技术或其他方面专业知识",那么将被接受。当法院重申可以通过"交叉询问,提出相反的证据,并对举证责任进行认真说明"来挑战证词时,任何对更宽松的相关性标准将采信可疑证据的顾虑会被法庭反驳。[3]

在道伯特案件中,法院还任命了审判法官作为把关人,以此来形容他们在确保可靠的专家证词在审判中予以接受方面增加的责任。当对提交的专业知识进行评估时,作为指导,法院提出了法官可以考虑的若干标准,包括基本前提的测试、同行评审、错误率和普遍接受情况。

在通用电气公司(General Electric)诉乔伊纳(1997 年)[4]和锦湖轮胎有限公司诉卡迈克尔(Carmichael)(1999 年)案件中,[5]最高法院解决了一些按道伯特标准裁决过程中遗留下来的悬而未决的问题。在乔伊纳案件中,法院加强审判法庭对专家证词可采性的裁决,只要发现这些裁决是建立在明目张胆的错误基础之上,如未经证实的事实或法律上的错误,则允许上诉法院推翻这些裁决。在锦湖轮胎案中,法院认定法官作为把关人的职责扩展到对所有专家的意见证言,包括建立在技能、观察或经验基础上的专业知识进行把关。法院强调,初审法院不仅在确定专业知识的可靠性,而且在是否适用道伯特标准上有很大的自由。

6.2 道伯特标准的决定和法庭文件检验

道伯特案件后,第一个对法庭笔迹可采性的挑战发生在美国政府诉斯塔泽克泽尔(Starzecpyzel)[6]案件中。考虑到道伯特因素,法官裁定法庭笔迹检验是实践技术,它不同于科学,并不适用于道伯特标准。然而,根据 1975 年《联邦证据规则》第 702 条,法官裁定专业知识是可以采纳的,但只能作为一项"专门技术"。

斯塔泽克泽尔案件的裁定使法庭文件检验界目瞪口呆。从来没有一个最古老的法庭学科被简单地描述为一项专门技术。也没有一个法庭意见如此严厉地指出法庭文件检验缺乏已发表的研究报告、标准和明确的方法论。斯塔泽克泽尔案件预示着变革的必要性。在道伯特案件之前,法庭笔迹检验对于采信而言可能已经是充分的,但现在显然是不够的。

幸运的是,这种变化已经开始了。在斯塔泽克泽尔案听证会上,一个很小但是重要的已发表的研究报告第一次被引入到法庭。这项由一名工程和计算机科学教授摩西·

金博士从事的研究，以一种前所未有的视角观察法庭文件检验员和非专业人士如何比较他们正确鉴别笔迹的能力。中等规模的研究限制了它对于听证会的意义，但结果表明法庭笔迹鉴定的专业知识确实存在。 38

6.3 金博士的能力研究

摩西·金博士在对法庭文件检验员能力测试中发挥的初步作用几乎是偶然的。1991 年，金博士和他的团队与美国联邦调查局签约设计一套计算机软件用以扫描笔迹图片，他们通过搜索已发表的文献更好地了解法庭文件检验领域。他们惊讶地发现该领域缺少对照研究，对基于现存尚有缺陷的能力测试所公布的统计数字高度怀疑。金博士认识到有必要进行对照研究，以解决文件检验员是否掌握了非专业人士所不具备的技能。在美国联邦调查局的许可下，金博士与美国联邦调查局进行了一项涉及 7 名文件检验员和 10 名研究生（非专业人士）的初步研究。每一名参与者都会给予 86 个原始手写文件，并要求把文件分成堆，使每堆都是由一个书写者所写的文件组成。如果由两个不同的书写者所写的文件放在同一堆或由同一个书写人所写的文件放在不同的堆中则发生错误。

在评估结果的过程中，金博士发现法庭文件检验员和非专业人士之间的成绩差异是"明显的"。尽管这项研究的样本规模无可否认是中等的，但结果表明法庭笔迹鉴定的专业知识事实上是存在的。题目为《专业文件检验员在书写者鉴定中的能力》（*Proficiency of Professional Document Examiners in Writer Identification*）的研究报告于 1993 年在《法庭科学》杂志上发表。[7]

金博士于 1997 年公布了第二次大范围的研究。[8]100 多名法庭文件检验员和由 41 研究生（非专业人士）构成的对照组分别使用相同的文件进行了测试。给每名测试者 6 份可疑文件和 24 份已知文件并要求确定哪些是同一人所写。

测试结果是很明显的。研究发现，法庭文件检验员错误地匹配了 6.5% 的手写文件，而非专业人员错误地匹配了 38.3%。换句话说，非专业人士鉴定错误书写人的比例比法庭文件检验员的 6 倍还多。有趣的是，非专业人士和文件检验员正确鉴别笔迹的比例相同，但是，这是因为非专业人士随意地鉴定这么多的笔迹样本以至于他们不仅做出了许多正确的匹配，而且得出了许多不正确的匹配。

金博士的大范围研究不可否认地证明了法庭文件检验员在笔迹检验中拥有非专业人士所不具备的技能。两者能力的差异为法庭文件检验员在得出正确结论方面比非专业人士更为可靠这一结论提供了保证。它还使文件检验员对道伯特标准调查中所需的一个关键信息做好了准备，即一个已知的或潜在的错误率。

金博士在 1998 年发表了第三项研究，[9]解决了对前两项研究的批评，即金钱奖励是不足以鼓励非专业人士做得和专业人士一样好。然而，这项新的研究结果表明尽管奖励金额是变化的，有时甚至是丰厚的奖励，但是在笔迹鉴定中非专业人士的错误率仍然明显高于法庭文件检验员。

2001年,金博士发表了第四项研究,[10]将法庭文件检验员的技能与那些非专业人士进行比较,确定一个给定的签名是真实的还是假的(摹仿的)。同样,金博士发现了两组在错误率上存在显著的差异。法庭文件检验员将一个真实的签名认定为假签名的错误率为7.05%,将一个假签名认定为真实签名的错误率为0.49%。相反,非专业人士将一个真实的签名称为假签名的错误率为26.1%,将一个假签名称为真实签名的错误率为6.47%。换言之,非专业人士误将真实签名称为假签名的比例比法庭文件检验员的13
39 倍还多,误将假签名称为真实签名的比例比法庭文件检验员的4倍还多。*

6.4 斯里哈里的笔迹个体性

与此同时,一名纽约州立大学(the State University of New York,SUNY)教授通过研发一种计算机算法来检测笔迹特征,意图客观地支持法庭笔迹检验的一个基本前提:没有两个书写人拥有相同的笔迹特征组合。纽约州立大学的文件分析和识别卓越中心(Center of Excellence for Document Analysis and Recognition,CEDAR)的萨格尔·斯里哈里(Sagur Srihari)博士已经投入超过20年时间帮助美国邮政局开发软件,这种软件能够识别信封上的手写地址,并将其转换为条形码。斯里哈里博士进一步完善了CEDAR软件,**以便提取和检测笔迹特征,确定两个文件是否由相同或不同的书写者完成。在一项涉及超过1500个书写者的研究中,CEDAR软件能够正确地判断两份书写材料是否由相同或不同的书写者所写的准确率达到95%。这项研究成果在2002年发表。[11]随着笔迹样本数据库的不断扩大和开发出更多机器可提取的笔迹特征,CEDAR软件的研究今天仍在继续。

6.5 美国政府诉普赖姆证券公司案件

法庭文件检验的转折点发生在2002年3月的道伯特标准听证会上。美国政府诉普赖姆证券公司案件[12]是该学科巨大努力的高潮,对道伯特标准的调查建立起一个强有力的、有组织的回应。在仅仅短短的几年时间里,法庭文件检验行业已制定并公布检验标准,并积累了一系列卓有成效的相关研究论文。

普赖姆证券公司案件的裁决是一个彻底的、深思熟虑的决定。法官对道伯特案件和其后果进行了简洁的回顾。他强调指出,道伯特案件和锦湖轮胎案件的判决意在排除不

---

* 此处翻译尊重原文,译者认为数量比较上出现错误,应为"非专业人士误将真实签名称为假签名的比例比法庭文件检验员的4倍还多,误将假签名称为真实签名的比例比法庭文件检验员的13倍还多"。——译者注

** 此处的CEDAR软件是指由纽约州立大学的文件分析和识别卓越中心开发的CEDAR-FOX软件,此款软件是第一个用于法庭科学分析目的的笔迹自动比较系统,详见https://en.wikipedia.org/wiki/CEDAR-FO。——译者注

可靠的新奇证据,而不是排除已确立的、历史悠久的技术,如法庭笔迹检验。从他最后的分析,法官得出的结论是这项专业技术能够满足所有的道伯特因素,因此是可靠的和可采信的。

普赖姆证券公司案件听证会取得圆满成功的关键是能够提供专业知识的法庭文件检验员和律师所做的大量准备工作。每个人都提供了大量的说明文件演示了法庭文件检验的专业知识如何满足每个道伯特因素。正在进行的涉及计算机笔迹特征检测的研究支持笔迹个性化的基本理论,以及数个公开发表的研究,涉及文件检验员有能力稳定地区分同卵双胞胎的笔迹。摩西·金博士的研究不仅提供这个行业的错误率,而且也使法官确信金博士的结论能够取代任何传说的统计数据,而这些统计数据是建立在20世纪80年代所进行的有缺陷的能力测试基础之上。也许最引人注目的是法官的评论,如果法庭笔迹的证词因过于严格地应用道伯特标准而被排除在外,那么刑事被告人在他(她)的辩护中将被阻止出示相互矛盾的无罪证据。

第九巡回法庭在2004年上诉中确认普赖姆证券公司案件的判决,并且明显注意到一个事实,所有六个以前曾经提出法庭笔迹检验可采性问题的巡回法庭也已经肯定了它的可靠性。 40

6.6　道伯特标准小组

在道伯特标准决定以前,一名法庭科学家在法庭上面临的最严峻的挑战是对其资质的质疑。关于使用公认的方法、程序的验证、同行评审、科学界普遍接受和错误率这样具体的问题则很少被询问。然而,在后道伯特时代,对以前这样神秘领域的质疑正变得越来越普遍,专家证人并不总是准备好答案。律师也不具备足够的知识来对所提供专业知识的可采性进行辩护。

美国政府诉斯塔泽克泽尔案件对法庭文件检验界是一个警醒,并推动行业了解道伯特标准三部曲,使法庭文件检验员做好准备以满足即将到来的道伯特标准的挑战。美国法庭文件检验员委员会认识到迫切需要一个有组织的反应,由三个法庭文件检验员组成的道伯特标准小组就此组成。这个小组的主要功能是跟踪联邦和各州道伯特标准的决定,并向法庭文件检验员提供对每个道伯特标准的简明回应。这个小组的有效性是毋庸置疑的,它已经帮助法庭文件检验员和律师对道伯特标准进行30余次的挑战,所有的挑战都取得了成功。

由于具有开创性的道伯特标准于1993年实施,建立专家证人资质证书的重要性已经获得美国联邦法院和州法院更大的重视。尽管许多州法院、一些国家继续对专家证词应用弗莱类型的标准,但是越来越多的州法院正在用道伯特标准取代弗莱标准。道伯特标准超越美国边界应用到国际法庭可能只是一个时间问题。道伯特标准在美国法庭的发展历程和法庭文件检验界有组织的响应将对那些最终在他们自己的道伯特标准时代面临同样挑战的专家提供宝贵的指导。

参考文献

1. U. S. Court of Appeals, *Frye v. United States*, 54 App. D. C. 46, 47, 293 F. 1013, 1014, 1923.

2. U. S. Supreme Court ruling, *Daubert v. Merrell Dow Pharmaceuticals*, 509 U. S. 579, 1993.

3. *Daubert v. Merrill Dow Pharmaceuticals.*

4. U. S. Supreme Court ruling, *General Electric Co. v. Joiner*, (96 – 199) 78 F. 3d 524.

5. U. S. Supreme Court ruling, *Kumho Tire Co. v. Carmichael*, (97 – 1709) 131 F. 3d 1433.

6. U. S. District Court ruling, *United States v. Starzecpyzel*, 880 F. Suppl. 1027 (S. D. N. Y.), 1995.

7. Kam, M., Wetstein, J., and Conn, R., Proficiency of professional document examiners in writer identification, *J. Forensic Sci.*, 39, 5 – 14, 1994.

8. Kam, M., Fielding, G., and Conn, R., Writer identification by professional document examiners, *J. Forensic Sci.*, 42, 778 – 786, 1997.

9. Kam, M., Fielding, G., and Conn, R., Effects of monetary incentives on performance of nonprofessionals in document – examination proficiency tests, *J. Forensic Sci.*, 43, 1000 – 1005, 1998.

10. Kam, M., Gummadidala, K., Fielding, G., and Conn, R., Signature authentication by
41 forensic document examiners, *J. Forensic Sci.*, 46, 884 – 888, 2001.

11. Sargur, N., Srihari, S., Sung – Hyuk, C., Hina Arora, M. E., and Sangjik Lee, M. S., Individuality of handwriting, *J. Forensic Sci.*, 47, 856 – 872, 2002.

42 12. U. S. Court of Appeals, *United States v. Prime*, 363 F. 3d 1028 (9th Cir. 2004).

笔迹比较的结论与准则 7

卡尔·R. 麦克拉里

目　次

在文件检验的初期,存在许多种笔迹或手写印刷体检验的结论报告形式。这些报告中包括了表达明确意见的调查结果,例如,一个有嫌疑的书写人是否为可疑笔迹的作者,以及有保留意见的报告表达了结论的不确定性。考虑到有许多因素会影响某些特定情况的结果,因此笔迹检验的本质决定了应提供有保留的意见。这些因素包括伪装的出现、原件或原件的复印件不清晰、缺乏可供比较的样本和非同期的样本。

来自政府和私营部门的文件检验员使用各种结论尺度和措辞。使用的语言有可能被混淆或误导读者,如"第 2 项和第 3 项的笔迹与某人(John Doe)的笔迹是一致的"。从这种类型的结论来看,文件检验员是否将某人确定为书写人,还是表达了某种程度的相似性仍然还不清楚。此外,没有任何出版物解释或界定术语,如一致性或那时候行业内使用的任何其他不确定的术语。

1990 年 2 月,一篇题为《委员会建议:笔迹意见术语的标准化》(一年后以书信的形式在《法庭科学》杂志发表)的论文在美国法庭科学学院的第 42 届年会发表。作者为托马斯·麦克亚历山大(Thomas McAlexander)、简·贝克(Jan Beck)和罗纳德·迪克(Ronald Dick),它描述了一个九级的意见术语,作者们认为九级的意见术语最能体现文件检验界的需求。在这些术语中有六个是那时候正在使用的有保留的意见,除此之外分别是认定(the mainstay identification)、否定(elimination)、无结论(no conclusion)。被称为保留结论的有极大可能(书写)、可能(书写)、有迹象表明(写)、有迹象表明(没写)、可能(没写)和极大可能(没写)。这种尺度的正反两方面是平衡的,反映了各种程度上的肯定,这些不同程度的肯定是基于上面提到的潜在限制因素。

有保留的术语使用概率,并被描述为等同于置信尺度,作者提醒使用者"笔迹意见的概率不是一个统计测量,而是测量检验员的信心,这是建立在科学原理和经验判断的基础上,由此得出的意见是正确的。这是真实的,因为概率与定性和定量过程有关"。[1]

1995 年,ASTM E30.02 可疑文件小组委员会起草并通过 E1658 作为标准术语,《法庭科学文件检验员陈述结论的标准术语》(*Standard Terminology for Expressing Conclusions of Forensic Document Examiners*)是基于《法庭科学》杂志的信函。在最初的标准中包括一个建议,它也可用于在除笔迹之外的检验,没有要求文件检验员使用各个级别的意见。大家认识到一些实验室只使用五个或七个级别的意见,通常省略“有迹象表明”或“可能”的术语。一些实验室系统,如那些在英国的实验室,使用基于贝叶斯理论的一个结论尺度。

参考文献

1. McAlexander, T. V., Beck, J., and Dick, R., The standardization of handwriting opinion
44 terminology, *J. Forensic Sci.*, 36, 313, 1991.

Section Ⅳ Handwriting Examination and Comparison

第四部分 笔迹检验与比较

笔迹鉴定 8

丹·C. 珀迪

目　次

书写是一种有意识的行为。然而通过反复使用以后,每一个字母和单词的实际组成几乎变得是自动化的,因而熟练的书写人可以将其大部分有意识的思考集中于书写内容,而不是在书写过程的本身。因此,书写是由无数潜意识、习惯性的模式构成的,这是个人的一部分,就如同他的个人生活习惯或举止一样。

然而,书写不仅仅是一组潜意识的习惯。它是书写者充满活力的、逐渐变化的产物,远不同于由完成书写活动的复杂的人类肌肉和神经机制所产生的一种机械复制。书写会受到脑海中字帖字体的画面影响,因书写者的个人品位和模仿脑海中画面的能力而发生改变。在书写时身体和精神的状态也可以影响一个人的笔迹。尽管笔迹能否作为性格标准值得商榷,但它对每个人来说都是独一无二的,这是一个既定的事实。因此,笔迹可以被鉴别,并且这种鉴别是基于能够结合起来创造个人特征的所有元素。

用来鉴别一个人书写笔迹的因素众多。有些因素是比其他一些因素重要,但围绕每个特定案件的条件也可以影响哪些元素被赋予最大的鉴定价值。在不利的书写条件下,即使是高水平的书写者也可能写出低劣的笔迹。例如,在移动出租车后排座位高低不平的表面上进行书写,车内不佳的照明条件和内心焦虑可能会进一步削弱书写者的能力,这将有可能显示出不稳定、颤抖的动作。虽然这些特点预计会出自于在恶劣环境下制备的文件中,但是如果它们出自于在比较理想的情况下制备的文件中,肯定会引起对有关文件真实性的怀疑。

当试图鉴定一份手写文件的书写者时,必须考虑检材和样本中的所有特征。如果检材与样本是同一书写者所写,两组材料中基本的书写习惯必须是一致的。检材笔迹没有描摹或摹仿(tracing or simulation)的迹象并且包含有重要的独特特征,这些特征也同样出现在样本中,不存在本质的差异。在笔迹比较中应用合理的推理,需要确定有哪些特征是明显的符合和本质的差异。检材笔迹和样本笔迹之间的差异为表明检材和样本是由两个不同书写人完成的提供了证据——除非分歧通过围绕检材制备情况,样本的质量或其他情况等事实可以在逻辑上得到合理的解释或者与事实情况相一致。

多次重复出现的本质差异无疑可以充分确定两份笔迹不是同一个人所写。然而,无论如何都不能通过一些不寻常的特征来最终确定同一性。相反,一个重要的特征组合必须始终保持一致而且没有任何一个本质差异以至于不存在任何偶然巧合的可能性。因此,笔迹鉴定不仅仅在于存在鉴定特征的组合——这仅是一个必须满足的条件——而且
48 在于检材笔迹和样本笔迹之间没有同时存在的本质差异。

8.1 笔迹形态和特性

作为笔迹鉴定基础的特征有哪些？在外行人的眼中，不同寻常的字母形式是非常突出的。字母形式当然是值得考虑的，但这些要素并不代表在笔迹比较时所考虑的全部特征。字母形式很可能被比作一个人的外表——完全是一种认识的手段，而不是一个完整的描述。不管外表如何，每个人都有其典型的行为和言谈的方式，这些独特的方式有助于大家识别他(她)。在描述笔迹时，书写运动的特性相对字体而言在精确识别的过程中更是必不可少的。

笔迹并非是一个没有生命的形式。每一个样本都显示出书写者特有的活力并在相应的书写运动中表现出来。[1]其中一个极端是流畅的、连续的、有节奏的、快速书写的笔迹，充满了优雅和风度，使一些重点在色彩深浅上艺术地渐变，显示出高度熟练书法家的运笔自如。虽然手腕、手掌和手指也可以部分发挥控制笔的作用，但是书写工具的运动总体上是由前臂的肌肉控制的(图 8.1)。

图 8.1　高水平书写者的特点是自由、有节奏感和清晰

相反的则是由不熟练或不稳定的手，犹豫的、间断的、费力的慢速书写的笔迹。其飘忽不定的笔画、棱角分明的连接和不规则的运动对于那些将书写视为一项困难的体力或脑力任务的人来说是他们书写笔迹的典型特点。笔迹不稳定的外观主要是由于书写者运用手指的运动来控制书写工具(图 8.2)。 *49*

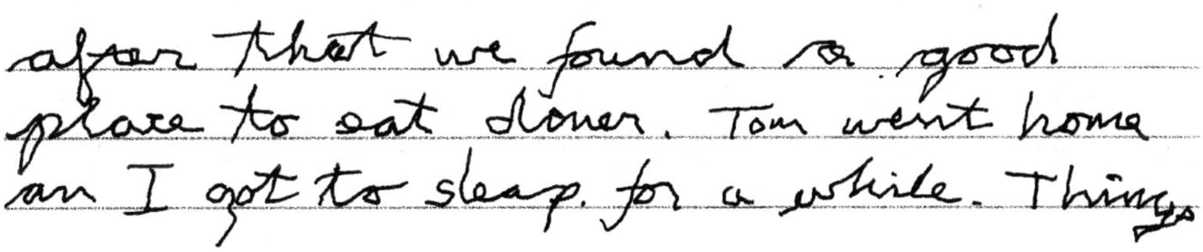

图 8.2　不熟练书写者的笔迹看起来是缓慢、笨拙地完成书写

书写运动还有其他的特性。笔画可以准确或粗心地书写，或者也可能需要重新书写或修饰，以努力完善和提高易读性。一些书写者已经养成了在某些字母添加笔画的习惯,这种习惯在笔迹比较中具有举足轻重的作用(图8.3)。笔的运动并不一定是在一个单词的起点开始或在终点结束。对于大多数书写者而言,在笔第一次接触文件之前,它一直在运动,持续到笔从纸张抬起之后。这些情况反映在单词开头或结尾处逐渐变细的起笔和收笔。在另一种类型的笔迹中,在进行任何书写运动之前,笔都被小心地放在文件上,并始终保持与纸张的接触直到完成每一个单词。属于这种类型的笔迹在笔画始末端具有运笔生硬或呈现球根状的特点。大多数人的笔迹处于这两个极端之间,显示出不同程度的变化和这些特性的组合。

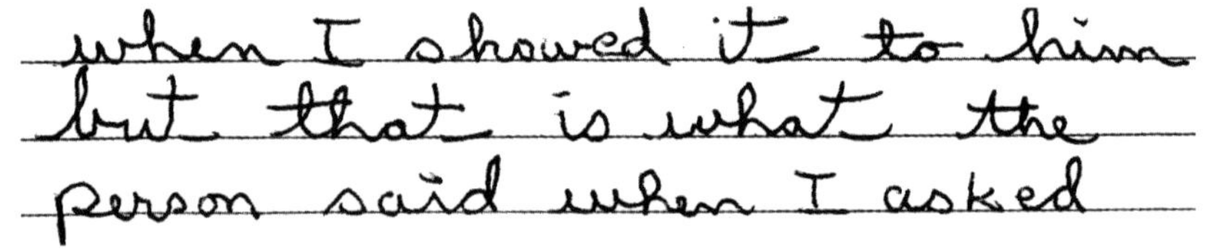

图8.3　当字母t是单词的最后一个字母时,字母t附加的水平笔画是这个人笔迹的一个重要的鉴定特征

笔迹的生动性与其所涉及的身体运动过程是密切相关的。根据书写者不同的技能和训练,以及他(她)的自然素质,书写运动是通过手指、手腕、手臂、单独或更普遍的是以不同的书写器官组合来完成的。书写者的技巧、书写速度、字母形状和书写方式之间存在相互关联。初学者缓慢而有节奏的笔迹,并伴随着较重的笔压,一般是由不熟练的手指运动造成的,而熟练的书法家快速、流畅的笔迹是通过手臂的运动并在浓淡变化或突然转弯处伴随温和的无意识手指冲动完成的。当然,手指书写并不总是粗糙的,也不是所有的手臂运动书写都能形成高度熟练的草书。如上所述,大多数书写不是由一种简单运动形成的。一般水平的书写者采用了这些动作的组合来实现他(她)独有的笔迹特性。

许多书写者以一种非常个性化的方式执握书写工具,这可能会影响他们笔迹的外观。大多数现代的书写工具,特别是圆珠笔和软尖笔以及铅笔,并没有揭示出有关笔相对于纸张或字行位置的明确证据。然而,瓦斯特里克的报告中[2]称出现在氧化锌纸、无碳复写纸(no-carbon-required,NCR)和某些商业表格上的姊妹线(sister lines)可以表明书写者用手习惯和书写工具相对于纸张的方向。这是相对于金属尖笔而言,尤其是自来水笔半柔性的尖,这些尖通过其前端与纸张的关系产生明显不同的阴影图案。当检验的笔迹是由尖头笔书写的,其异常的执笔位置可以被确认;当检验的笔迹是由一支铅笔、圆珠
50 笔、软尖笔书写的,则几乎不可能得出这样的结论。

字母形式的某些属性受到书写人所学习过的书写系统的影响,其他属性则是个人品位的结果。笔迹并不是遗传的特性,虽然个人技能或缺乏协调性可能会遗传。例如,阅读障碍症和其他残疾能够遗传并影响某些字母结构的理论已经被科研工作所支持。补救性措施能够纠正其中的一些表现。当一个书写者摹仿其他家庭成员的笔迹特点时,或

者甚至是一位受人尊敬的熟人时，家庭成员间的笔迹相似性有时确实存在。这种倾向往往发生在青春期，此时书写者正在发展和尝试他(她)的笔迹。字母可能是有角度的或者呈现对称的圆形，它们可能高和细长或者短和矮胖的。字母的形状可以是富有艺术性的或奇形怪状的，它们可能会挤在一起或分开，这取决于它们连接笔画的性质。特定字母在风格上可以是常规的或不同寻常的，一些书写者使用装饰或修饰来进一步个性化自己的笔迹。

线条特征或许是用来描述笔迹的最重要特征。阿尔伯特·奥斯本[3](Albert S. Osborn)在北美是公认的法庭文件检验之父，于 1910 年撰写《可疑文件》(*Questioned Documents*)。他引入的术语涵盖了所有与运动相关的因素，这些因素是来自对笔迹的研究。当书写工具在纸面上划过时，包含了许多特性，这些特性源于用来引导书写工具的动态过程。这些要素包括笔的压力或着力点、运行速度、提笔、笔迹的连贯性和一致性、节奏和书写技能。到处显示出较差线条特征的笔迹很可能是由那些不熟练的书写者或患有身体或精神残疾的人书写的。在其他情况下，笔迹是由快速书写的笔画与整个文件中偶然发生的犹豫或抖动的组合。这些相反模式的随机出现能够从本质上区分是真实的笔迹还是欺诈性的笔迹。经过精心构造用以摹仿受害者字迹的伪造笔迹，通常包含缺陷或在造假者摹仿最困难的地方出现不规则的书写运动。这其中包括优雅和富有艺术美感的笔画、复杂的图案或连接的曲线，这些通常都是正常快速书写形成的。造假者经常热衷于复制每一个字母，但是他们无法摹仿一个真正笔迹的自然特性。当可疑笔迹在放大镜下检验时，如此失败尝试的结果立即显而易见(图 8.4)。

图 8.4 在一份有异议的自书遗嘱中，仔细的修补、提笔和迟疑都表明这是一个试图摹仿立遗嘱人笔迹的失败尝试

字母某些部分的名称往往源于它们与熟悉物体的相似性，如槽、钩、肩或扣。例如，草写字母 w 由两个相连的碗或槽组成，在 a 顶部可以有帽子形笔画。用来描述字母各部分的其他一些术语如图 8.5 所示。 51

Arch	Convex curved strokes found in certain letters.
Ascender	That part of a letter that rises above the baseline.
Body	The remaining parts of a letter after the initial/terminal strokes and upper/lower extensions are removed.
Bow	A curved stroke generally aligned in a vertical direction.
Buckle or Knot	That part of a letter that ties itself to the staff.
Cap	That stroke in a letter that crosses over the top of the staff stroke.
Compound Curve	A curved stroke whose radius changes direction.
Connecting Stroke	A stroke joining two letters together.
Crossbar	A stroke that intersects the staff or main portion of a letter.
Cusp	The crescent or crown of a letter.
Descender	That part of a letter which drops below the baseline.
Eyelet	A circular movement whose center can be either open or closed.
Foot or Feet	The parts of a letter that touch the baseline.
Hiatus	A gap within a letter when the writing instrument leaves the paper.
Hook	A curved or angular projection usually occurring in an initial or terminal stroke.
Initial Stroke	The first writing movement of a letter.
Lower Loop	A loop situated primarily below the baseline.
Retrace	A stroke within a letter that follows the same course as a preceding stroke.
Shoulder	The flat or sloping part of a letter.
Spur	A small angled appendage at the start or end of a stroke.
Staff Stroke or Stem	A stroke forming the backbone of a letter.
Terminal Stroke	The stroke which forms the final portion of a letter.
Trough	A hollow or concavity between two raised portions of a letter.
Upper Loop	A loop situated primarily above the baseline.

52 图 8.5 笔迹专家经常使用专门的术语来描述某些字母的部分结构

8.2 笔迹特征

不考虑到笔迹的所有因素，则对笔迹的研究是不完整的，因为这些因素共同描述了个人笔迹的最根本属性。它们由笔迹的明显特征，如字母形式和并不太显眼的特征，如笔的压力和一个字母的各部分相对于这个字母整体的对齐方式。当进行笔迹比较时需要考虑的特征包括，但不局限于以下几个组成部分。

8.2.1 缩写特征

书写者偶尔使用单词缩写，这些缩写经常出现在他们的书写材料中。这些包括日期的缩写（如 Mon.、Tues. 等）、月份的缩写（如 Jan.、Feb. 等），以及头衔的缩写（如 Rev.、Dr.、Cst. 等），仅举几例。除了与这些缩写中字母的书写形成有关的个体特征之外，一些书写者采用的惯例在语法上是不正确的，例如，使用了不正确的缩略词来表示所有格，如“Science should know it's limits”或“You're computer is too slow.”。整篇书写文章中的缩写可以作为非常有用的鉴定特征——特别是如果缩写是不正确的，如使用“blgd.”代表建筑，而不是正确的缩写“bldg.”。

8.2.2 对齐方式特征

手写文件的基准线是条直线或虚构的线，笔迹就在这条线上书写。有些人已经形成将所有书写的文字高于或低于这个基准线的习惯。然而，在大多数情况下，只有特定的字母或字母组合是不对齐的（图 8.6）。麦克拉里（McClary）[4]报告中称，纸张相对于书写者手臂的位置是对齐问题的原因。

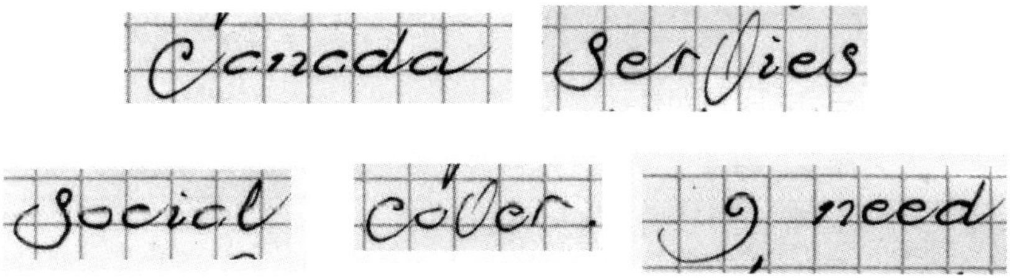

图 8.6 这个人书写的字母 C、c、l 和 v 都低于基准线

8.2.3 安排特征

当比较检材和大量的笔迹样本时，许多不同于单纯笔迹特征的因素可以并且应该被考虑到。在一张纸上的书写安排与笔迹本身一样都是独特的。页边距、字间距、地址布置、字母拥挤程度、插入方式和对齐方式都可以成为一个书写者的个人习惯；拼写、标点符号、表达方式和语法，可以表明书写者的母语或帮助鉴定一份可疑文件的作者（图

8.7)。当鉴定一份有争议文件的书写者时,这些因素中的每一个因素都会是个人特有的
53 和重要的。

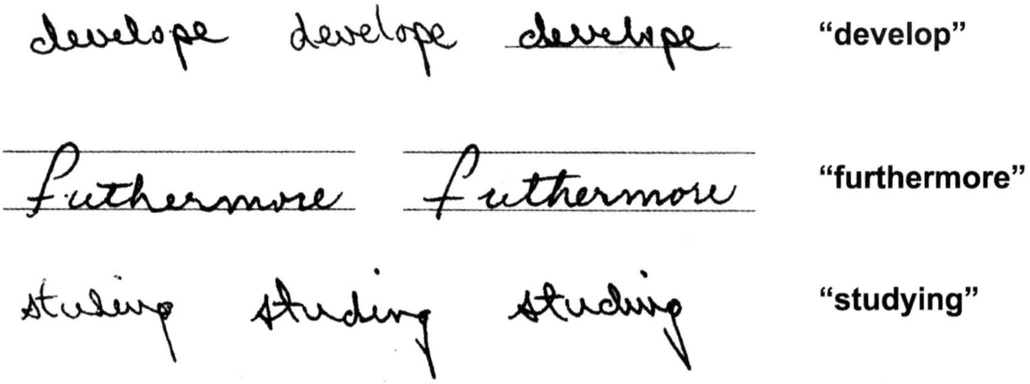

图8.7 拼写错误的单词有助于确定一份有争议文件的书写者

8.2.4 连接笔画特征

在手写文件中连接相邻字母或相邻单词的笔画是相当不同寻常的。习惯紧凑书写的人经常使用短连接笔画将单词和字母连接起来,而采用长连接笔画的书写者则扩大了他们的笔迹,这些笔迹超出了通常被称为正常的范围。

8.2.5 起笔特征

字帖上的字体格式规定了适当的长度、形状和草写字母初始笔画的起始位置和大多数字母开头的基准线。许多人已经修改了他们笔迹中的这个要素,以满足他们个人的品位。有些书写者远低于基准线开始书写他们字母的起始笔画,而其他人在推荐的起始位置以上开始书写(图8.8)。也有一些书写者既使用长的起始笔画也使用短的起始笔画,主要取决于特定的字符和其在单词中的位置。

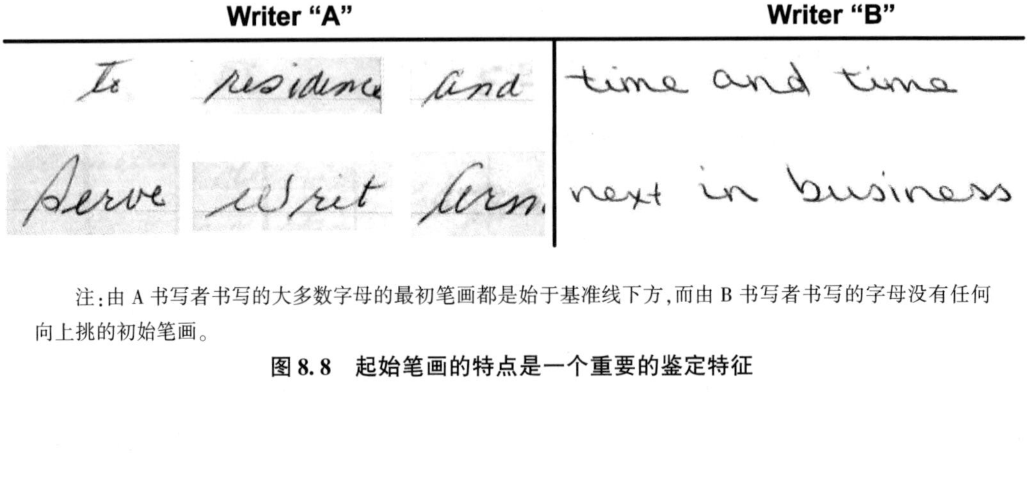

注:由A书写者书写的大多数字母的最初笔画都是始于基准线下方,而由B书写者书写的字母没有任何向上挑的初始笔画。

图8.8 起始笔画的特点是一个重要的鉴定特征

8.2.6 提笔特征

当书写工具从纸张抬起时,就会出现提笔特征。当确定一份手写文件的真实性或欺
骗性的时候,中断笔画的存在与否往往是一个重要的考虑因素。正常笔迹主要是通过手 54
和手指的运动完成的,相比于主要由手腕和前臂运动形成的笔迹更容易出现提笔特征。在第一种情况中,笔的运动受到书写者手指触及或伸长范围的限制。一旦完全伸长手指,笔必定从纸张上抬起,所以在继续下一系列笔画之前,手将被移动。

总是发生在特定字母相同地方的提笔特征具有相当重要的价值。当书写工具在字母结尾处从纸张表面提升起来,在下一个字母开始之前在单词中留下了小缺口,则发生一种称为“空隙”(hiatus)的特殊类型的提笔。如果这种间断或中断是发生在整份笔迹中,那么它们将是书写者的个人习惯。

8.2.7 笔压特征

笔压是书写过程中不自觉地施加到书写工具上的平均重量或平均压力。在此定义中的关键词是平均重量,这意味着是平均作用力,在此作用力下笔与纸张接触,以此确定是否整份笔迹以轻、中或重笔压完成。

使用金属尖笔书写的笔迹将清楚地显示出,当书写工具沿着纸张前行时向书写工具施加不同大小压力所产生的效果。手和手指施加的压力越大,笔尖的尖端将分开得越大。[5]偶尔在纸张表面会出现沟痕,沟痕的深浅与施加于笔的压力是成正比的。如果用侧光照射文件,在显微镜下观察笔画,沟的深度很容易被观察到。

用圆珠笔书写文件时,书写过程中作用于圆珠笔的较大压力会使笔尖进一步深入纸中,导致笔画线条稍微变厚和书写笔画下方的纸张纤维凹陷。

无论制备文件使用何种类型的书写工具,对可疑笔迹的仔细检验能够揭示出重要的细节,这些细节对于书写过程很有意义。当检验伪造签名时,经常与慢速书写、绘画动作有关的重的,始终如一的笔压同其他缺陷,包括抖动、修饰、提笔以及不规则的笔画一样都将变得很明显。

8.2.8 标点符号特征

标点符号,如句号、逗号、感叹号、冒号和分号,都是帮助读者理解文件意义并使其读起来更高效的符号。正确使用标点符号的规则出现在书写方式指南中。

标点符号会大量地出现在整个可疑文件中,或者它们可能根本不会出现。当书写个人信件、商业信函或有地址的信封时,书写者通常遵循固定的模式。法庭文件检验员应
密切注意它们所使用的地方,以及它们的形状和相对于基准线的位置。 55

8.2.9 节奏特征(Rhythm)

节奏特征被定义为笔迹弧度的规律性,同时考虑到间隔特征和被确认为笔重复返回

到基准线的图形模式。熟练的书写者通常会写出令人赏心悦目的笔迹,笔迹中包含一系列周期性的压力和冲动动作(图8.9)。由于手的不正常收缩和释放动作,间隔不规则的笔迹,或含有不规则运动的笔迹显示了较差的节奏。因此,较差节奏是一个能够区分自由书写形成的笔迹和由套摹或徒手摹仿(freehand simulation)形成的粗制滥造的笔迹。

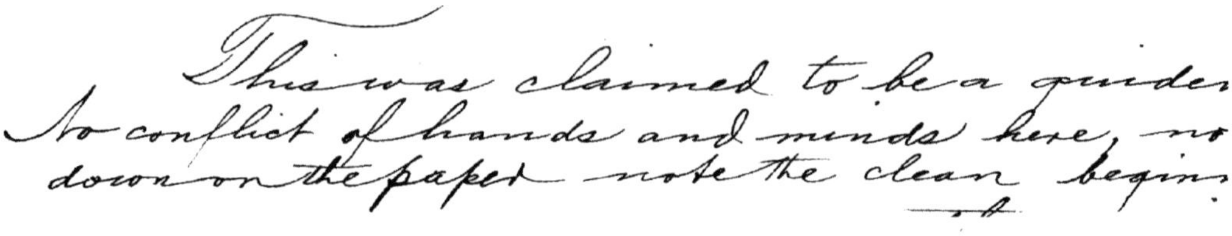

图8.9　熟练书法家的笔迹使人赏心悦目,并表现出一系列周期性的冲动动作,此称为节奏

8.2.10　浓淡变化特征

浓淡变化特征,与无意识地对书写工具施加压力不同,是完成某一笔画时有意识地或自愿地向笔施加压力的行为。然而,在每个实例中,向书写工具施加压力的效果是相同的。当使用金属尖笔时,以较重的压力书写的笔画比较小压力书写的笔画宽。在一个高超的书法家手中,金属尖笔会产生墨迹的浓淡变化,使笔迹具有令人赏心悦目的艺术品质(图8.10)。

注:当使用金属尖笔时,向书写工具施加的变化压力是很明显的。由弹性笔尖产生的笔画变粗也被称为浓淡变化特征。

图8.10　金属尖笔书写笔迹会产生墨迹的浓淡变化

有人可能会认为圆珠笔的非弹性特性会产生完全没有浓淡变化的笔画或者没有笔
56 着力点的迹象,然而,不完全是这样的。[6]甚至即使圆珠笔产生均匀宽度的线,然而一些书写者书写的笔迹也能够清楚地揭示书写压力的不同。

对手写文件浓淡变化特征的评断不仅包括施加到笔的压力的具体数量,也包括浓淡变化部位的起始端。和所有通过学习的行为一样,浓淡变化是一种后天获得的书写习惯,是通过多年的重复和实践发展而成的。

8.2.11 大小特征

除非局限于有限的空间内,或者是在不同的时间书写的之外,大多数人的字迹大小是相当一致的。一份笔迹的大小受到书写行为周围环境的影响。例如,据奥尔福德(Alford)[7]报道说,约65%的书写者将增加或减少笔迹大小作为一种伪装手段。在哈迪(Hardy)等[8]进行的一项研究中也得出这样的结果。虽然由同一人书写的正常笔迹大小变化不时发生,但大小写字母的相对大小通常是恒定的。

8.2.12 倾斜特征

在一个人的笔迹中最明显的特征之一是它的倾斜或歪斜(slope or slant)。故意改变笔迹倾斜特征的书写者造成了字母外观的巨大变化。这就是为什么修改笔迹倾斜情况是一种常用的伪装方法。虽然书写倾斜的总体变化是比较容易实现的,但是倾斜的细微变化非常难以保持,并在大量的书写材料中很少能够保持一致。

8.2.13 收笔特征

像起笔一样,收笔也受到字帖上字体格式的规定。获得个人书写风格的个体总是偏离字帖中规定的字体,将会把卷曲笔画、延伸笔画或修饰笔画添加到某些字母的末端。这些笔迹特征是相当一致的,因此,当比较两组笔迹时要加以考虑。

8.2.14 抖动特征

抖动是当伪造者缓慢地复制受害者的字迹时,由于手的不由自主的颤抖运动造成的。在这种情况下,抖动很可能发生在需要最高技能书写的字母或字母组合上。因此,应该经常对粗笔触的曲线和复杂的书写运动进行显微镜检验,观察是否在笔画中存在不规则的变浓和线条特征变差的现象,因为它们是伪造者所面临的最大挑战。

抖动也可以是由书写者试图改变或伪装其正常书写习惯所造成的。[9]伪装笔迹不具有正常书写的单词和字母的自然外观。隐瞒自己正常的书写习惯,同时伴以一种完全不同的方式来进行书写,如果要想这种欺骗行为避免被检验出来,需要注意力高度集中和极大的努力。

在特殊情况下形成的真实笔迹也可能包含抖动。如果一个书写者由于患病而身体 57
衰弱或年老体弱导致肌肉控制能力的损失,会出现不同程度的抖动。那些患帕金森症的人通过服用处方药可能会发现症状的暂时减轻。

法庭文件检验员面临的最具挑战性的问题之一是确定在一份可疑文件中发生抖动的原因。一些重要的因素需要考虑,包括抖动发生的位置、笔偏离其正常路径的程度和文件据称形成时书写者的身体状况。

8.3 书写变化

对可疑文件书写人进行同一认定是比较可疑文件和由某人书写的样本两者所反映出的书写习惯的相似性。权衡证据的同时,必须考虑到书写的变化。既然变化是正常书写中一个不可分割的部分,没有两份由同一个人书写的笔迹样本在每一个细节上都是相同的。不同书写者的变化程度各不同,因此,正常变化成为笔迹鉴定中的一个重要的组成部分。[10~12]在某些情况下,变化是轻微的,只出现在笔迹微小的细节上;在其他情况下,字母和单词的组成在主要形态上差别很大(图8.11)。变化主要是由于人体缺乏机器般的精度,但它也会被外部因素所加剧,如书写位置、使用书写工具的类型和给予书写行为的关注程度。

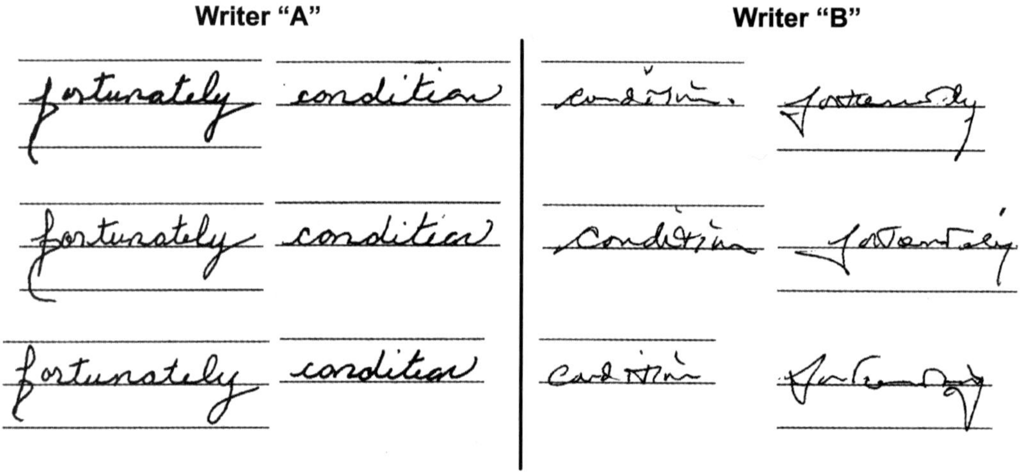

图8.11 由A书写者书写的正常笔迹比B书写者书写的笔迹一致性更强,变化范围更小

书写的变化也会被书写者的身体和精神状况所影响。这就是为什么疲劳、醉酒、使用药物、疾病、精神紧张往往伴随着书写质量的恶化,其恶化程度与产生恶化原因的强度相对应。身体健康每况愈下、年事已高和在某一段时间内制备笔迹的数量都可能与在相隔较远的日期书写的文件相比会增加较大的变化。

58 变化并不妨碍笔迹鉴定。事实上,围绕笔迹基本特性的变化构建了又一个因素,这个因素有助于鉴定具有个人化或个性化的笔迹。[13]因此,当检材和样本材料是在同一时期、相似的情况下形成的,笔迹是最有可能被鉴定的。确立可疑笔迹来源就成为确定笔迹基本特性和习惯的过程以及笔迹波动的准确变化范围。它不仅能够证明可疑笔迹与已知样本笔迹具有同样的特性和习惯,而且能够从样本中所发生的变化预见到可疑笔迹中偏离基本形态的程度。所有这一切都是推测样本是真正具有代表性的笔迹,是在与可疑材料书写条件相近的情况下制备的。

8.4 种类特征和个体特征

传统上，进行笔迹比较时所考虑的特征被分为两种通用但又有些重叠交叉的特征组。种类特征，顾名思义，是一组或特定类书写者所共有的笔迹特点。该术语通常与特定的字帖字体格式或在课堂上教授的字母样式有关或从职业要求、教育需求，或文化影响发展而来的书写特征有关。另外，当一个字母脱离其通常的字帖字体格式时，个体特征才会出现。笔迹中的这些元素构成了笔迹鉴定的基础，包括字母的大小、字母的某个部分相对于整个字母的比例、不寻常的提笔、相对于基准线的字母不对齐等特征，仅举几例。

1980 年以前，书写通常是在公立学校教授的，学生们从出版的字母设计系统也称字帖中练习书写。学生通过摹仿由帕尔默（Palmer）、赞纳 – 布洛泽（Zaner-Bloser）、德尼连（D'Nealian）、麦克莱恩（MacLean）或其他字帖风格的创作者设计的字体来学习书写（图 8.12）。通过研究整份书写材料中出现的种类特征往往可以准确地预测 50 年前使用的书法教学系统。然而，最近这已成为一个更加困难且通常情况下是不可能完成的任务， 59
因为教师已经被赋予了相当大的自由度来决定在他们的课堂上使用什么样的书法系统或方法。虽然有一些学校仍然严格执行使用某个特定的字帖，但更经常的是学生被要求摹仿老师用他（她）正常的笔迹书写在黑板上的字体。现代教学方法的主要目的是教导学生快速、清晰地书写。在学生们正在学习书法这段时间内，普遍缺乏指定的字帖从而导致学生接触到不同的书法系统和教学方法。因此，几乎不可能通过检验学生的笔迹来识别以前曾教给他们的书法系统或书写方法。

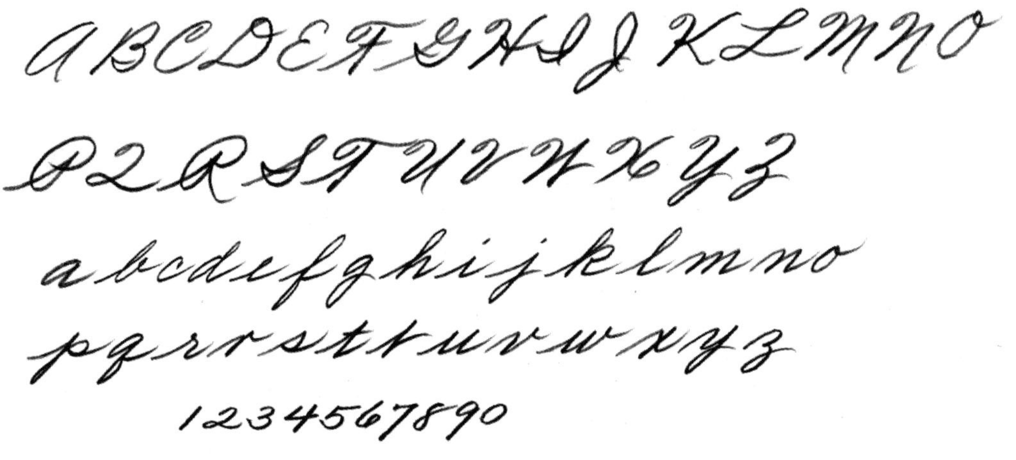

图 8.12 字帖字体，如上面的例子，是用来教学生明确和清晰地书写字母

过去对会计师、银行家和绘图员就如何写字母和数字提出了严格的要求。每个字母要求使用特定的方式构成，使用相同数目的笔画，按照特定的方向和顺序书写。如今这些事项与20世纪相比得不到重视。计算机问世以来,专业人士往往更多地依赖于软件程序来标注图纸,制作数字条目或撰写每天的报告。

由于许多人的笔迹中都包含相同的种类特征,当鉴定何人书写可疑文件时,这些特征几乎毫无价值。但必须强调的是,个人不会保留许多有关他们在学校时所学到的字母样式的特征。相反,笔迹通常是由具有个性化的字体伴随着一定的特质和喜好组成的,这些特质和喜好让一个人的笔迹具有与众不同的外观。在这其中,一部分表现是相当不寻常的,当进行笔迹比较时具有相当大的价值。

不同于将笔迹特征分为种类特征或个体特征,法庭文件检验员通常给每个特征分配不同的价值,价值是建立在总人口中该特征发生率是多少和由某人书写的相同字母或单词中重复出现的特征一致性如何。当然,当检验外文笔迹时必须特别注意。缺乏经验或不合格的法庭文件检验员最常见的错误是给一个不寻常的种类特征分配了较高的价值,仅仅是因为它源于一个法庭文件检验员所不熟悉的书写系统。

笔迹鉴定的基石是在检材笔迹和样本笔迹中存在不同寻常的习惯性特征的重要组合。但是,如果两份文件不是由同一个人完成的,这往往能确定存在显著或不可调和的差异。

8.5 外文笔迹

在过去的一百年里,移民数量的显著增多已经增加了我们社会的民族多样性,并反映了世界人口更具流动性的趋势。这种趋势增加了法庭文件检验员遇到用外国文字或字母书写文件的可能性。[14]

用外文(如阿拉伯文、中文、西里尔文、乌尔都语)书写文件的检验必须持谨慎态度。一些法庭文件检验员认为遇到这样的检验比较恰当的做法是向熟悉该种外文书写系统
60 或以前处理过相似鉴定的同事请教。如果法庭文件检验员感觉可以完成鉴定任务,在研究书写系统和外国使用的教学方法后,应该进行仔细的分析。法庭文件检验员收集在相同地区完成教育的人们书写的笔迹能够确保法庭文件检验员对于不熟悉的特征赋予适当的价值,这些特征对于许多外国书写者来说却都是常见的。法庭文件检验员也可能会发现与翻译一起工作或向其他学识渊博的人咨询某种外语书写系统或该种语言教学方法的好处。

在对外文笔迹进行比较时,必须将注意力集中以获得正确的样本材料。虽然偶尔有可能从不同字母表中比较结构类似的字母(如拉丁字母和西里尔字母),但这种情况往往导致得出保留意见。最好选用与可疑文件同一种语言书写的样本。

检验由外国人书写的签名时,尤其是当可疑签名具有固定格式并以自然方式书写时,遇到的问题相对较少。具有固定格式的签名或缩写签名几乎与传授给书写者的教学系统或教学方法无关,即使有,也会很少。相反,文件检验员的鉴定与其说基于清晰字母

的组成不如说是基于对复杂的细节、习惯性的书写运动和不清楚的字母设计所进行的鉴别。

8.6 在实际情况中的鉴定

假设一个有争议的文件中包含足够多的笔迹,只有一个人会产生特定特征组合的笔迹。虽然这个前提表明笔迹的特殊性,但考虑一些其他的基本假设也很重要。

首先,书写者在可疑笔迹形成的相同条件下书写数量充足的笔迹样本应该可以用于研究和比较检验。虽然它们并不能代表书写者所有的书写习惯,但是这些样本应该能够包含与可疑笔迹中所发现特征相对应的个人笔迹特征,同时它们应该能够准确地反映出字母的细微变化,这些变化属于正常的书写变化。

在得出可疑文件和样本是同一人所写的结论之前,同样重要的是考虑多大程度的符合才是必要的。当然,可疑笔迹和已知样本笔迹必须包含相同的鉴定要素。只有在已知的材料中检验重复出现的单词或字母才能认识到有争议的笔迹并不一定是由同一书写者制备的一个完美的副本。相反,样本必须包含这些个人习惯和已在本章前面段落讨论过的在可疑笔迹中所发现的特性。获取笔迹样本时应考虑的因素将在第 12 章讨论。

适当考虑书写者所确立的变化范围、可疑笔迹与已知样本所表现出来的习惯和特性必须是一致的。换句话说,可疑笔迹必须是此人能够书写或在此人书写能力范围内。如果已知笔迹和未知笔迹中含有足够数量独特的笔迹特征,以便可以消除偶然巧合的可能性,并且在两组笔迹之间不存在本质差异,那么可以得出这样的结论,可疑笔迹和样本笔
迹是同一个人书写。用来说明出现在两组笔迹中的单个字符,字母组合和单词的笔迹特 61
征比对表,经常被用来作为展示专家意见的依据(图 8. 13)。

法庭文件检验员偶尔会被问到需要有多少鉴定特征才能够确定两份笔迹是由同一人所写。为了完成这项工作,文件检验员必须考虑笔迹中出现的每一个特征在总人口中的出现频率。这些专业知识主要是通过多年全日制学习结合检验成千上万书写者笔迹获得的。

自 20 世纪 90 年代初以来,美国法院都表示希望笔迹鉴定能够更客观和更精确。已经进行了一些研究以测量笔迹中出现的某些特征在总人口笔迹中的出现频率。[15]这些研究结果表明,一些笔迹特征相比于其他特征更加不同寻常。大多数笔迹专家都同意,这些重要特征是每一个笔迹鉴定的关键。

鉴定一份可疑文件的书写者需要确定多少个符合点仍然没有得到证实,或许由于笔迹本身特有的本质永远也不会得到证实。笔迹鉴定不仅包含对字母形式的评估,因为这是相对容易的评估,也包括难以衡量的特征,像技能、风格、自由度、运动、着力点和间距。
后几种特性涉及整份文件中的所有书写内容,是难以甚至往往无法量化的。 62

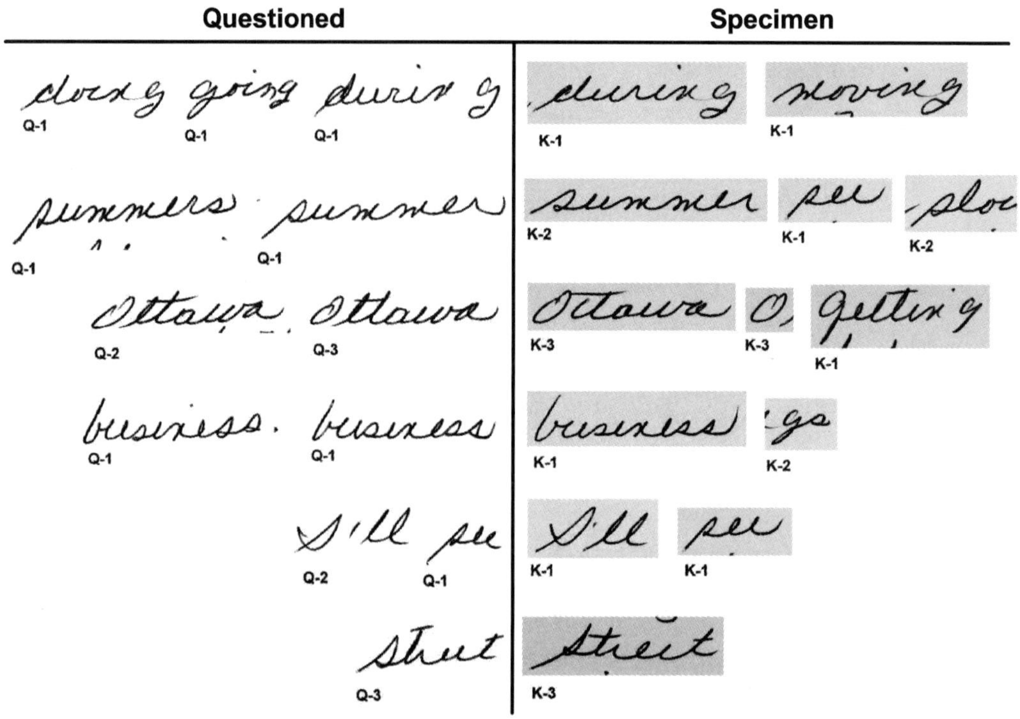

注:笔迹特征比对表表明了专家意见的依据,但很少包括所有已经研究的证据。相反,它们能够展示出在检材和样本笔迹的比较过程中所发现的更为重要的特征。

图 8.13　经常被用来作为展示专家意见的笔迹特征比对表

8.7　笔迹的非同一性

由两个不同人书写的笔迹可能完全不同,或者这两份笔迹可能会非常相似,但不是同一。虽然许多书写者有某些共同的习惯,但是每一个书写者都发展了个人的特性,这些特性可以标志着是由他本人书写的。这些个性化特征,其中有许多特征是在不显眼的细节处发现的,可以在两个书写非常相似的人中分辨出真正的书写者。

重复出现的细小差异对于明确地得出两份笔迹不是由同一个人书写的结论是足够充分的,即使这两份笔迹中可能包含有相当数量的一般符合点。这点通常是一个外行所主要关注的,但对于训练有素的法庭文件检验员来说却并不太重要。在一些符合点明显在数量上超过差异点的情况下,一些本质的、重复出现的差异是具有压倒性的和决定性的。每个人都赞成当存在大量的差异时,两份笔迹不是由同一人书写,但哪怕只有少数本质的差异点似乎也不能保证得出相同的结论。然而,事实上也的确如此。如果两份笔迹是由同一个人所写,那么不应该存在本质差异。相反,如果存在任何一个本质的差异点,同时不能给出一个合乎逻辑的、常识性的解释,那么这两份笔迹一定是由两个不同的书写者所写的。

8.8 笔迹鉴定中的典型问题

笔迹鉴定在各种情况下事关重大。尽管计算机被广泛使用,但是完全手写的文件仍然在实验室的办案工作中经常遇到。不时地会出现关于整份文件是由谁书写的问题(图8.14)或者是由谁书写的几个关键词插入到本来无争议的文件中(图8.15)。而且,令人 63
惊讶的是个人往往否认他们曾经书写大量的笔迹。在这样的情况下,通过笔迹检验确定事实可能是必不可少的。也有其他的情况,当书写文件的人无法找到,从而无法对文件进行鉴别。然后,有必要通过可疑文件与来自个人和业务记录的样本材料进行比较从而确定证据。另外,如果有人被错误地指责撰写关键材料,这种错误识别可以通过正确研究和比较他(她)的笔迹得到纠正。

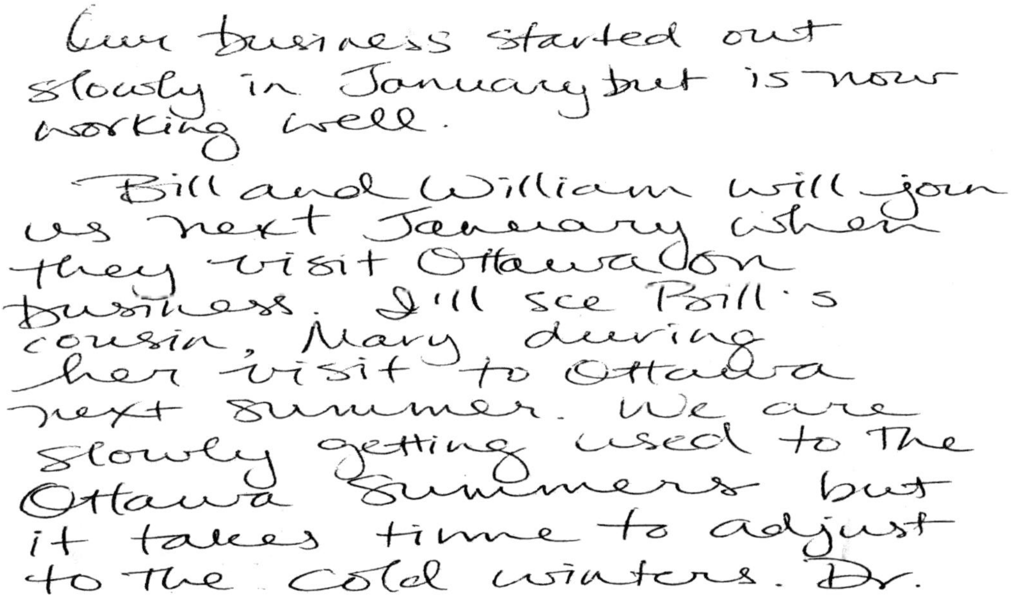
Our business started out slowly in January but is now working well.
Bill and William will join us next January when they visit Ottawa on business. I'll see Bill's cousin, Mary during her visit to Ottawa next summer. We are slowly getting used to The Ottawa Summers but it takes time to adjust to the cold winters. Dr.

图 8.14 在有些情况下,文件上的所有笔迹都是可疑的

重要的文件,如遗嘱、收据、协议、合同、票据、支票,在许多情况下完全是手写的。这些文件可以在民事或刑事诉讼中发挥作用,有时起到决定作用,通过专家证词证明它们的身份对于揭露事实是必要的。在刑事诉讼中,检验的目的是鉴定勒索信、假支票,或匿名信的书写人。关于这些文件和其他书面文件性质的准确证词肯定能揭示它们的历史或来源。公正的利益通常是通过由具有资格的法庭文件检验员检验可疑文件来实现的。

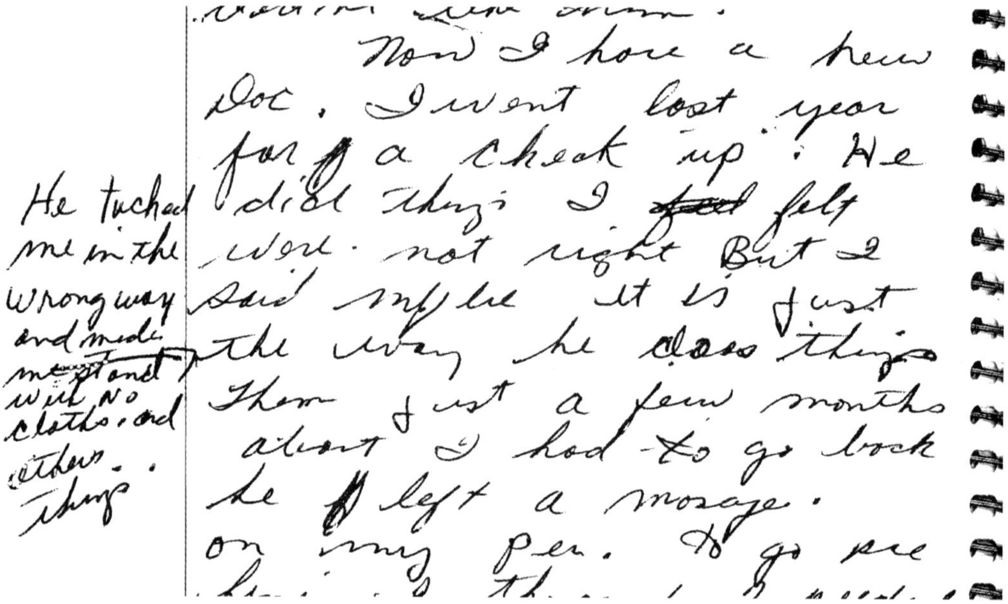

图 8.15 如上面的例子中,可疑笔迹也可能是由一个简短的段落或在文件边缘书写的一些文字组成

8.9 自书遗嘱

遗嘱纠纷涉及大量笔迹,是最重要的鉴定问题之一。在许多司法体系中,自书遗嘱
64 是一个有效的文书,因此,不需要任何证人。如果关于遗嘱的真实性发生争议,证据的获得往往是通过聘请一名法庭文件检验员来研究整份文件包括它的签名,并确定实际上是否为死者本人书写整个文书。

如果死亡之前订立一份自书遗嘱,当立遗嘱人仍然健在并且身体健康,鉴定问题通常并不是极其复杂的。当然,出于比较目的,必须要获得好的已知样本笔迹。面对书写者健康状况每况愈下,书写技能也会大幅下降,法庭文件检验员应该努力获取有关书写者健康的信息、遗嘱书写时最可能的条件以及处方药是否可能会影响书写行为。

在处理多页的遗嘱时,应着重注意在不同页面笔迹的线条特征,以确保没有任何换页的迹象。如果整个页面或段落被添加到另一份真实的文件中,笔迹线条特征的变化、使用不同的书写材料、密密麻麻的文字和其他的不一致可能是显而易见的。

偶尔,可能在某些情况下死者并没有预先立遗嘱直到年事已高。疾病和较差心理健康状态的不利影响往往会使问题进一步复杂化。在这种情况下,遗嘱毫无疑问由衰老的笔迹组成。有限的可供比较的样本往往是问题的一部分,并进一步阻碍了比较检验过程。因此,由证据证明检验意见的确定性程度可以从明确结论到倾向性结论或偶尔出具无法结论三者之间变化。[16]甚至即使是保留意见,当与其他证据放在一起,也有助于确定一份有争议遗嘱的真实性或欺骗性。

8.10 制约因素

笔迹的科学检验和比较通常能够得到明确的鉴定结论。然而,受到条件限制,法庭文件检验员难以做出明确的鉴定结论。在这些情况下,现有的证据只能得出有保留的意见。

虽然已知的笔迹样本数量不足是最常见的缺陷,而在不同于可疑文件形成条件下书写的样本也能够限制检验的结果。除签名以外的少量字迹,特别是以一些接近字帖的字体或是粗心大意地书写插入的文字,也给法庭文件检验员带来了大量的困难(图8.16)。 65

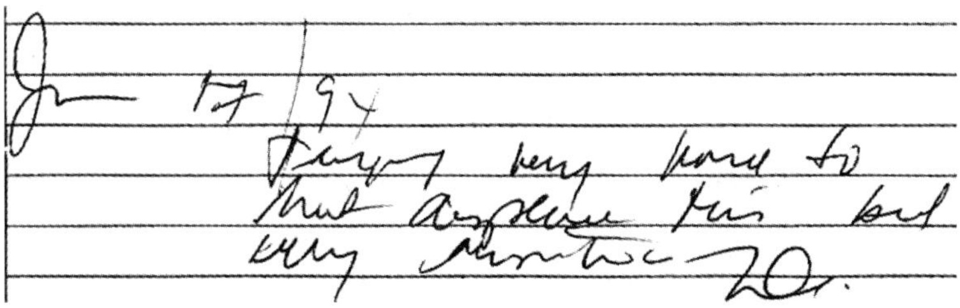

注:如果小段文字材料是难以辨认的,并以快速、漫不经心的方式书写形成,对其的检验可能会产生问题。

图8.16 取自于某病人医疗档案的可疑注释

在可疑文件标称日期之前或之后很久形成的样本笔迹不可能充分表现出书写者可识别的笔迹特征,因此可能无法得到一个明确的"认定"或"否定"的结论。当匆匆忙忙马马虎虎地书写一份文件,或者一份笔迹在不利的书写条件下书写形成,或者当书写者患有严重的疾病时,也容易得出有保留的意见。然而,与能够得出明确结论的检验相比,这些例外情况只是其中的一小部分。

8.11 伪装

伪装是故意消除或修改某人全部或部分正常的书写习惯。在这一章中,我们的讨论将局限于草写体或者半草写体,而不是不连贯的手写印刷体。不连贯的和看似简单的印刷体偶尔也会被作为一种手段伪装书写习惯;[17]然而,这些尝试通常是不成功的。在第11章中将对有关伪装手写印刷体的内容进行全面讨论。

匿名信书写者最喜欢的做法是采用伪装笔迹作为一种避免被侦查出来的手段(图8.17)。当然,完美的伪装能够确保全面的保护,但完美的伪装本身在大量的文本中是非常困难的。虽然在很短的段落中改变一个人的书写习惯是相对简单的,但对每个字都保持有效的伪装则变得越来越困难。当多达一页的笔迹都被伪装时,书写者的正常习惯通常只有一部分被掩盖。在这种情况下,伪装不足以妨碍鉴定。

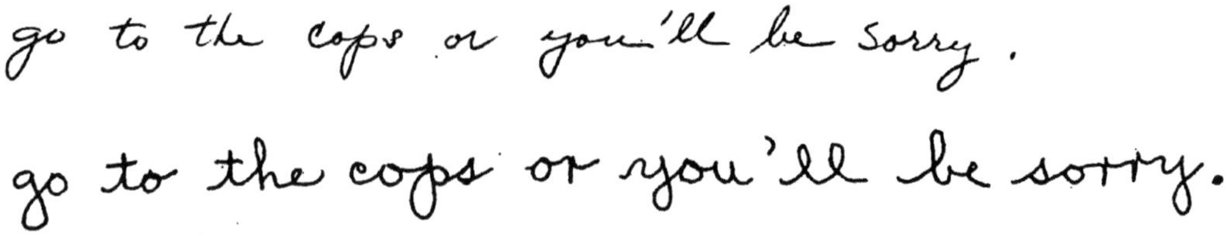

注:最上面一行是一名书写者正常的笔迹风格。下面一行伪装笔迹是由同一人书写,具有更慢、更加圆润的书写风格,其中包含有不同字体的字母 R 和 S,这两个字母的倾斜特征接近于垂直。

图 8.17　同一名书写者所写的正常笔迹和伪装笔迹

这是可以理解的,当许多文件在一段较长的时期内书写形成,很难使用一致的伪装方法。即使书写者对每一份伪装的文件都保留一份副本,但要试图重现相同的并不熟悉的书写风格通常都会失败,而且几乎不可能完全一样。

究竟为什么伪装如此之难,又是什么原因导致这么多次的尝试失败?如果伪造者想要成功地隐瞒自己的书写习惯,需要完成两个困难的步骤。首先,他们必须对他们自己笔迹所有可供鉴定的细节特征有一个透彻的了解,以及每一个细节特征的重要性。仅就这一条本身就很少能够完成。假设这一条已经完成,因为一个聪明的人在其能力所及的范围内肯定愿意利用手头的各种手段来避免被发现。其次,显然更为困难的一步即将来
66 临。这一步涉及复杂的任务,消除伪造者笔迹中可以识别出来的书写习惯,与此同时,采用一套全新的笔迹特征来描述受害者的笔迹。

书写习惯,尤其是那些经验丰富书写者的书写习惯,都是非常强大并且牢固植入头脑中的。当试图舍弃它们时,通常的结果是消除明显的特征,而许多无意识但个性化的书写特征毫无变化地被保留下来。那些被认为是一个有效的伪装笔迹实际上是充满了足够识别书写者的微小但意义重大的个人书写习惯。

伪装笔迹通常具有区别于正常笔迹的独特特征。它经常包含发生冲突的证据——保持持续习惯的自然倾向与有意识地努力抑制习惯之间的斗争。因此,伪装笔迹相比于个人正常笔迹而言书写起来不够熟练。不规则和不一致往往出现在一大段伪装笔迹中,包括运笔迟疑、倾斜角度变化、奇形怪状的字母形式、修补或重描字母,以及慢速绘制笔画。明显的特征,如大写字母的形状和笔迹的倾斜度,一般都会发生最显著的变化,而不太突出但同样重要的可鉴定特征往往会保留它们平时的特性。如果能够识别出不自然的部分并对其进行正确的评断,留下没有伪装的部分作为笔迹比较的基础,那么伪装笔迹的鉴定才是可能的。

伪装可以采用与平时不习惯使用的书写手来完成。如果没有不惯用手书写的样本,这可能是一种非常有效的伪装。有时从其相对较低的书写技能可以推断出采用不惯用的手书写。一旦锁定犯罪嫌疑人,应采取措施尽可能地获得嫌疑人左右手分别书写的笔迹。

一小部分人使用任何一只手书写都会感到几乎同样轻松和熟练。这些双手灵巧的

书写者,他们的书写经过不断实践已经发展到左手和右手的笔迹中不存在与伪装有关特性的程度。尽管双手都具有熟练的书写技能,用右手书写在许多方面都与左书写有所不同。真正双手灵巧的书写者都知道拥有这种不同寻常的能力必须用双手不断地进行书写训练从而为了获取和保持这种技能。当在处理那些双手具有同样熟练书写能力的嫌疑书写者时,这个问题于是就成为努力获得一种用其左手或右手书写的合适样本。

8.12 多份笔迹(collective handwriting)的比较

本章前面几节讨论了可疑笔迹与几个含有样本笔迹的文件进行的比较检验。由于大多数传统的笔迹比较属于这一类,在鉴定负责书写或签署一项有争议文件的人员时可以遵循通常的方法。偶尔,法庭文件检验员可能会被问到几份文件是否由同一人或不同人所写。在这种情况下,结论必须完全建立在对书写者笔迹的相互比较,而且几乎没有关于书写者笔迹变化范围的信息。

对一组文件中若干项目进行笔迹比较的过程实际上是一种比较常见的现象。法庭文件检验员依据提交检验的样本所报告的来源之前,必须履行这个重要的步骤。不管在收集充足样本的过程中有多么小心,大多数法庭文件检验员都将证实文件偶尔暴露出是 67
由其他人完成的,而不是由犯罪嫌疑人完成的。在比较可疑笔迹和样本笔迹之前,这些所谓的样本必须被排除出去。如果不这样做会危及结论的真实性,因为这些结论是建立在污染样本的基础之上。

侦探调查银行持枪抢劫案、支票诈骗案,或一系列匿名信案可能缺乏有关犯下这些罪行的嫌疑人或团伙的线索,尤其是在调查的早期阶段。有些时候,同一个人或同一个团伙已经在相同或邻近地区犯下数项罪行。在这种情况下,笔迹证据与看似无关的犯罪联系在一起,可以表明几份文件实际上是出自于一个共同的来源。这些研究结果可以节省大量的时间并且提供重要的线索,这些线索有助于对肇事者身份的确认和定罪。

甚至即使是能够从一个可能的犯罪嫌疑人获得大量的样本笔迹,确定是否多个文件是由同一个人书写仍然是一项繁重的任务。在这些案件中,法庭文件检验员必须判断在检材与样本材料之间观察到的差异是否是由于自身变化、伪装,或者是由于不同的书写者所造成的。当比较仅仅涉及检材时,这个问题就变得更加复杂和困难。在这些案件中不会出现由样本材料变化所提供的宽松范围。笔迹特征通常是在其现有的上下文环境进行评断,法庭文件检验员必须决定在两份可疑文件中的单词或字母是否是相似的或是不同的,以及在何种程度上的相似和不同。在匿名信案件中,一个特定的单词或字母组合可能会多次出现在同一份文件中。当相互比较笔迹时这是一个巨大的优势,因为它可以提供一种确定书写者变化范围的方法。

当面对多个手写文件的相互比较时,通常很难知道这样的检验是从哪里开始进行。解决办法是通过展开文件来实现的,因为所有字迹都是可见的。明显相似并可能是由一个人书写完成的笔迹很快就会变得更明显。一旦可疑文件已经以这种方式按照其显著的特征进行排序,然后每组都可以被检验以确定是否两个最相似的文件能够被证明是由同一人书写的。考虑的因素不仅包括字母形式,也包括笔迹的总体安排特征。

一旦两个或更多的文件已被证明是由同一人所写的,其共同特征将会出现,可使用共同特征与该组中其他文件相关联。不能被鉴定为此组的笔迹必须被排除在外。如果没有足够的符合点用来证明两个或更多的文件是由同一个人所写,也许现有的证据只能够支持有保留的意见。

由于笔迹的相互比较是基于一个交互的过程,在以后的时间内排除任何文件都需要进行反复的检验,由于变化造成的可能影响应该予以考虑。

总之,当进行多份笔迹检验——尤其是那些只涉及可疑笔迹的检验时,缓慢、谨慎地进行检验是非常重要的。很多时候,送检人提供给法庭文件检验员几个有争议的文件,并发表了一些鼓舞人心的言论称其他证人可以证明笔迹是由同一人所写的以及他所需要的是法庭文件检验员的专家意见来证实已经知道的事实。法庭文件检验员必须抵制
68 案件送检人的怂恿,如果能够将有说服力的笔迹证据提交给相反方,这些案件送检人能很快改变调查过程。

8.13 笔迹分类系统

支票倒卖者、冒充艺术家的骗子、银行抢劫犯和其他犯罪分子,当他们实施犯罪时往往遵循同样的手法。多次使用被盗支票的人可能使用相同的假名字,银行抢劫犯在起草抢劫便条时可能会使用相同的措辞或者敲诈者可能总是以同样的方式制备勒索信。这些书写习惯能够识别出经过一段时间监禁后或居住在这个国家的其他地区开始重操旧业的犯罪嫌疑人。

笔迹数据库的建立已被证明是一个成功的方法处理越来越多的支票诈骗案,银行持枪抢劫案和匿名信案件。[18,19]此类数据库经常用来从一系列悬案中搜索有关的证据或鉴定负责书写某个可疑文件的个人。这些中央数据库的一个独特好处是将手写文件与另外不相关的调查相联系。来自不同司法管辖区的调查人员可以相互合作和共享信息,因此能够解决许多悬案。

从历史上看,欺诈性文件是由地方警察机关在独立的系统中收集,并且分别保管和手工检索。1936年,联邦调查局建立了国家假支票档案库(the National Fraudulent Check File)作为一个中央资料库收集着在美国各地所有兑现的假支票。这个中央资料库的理念也促进了匿名信档案库、银行抢劫便条档案库和国家被盗艺术品档案库的发展,用以处理涉及文件的系列犯罪。

在20世纪80年代中期,彼得·尼科尔森博士(Dr. Peter Nicholson)[20]在伦敦大都会警察实验室(the Metropolitan Police Laboratory)工作时开发了一个系统用来分类手写印刷

体的大写字母。该系统依靠操作员通过字母结构中笔画数量以及当构建某些字母时钢笔运行的路径将手写印刷体文件中的每个字母进行分类。

另一个由阿肯色州犯罪实验室(the Arkansas State Crime Laboratory)开发的系统是基于 8 个手写字母 a、d、f、g、i、k、r 和 t。从案件中提交到实验室的手写文件被分类,并被与存储在数据库中的其他样品相比较。每次比中后通过笔迹专家对可疑文件进行比较,以确定是否存在匹配。梁(Leung)等人[21]的研究论文介绍了一个系统,该系统是从中国书写者获得的样本,而另一个项目是由萨克塞纳(Saxena)和辛格(Singh)[22]完成的处理德纳加里脚本(Devnagari script)的分类。这些和其他的研究说明了国际上对笔迹分类系统发展的兴趣。

甚至在人工分类系统的协助下,确定是否一个手写文件能够匹配数据库中的其他文件是一个具有挑战性和耗时的工作。随着书写者和文件数量的增加,维护和搜索人工系统所需的复杂性和努力呈指数级增长。随着计算机的出现和信息技术的进步,许多困难都已经得到了解决。 69

1977 年,德国联邦刑事警察局的科研小组开展一个研究项目,称为法庭笔迹信息系统(Forensic Information System for Handwriting,FISH)。[23]原型完成于 1989 年,接下来进行过几次修改和改进,法庭笔迹信息系统能够分类笔迹或者使用文本无关的特性,或依靠一系列由操作员进行的人机交互和计算机辅助测量。文本独立的组件是基于模式识别,其中对手写文件进行评估,并与样本进行比较之后存储每一个测量数据作为一种模式差异。这种交互式方法在传统意义上着眼于笔迹,主要考虑倾斜度、高度、宽度、上下延伸、基线之间的距离、椭圆形的高度和环绕的形状等特性。目前德国政府以及在美国的一些联邦机构使用法庭笔迹信息系统,通过关联手写文件串并未破的案件,并协助有关失踪和受剥削儿童的调查。

在 20 世纪 90 年代,荷兰法庭检验与研究学会(the Netherlands Institute for Forensic Examinations and Research,NIFO)与应用物理研究所合作开发一个自动化笔迹分析系统,称为 SCRIPT。[24]如法庭笔迹信息系统一样,SCRIPT 系统的所有操作都在数字化扫描的手写文件图像上进行。除了搜索与一个特定可疑文件匹配的样本笔迹集合外,通过提供关于数据集中遇到的某些笔迹特征频率的定量信息,以及研究自然变化的影响,SCRIPT 系统也已被证明对培训法庭文件检验员有益。

近日,文件分析与识别卓越中心已表示有兴趣对笔迹进行分类,利用计算机算法从特征中提取相似的信息,这些特征与法庭文件检验员所考虑的特征相似。[25]这项研究中的数据可以用来测量各种笔迹特征的相对重要性,并对在法庭上采信笔迹证据提供科学的支撑。由文件分析与识别卓越中心开发的程序利用 11 个宏观特征和 512 个微观特征来描述任何数量的笔迹。文件分析与识别卓越中心的研究结果说明了信息技术如何通过将大型数据库的搜索缩小到更小,更易于管理的笔迹集合来帮助法庭文件检验员。

当涉及大量的可疑文件和样本文件时,查找相似的单词、字母和字母组合是一项艰巨的任务。由皮卡索软件公司(Pikaso Software, Inc.)开发的软件 Write-On©能够帮助笔迹专家检验这些案件。[26]所有可疑文件和样本文件的扫描图片已与其转录的文本内容联系起来,一个特定词或字母组合的所有变化,可以很快被找到并被同时提出来由法庭文件检验员观察(图 8.18)。以这种方式,Write-On©软件提供了一个方便的途径,建立起两组手写文件在何种程度上相似或不同,并且在可疑文件或样本文件中评估自然变化范围。

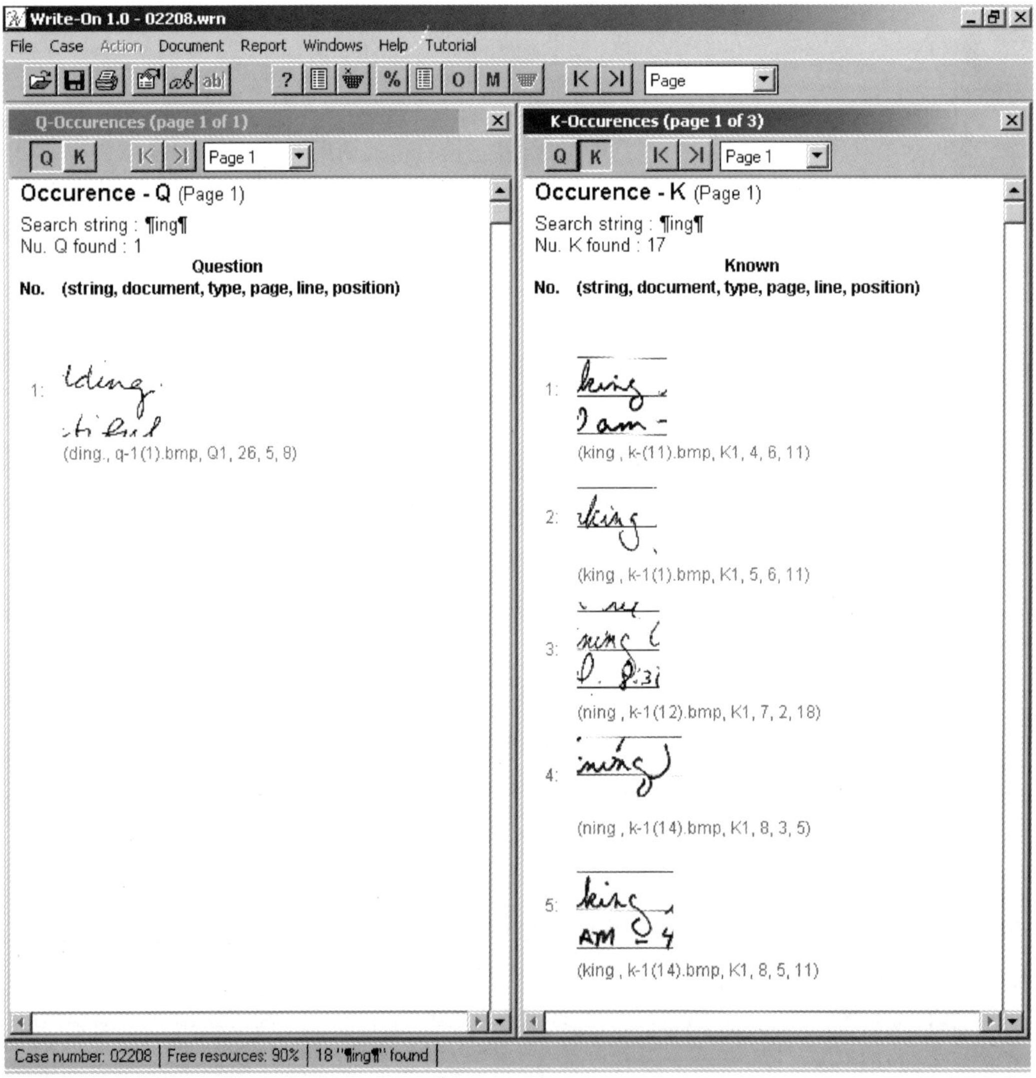

图 8.18 使用 Write-On©搜索多个文件中的字母组合 ing 从可疑文件(左)显示出 1 个例子,从样本文件(右)中查出 17 例显示出 5 例

字符串搜索的结果(图 8.19)和出现在可疑笔迹和样本笔迹中的某些特征的频率(图 8.20)可以由基于特定案件的数据集报告中确定。简单地说,Write-On©软件能够彻底、快速地搜索大量文件并生成报告，这些报告以一种有说服力和易于理解的方式显示出笔迹比较检验的基础。

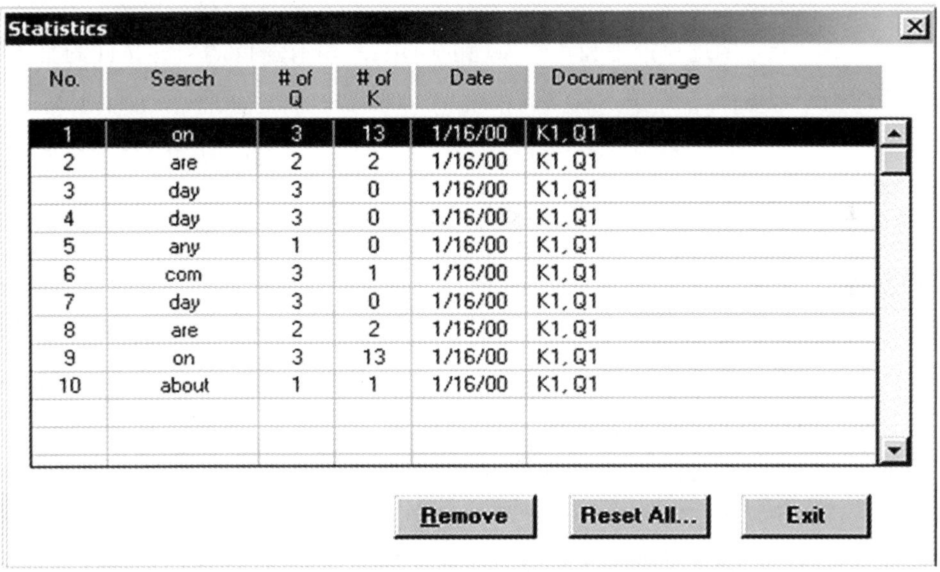

Statistics

No.	Search	# of Q	# of K	Date	Document range
1	on	3	13	1/16/00	K1, Q1
2	are	2	2	1/16/00	K1, Q1
3	day	3	0	1/16/00	K1, Q1
4	day	3	0	1/16/00	K1, Q1
5	any	1	0	1/16/00	K1, Q1
6	com	3	1	1/16/00	K1, Q1
7	day	3	0	1/16/00	K1, Q1
8	are	2	2	1/16/00	K1, Q1
9	on	3	13	1/16/00	K1, Q1
10	about	1	1	1/16/00	K1, Q1

Remove　Reset All...　Exit

图 8.19　Write-One©软件的一个统计报告显示单词和字符串搜索的结果

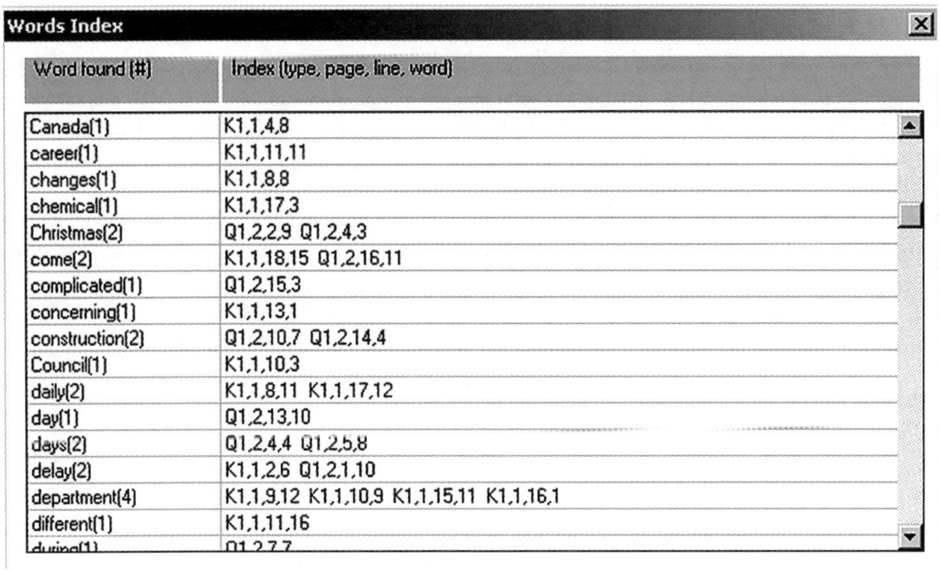

Words Index

Word found (#)	Index (type, page, line, word)
Canada(1)	K1,1,4,8
career(1)	K1,1,11,11
changes(1)	K1,1,8,8
chemical(1)	K1,1,17,3
Christmas(2)	Q1,2,2,9 Q1,2,4,3
come(2)	K1,1,18,15 Q1,2,16,11
complicated(1)	Q1,2,15,3
concerning(1)	K1,1,13,1
construction(2)	Q1,2,10,7 Q1,2,14,4
Council(1)	K1,1,10,3
daily(2)	K1,1,8,11 K1,1,17,12
day(1)	Q1,2,13,10
days(2)	Q1,2,4,4 Q1,2,5,8
delay(2)	K1,1,2,6 Q1,2,1,10
department(4)	K1,1,9,12 K1,1,10,9 K1,1,15,11 K1,1,16,1
different(1)	K1,1,11,16
during(1)	Q1,2,7,7

图 8.20　Write-On©单词索引报告显示单词在可疑材料或样本材料出现的位置和次数

当检验包含非拉丁字母笔迹的文件时，Write-On©软件也能起到辅助作用。在这种情况下，当在一个不熟悉的语言文字中从多个文件上搜索重复相同字符时，经常会遇到困难。一旦翻译结束，所有文件上的词都与它们各自的扫描图片相联系。Write-On©软件随后可以用来快速查找并显现出可疑文件和样本文件相对应的英文翻译中的单词或字符。 70

上述的分类系统肯定对法庭文件检验员在处理大量笔迹时有所帮助。然而,重要的是要认识到,这些现代化的发展没有一个能够取代笔迹专家的角色或技能,仍需要法庭文件检验员有辨别能力的眼睛和敏锐的头脑来洞察和正确地解释笔迹案件中的物证。只有通过有资格专家的逻辑推理和科学原理的应用,一份有争议的手写文件的真正书写
71 者才能够准确地确定。

8.14 结论

笔迹鉴定涉及对可疑文件和样本文件中出现特征的发现和研究。在每一个案件中,常用的特征一定区别于那些不正常的或不同寻常的特征。法庭文件检验员也必须识别
72 出笔迹中伪装或者被故意和有意识改变的部分。必须确定可疑文件中笔迹的变化程度和某个特定书写者样本中的变化范围。

如果未知的笔迹不是伪装的,它应该包含书写者不自觉地暴露出来的书写习惯和特性。可疑笔迹和正常笔迹之间的符合点不必完全相同,在这种意义上来讲,两组笔迹可以匹配或逐位叠加;另外,有争议的笔迹与样本笔迹的差异点也不能远远超过已知样本中所发现书写习惯中的变化。在已知样本笔迹和可疑笔迹之间必须有足够的个人笔迹特征的符合才能够毫无疑问地得出两组笔迹一定是由同一个人书写形成的。

确保结论得到证据的充分支持是法庭文件检验员工作的重要组成部分。无论是可疑笔迹和已知样本笔迹都需要一个完整的研究。充足和准确的样本,是全面了解一个人的书写能力和对所观察到现象进行仔细分析的基本要求。对于每一个问题,寻找差异点的同时必须伴以搜索符合之处,而在形成非同一的意见之前,任何明显的差异必须进行评断,根据已知的和可能的书写条件以确保这些差异点不是简单地由于外部因素所造成的。一些不同寻常的书写条件、年龄、疾病和伪装仅仅是其中一些必须考虑的复杂因素。换言之,笔迹鉴定远远不是一项简单或草率的工作。

参考文献

1. Smits-Engelsman, B., Van Galen, G., and Meulenbroeki, R., Handwriting and its temporal evolution: a process oriented perspective, *J. Forensic Doc. Examination*, 9, 27–44, 1996.

2. Vastrick, T. W., Illusions of tracing, *J. Forensic Sci.*, 27, 186–191, 1982.

3. Osborn, A. S., *Questioned Documents*, 2nd ed., Boyd Printing Co., Albany, NY, 1929, pp. 273–290.

4. McClary, C., Write Down to the Wire or a Study of Baseline Alignment in Signatures and Handwritten Sentences, paper presented at the American Academy of Forensic Science meeting, Seattle, WA, 1995.

5. Tytell, P., Pen pressure as an identifying characteristic of signatures: verification from the computer, *J. Am. Soc. Questioned Doc. Examiners*, 1, 21–31, 1998.

6. Hilton, O., Characteristics of the ballpoint pen and its influence on handwriting identification, *J. Criminal Law Criminol. Police Sci.*, 47, 606 – 614, 1957.

7. Alford, E. F., Disguised handwriting: a statistical survey of how handwriting is most frequently disguised, *J. Forensic Sci.*, 15, 476 – 488, 1970.

8. Hardy, H. J. et al., Dynamical Features of Disguised Handwriting, paper presented at Gesellschaft fuer Forensische Schriftuntersuchung (GFS) meeting, Luzern, Switzerland, 1997.

9. Vastrick, T., The Skill Level of Pseudo-Tremor, paper presented at the American Society of Questioned Document Examiners meeting, Ottawa, Canada, 2000.

10. Osborn, A. S., *Questioned Documents*, 2nd ed., Boyd Printing Co., Albany, NY, 1929, pp. 205 – 236.

11. Harrison, W. R., *Suspect Documents*, Frederick A. Praeger, New York, 1958, pp. 297 – 305.

12. Morris, R., *Forensic Handwriting Identification: Fundamental Concepts and Principles*, Academic Press, New York, 2000, pp. 132 – 135. 73

13. Muehlberger, R. J., Variation: A Measure of Genuineness, paper presented at the ASQDE meeting, 1982.

14. Stangohr, G. R., Comments on the determination of nationality from handwriting, *J. Forensic Sci.*, 16 (3), 343 – 358, 1971.

15. Aloha, N. M., Classification and frequency of occurrence of specific number styles, *Can. Soc. Forensic Sci. J.*, 33, 13 – 22, 2000.

16. McAlexander, T. V., Explaining qualified handwriting opinions to the jury, *Int. J. Forensic Doc. Examination*, 5, 20 – 21, 1999.

17. Keckler, J. A., Felonious disguise: a study of the most commonly used modes of disguise adopted by convicted felons, *Int. J. Forensic Doc. Examiners*, 3, 154 – 158, 1997.

18. Livingston, O., Milwaukee fraudulent check filing, *Identification News*, August 1957.

19. Livingston, O., Milwaukee fraudulent check filing, *Identification News*, November 1957, pp. 2 – 3.

20. Nicholson, P. J., A system for the classification of block capital letters, *Int. J. Forensic Doc. Examiners*, 5, 138 – 145, 1999.

21. Leung, S. C., Cheung, W. L., and Fung, H. T., A comparative approach to the examination of Chinese handwriting. Part 5. Qualitative parameters, *J. Forensic Sci. Soc.*, 33, 9 – 19, 1993.

22. Saxena, H. M. and Singh, M., Classification of the writing elements in Devnagari script, *J. Forensic Sci. Soc.*, 32, 143 – 150, 1992.

23. Philipp, M., Expected Future Developments in the Forensic Information System Handwriting (FISH), paper presented at the 4th European Handwriting Conference for Police and Government Handwriting Experts, London, 1994.

24. Kroon, L., Computer-Aided Analyses of Handwriting, the NIFO-TNO Approach, paper presented at the 4th European Handwriting Conference for Police and Government Handwriting Experts, London, 1994.

25. Srihari, S. et al., Individuality of handwriting, *J. Forensic Sci. Soc.*, 47 (4), 1 – 17, 2002.

26. Mohammed, L., Write-On©: a new tool for handwriting comparison, *J. Am. Soc. Questioned Doc. Examiners*, 2, 104 – 109, 1999. 74

签名鉴定

9

霍华德·C. 里莱

目　次

签署名字是一个人最常见的书写行为之一。随着时间的推移和不断的使用,签名高度个性化,往往从书写风格上与书写者其他的笔迹截然不同。一个人签名的复杂性和一致性并不能反映其本人的教育程度或智力程度。每个人如何书写签名取决于许多因素

的综合作用。接近文盲的人书写签名拘谨、笨拙,缺乏熟练自如,但对于书写者来说仍然 75
是独特的。对于较高水平的书写者,整个签名的结构呈现出较高的技能,运笔动作不显得那么原始和初级,许多字母设计或多或少地接近于个人学习练字的字帖。一个人如何签署姓名取决于许多因素,如肌肉的控制、整体的协调、个人健康状况、年龄状况、要求签署姓名的频率、书写工具等。经过一段时间,所有这些因素都会融入一个人的签名之中,任何一个书写者几乎从来没有意识到这些因素。相反,通过反复练习,书写者虽然实现了笔画的自动化书写,但是通常并不总是保持一致的方式进行。每个签名在一定程度上与签名主要形态和书写者本人其他签名样本是不同的。对于绝大多数人,签名是一个习惯性的行为。重复进行称为签名的这种书写行为需要最少的注意力即可。每个人通常可以边做其他事情边签名。每个人真实签名的变化程度可以从小到大。这就是所谓的变化范围,是一个意料之中的特征。

字典中最简单的签名定义是某人书写其自己的姓名。这个简单的定义不包括易读性、一致性、复杂性、书写工具、书写的位置等要求。所有这些因素在确定签名真实性时是很重要的,而根据这个定义,它们不是签名的必要因素。在这个基础的定义中也没有包括对目的、能力和个性特质的要求。个性特质指的是个人所特有的整体素质和特点,如行为、人际交往能力、道德观念等。

在布莱克法律词典中列出签名的一个法律性定义:

> 把某人的名字放在法律文书结尾处以证明其有效性的行为,名字因此写入。签名可以手写、印刷、盖印、打字、镌刻、拍照或从一份法律文书剪切下来粘贴到另一份法律文书上,由一方采用平版印刷印到法律文书的签名足以达到签署的目的,签名是由什么样的工具制作的并不重要。[1]

该定义允许不是本人书写的复制签名,允许使用非本人真实名字签署,这不是本来的签名,仅是一个拷贝。这个定义也包括书写者的意图,在文件上签名的位置,并允许别人创建他人的签名。

在此讨论的目的,仅限于使用的简单定义。能力、目的和人格特质等问题将不予考虑。书写者这样做的目的和他的理解能力(能力)是由事实审判者——法官或陪审团根据证人的证词而不是文件检验专家的专家证言决定的。人格特质的确定(笔相学),即使可能,也与签名真实性的问题无关。在任何情况下,签名或笔迹的个性评估不是一个技能,甚至不是一个称职法庭文件检验员的前提条件。

在本章以及本书其他章节中使用的术语伪造(forgery)或伪造者(forger),需要清楚
地理解。从严格意义上讲,伪造是一个法律术语,需要具有诈骗意图。事实上,一个特 76
定的有争议签名或文件是否为伪造的最终决定,是由事实上的审判者所决定的。确定意图,这不在文件检验员的职责范围内。并非所有的非真实签名都具有诈骗意图,例如,配偶间同意存款签名。另外,多次发现真实签名的文件也被确定是伪造的,例如,其中关键项目在文件签名后被修改或被后插入内容或文件的其他页面被

替换(图9.1)。

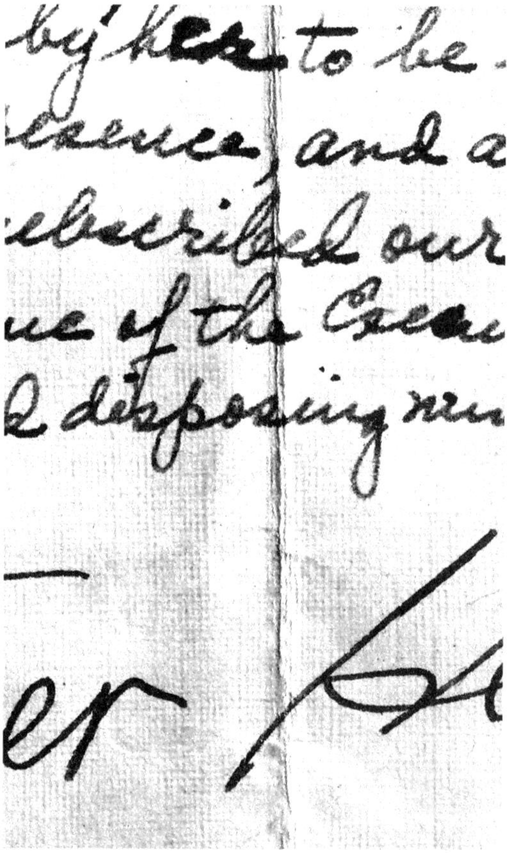

注:遗嘱的内容是由死者侄子书写,他是遗嘱的受益人。死者侄子的两个朋友见证了遗嘱的书写过程。签名也是真实的。遗嘱已被折叠成1/4大小。用来书写遗嘱的笔是钢笔。油墨是自由流动的液体油墨。通过签名和书写内容检验发现墨水线在折叠处的差异。纸张在被折叠之前,死者已经在文件空白处签过名。在纸张被折叠后,侄子才书写遗嘱内容。尽管事实上签名是真实的,这份文件却被裁定是伪造的。

图9.1 图中可疑文件是一份所谓的手写遗嘱

本次讨论的目的,单词“伪造”(forgery)和“伪造者”(forger)将被作为专门术语方便讨论。这些术语的使用意味着签名或文件已被确定为不真实并且被确定为故意欺诈。对于文件检验员来说,在报告或证词中使用术语“伪造”是不恰当的。尤其是在作证时使用
77 用“伪造”和“伪造者”,使人看起来像对法庭文件检验员的作用缺乏了解。

9.1 真实签名

签名鉴定是笔迹检验的一个特殊分支。从根本上说,一般的笔迹鉴定原理同样适用于签名鉴定,但是一些因素必须得到更多的重视。已知签名的样本中包含一些该书写者在其他类别笔迹中所不常见到的成分。一个人的签名多数相对于他(她)本人的普通笔

迹来说是不典型的。个人修改签名用以适应其本人的自身需求和个人能力。这些修改的程度某些情况下在相当短的时期内是非常重要的,或者说相反,在一段较长时间内保持相对一致。个人签名的复杂性和一致性只能通过在书写者签名的所有变化中获得一个真正有代表性的样本来进行评断。签名鉴定问题中给予密切研究的鉴定特征,在一般笔迹鉴定时不可能总是得到同样的特殊考虑。

签名是数量相当有限的字母或符号的组合。由于其使用频繁,几乎成为所有个人自动化的习惯性书写。对于那些书写不流畅的人来说,缓慢谨慎的、有意识的书写行为会产生更加简单粗糙的书写运动,这具有重要的鉴定意义。这里,书写运动是一个基本的考虑,在下面的章节中继续讨论。因此,虽然字母的设计可能是吸引眼球的特征,而与签名完成有关的因素才是准确进行鉴定的基础。

假设大多数人有技巧或能力获得和保持始终如一的签名,但这并非总是如此。如果一个人有一个很简单的签名,并且缺乏一致性,那么就不太可能形成一个明确认定的意见。每个人无论是谁,无论出于何种原因,只要没有形成和保持最低程度的复杂性和一致性的签名,都不会有一份笔迹能够起到签名的作用。缺乏一个一致的、最低复杂程度的签名允许一个人否认他(她)的签名。另外,这样一个人的签名相对来说是比较容易被另一个人摹仿。

签名的技能和笔的运动可以通过对签名本身的仔细研究来确定。许多因素综合起来完全能够描述个人的书写运动,这些因素必须加以分析:

(1)连续书写或书写运动每隔一段时间由于停止和提笔造成的中断;

(2)书写节奏和生涩的书写方式;

(3)在特定笔画上的浓淡变化和笔的着力点,以及整体书写压力;

(4)笔的位置;

(5)书写速度;

(6)字母之间和字母转弯处圆滑,急剧弯曲或椭圆形以及有角度的连接笔画;

(7)在笔接触纸张前后书写运动起始形态及在单词终止或单词内部中断时的相应条件;

(8)特定字母的习惯性修饰。 78

这些特性取决于书写工具如何运动,无论是手指的动作、手或手臂的动作,还是这些器官的联合运动,取决于发达的书写技能或协调能力。所有这些因素都统称为线条特征,这是一个术语,描述了书写基本动作和持有书写工具的方式在书写笔画中的可见记录。线条特征的意义是在于检材签名和样本签名的一致程度。在某些情况下,线条特征存在的明显差异可以解释,如健康问题,但是从总体上来说线条特征存在差异则表明不同的书写者。

如果法庭文件检验员对可疑签名和签名样本进行绘制或简单描画,可以了解到可疑签名的复杂性。细微的运笔动作和设计特征就会暴露出来,这些特征不经过细致的检验可能不会很明显。描画签名将会揭示出一个伪造者所面对的困难。描画是一种用来评估签名的方法。另一种方法是制作比对表,可疑签名与同期样本签名并列放置。这样就可以相互比较特定的动作、书写中的中断、高度比、连接笔画等。

假设每个书写者签署他(她)的名字时是努力复制一种特殊式样或主要形态。这个模型包含着个人设计理念,这种理念随着时间的推移被重复和提炼,使他(她)的签名与其他人的签名相区别。因此,定义通用模型的因素,包括字母的设计和它们的倾斜情况、大写字母和小写字母的相对大小和一个字母到另一个字母的位置、字母修饰和花饰(手写花体字*)、简化形式以及就相对于签名的匀称而言,签名各部分的布局安排。通过对个人设计、运笔、书写特性、书写技能和书写形式等因素的组合进行分析和理解,才能够鉴定一个人的签名。

如果一份复杂的可疑签名同一个真正具有代表性的样本在其所有的鉴定特征上都一致,那么可以确认可疑签名与样本签名是同一人所写的(图 9.2)。另外,如果可疑签名与样本签名之间存在本质差异,它们必然是两个人所写的。它们之间的差异必须是本质的,而不仅仅是同一个书写者签名之间可能会发现的微小变化。

在鉴定中,自然变化起着重要作用。没有两个签名样本,甚至是最简单签名的两个样本是相同的。同一人书写若干签名间自然变化的程度取决于书写者和每个签名的书写条件。一个人的签名中缺少复杂性和一致性则很难实现签名的目的,并且在两个人或更多人签名之间的偶然相似或故意相似的可能性会增加。

由于存在自然变化,对于一个有争议的签名应该使用两个及以上签名进行正确评断并形成重要的鉴定意见(图 9.3)。使用的鉴定方法需要准确地确定样本签名的变化范围,然后必须要查明争议签名的鉴定特征是否在这些限制范围内。签名的同一认定不是建立在与一个特定签名相匹配的基础上,而是建立在确定争议签名中包含与签名样本相
79 同的特征,并且是以与样本相同的方式书写的。鉴定中,争议签名应该处在由收集的签名样本所建立的变化范围内。

9.1.1 偶然变化

在前一段的论述中,假定在可疑签名和样本签名中所遇到的变化是包含在书写人自然变化范围之内。这种假设在大多数案件中是可行的。还有另一类很少遇到的变化。
80 它被称为罕见的或偶然的变化。这种变化是可能发生的差异,例如,在 100 个或更多的签名中只出现一次,或者可能不会再次出现。这种性质的变化在签名问题中是最麻烦的。这种通常无法解释的变化可能是由于不正常的书写位置、健康状况或身体变化、有缺陷的笔等因素造成的。通常对这种变化是没有可以证明的或合乎逻辑的解释,特别是在所有签名的实际书写条件几乎从来都不知道的情况下。如果在可疑的签名和已知的

* 详见 https://baike.baidu.com/item/花体英文/4475654? fr = aladdin。——译者注

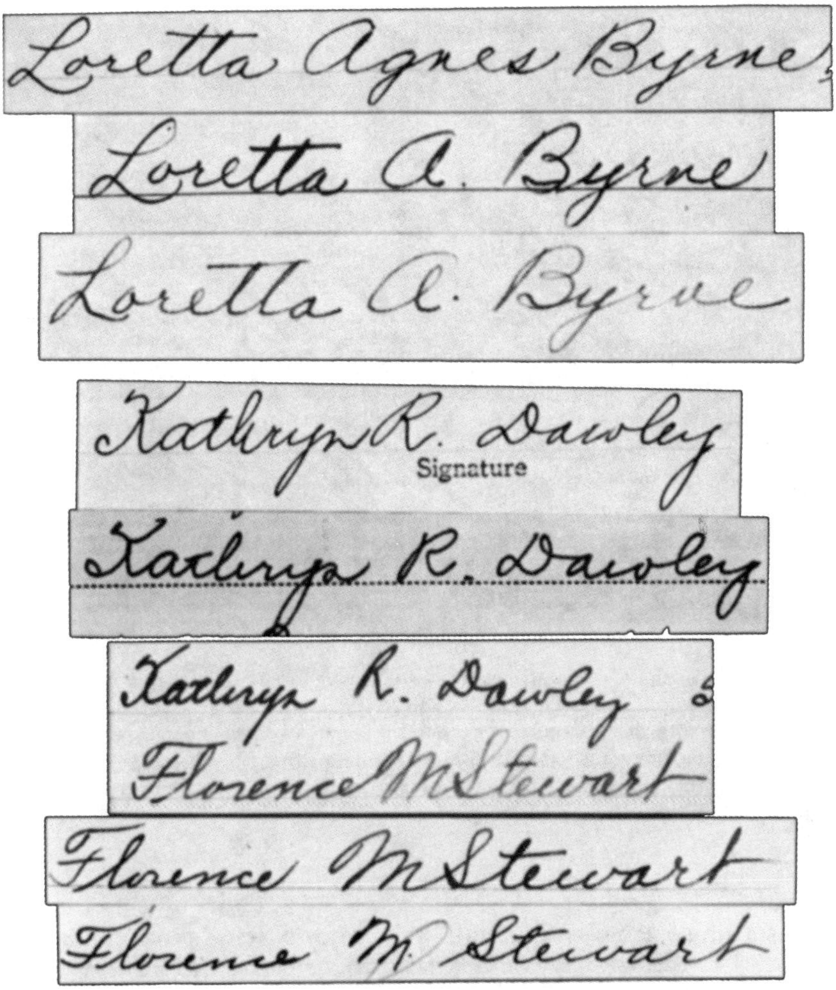

注：三名证人中有两名证人在女遗嘱人之前死亡，因而不仅要证明伯恩小姐的签名，而且还要证明两名已经去世的证人凯瑟琳・R. 道利（Kathryn R. Dawley）和弗洛伦斯・斯图尔特（Florence Stewart）的签名。如图所示，伯恩遗嘱的签名排列在从她书写的许多真实签名中选出的两个签名之上。组成她平时签名的所有书写特性和外形习惯都体现在遗嘱的签名中。证人凯瑟琳・R. 道利和弗洛伦斯・斯图尔特的签名一起列在道利小姐的两个真实签名和斯图尔特小姐的两个真实签名之间。这两位女士同伯恩小姐一样，签名书写得流畅、清晰、独特，对这两名证人签名的真实性绝对没有任何怀疑。

图 9.2　在洛雷塔・A. 伯恩（Loretta A. Byrne）遗嘱案件中出现的三个不同的签名问题

样本之间存在这种罕见的分歧，可能仍然有理由得出所有签名都是由一个人所写的结论，但与此同时，可能很难说服某位坚决认为签名不是真实的鉴定人。因而，如果不存在其他值得关注的问题，偶然或罕见的变化本身不能证明有争议的签名不是真实的（图 9.4）。

注:变化出现在倾斜程度、大小、基准线对齐方式、连接笔画和字母形式上。它的变化范围是异常的大。一个人的笔迹变化越大,需要用来准确定义他本人书写习惯的已知样本数量就越多。

图9.3 所有的签名"加拉蒂奥"(Galatio)是由同一个雇员在工资收据上签署的,并显示出他的签名变化很大

9.1.2 反常的真实签名

关于确定一个签名是真实的或认定其书写者的原理在前一节已经讨论过了。文件检验员通常面临的问题是可疑签名最初至少被认为是个人正常的或典型的签名。这些常规的签名会出现在信件、申请表、支票、法律文书以及其他正式或半正式签署的文件中。不过,也有一些问题涉及一类特殊的签名,这些签名产生了相当不寻常的技术问题。在这种情况下,同一认定或签名真实性的检验原理不会改变,但这些不寻常签名的某些成分呈现出更大的重要性或产生一定的局限性。这方面的例子包括收据签名、在酒精或
81 药品影响下的签名、在病重期间书写的签名、老年人在晚年时书写的签名,其真实意图是
82 为了在以后否认的签名和非真实的签名经本人鉴定为真实的签名。

9.1.3 收据签名

术语收据签名(receipt signature)包括一组在不利的书写条件下匆忙书写起确认作用的签名,如收到投递的包裹、挂号邮件或商品时的签名。常见的把纸张靠在墙壁上书写签名,在手持的夹板书写,或在被称为交货信息采集器(a diad)上书写的签名(交货信息采集器是一个对压力敏感的记录装置),以及在任何不正常的书写位置上书写的签名。

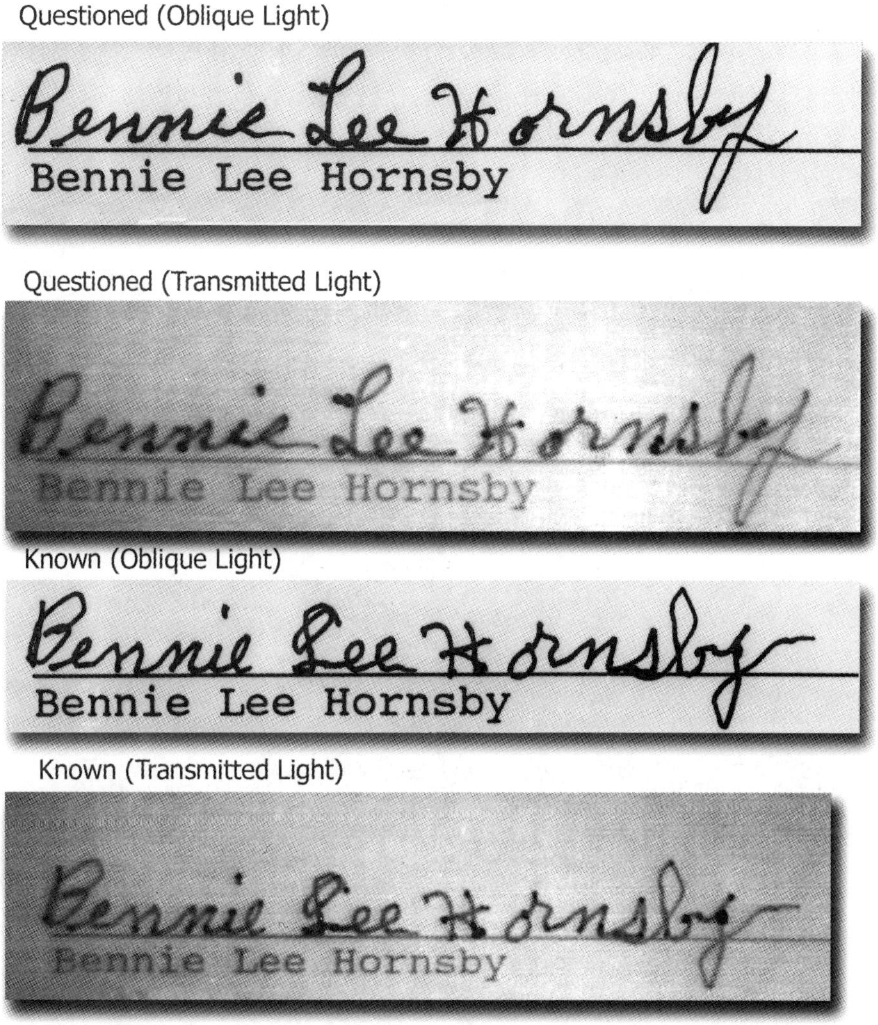

注:这些墨点的汇积暗示这是一个摹仿签名。已核实的同期签署的真实签名揭示了同样的现象。霍恩斯比(Hornsby)夫人书写自己签名时只在特定的地方犹豫。在书写犹豫的地方,与自由流动的墨水相结合导致形成可疑的墨水聚积。最初被认为是伪造的迹象,后来则被确定与她的正常书写运动和线条特征一致。在确定该文件真实性中的其他因素也是很重要的,如对所使用的纸张进行紫外光检验、激光打印机的打印缺陷和装订孔图案。最初的论点是一个页面已经被替换,签名是套摹的。在大写字母 L 的顶部缺少椭圆形的运笔是一个偶然的变化,这个变化在所提交的任何样本中都没有发现。

图 9.4　对可疑签名的显微镜检验发现在整个签名存在可疑的墨点汇集

许多人认为书写这种签名是件令人讨厌的事情,书写时往往是敷衍了事。这种签名充其量是以乱涂的方式匆忙完成。因为匆忙,缺乏细心以及不利的书写条件,签名形态的细节会发生损失。一系列这样潦草的签名虽然也能显露出一些样式,但是不同签名相互之间会有很大的变化。正式签名与这一类签名相比较不具有太大的价值。因此,为了准确地解决该问题必须找出与此类签名同样变化条件下书写的签名样本。这些意见涉及许多书写者,但不一定对所有人都必须采用,对一部分人来说书写收据签名仍然保持在书写者的正常变化范围内。对于一个不太清晰的缩写签名,对其真实性的鉴定结论往往是做出有保留的意见。这个保留意见是基于一些典型的签名形式再加上极度自由书写的基础上得出的。不同于经过修饰后的摹仿签名,这些签名并没有显露出任何细微的尝试来改善有缺陷的部分。一个明显例外可能是偶然自由的书写以及对严重缺陷的字母没有进行太准确的校正。

从20世纪90年代中期到90年代末,快递公司采用新技术,不再使用纸张。现在使用的是一种对压力敏感的装置,使用手写笔而不是钢笔。这种对压力敏感的签名以数字化形式存储以免出现有关交货或购买证明的问题。一些但不是全部交货信息采集器迫使书写者在一个不寻常的位置上书写,从而导致一个扭曲的真实签名(图9.5)。不可避免的是关于这些签名真实性的问题已经出现了。关于整体签名图案的外观可以做出评估。考虑到固有的局限性,可以预料的最好意见将是有保留的意见。

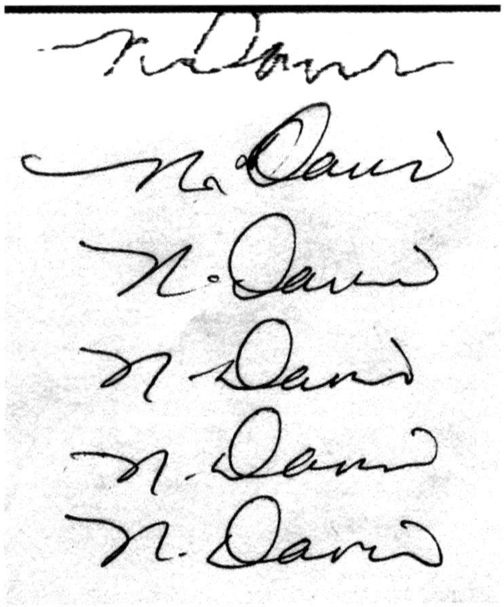

注:签名的图片是从互联网上下载的。顶部签名与已知样本签名的明显差异不是出于故意试图扭曲签名造成的,而是反映了一个非常别扭的书写位置。

图9.5 顶部的N.戴维斯(N. Davis)签名是真实的,但是在对压力敏感的设备上签署的

9.1.4 受酒精和药品影响的签名

毫无疑问,一个人在酒精或药品的影响下,通常不会以正常的方式签名。虽然这些受影响的书写者也可以写出几乎正常的签名,但大多数人都会觉得自己的书写协调能力受到严重的削弱,他们的签名不稳定而且和正常签名相比有着非常明显的差别(图9.6)。通常这些问题与酒精有关,但也可能在服用一些药品后发生。但由此造成的签名缺陷与非本人签名的缺陷是非常不同的,这将在随后章节中讨论。在极端的情况下,签名的协调性明显受到随意运笔的限制,并由此形成较差的签名形式。笔似乎摇摇晃晃地在纸上书写。随着血液中酒精比例的提高,签名在一般情况下并非总是如此,往往趋向于比正常的签名稍微变大。如果一些在酒精或药品的影响下书写的样本作为可供比较的样本,那么文件检验员的鉴定结果就会更准确。没有这些特殊的样本也可以做签名鉴定,当一些已知样本在相似而不完全一样的条件下签署时,鉴定意见会变得更有说服力和更经得起论证。 83

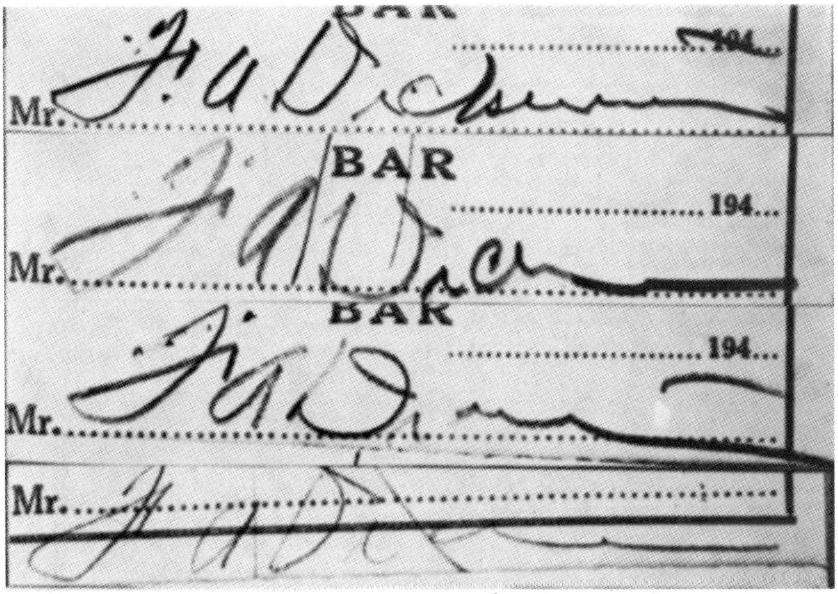

注:注意从第一张(上部)到最后一张(下部)逐渐损失的签名细节。

图 9.6 由同一人在晚上喝酒期间签署的四张酒吧支票

虽然大家可能认为酒精和药品必然导致低质量的签名,但是在某些情况下,结果居然完全相反。就酒精而言,某些人的签名随着酒精的适量摄入实际上是提高了的,特别是在严重酗酒的情况下,当"清醒"时的签名是紧张或颤抖的,在酒精的放松作用下则变 84
得更加流畅。例如,帕金森氏病患者的签名可以通过使用药物得到显著提高。这也导致了这样的情况,有争议的真实签名显然比书写者没有进行药物治疗时书写的签名更加熟练并具有更好的线条特征。

9.1.5 疾病和年老

涉及重病患者或身体虚弱的老年人的笔迹问题,包括有在外观形象上明显不同的签名。虚弱的身体状况和协调能力的下降是很重要的因素,这些因素导致写出比早期签名质量更差的签名。由于严重的疾病或年老的结果导致身体健康情况的恶化都会影响到签名的设计特点、书写技能和线条特征。不规则的笔画、书写不佳的字母、不整齐的排列和字母间距是这类签名中常见的特点(图 9.7)。

出现在某些签名但不是全部签名中的一个特征是由于年老或病弱造成的颤抖。这

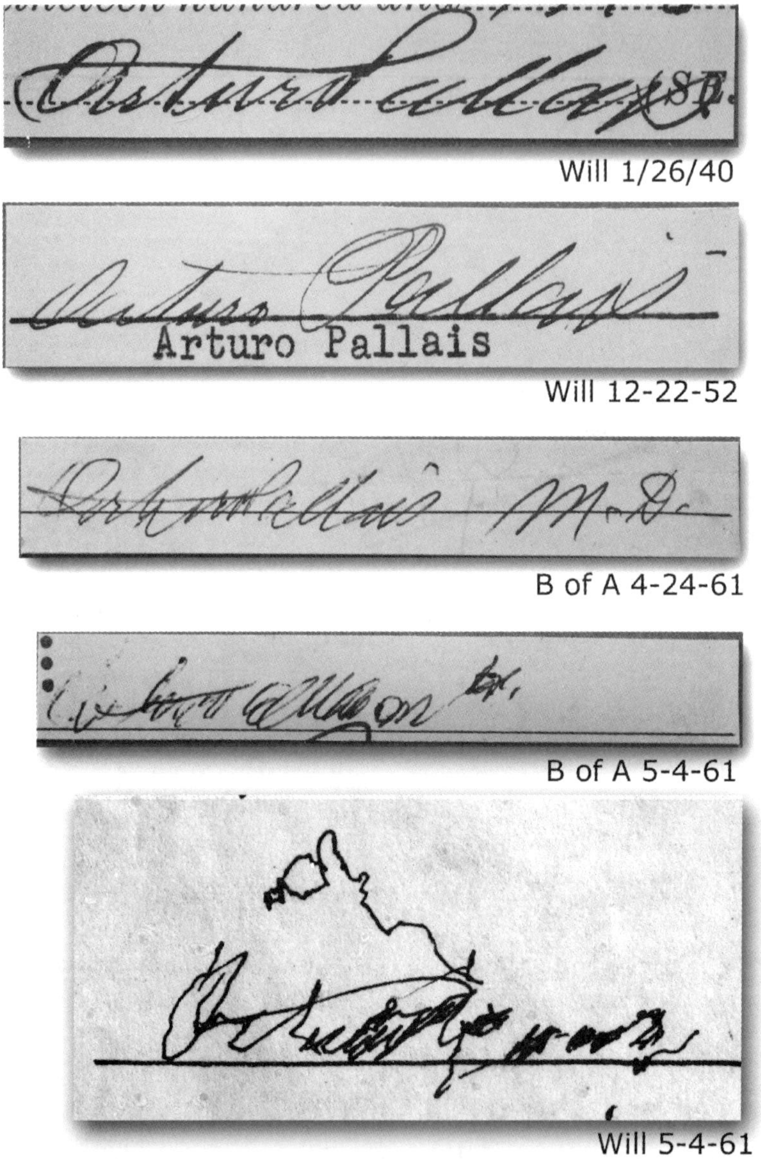

注:最接近的样本签名是在同一天早些时候签署的支票。帕拉伊斯博士身体健康时有非常成熟、熟练的签名。1961年5月4日的遗嘱签名证明他身体状况的恶化。他的精神状况是否也有所恶化对法庭来说是一个难题。法庭基于帕拉伊斯博士当时有能力书写遗嘱的证词裁定该遗嘱签名是真实的。

图9.7　可疑签名是帕拉伊斯(Pallais)博士去世的前一天在遗嘱上签署的

种颤抖或虚弱伴随着签名式样上的恶化。另一种典型的特点是书写人没有能力顺利完成签名的起笔。可能会由虚弱的、不稳定的笔画组成一个或两个不成功的起笔,同时这些虚弱的、不稳定的笔画与最终的签名没有连接。出于同样原因,这种笔画有可能会出现在签名之中或靠近运笔的结尾处忽然之间运笔更加自由和放松。这种在书写中笨拙和明显放松的奇怪混合最初是令人费解的,这种现象可能会在一些但不是该书写者所有的同期签名中发现。

收集年老或体弱多病的人的签名充满了特殊的危险。对家庭成员或侍者来说,在没有诈骗意图的情况下,替他们年老的亲属或患者签名是很平常的事情。这不一定会告知亲属或患者本人。很多时候是为了支付日常账单。家人或服务员最初可能会试图复制真实的签名,并不是为了行骗,仅仅是确保银行能够兑现支票。很显然,这会给文件检验员带来问题。这些非真实的签名已经被提出来核实为已知样本。当这些样本与真实的样本混合时,粗心的法庭文件检验员会假定书写者的签名有很大的变化范围。将这种有污染的样本收集推测为可信的已知样本,很容易导致错误的鉴定意见。当老人自己在较早时间就完全停止签名,随后家人或侍者签署以后的所有文件,那么最坏的情况发生了,因为以后产生的样本可能是些摹仿签名。

获得的已知签名样本可以追溯到数年前。生病之前和在侍者或家庭成员参与签字之前的签名样本具有特殊的价值。在作为样本提交的签名有明显的变化可能表明书写者有严重的健康问题或者开始存在非真实的签名。熟悉这种笔迹的文件检验员可能会怀疑写得很差的签名是由生病的或年老的书写者完成的。然而,同时期的样本,如果它
们存在的话,需要证明其真实性。该问题再次涉及寻找在可比较条件下书写的签名。医 85
院或医生的记录可以是非常宝贵的,因为他们能够证明疾病或对患者的治疗对其书写能
力的影响,并可以作为不参与诉讼的人来提供证据。对于一个重病患者,处于能不写尽
量不写的状况下很少能发现可信任的样本。对于老年人而言,随着死亡的临近,其签名 86
也会逐渐地恶化,虽然不一定是直线的恶化。在逐渐恶化的签名中,可能会偶然出现质量比较好的签名。通常只有少数经核实的已知样本可以找到。最终的判决将取决于文件检验员的经验和对这种恶化的签名真实与否的理解。

9.2 伪造和变化/伪装签名

几乎所有人都有能力或大或小地变化他们的笔迹或签名。如何成功改变个人签名或笔迹取决于个人对他自己本人签名和笔迹的意识,需要伪装或变化的字数或签名的数量以及个人的创造力。个人可能产生动机创作一个方便以后可以拒绝的签名。这已经涉及政府支票、财产收据确认书、租赁、商务合同等。伪装可以通过改变倾斜角度、增大或减小签名的大小、扭曲字母设计、加快或降低书写速度或这些方法的任意组合来实现。伪装签名在从容不迫和经过练习的情况下通常会比那些必须当着出纳员或送货人的面书写得更加成功(图 9.8)。

如果真正的书写者是用于制作比较样本的唯一来源,试图伪装成功的概率也会增加。如果可疑书写者有机会进行筛选或仔细选择提交给法庭文件检验员的样本,那么可以假设,只有那些看起来与检材不同的样本才会被提交出去。

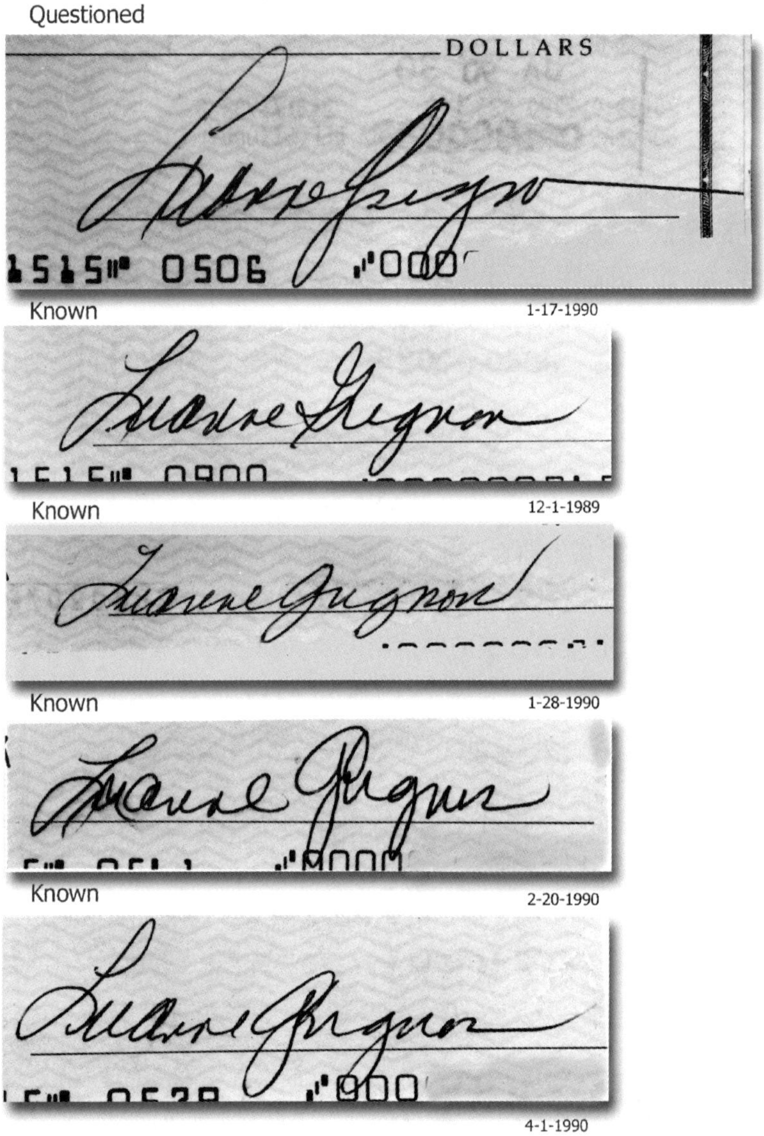

注:格里尼翁(Grignon)女士最初是否打算变化或伪装她的签名是不得而知的。如果所有提交的样本与这四个展示出来的样本相类似,那么就可能给出非本人书写的意见。这一意见显然是错误的。从另一方面来看,鉴定是难以证明的。一个恰当的建立在提交样本基础上的意见将是不确定的或有迹象表明同一人书写。

图9.8 尽管在外形上存在明显的区别,但顶部的签名和四个已知样本签名是由同一人书写的

9.2.1 假签名鉴定为真实签名

有时会出现涉及有争议签名的案件,这个有争议的签名真正考验文件检验员。所提到的情况是,一份个人遗嘱出于各种原因,遗嘱上的签名被鉴定为真签名,然而本人却从没有签过字。使问题更加复杂的是个人有时会提交并鉴定为伪造者书写的摹仿签名。在这种混乱的情况下发生的案件类型包括用于保险的体检和雇用枪手参加教育资格或职业证书考试。在第一种情况中,个人在知道他们患有不符合资格的疾病或身体健康状况而想要获得保险,而在第二种情况下,他们正试图获得更好的学术地位或专业执照或获得任命。当个人希望建立一个不在场的证明或要求对宣称已做完的工作支付报酬时,也会出现这种情况。

可以预计,这些类型的问题很难得到解决。可疑签名可能是一个练习摹仿,并被解释为是一个真实签名的异常变化。这种设想听起来很奇怪和令人困惑,但它是建立在许多文件检验员经验的基础上。在缺少供词的情况下,唯一可能解决这类问题的方式是获得可信的同时期正常业务过程中的签名并应用笔迹检验的基本原理。 87

9.2.2 伪造签名的方法

为了达到他(她)的目的,伪造者必须采用两种技术中的一种来摹仿签名。备有一个真正的签名作为摹本,伪造者可能会选择徒手伪造,此种伪造称为摹仿,或者伪造者感觉他(她)缺乏必要的书写技能成功完成伪造,他(她)可以选择对摹本进行套摹伪造。 88

不太熟练的摹仿和套摹是在描绘。在描绘时,伪造者主要将注意力集中在描绘图像的过程中,而不是依赖于习惯性的行为。关于徒手摹仿,伪造者可以练习另一个人的签名,随着时间的推移,如果已经足够熟练,应该是能够写出更自然的摹仿签名。具备所需技巧的伪造者最终可以写出自然的摹仿签名,摹仿签名中包含真实签名所具有的特征。这种现象可以在会计贪污案件和家庭成员或侍者熟练替老年人或体弱的人签名案件中观察到。

9.2.3 套摹伪造

套摹通常是通过以下两种方法中的一种实现的。第一种方法最好称为透射光方法(the transmitted-light process),它是将伪造文件直接放置在真正的签名上面,并同时控制强光从下面透过两张纸进行照射,由此在最上面的纸上描绘签名轮廓。第二种方法被命名为复写轮廓法(the carbon outline method),它以如下方式完成:一页复写纸或类似材料被放置在带有真实签名的纸页和伪造文件中间,带有真实签名的纸页在上,假文件在下面。随后使用尖头的工具描绘签名摹本的轮廓通过复写纸转印到下面的纸张上。这个轮廓随后可以被宽墨水笔画覆盖。当墨水不能完全覆盖复写纸转印的轮廓时,经常会出现试图擦除字迹轮廓的现象。虽然差强人意的伪造签名可以通过这些方法中的任何一种来制成,但是每一种方法都有使其暴露的固有缺点和弱点。

通过透射光技术套摹的签名也有额外的潜在缺陷。即使使用强光和薄纸,签名摹本的一些微妙的细节对于摹仿者来说在其描绘轮廓时也是不清楚的。如果使用较厚的纸张和较弱的光源,更多的微小细节将被遗漏。这种签名不是由书写而成的,而是通过绘制形成的。只有个别人能够快速、自由地运笔进行准确的套摹。徒手摹仿的特征也会在套摹中发现。典型的套摹伪造签名是用缓慢的、慎重的笔画描绘,这些笔画中充满停顿、反常的运笔、突然的转折或轻推动作。这类复制伪造签名通常具有始终如一的粗重笔画,缺少正常书写所共有的浓淡变化和笔的着力点。套摹签名中经常出现试图改正签名外形而进行的修补和重描。重描甚至可能以书写者正常书写的反方向运笔来完成。除了提笔或中断后再进行笔画的拼接外,还可能表现出笔画在运笔过程中的停顿,在继续书写前依然保持与纸张接触。在伪造者试图摹仿之前,他(她)必须仔细考虑好每一个字母。其结果可能是外形上与样本签名一致,但笔画的线条特征则显然是不同的。

套摹伪造还可以利用轮廓线而不是复写轮廓来实现。使用透射光方法,可以制成一个很轻的铅笔轮廓线,如果需要的话,可以很容易进行修改,随后用墨水覆盖笔画。套摹
89 还可以通过简单的书写压痕组成引导线,伪造者使用足够的书写压力描真正的签名从而在下面的纸页上产生压痕。这样的轮廓是很难精确描绘出来的,结果最终描绘出的签名不是很准确。在一个案例中,伪造签名的轮廓线是沿着纸张上的小针孔描画出来的。看起来这些针孔好像是为描绘前半个签名作导引,但奇怪的是后半个签名没有针孔作导引。

用轻画轮廓线(a lightly drawn outline)进行套摹伪造充其量是一种粗糙的摹仿。不仅会出现描绘造成的缺陷,而且还会由于两次描绘而使缺陷更加明显。这种套摹在描绘轮廓过程中存在两次出错和不准确的机会。出现轻画的轮廓线本身就说明签名是假的。能够检测到这个轮廓中哪里油墨未能覆盖,这种情况容易在套摹伪造签名中多处出现。红外检验可以从覆盖的油墨区分出底层的铅笔线或复写纸的碳线,从而显示出轻画的轮廓(图9.9)。使用显微镜或其他专门的设备,可以观察到墨水笔画和轻画轮廓的线差别。为了纠正这一缺陷,伪造者可能会尝试擦去未被墨水覆盖的轻画轮廓线。可是用于绘图

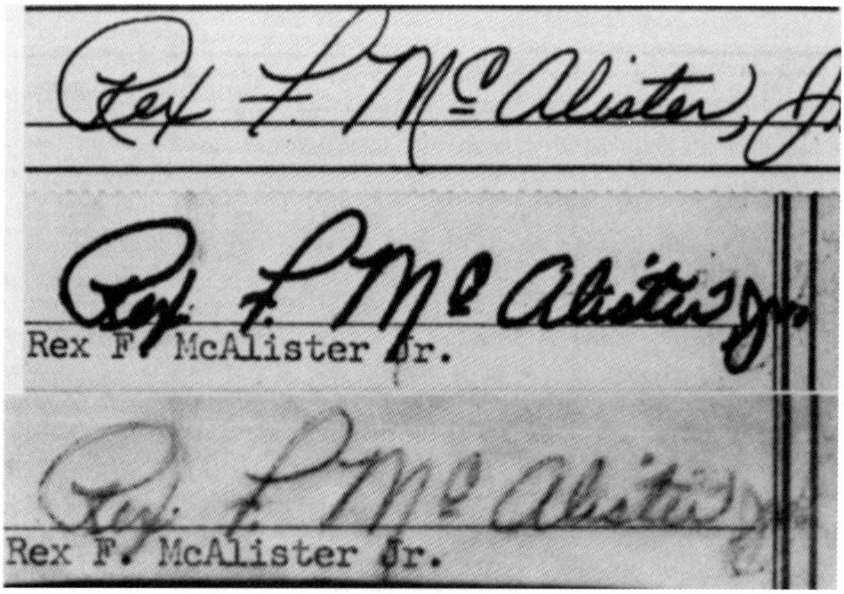

注:最下面的签名是伪造签名的红外线照片,红外线照相过滤掉覆盖在复写轮廓上的墨水。

图9.9 第一个签名是真实的,第二个是伪造的

的材料难以彻底清除,即使经过仔细擦除后,可鉴别的痕迹仍然存在。如果绘画的材料被完全擦掉后,可能仍然留有由描绘签名轮廓的压力所形成的轻微压痕。此外,在擦除的过程中可能会移除用来覆盖轮廓线的墨水笔画或使其变得模糊。在制备套摹签名的每个步骤都会在完成的摹仿签名中引入缺陷,利用这些缺陷可以显示出签名有瑕疵的本质并确定它是如何形成的。

在怀疑套摹案件的调查工作中找出签名摹本是具有重大意义的。当一个有争议的签名被怀疑为套摹,任何有可能被用来作为摹本的真实签名都应被进行仔细检验,以确 90
定两个事实。首先,所谓的摹本和套摹签名是否能够较好重合以至于足以确定后者是按照前者套摹下来的。实际上套摹签名和摹本一般不会完全重合。套摹的准确性取决于伪造者所采取的技巧和细心程度。有争议签名的笔画会在偏离真实的签名笔画后,又返回到共同的轨迹上来。当存在这种情况时,有争议的签名是从这个签名摹本套摹下来的结论是有道理的。其次,通过对一个真实签名进行仔细检验来确定是否被用作套摹签名的摹本。紧贴签名轮廓的压痕通常是由制作套摹工具的压力引起的。此外,当铅笔或钢笔其中任何一种书写工具被用来制作套摹签名的轮廓时,在摹本周围可能会发现铅笔笔画痕迹或钢笔划痕。如果使用含碳的复写纸或类似材料,还应仔细检验摹本的背面是否有凸起或者染料痕迹。当然,没有找到摹本签名也可以证明套摹,但如果找到摹本和正确了解摹本签名的状况和重要性就会使那些反对摹仿事实的人(如果有的话)几乎无法为其辩护(图 9.10)。

注:对签名的显微镜检验显示出有一条未着墨的线平行于姓氏最后一个字母的轮廓。以真实摹本签名的复印件作为样例。这两个签名几乎完全重叠的事实是最初声称存在套摹签名的证据,因为这两个签名匹配得太过严密。

图 9.10 遗嘱上的可疑签名出现在一份 20 年前没有通兑的支票背面

在许多情况下,伪造者通过套摹一个真实签名的轮廓制成两个或多个签名。套摹可以被发现一部分是由于可疑签名和摹本的密切相关,几乎能够还原成相同的轮廓。在大部分案件中,既没有找到签名摹本,也没有在任何签名的周围找到轮廓线,但是其相近的
91 身份特征清楚地表明它们是如何形成的。甚至即使对原始签名的检验显露出令人信服的套摹证据,提交上来的样本也应该与套摹的签名进行比较。套摹的真正摹本也会多次作为样本提交上来。伪造者指出可疑的签名是真实的,因为它同样本明显一致(图9.11)。

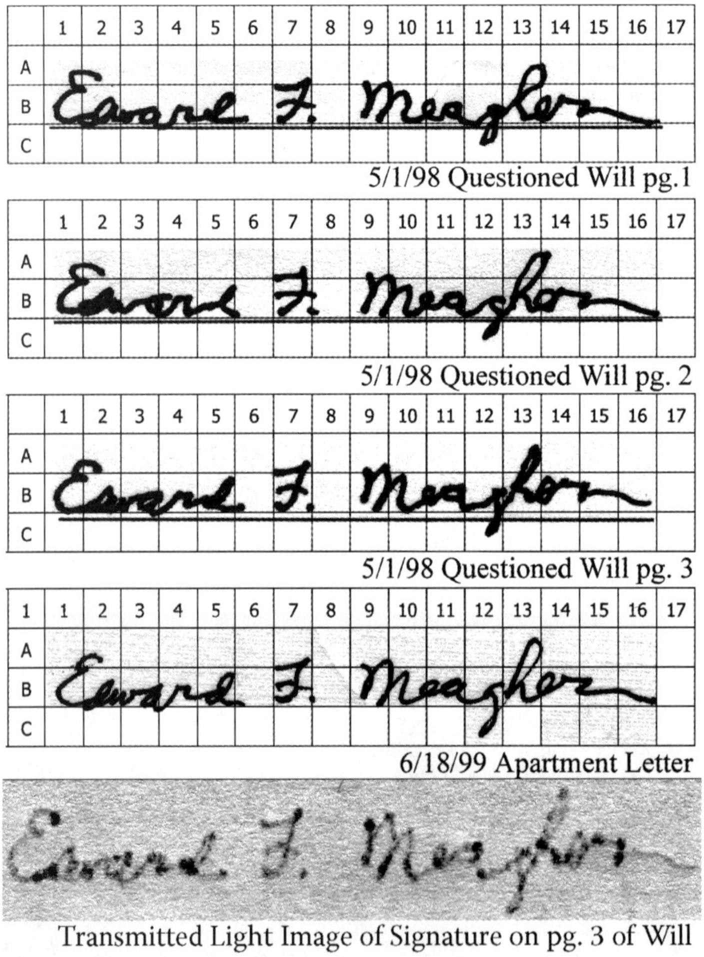

注:可疑签名显示出较差的线条特征和众多迟疑点(hesitation points)。当用透射光检验时,观察到许多迟疑点,这些迟疑点类似于在图9.4中所观察到的墨点。这个网格展示了可疑签名与1999年6月18日公寓信上的签名具有明显的相关性。遗嘱上的三个签名是套摹公寓信件上的签名。在这可疑的霍恩斯比签名(图9.4)和马尔签名中都观察到书写签名时相同的缺陷,即在迟疑点额外汇积的墨水。在霍恩斯比的案件中,这种不正常现象是签名真实性的反映,而在马尔案件中,这种反常迹象是非真实签名的证据。对这种异常仅仅进行单纯的观察而没有进行正确的解释会导致错误的鉴定意见。

图9.11 在可疑遗嘱上的三个爱德华·F.马尔(Edward F. Meagher)签名是用黑色墨水书写

有必要注意,仅仅出现在签名周围的轮廓线并不能从根本上确定签名是套摹的。书写者已经检验了整个亲笔书写的遗嘱,遗嘱是先用铅笔书写再用墨水笔画覆盖。铅笔书写的部分具有真实书写的特性,用墨水覆盖部分具有典型的套摹缺陷。最终确定 92
的是由于遗嘱的复印件并不能令人满意地再现原来铅笔书写的内容,一名家庭成员便用墨水覆盖原来的铅笔笔画。不用说,这样的解释受到了极大的怀疑。沃尔特(Walters)和弗林的检验报告称在签名大部分笔画旁有一条明显的引导线。[2]可疑的墨水签名是用钢笔写在一份复印件上,这份复印件使用现在已经过时的方法由氧化锌涂层纸制作而成。可疑签名具有真签名的特点。实验和研究表明,圆珠笔的球座摩擦纸张上氧化锌涂层,从而产生轮廓。这些例子表明,轮廓本身并不能自动证明签名是套摹的。在这些案例中,对绘制的轮廓与真实签名的关系有很奇怪但可以证实的解释。这些案例强化了一个观念,即仅仅观察而不进行仔细的分析和解释可能会导致一个错误的鉴定意见。

9.2.4 摹仿伪造

成功的摹仿签名包含一个双重的过程。成功的伪造者必须抛弃他(她)自己的书写习惯,同时伪装成另一个书写者的那些他(她)所不熟悉的特征。笔迹不只是一个或两个简单的习惯,而是一系列众多的习惯,这些习惯复杂多变,经常交织在一起构成错综复杂的模式。即使是试图成功摹仿其他人的签名甚至是最不复杂的签名,这一有意识的脑力劳动也是巨大的。伪造者必须努力用一种奇怪的书写方式代替他(她)自己既定的习惯性书写运动(参见第375页的彩图9.12和彩图9.13)。

经过练习的徒手摹仿(Practiced freehand simulations)通常是技能最高的伪造。如果要完成一个完美的徒手摹仿,伪造者必须要认识并重现真实签名的习惯和线条特征。伪造者应同时抛弃与他(她)本人笔迹的所有冲突成分。伪造者必须对摹本进行详细的研究以摹仿其所有独特的特点,并必须了解他(她)自己笔迹相应的特征,以便能够消除它们在最后摹仿中的影响。此过程包括用与真实签名一样自然的方式、同等程度的技能和速度进行摹仿。导致摹仿失败的原因常常是因为伪造者对他自身笔迹和要被摹仿笔迹的一些特征仅有肤浅的认识,或者因为他(她)作为书写者所具有的书写技能达不到被摹仿人水平。即使已经防止了所有这些失误的发生,如果是由有能力的文件检验员进行检验,完成摹仿这样艰巨的任务也仅留下一点点成功的可能性(图9.14和图9.15)。

伪造者最初面临的困境是为了把握签名的设计式样需要牺牲自己固有的书写速度,并在签名的摹仿过程中具有一定的速度,伪造者会牺牲运笔动作、字母设计以及真正书写者签名的其他独特特点。一个完美的摹仿将是复制品与真正的签名在完成过程和设计式样方面无法区分。可以很容易地理解,某人真实的签名越不复杂和越一致的话,伪造者摹仿起来就越容易。虽然文件检验员不能够确定意图,但是他们可以评估是否已尝
试进行绘画般的复制,即摹仿一个真实签名。 93

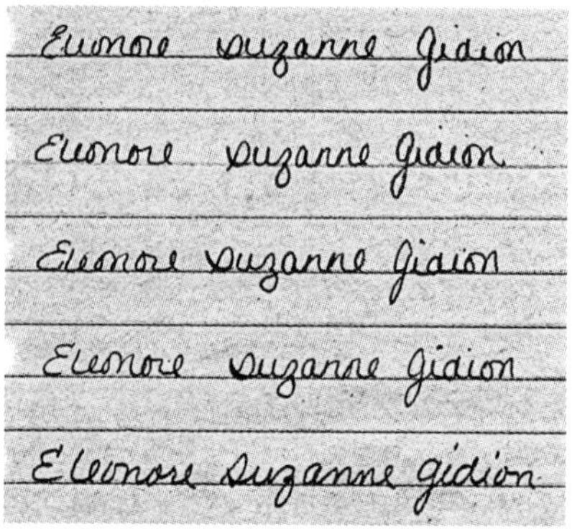

注:她签名的设计式样相对简单,用铅笔书写的。仔细检验的结果显示第五个签名的字母设计和线条特征均存在差异。

图9.14　埃莱奥诺雷·苏珊娜·吉迪恩(Eleonore Suzanne Gideon)签名中有一个是摹仿形成的

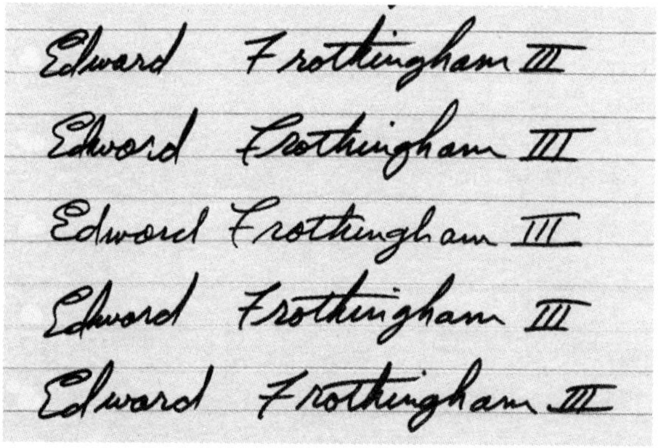

注:使用的是一种宽尖墨水笔,这种笔掩盖了某些缺陷,如果使用圆珠笔,这些缺陷就可能已经观察到。弗罗辛厄姆先生是一个水平较高的书写者,其签名稳定。摹仿签名书写得很自然,相比真实签名表现出良好的线条特征。在比较他真实签名的许多例子后,字母设计中的错误才显露出来。一般来说,为了把握设计式样,必须要牺牲书写速度;相反,摹仿签名书写得越快,在字母设计上偏差的可能性就越大。哪一个是摹仿的?*

图9.15　五个签名中的一个不是由爱德华·弗罗辛厄姆(Edward Frothingham)书写的

由于书写过程中的固有缺陷(线条特征),非真实签名一般都可以被发现。大多数书写者的正常签名包括相对一致的书写速度、书写水平、笔画的浓淡变化方式、细微的运笔动作、运笔的间断点、连贯性和笔的位置。摹仿签名往往与真实签名在这些特性上存在部分或全部不同。犹豫,不自然的提笔、修补、抖动,描绘时在笔画方向上突然变化所表现出的运动不确定性和远非自如、正常运笔的呆板、生涩的特性相结合,揭示了低水平摹仿的缺陷本质。甚至一个熟练的书写者如果从未练习过,其练习摹仿的签名也将会出现设计上的缺陷(图9.16和图9.17)。

---

* 译者个人认为第三个爱德华·弗罗辛厄姆签名是摹仿形成的。——译者注

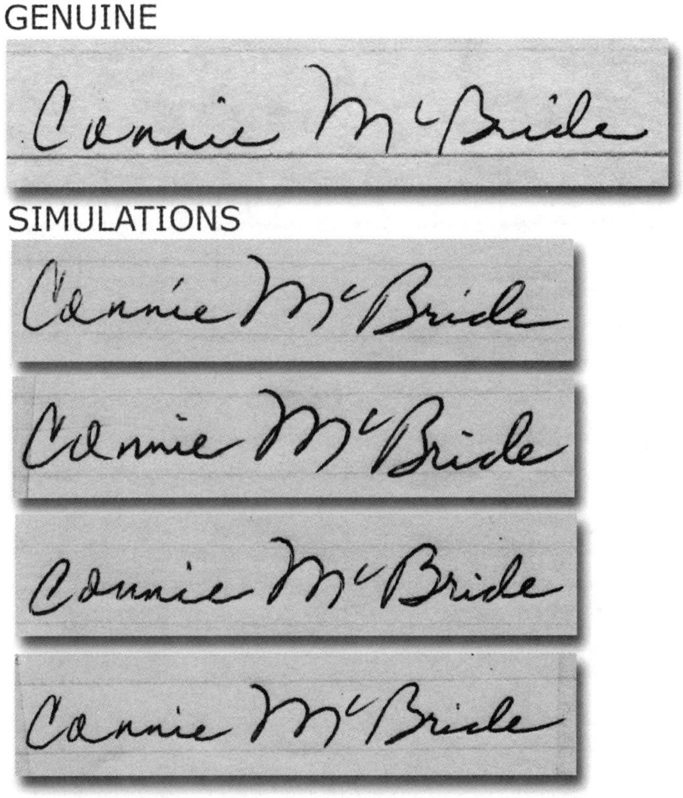

注：图中显示的是一个康尼·麦克布赖德真实签名与由该高水平书写者书写的四个摹仿签名相比较的例子。在摹仿签名中可以观察到其设计式样和书写时的细微缺陷，但同样显而易见的是摹仿签名的质量正在逐步提高。

图 9.16　一个高水平伪造者花费一些时间研究康尼·麦克布赖德（Connie McBride）的真实签名的构成

以上一些在低水平的套摹或摹仿中经常观察到的缺陷偶尔也会出现在许多低水平书写者或生病书写者的正常签名之中。然而，不管你信与不信，复制一个低水平的签名 94
是困难的，特别是如果伪造者未察觉到它的细微之处。伪造者如果具有更高的书写技能，可能会产生一个高于真正书写者签名的摹仿签名。所以，试图复制低水平书写者或生病书写者的签名存在困难。

因此，最重要的是确定已知签名和有争议签名之间的变化是否是在个人正常书写习惯范围内，如果不是的话，鉴定意见将指向为非真实的签名。在通常的伪造中，签名往往是故意描绘的，在这个过程中重点都放在摹仿字母外形和设计式样，而不是在运笔和书写特性上。换句话说，摹仿签名在设计式样上可能是一致的，但在书写中存在缺陷。因此，对于摹仿签名而言，在书写过程中表现出与样本签名的明显差异就印证了它的欺诈性质。

有一种流行观点认为一种可接受的伪造可以通过倒行笔书写，但这是与事实不符

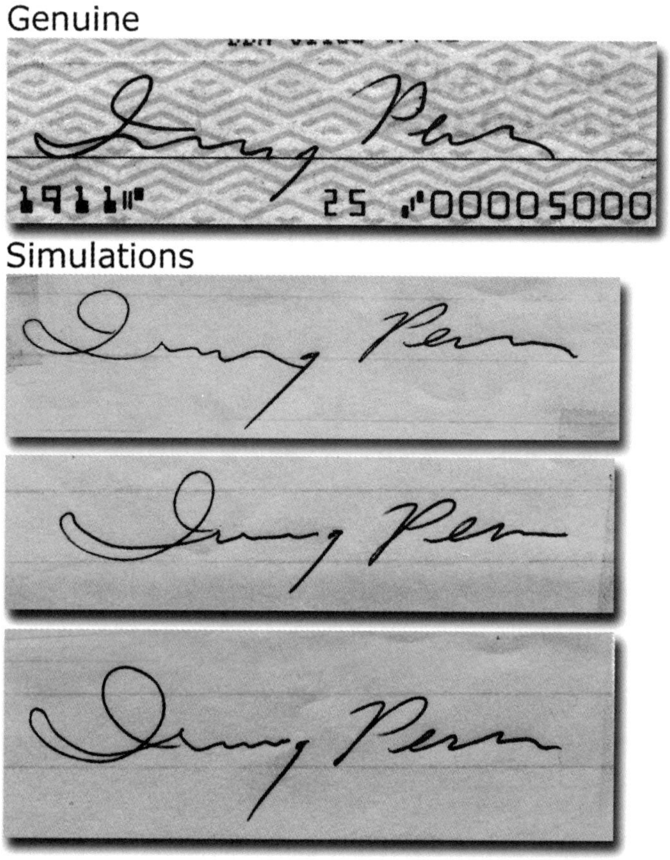

注:他的签名复杂度适中。正如我们可以看到的,高水平伪造者的摹仿签名的质量逐步提高。大多数伪造者缺乏书写技能或耐心来完善他们的摹仿签名。一个注意到字母设计和运笔,自然书写的摹仿签名可能与发生不寻常变化的真实签名无法区分,尤其是在真实签名设计式样简单的情况下。

图9.17 欧文·佩利奇(Irving Perlitch)的签名式样只能部分辨认,至少他的名字能够辨认,但辨认他的姓是不可能的

的。在这个伪造过程中,通常在笔画方向、锥形笔画、笔画间断和墨水沉积(ink lay down)等笔迹特征中会有一个明显的差异。

确定一个伪造签名是否为套摹或摹仿形成是不可能的。无论是采用哪种伪造方式,
95 最终结果将是这个签名具有相应伪造方式的缺陷特点。只要有争议的签名可以显示出缺陷,使用哪种伪造方法都是无关紧要的。

9.2.5 伪造签名

伪造者没有可利用的真实签名时,他(她)仍然可能试图进行欺诈,使用一种叫作伪造签名(spurious signature)的手段。此方法不需要尽力摹仿一个人的真实签名,伪造者仅仅是以他(她)正常书写或稍微修改的笔迹来伪造签名,在这种明显的伪造被识别之前,力争采取某种手段使文件通过以达到个人私利。这是支票窃贼的伎俩,罪犯窃取、签署

并将政府或公司支票通兑。这一类签名，一旦找到标称人的真签名，就很容易证明是伪造的。有争议签名和已知签名之间的任何符合都是由于一个共同的书写系统或是纯粹偶然。此外，往往通过笔迹鉴定可以认定伪造者的身份，这一点将在本章后部分讨论。 96

9.2.6 配偶间摹仿

经常遇到的一类可疑签名是妻子书写她丈夫的签名或丈夫书写妻子的签名。在大多数情况下，但不是所有的，这些签名不能被认为是伪造的，因为他们往往是在对方了解和同意的情况下或达到一定心照不宣、默契的情况下书写的。例如，在社区商店用支票代替对方签名付账或在一个共有的银行账户上存款。另一配偶几乎忘记签署支票或认为该程序完全正确。这种配偶书写的伪造签名与本人的签名几乎没有相似之处，即使有也仅仅显示出很少的特征。也许除了在一些非常突出的特点相像之外，通常是没有真正试图复制配偶的签名。

然而，在婚姻解除或配偶中的一方死亡时，涉及这些签名的问题经常会出现。配偶中的一方可能不顾另一方是否同意而在贷款、契约，或股权转让时签署了另一方的名字。离婚后或在遗嘱认证诉讼中，关于签名的争议出现，要求进行法庭文件检验。是否试图摹仿配偶签名的事实通常能够确定，也可以帮助事实上的审判者（法官或陪审团）确定意图。

9.2.7 纪念品、艺术品、历史文献

在纪念品、艺术品、历史文献这三个领域给文件检验员创造了一些有趣的问题。体育纪念品、艺术品和历史上的签名有很多怀旧意义和很大的经济利益。评价历史人物的签名未必是评估文件的最好方式。正如我们可以预料到的，获得可信的、同期的、值得信赖的历史人物的签名样本可能是不可能的。通常一个更有效率的调查途径是仔细地研究制备可疑历史文件所用的材料。发生在20世纪80年代一个臭名昭著的案件，被称为白蝾螈案（the White Salamander case），涉及一个叫马克·霍夫曼的人。霍夫曼努力研究，并获得适当的材料来伪造了一大批据说是制作于1800年的文件。他所创建的一部分假文件尤其损害了摩门教。仔细的检验揭发了他大部分的欺诈作品。例如，当他复制那段历史时期所使用的油墨成分时，需要人为地干燥油墨。在这样做时，他创造了一种墨线方式，当显微镜检验时，发现伪造的墨线不同于许多年来正常干燥的墨线。另一个文件案件涉及约翰·菲茨杰拉德·肯尼迪总统和女演员玛丽莲·梦露所谓的关系被发现是伪造的，因为所使用的打字机直到文件标称日期的3年后才在市面上出售。所谓希特勒日记也被发现是假的，因为制作纸张所使用的染料直到1945年之后才在市面上出售。一个几乎乱真的摹仿巴比·鲁斯（Babe Ruth）的签名（于1938年去世）使用的是滚珠笔，这种笔直到20世纪70年代才能获得。因此，虽然在上述案件中最初的一些利害关系可能集中在签名鉴定中，但实际的解决方案涉及了其他类型的法庭科学检验项目。 97

评价一个体育人物的签名涉及标准的方法,但是也有特殊的考虑。这显然是(并且可能仍然是)通常的做法,有亲笔签名的物品,如棒球,经常由其他人签署(如棒球男孩),然后作为正宗的纪念品分发给毫无戒心的球迷。指定签署体育人物签名的人不一定会试图摹仿球员的真实签名。另一个要考虑的是运动员是否已经定制了只用于这一目的专门签名。此外,无耻之徒,理应称为术语——伪造者,不断练习并且非常精通高仿真摹仿体育人物的签名。所有上述情况给文件检验员尝试验证体育纪念品带来明显的、但并非不可克服的问题。一项调查得出结论,其实80%以上的体育纪念品不是由体育人物本人签署的。

另一种专门类型的问题涉及艺术品的验证。艺术家使用的签名或标记可能会与他们正常的签名明显不同。用于在艺术品上签名的工具也与用于正常签名的不同。伪造艺术品的个人很多都是非常有才华的工匠。正如所预料的那样,他们可能已经具备了成功复制签名所必要的技能。更加复杂的问题是,签写在艺术品上的艺术家本人真实签名,并不一定意味着该艺术家完成了这件艺术作品。一个著名的艺术家为人所熟知的是在空白的画布上签名,然后将其出售或赠送他人。

9.3 伪造者的鉴定

在确定声称的签名不是真实的签名之后,下一个任务是确定究竟是谁伪造的。通常情况下无法回答这个问题,因为徒手摹仿和套摹过程并不是书写而是描绘,也是较好的伪装形式。伪造者的鉴定只是例外而不是普遍情况。伪造者留下来其自身的书写习惯很少足以作为同一认定的基础。伪造者自己的签名与他(她)摹仿另一个人的签名进行比较通常不是富有成效的。必须获得疑似伪造者笔迹中可靠和可供比较的样本才有可能进行鉴定。然而,在极少数情况下,伪造者是由摹仿签名中出现一些他(她)本人细微的,但可能是高度个性化的书写习惯而被认定。我们必须清楚的是,认定伪造者的证据绝不能建立在嫌疑人笔迹和摹仿笔迹之间一两个符合点的基础上。如果摹仿签名仅复制了真实签名中的显著特征,而其余特征则反映伪造者的实际书写特点,那么就可以对伪造签名的书写者进行同一认定。在伪造签名中偶尔会发现伪造者无意识的书写习惯。

对于伪造签名或非摹仿的签名,特别是那些在书写者并没有试图改变或伪装他本人正常书写的情况下,确定是谁书写了可疑签名是很容易的。在这种情况下,可能难以收集足够的样本笔迹,并以此形成检验意见。一旦能够获得这些样本,问题又将恢复到确
98 定伪造者笔迹和有争议签名之间的关系上来。很多时候,符合点是由逐个字母,甚至更好的是可以由字母组合表现出来。当然,主要考虑的是伪造者用所需的书写技能已经书写了可疑的签名。有很多案件中,犯罪嫌疑人被要求书写伪造的签名,然后以此作为样本进行鉴定。在要求书写的样本(request exemplars)中存在伪装的可能性必须始终加以考虑。

9.4 辅助或引导签名

在某些情况下，临终前签名以及那些在病重期间的签名，是在别人帮助下书写的。这种帮助可能是由某个人仅仅稳定住书写者的手或手臂。然而，有时辅助者成为第二个书写者，在书写过程中实际引导和或多或少地控制主要书写者的手部运动。前一种类型的签名最好应叫作辅助签名（an assisted signature），而后者通常被称为引导签名（a guided signature）。该两类签名之间的界限是难以确定的。并不总是很清楚辅助书写者参与程度如何，或者根本是由主要书写者自己全部书写的。甚至即使只有极少量的辅助，它也可以引起书写的限制和书写运动的笨拙。如果辅助人员实际上引导书写者的手，那么辅助人员不仅仅是参与，而很有可能是实际控制着书写。这样会引入不同于书写者平时书写习惯的笔迹特征。此外，联合书写的签名显示了一个不规则的外观，两位书写者试图协调配合完成书写往往带来冲突和不协调运动的明显证据（图 9.18）。引导签名或辅助签名在法律上使文件具有有效性。但是，由于文件的重要性和签名的异常外观，不仅关于签名而且关于签名的形成过程经常会出现严重的纠纷。具有讽刺意味的是，从法律的角度来看，一个标记或×，如果得到适当的见证，在法庭上是能够接受的。实在是没有理由产生一个引导签名。然而，这些却发生了。大多数时候，真正的问题是主要书写者在书写签名时是否有足够的心智，这是一个文件检验员不能回答的问题。

这些签名中遇到的技术问题变得极为棘手。检验意见不能总像其他类型签名问题那样精确。只有当书写者单独签名有很大的困难时，辅助才是必要的。在某些情况下，签名者首先尝试独立签署，但是无法完成签名（图 9.19）。当文件出现这样一种尝试的迹象时，这个片段往往有助于法庭文件检验员分析整个有争议的签名。这里经常还有给予多少辅助的问题。它仅仅是稳定住体弱者的手或手臂吗，对形成的笔迹有实际帮助吗？事实上的审判者必须对那些在场的人，特别是辅助人的证词和文件中的物证相结合起来进行考虑和权衡。不幸的是，很少有哪怕收集到一个由同一个辅助人应用相似的方式书写的签名。即使有这样的样本，问题仍然存在：该样本的辅助程度与可疑签名的辅助程度是否一致？

很多时候，据称引导签名或辅助签名类似于一个写得不好的摹仿签名。大多数宣称
为引导签名的，经过仔细检验后，发现不是真实的。摹仿签名的形成过程与引导签名的 99
形成过程是明显不同的。一个细致的、考虑周全的评断应该对两者加以区别。几乎毫无例外，存在辅助或引导签名的可能性一直没有提及，直到初步检验后对它的真实性提出了严重的问题。

引导签名相互矛盾的特征是各种因素综合作用的结果。它们包括主要书写者的力
量和书写能力，辅助方和主要书写者在何种程度上参与联合书写签名，以及实际书写过 100
程中各种物理条件。这些条件包括辅助者的手放在主要书写者的前臂或手的位置、书写

注:凯瑟琳·J. 格洛弗在日期为 2000 年 10 月 3 日的遗嘱签名大小约是格洛弗女士同期签名样本的 150%。她的护理者常常书写格洛弗女士的名字。可疑签名以一种笨拙但有时自然的方式书写。“Catherine”中的“Cat”组合和“Glover”中的“Gl”组合与护理者的笔迹一致,不是格洛弗女士书写的。如果可疑签名是一个引导签名,几乎没有格洛弗女士参与书写的证据。

图 9.18　凯瑟琳·J. 格洛弗(Catherine J. Glover)遗嘱签名显示了一个不规则的外观,存在字母或字母组合不同于其平时书写的特征

者和引导者的位置,以及在书写过程中文件衬垫物的类型。

偶尔也会有引导签名,但事实上证明是由辅助方以一种不灵活的方式书写完成的。当书写者无论如何不能书写的情况下,一个亲密的朋友或家庭成员辅助他(她)时,可能就会出现这样的签名。在这种情况下,如果他(她)信任辅助方,他(她)可能只是握住

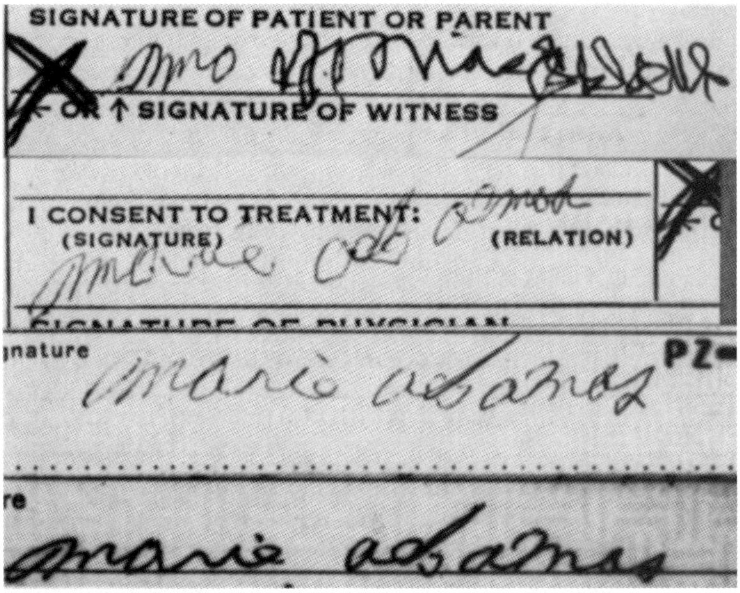

注：从这个案件的其他证据来看，这个签名很可能是玛丽·亚当斯在不情愿的情况下完成的。

图9.19　玛丽·亚当斯（Marie Adams）开始写上面签名，但写完两个字母后停止，签名的其余部分是在一个不认识的医院护理员的协助下完成

笔，完全放松，书写签名时必须由引导者来移动书写者握笔的手。在这些案件中，文件检验员只能给出一种意见，签名似乎是由引导者书写的。法院最终决定问题的真实性是建立在辅助人和其他人的证词是否真实的基础上。读者可以理解对于这类签名问题，每一个案例都是独一无二的。本节中所阐述的一般规则能够在确定专家意见的依据时作为指导。

9.5　缩写签名和文盲记号的鉴定

缩写和文盲的标记可以被视为特殊类型的签名。前者常常是在许多商务活动中使用的简化签名，后者则仅仅是文盲所使用的唯一签名。由于出现关于这两种签名的纠纷，下面将按顺序进一步讨论它们的鉴定问题。 101

9.5.1　缩写签名

对于很多人来说，缩写签名仅仅是个人姓名的首字母。许多书写者，特别是那些经常被要求用姓名首字母草签文件的人，制定了其个人书写首字母的方式，有时与他们的签名明显不同。真实的样本可能会被拒绝，偶尔某个人的缩写签名会被摹仿或被伪造。缩写签名如何书写并体现在线条特征中通常是检验的关键因素。有时真实的缩写签名样本是很难找到的，但当书写者使用一种不同寻常的草签方式时，这些草签样本又是必不可少的。如果缩写签名是单独书写的,可以通过补充有限数目的缩写签名样本来解决这个问题。基本上就这个问题而言,少量字迹的缩写签名比正常签名检验更加困难。

9.5.2 十字记号

根据法律规定,有证人证实的“他的记号”已被接受,世世代代作为没有受过教育或残疾人的签名。虽然标记通常是一个简单的X,每个X可能都具有某种程度的个体特征。事实上,两个文盲也不可能做出相同的记号,但使用这类签名的人容易形成一种固定的模式。通常的记号不过是由两三个笔画组成,因为它的简单很容易被摹仿。即便如此,经常有些记号的伪造并不参考真正的标记。伪造的记号可能包含有共同的错误,如不正确的笔画顺序、超出被摹仿人本身能力的书写技能、有缺陷的运笔、过重或过轻的笔压以及与书写者习惯不一致的持笔位置。虽然这样的签名很简单,但仍有许多因素需要在鉴定中考虑。

有时,一份临终的文件是由垂危的人画上记号来证明文件的真实性,该人在正常情况下本应签署他(她)自己姓名。通常情况下,回答有关这些记号真实性的问题,必须由出席的证人来确定。但有时,没有证人或对证人的可靠性和诚实性有疑问。在这种情况下,文件检验员必须努力去评估可疑的记号。但文件检验员是否可以帮助解决纠纷还是不确定的。

9.6 评估非原始签名

对这一点的讨论是建立在一个假设的基础上,即我们正在检验的签名是一个原始的签名、人类手写的签名。由于不断变化的技术,不断开展的商业实践和法律的改革,进行检验时原始文件往往无法获得。当涉及一个可疑签名时,这尤为关键。检验工作取决于非原件的复制质量,法庭文件检验员在检验有争议签名总体上的线条特征和组成要素方面可能会遇到限制。

可以使用几种不同的方法将签名从合法文件转移到伪造文件。由于这种相对简单的伪造,副本不能被验证为丢失原件的真实和正确的拷贝。另外,如果伪造的证据被发现,或者如果可疑签名和已知签名样本在设计式样上存在本质差异,那么能够得到否定
102 的鉴定意见。没有伪造证据并不能够证明这份副本是丢失原件的精确再现。

在撰写本书时,主要用于制作伪造文件的方法包括间接静电处理法(indirect electrostatic process),换句话说,就是使用静电复印机和激光打印机。纠纷也出现在使用彩色复印、喷墨打印、橡皮图章盖印伪造签名。任何人试图检验签名必须能够区分由各种书写工具和复制方式所形成的签名和笔迹。大多数时候,进行区分是相对简单的,如区分复印机的墨粉和圆珠笔油墨。然而,可能会出现区分喷墨打印和墨水笔书写以及区分橡皮图章印记和宽尖墨水笔书写这样的难题。

一个签名的复印复制品在设计式样上与样本是一致的,没有检验原件就不能确定签名是否被写在文件上。如果使用适当的样本标准进行仔细的检验,怀疑复印复制件真实性的意见就会得到证实。在签名设计和结构上的重大缺陷不能总是被解释为是复印过程产生的(图 9.20)。如果在签名整体设计和结构上是一致的,并没有发现书写中存在明显的缺陷,可以说,可疑签名和样本签名是一致的。有保留的意见可能也是合理的。该文件的形成可能与它所声称的一致,或文件可能是经过伪造的。任何人也无法肯定地说是哪种方式形成的。但是,如果复制品伪造质量非常之差,比如由一个或多个不同的方法制备的多代复制(multi-generation copy),甚至都不太可能给出有保留的意见或直接反对其真实性。

注:原始放弃权利的契约找不到了,大概是丢失了。可疑签名的图像来自第三代微缩胶片复制,缩微胶片是在契约形成时拍摄的。可疑签名的复印件至少经过原件的四代复制。

图 9.20 在字母设计、比例高度、间距和整体结构的明显差异无法解释为复制过程中造成的缺陷

对一个有争议的非原始签名仔细检验有时会发现异常现象,如不寻常的水平片段连接到签名的下延部分。偶尔,可以发现一条线的片段平行于一部分签名,有时发现可疑签名较低的下伸部分比样本签名的短。这些异常现象是伪造无法掩饰的证据。伪造者可以选择他(她)希望转移的签名,但他(她)所选择的样本或许和下划线或者和印刷好的内容相交。在这种情况下,伪造者通常试图移除或清理这些文字交叉的区域,但很多时候都未成功(图9.21)。来自原来文件(the model document)中的下划线或文字的片段有时会在伪造文件中发现。根据所运用的复制方法,当伪造副本时,有时观察到的阴影线是由于剪贴制成的签名和下层页面之间的轻微高度差造成的。一个伪造签名更为复杂的方法将用到扫描仪和计算机软件(图9.22)。

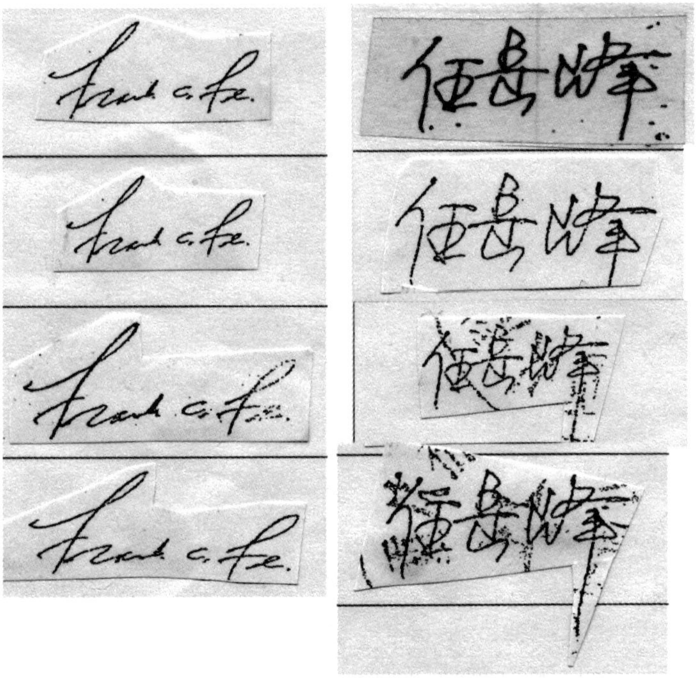

注:一共包括五个人的签名,并找到了原始文件。在可疑的签名中观察到细微的差别。此外,也观察到签名尺寸发生了变化。除这些细微的差别外,这些签名都是相同的。

图9.21 显示的两个人的签名被用于创建共计七份虚假文件

9.7 总结

我们已经知道非真实签名可以使用几种方法伪造。就防止在专家的审查下被识别出来而言,摹仿或套摹签名必须复制真实签名的所有特征以至于差异很少而且这些差异
103 可以归结为偶然因素造成的或是真实签名正常变化范围内。不仅字母的设计,而且运笔的细节质量必须准确地再现。这个问题涉及同时摹仿许多特征,而不是单独摹仿每一个

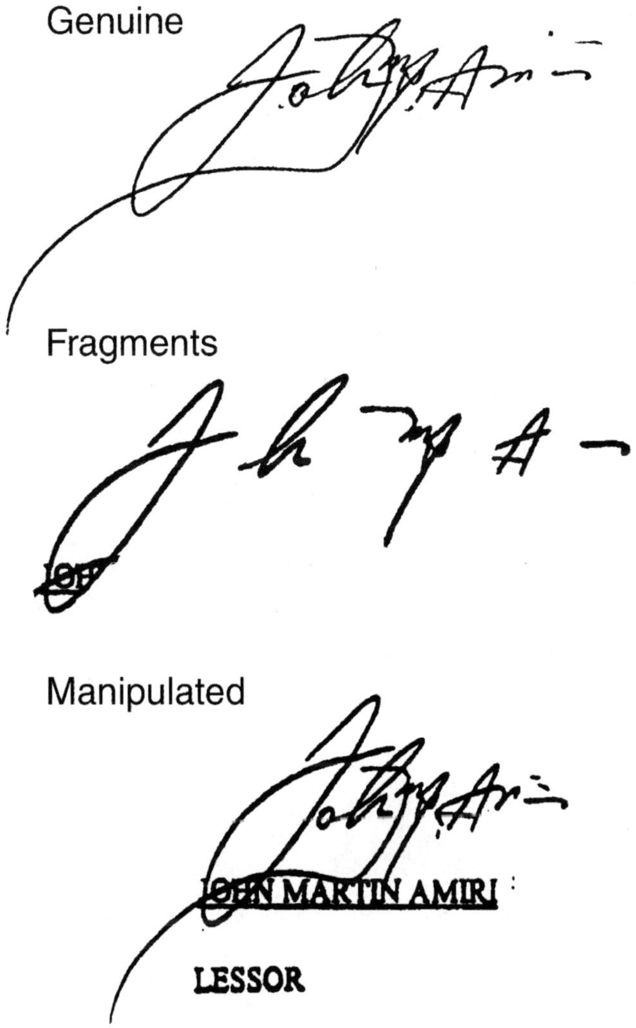

注:一个来源于2002年11月20日的一封信上的签名被伪造成标称时间为2004年1月10日的传真上的签名。真实签名的五部分被分离并重新排列。还对大写字母A的左侧,姓氏中的字母m和贯穿名字的笔画进行了额外的修改。使用这种技术,伪造者必须小心不要由于明显的设计差异伪造一个令人生疑的假冒签名。

图9.22 使用一台扫描仪和计算机软件创建一个更复杂的伪造

特征。这取决于签名的复杂性和伪造者的书写技能,这个任务通常是非常困难的。几乎无一例外,所有非真实的签名都包含书写和设计上的缺陷。识别出这些缺陷需要对可疑签名和样本签名进行仔细检验,以便准确地识别和展示出缺陷。能够认识和正确评估有争议签名的能力,不仅需要理论知识,而且需要通过高水平的训练和丰富的经历取得的实际经验。 104

依照可靠的样本标准,确定签名的非真实性通常也不是困难的。仔细检验能够发现两名书写者签名之间的差异,甚至即使这两位书写者的签名并不是高度个性化的,或者他们在相同的书写系统中经过形成性的训练。特别是在非专业人士的眼里,短名字和试图摹仿一个明显成分容易形成相似的设计。细微的差异点,而不是符合点能够区分出真实的签名和假签名。

签名的鉴定或其真实性的证明在许多法律争议中承担突出的地位。一个人拒绝承认曾经签署了一份合同、契约、收据,或任何类别文件的事屡见不鲜。他(她)可能会大声疾呼是伪造的或是声称“它看起来像我的签名,但我从来没有签署该文件”。如果签名是真的,就必须要证实这个事实。当书写者已经去世或因其他原因不能验证签名的真实性时,对签名的争议就会出现。也可能没有证人或证人已经死亡。必须证明遗嘱上所有签名的真实性。这些情况是在有争议的遗嘱或在争夺遗产时遇到,其中几乎任何类型的法律文书都可能会出现。由于各种情况交织在一起,有必要通过技术检验确定一个签名的真实性,有时还需要在法庭上证明事实(图9.23)。

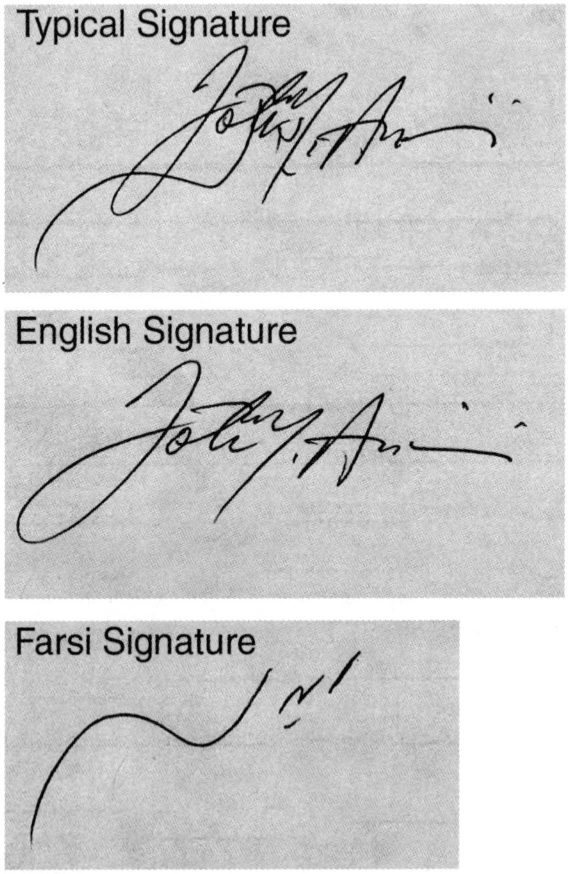

注:英语的签名先写,从左向右书写,波斯语签名后写,从右向左书写。波斯语签名被插入在英文签名中间。为了成功摹仿这个签名,伪造者不仅必须意识到签名的组成成分,还有笔画书写的方向。经过仔细检验,可以确定圆珠笔书写签名的运行方向。

图9.23 约翰·M.阿米里(John M. Amiri)有一个独特的签名,它是由一个英文签名和波斯文签名的组合而成的

105 在遗嘱、契约、票据、合同和支票上的签名要比其他文件上伪造的签名更频繁,但可能没有哪类文件从没有被伪造过。科学的检验是发现这些欺诈行为的主要手段。

是否能够准确地回答这些问题取决于有多少真实的签名可用于比对。对于一个正
式书写的有争议签名,即一个人用正常书写的细心程度来完成的签名,只要有足够数量
的样本签名几乎总是能够得到一个明确的答案。如果有争议的签名几乎或根本就不是
仔细书写,如匆忙用铅笔写的收据签名,那么就不太可能做出明确的鉴定意见。在这里,
最大的困难是在相似条件下书写的真实签名可能会在数量上受到限制,很难找到。有争
议的签名可能潦草地书写,以至于几乎找不出可供鉴定的特征。类似的限制可能会在病 106
重患者或年老体弱者的签名中遇到。在这样的情况下,仅仅能给出一个有保留的鉴定意
见。幸运的是,数量众多的有争议签名是许多重要文件的一部分,并且通过技术检验,对
其真实性的问题可以给予明确的判定。

此讨论目的是使读者敏锐地认识到关于对签名问题正确评价的复杂性。检验鉴定的方法需要收集适当的材料,仔细观察细节并做出正确的解释。虽然最终的意见是主观的,但是过程遵循科学的方法。主观判断的准确度可以通过适当的培训和积累的经验进行改进。认真负责的文件检验员会持续不断地监控他们的方法。有研究表明,有经验的法庭文件检验员之间的协商会大大减少鉴定错误。 107

参考文献

1. Black, H. C., *Black's Law Dictionary*, 5th ed., West Publishing Co., St. Paul, MN, 1979, p. 1239.

2. Walters, A. and Flynn, W., The illusion of traced forgery on zinc oxide-coated photocopy paper, *Journal of Police Science and Administration*, 2, 376 – 380, 1974. 108

手写印刷体和数字鉴定 10

简·西曼·凯利

目　次

10.1　手写印刷体

手写印刷体,也被称为手写笔迹,是由几个英国教育者于1920年之后不久带到美国,在纽约和波士顿地区的私人和专门学校所采用。[1]从20世纪40年代中期,大部分美国城市学校的小学低年级被教育使用手写印刷体作为书写风格。在引入手写笔迹之前,手写印刷体只在绘图和工程行业被教授。查尔斯·W.莱因哈特(Charles W. Reinhardt)设计并发布一个供工程师使用的建立在简化字体基础上的快速单笔画字体系统。现代手写笔迹是从莱因哈特的正式手写印刷体演变而来,美国孩子进入幼儿园或小学一年级都被教授。[2]

任何书写风格的种类特征主要源自于最初书写者所学习的字帖上的字体。然而,在现代学校中手写印刷体的种类特征不仅仅局限于字帖格式。当整个学校指定一个特定的笔迹字帖时,一般而言,书写教学并不像它本应该的那样严格。[3]孩子们在学校几乎没有时间练习书法技能。脱离字帖的风格和有限监督的练习形成个性化的习惯组合,这些
109 个性化的习惯组合可用于鉴别或排除书写者。

10.1.1　手写印刷体特征的研究

从20世纪40年代年到2004年,已经发表和出版了大量关于手写印刷体的种类与个

性特征的研究工作。这项研究通过记录单个字母组成的出现频率来提供种类特征的数据。奥维尔·B. 利文斯顿(Orville B. Livingston)撰写了一篇文章讨论手写印刷体某些特征的频率。他检验了200张卡,记录某些字母组成的频率表,例如,这200个书写者中92%的人写一个大写的W有一个小中心。[4]

在伦敦大都会警察局法庭科学实验室建立了一个手写印刷体大写字母的分类系统。这个系统评估的重点放在字母类型的出现频率,而不是一个特定字母的变化。在这个分类系统中,对字母类型进行分类是建立在140位书写者单个字符的笔画数量和笔画顺序的基础上。例如,大写字母E是根据在三个交叉笔画中哪个交叉笔画先写来进行分组的。[5]

大都会警察局数据库截至1990年包含了1000名书写者。[6]在奥德丽·贾尔斯(Audrey Giles)博士的文章中,她报道了数据库已被用于案件工作,并已被证明在确定单个字母型式或字母组合的出现频率是有益的。由于数据库只记录字母的结构,法庭文件检验员必须进行检验以确定字母的形状、高度和宽度的比例,以及该字符与周围字母有何关系。这些额外的特征决定了手写印刷体的个体特性,从而认定或排除书写者。

地理位置是种类特征的另一个原因。对于美国和非美国籍书写者手写印刷体中的种类特征已经进行大量的研究。在首批研究中有一项是由美国移民归化局(Immigration and Naturalization Service,INS)使用2500份文件来确定从拉美国家移民来的书写者单个字母型式的出现频率。[7]从这个1993年的研究表明看似为个体特征实际是种类特征,不具有独一无二的特点,并且地理位置影响一些种类特征的出现频率。[7]例如,由两个圆圈组成数字8在所有国家都是常见的,应该被认为是一个种类特征,而希腊字母E在来自哥伦比亚书写者的样本中是很常见的,但在来自多米尼加共和国书写者的样本中是很罕见的。

在移民归化局随后的两个研究中利用另外2万份手写印刷体文件,这些文件包括来自许多国家的书写者。齐格勒(Ziegler)和特里兹纳(Trizna)[8]集中精力研究非洲人的手写印刷体,在1993年研究中使用的七种字母基础上再加入8个新字母。他们证实,过去认为是罕见的字母型式其实并非如此,选取的特征在不同的国家具有不同的出现频率。特里兹纳和伍滕(Wooten)后来仔细考察来自孟加拉国、塞浦路斯、埃及、印度、以色列、约旦、科威特、巴基斯坦、沙特阿拉伯、叙利亚、阿拉伯联合酋长国的人们在手写印刷体中的特征。[9]1996年的工作表明,从以前地区研究中确定的字母型式也出现在来自中东和印度次大陆的样本中(图10.1)。[9]

10.1.2 手写印刷体检验中的注意事项

手写印刷体包含着能够识别或排除一个书写者所必需的个性化特征。成分的缺失如连接笔画,不能阻止对其他重要特征进行彻底的分析。奥斯本、希尔顿和康韦 110
(Conway)的早期著作建议对笔迹使用相同的检验方法。希尔顿写道:

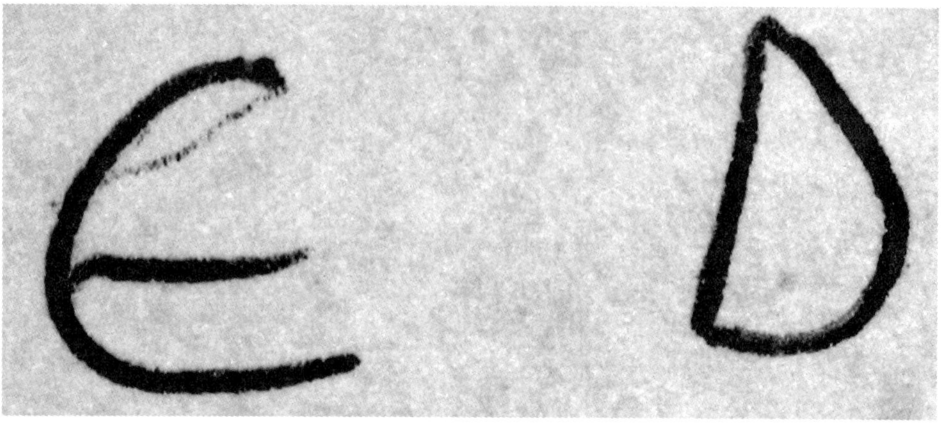

注:字母 E 像一个 C 和中间的横组成,字母 D 在竖笔画顶部形成一个三角形的尖锐点,这两个字母在对书写者的多次研究中重复出现。

图 10.1 通过特里兹纳和伍滕[9]的观点,某些字母型式应被视为种类特征,而不是个性特征

> 当有争议印刷体的所有习惯在已知样本中发现,与此同时,在有代表性的已知印刷体和有争议印刷体之间存在的变化可以解释为常见于个人印刷体的正常变化。因此能够得出结论,一个书写者书写了两种印刷体。进一步说,足够数量的个人习惯,必须是可疑材料和标准样本所共有的,从而两者来源于同一人的可能性如此之大,以至于成为板上钉钉的事。同样的道理,本质差异,尤其是始终重复出现的差异,能够得出这两部分手写印刷体出自于不同的书写者。相反,手写印刷体也不能免予技术鉴定,像许多人相信的那样,它是高度个性化的笔迹,如同个人的草书笔迹或签名,因此,手写印刷体符合鉴定条件。[10]

认定或排除某人是建立在个人笔迹或手写印刷体书写习惯组合的基础之上。由于这个基本前提,很明显能够列出种类特征的数据库在检验中可以提供有限的帮助,这些种类特征是基于特征的构建。确定一个书写者在其书写习惯组合内每个特征的自然变化会提供其手写印刷体的个性化特点。当考虑到一个特征的无数变化,再结合同一份笔迹中其他特征的无数变化时,书写者的确定是建立在相同笔迹中个性化特征的基础之上。

111 手写印刷体检验的要求包括与有争议内容可比的、数量充足的、适时或同时期(comparable,adequate and timely,CAT)的已知样本。可疑内容有可能是全部大写、全部小写或大小写组合。它可能是手写印刷体和草书笔迹的混合形式。要求书写的样本必须能够反映相同类型的字母型式。常识表明大写的手写印刷体是无法和小写的手写印刷体进行比较的,草写体字母也无法和手写印刷体相比较。

数量充足是指所需要的已知样本数量能够满足法庭文件检验员确定书写者的变化范围。不可能为已知样本设置明确的数量要求。如可疑内容的长度、提供可比样本时书写者的合作情况、字母组成的复杂性和正常书写变化等因素影响已知样本的数量,这些数量被认为足够与有争议材料进行比较。例如,将由 10 个单词组成的抢劫便条中的字母重复书写 20 ~ 30 次,对于一起案件的检验鉴定而言是足够充分的,然而 2 页或 3 页听写内容对于一个有争议的 5 页信件来说对特定检验可能足够了。

及时性是指从已知样本到可疑文件的时间范围(图 10.2)。同时期样本应反映书写者的技能和该段时间内关于有争议内容的变化范围。如果书写者由于健康原因、滥用药物或酗酒,或书写不成熟而导致书写者的笔迹退化,这可能是一个重要因素。

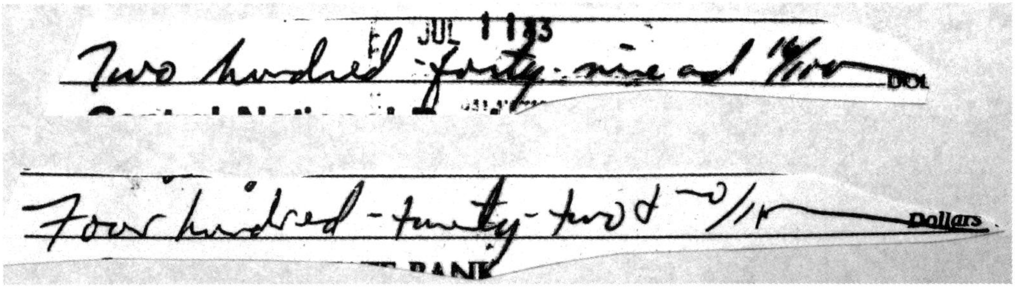

注:上面的笔迹是书写者 28 岁时写的。下面的笔迹是书写者 15 年后写的。

图 10.2 两份笔迹都是由一名书写者所写的

一旦法庭文件检验员掌握了可比的、数量充足的、同时期的样本,他(她)必须确定可疑文件和已知样本是否自然。当检材和样本都反映出手写印刷体是正常自如书写的,那么检验并不复杂。法庭文件检验员对检材和样本分别进行检验,以确定任意一方中出现的特征或习惯的组合。字母的构成、每种字母型式的内部比例(大小和形状)、比例(高度关系)、线条特征、文本的格式或安排和标点符号都是需要考虑的特征。

在一组笔迹内部的一致性是另外一个特点,这个特点进一步帮助确定变化范围。当相同或相似的笔画或笔画顺序出现在不同的字母时,内部一致性被定义为笔迹的要素。[11] G. A. 道森(G. A. Dawson)研究这个内容,他检验了 47 名书写者的样本,这 47 名书写者被要求使用手写印刷体书写伦敦信(the London letter)。[1] 比率是第一个研究的特性。他发现有上部或下部延伸的字母在相对高度和尺寸上具有一致性,那些字母仅具有一个中间区域(图 10.3)。他还发现,该比率可以从一个字母转移到另一个字母,例如,字母 d *112*
的上部延伸长度与其他有上部延伸的字母是相同的。[11] 在一组笔迹中存在或缺乏内部一致性是另外一个特点,这个特点可以使书写者的手写印刷体进一步个性化。

有时,确定书写者是不可能的。这一点要特别强调,手写印刷体内容必须有足够的长度、包含有个人习惯的组合,才能让法庭文件检验员来确定或排除书写者。由于文字内容简短,无法确定可疑内容“Hi”的书写者。甚至即使这两个字母可能包含有个性化的特点,但是只有两个字母的事实很难让法庭文件检验员认定或排除书写者。

---

〔1〕 伦敦信是一个由 80 个单词组成的段落,包含有所有的数字和大小写字母。

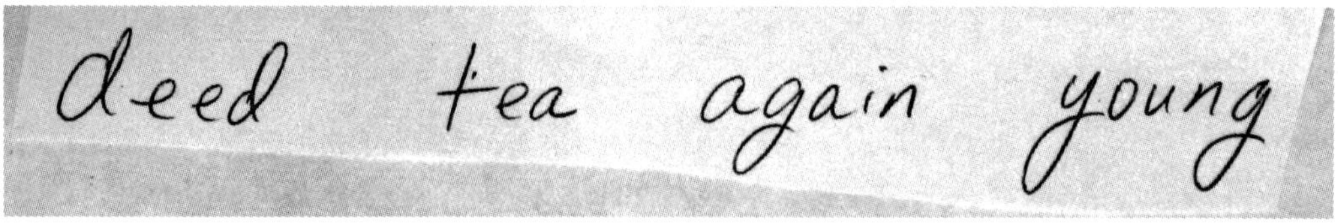

注:具有相似结构的字母在组成结构方面的内部一致性是法庭文件检验员在确定书写者时考虑的一个特点。

图 10.3 在形成 a、d 和 g 的碗状结构中存在内部一致性

10.2 数字

10.2.1 数字检验中的注意事项

数字鉴定与手写印刷体鉴定是密切相关的,因为两者都是断开的笔迹。数字鉴定包含有三个基本要素:形态、书写特性或运笔和变化。这些因素独特的组合为认定或排除书写者提供了基础。形态或运笔的本质差异是区分不同人书写数字的根据。

数字的同一认定不仅仅在于它们的基本式样,还包括式样的细节因素。这些因素包括起笔和收笔动作、修饰、任何式样上的简化、整体倾斜,以及组合数字各部分之间的相互关系(2、3、4、5、6、7、8 和 9)。大小、空间、数字之间存在的连接笔画、基线对齐方式和多个数字的位置包含能够认定书写者的习惯组合。本章这部分内容将简要讨论对种类特征和数字构成的变化提供数据的研究和能够辅助法庭文件检验员确定特征重要性的信息,这些特征是从数字形式上观察到的。

还是孩子时,我们就被教授如何通过正式训练学会使用字帖样式书写数字。与字帖系统的差异将个性化特征引入到书写的数字形式中。然而,并非所有的差异从本质上都是个性化的。有些差异相比其他的差异更加常见。[12]就像手写印刷体,种类特征不仅仅源
113 于字帖的样式,而且受到地理和文化的影响。

10.2.2 数字种类特征和个性特征的研究

舒茨纳(Schuetzner)从美国书写者和非美国书写者所使用的每一个字帖系统中编辑了数字的种类特征。[13]她的工作是根据与另一个系统的相似性和与帕尔默系统的差异性对数字的每一种变化进行分类。这项编辑工作为书写者最初学习的数字结构提供了起点。

西曼·凯利 1999 年的研究探索正常书写的数字中所发现的习惯。从 200 名书写者身上确定数字组成的频率、发生连接数字的百分比、相似结构数字之间的内部一致性。参加者的年龄在 16 ~ 81 岁,居住在美国各地。每个数字在数字组合内不同的位置被重复 138 次。

每一个数字各种各样的组成构成识别的成分。确定数字的结构或组成是检验过程中的关键。它提供依据来确定书写数字与字帖相差多少。西曼·凯利和贾尔斯[14]的研究检验书写者书写特定数字的变化情况。例如,在两项研究中观察到的数字 5 具有六种不同的形式和数字 8 有五种不同的形式(图 10.4),这表明一个数字的组成是以一种可预测的方式出现的。

注:在此图中,一个书写者在书写一个电话号码时使用了两种形式。

图 10.4　西曼·凯利发现了五个不同风格的数字 8

J. 霍兰和 G. 霍兰、[15]霍顿(Horton)、[16]和西曼·凯利[13]建立一个百分比范围用来识别单个数字形式的出现频率。在 J. 霍兰和 G. 霍兰的研究中,625 名书写者中的 6.6% 形成了一个帐篷形 4.68% 的书写者使用 S 形式形成数字 8。霍顿的 580 位书写者中,5.6% 的人使用帐篷形的 4 和 76% 的人使用 S 形式形成 8。西曼·凯利的 200 位书写者中有 9% 的人使用帐篷形 4(图 10.5)和 66% 的人使用 S 形式形成 8。

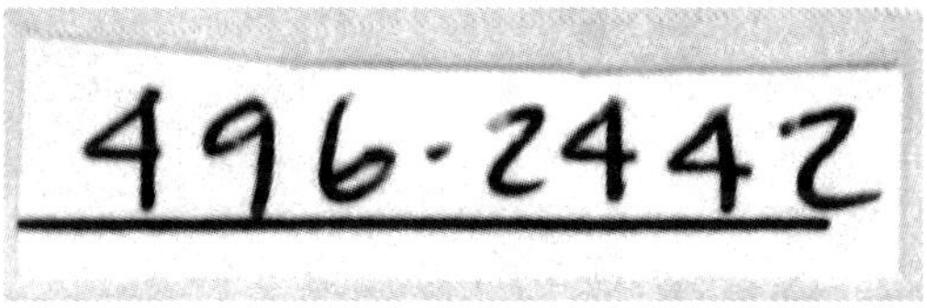

图 10.5　以下百分比为书写者在他们正常书写的数字中发现使用帐篷形的数字 4 的比例:6.6%(J. 霍兰和 G. 霍兰)、5.6%(霍顿)和 9%(西曼·凯利)

西曼·凯利的研究包括内部一致性出现的频率。200 位书写者中 25% 的人书写数 114
字 3 和数字 5 使用相同的结束形式。例如,若数字 3 在较低的碗形结构内的有一个开放的环,这种运动也被复制到数字 5 较低的碗形结构中(图 10.6)。数字组成之间存在的内部一致性是一个能够进一步帮助法庭文件检验员确定书写者的鉴定特征。

康韦观察到,对于许多书写者来说掌握几种数字写法并不困难,偶尔交替使用,并没有意识到他们自己的变化。[17]使用两个或两个以上的数字形式可能会成为一个书写者变化的一部分。在她研究的 100 位书写者中,贾尔斯[14]发现,超过 48% 的人使用了两个或两个以上形式的数字 6,55% 的人使用了两个或两个以上形式的数字 2,43% 的人使用了两个或两个以上形式的数字 9。西曼·凯利的研究记录了 46% 的人使用两种形式的数字 2(图 10.7),38% 的人使用两种形式的数字 9 和 37% 的人使用两种形式的数字 7。[13]这些数据有力地表明,当检材数字和已知样本数字在同等技能水平的情况下,法庭文件检验员

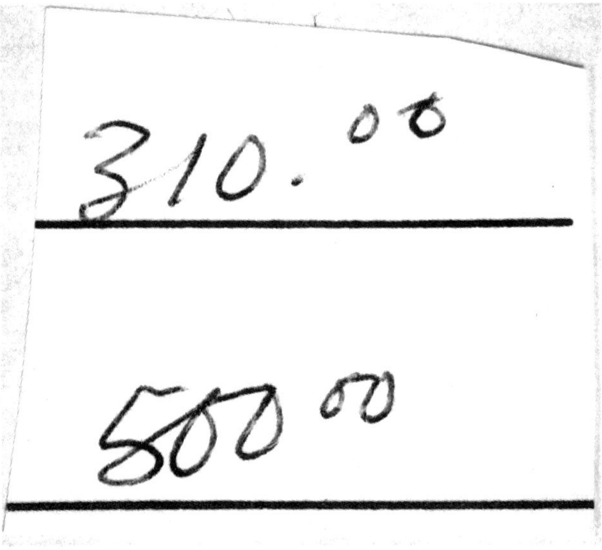

注:该图显示了一个书写者的环绕收笔通过数字3和5底部的碗形结构。末端笔画逐渐变细,直到它连接到下一个数字。

图10.6 在西曼·凯利的研究中25%的书写者对数字3和数字5使用相同的结束形式

在案件中排除书写者时应该谨慎而为。许多已知样本的重要性,包括要求书写的样本和
115 业务过程中的样本都不能过分强调。当涉及书写者数字形式变化时,如果要求书写的样本反映了书写者对一个数字只使用一种形式,那么业务过程中的样本可能会提供关于书写者习惯的解释。

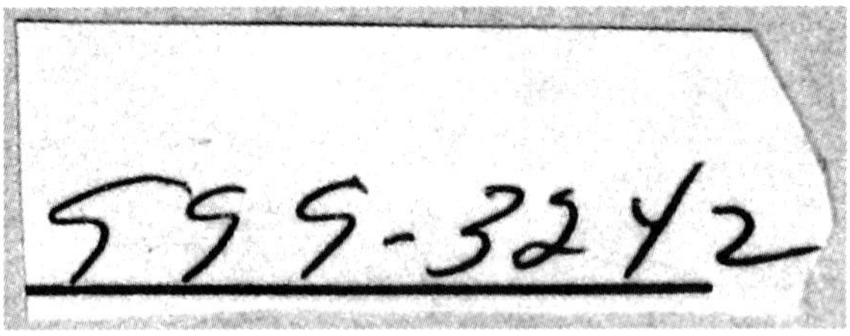

图10.7 55%(贾尔斯的研究)和46%(西曼·凯利的研究)的书写者,对于数字2使用两个或两个以上的形式

将一个数字与另一个数字用连接笔画连接在一起是个体特征并且十分重要,因为书写者并未被教授过连接数字。西曼·凯利的研究评估连接数字的出现频率。200个书写者中,35%的人连接至少一个数字组合,这第一个数字为5、8或2。16%的人连接两组数字,为5和8或8和5,这两组发生最为频繁。22%的人连接三个或更多组数字,2、5或8(图10.8)是第一个字母。[13]

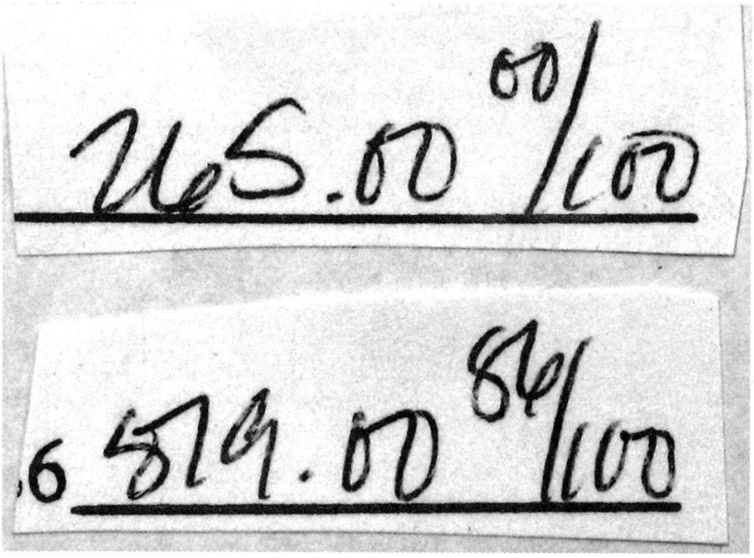

图 10.8 22%的人(西曼·凯利研究)连接三个或更多的数字,包含 2、5 和 8

10.3 结论

手写印刷体和数字同普通笔迹一样是可鉴别的。三者的检验方法相同。随着新数据的发表,用于检验手写印刷体的技术在过去半个世纪中已经取得进展。记录某些字母型式(种类特征)出现频率的调查研究、能力验证和摩西·金博士的验证测试——法庭文件检验员在认定/排除手写印刷体优于外行人的结论都为法庭科学文件检验专业采用科学方法认定书写者的结论提供客观的书面证据。 *116*

参考文献

1. Godown, L., Systematic Hand Printing, paper presented at the American Society of Questioned Document Examiners Annual Meeting, Memphis, 1952.

2. Ramsey, S. L., A study of the evolution of handwriting from grades three to six, *J. Am. Soc. Questioned Doc. Examiners*, 1, 32-39, 1998.

3. Schuetzner, E. M., Class characteristics of hand printing, *J. Am. Soc. Questioned Doc. Examiners*, 2, 5-33, 1999.

4. Livingston, O. B., Frequency of certain characteristics in handwriting, pen-printing of two hundred, *J. Forensic Sci.*, 8, 250-259, 1963.

5. Nicholson, P. J., A System for the Classification of Block Capital Handwriting, paper presented at the International Association of Forensic Science, Vancouver, 1986.

6. Giles, A., Increasing the Level of Objectivity in Handwriting Examinations, paper presented at the American Society of Questioned Document Examiners Annual Meeting, San Jose, CA, 1990.

7. Berthold, N. N. and Wooten, E. X., Class characteristics of Latin American hand printing, *J. Forensic Doc. Examiners*, 4, 135 – 151, 1998.

8. Ziegler, L. F. and Trizna, L. A., African Hand Printing, paper presented at the American Society of Questioned Document Examiners Annual Meeting, Long Beach, CA, 1994.

9. Trizna, L. A. and Wooten, E. X., Hand Printing of the Middle East and the Subcontinent, paper presented at the American Society of Questioned Document Examiners Annual Meeting, 1996.

10. Hilton, O., *Scientific Examination of Questioned Documents*, Elsevier Science Publishing Co., New York 1982.

11. Dawson, G. A., Internal Consistency in Handprinting, paper presented at the Annual Meeting of the American Society of Questioned Document Examiners, Savannah, GA, 1986.

12. Hilton, O., Individual or class characteristics in foreign numbers. Some observations of numbers from Austria.

13. Seaman Kelly, J., Habits observed in naturally written numbers, *J. Am. Soc. Questioned Doc. Examiners*, 5, 58 – 66, 2002.

14. Giles, A., Figuring it out, *J. Am. Soc. Questioned Doc.*, 2, 62 – 64, 1999.

15. Horan, J. and Horan, G., A Study of Numbers, paper presented at the 10th International Association of Sciences Meeting, Oxford, 1984.

16. Horton, R. A., A study of the occurrence of certain handwriting characteristics in a random population, *Int. J. Forensic Doc. Examiners*, 2, 95 – 102, 1986.

117 17. Conway, J. V. P., *Evidential Documents*, Charles C. Thomas Publisher, Springfield, IL, 1959.

11 手写印刷体和数字中的伪装变化

简·西曼·凯利

目　　次

法庭科学文件检验通常包括正常书写的可疑内容和样本内容的比较,以确定它们是否为同一人书写。有时,法庭文件检验员收到一个案件鉴定,他(她)观察到或者在检材中或者在要求书写的样本中存在扭曲变形。在笔迹中,一些扭曲变形的形成原因可能是暂时或长期的健康问题、错服药物、书写位置、滥用药物或酗酒,以及伪装。涉及文件中含有伪装变化笔迹的检验在笔迹和签名的章节中讨论。本节将讨论故意的扭曲变形,即伪装的手写印刷体和数字。

故意伪装和书写变形之间的差别在于主观目的性。在伪装笔迹中,书写者有意识地努力去改变他(她)的字母形式以避免被认定。然而,在扭曲变形的笔迹中,书写者并不是有意改变他(她)的笔迹。扭曲变形的笔迹具有大部分与伪装笔迹相同的特征。书写流畅性是存在于扭曲变形笔迹中的一个特点,但是并不存在于伪装笔迹中。书写前后不一致和缺乏流畅性给法庭文件检验员亮起危险信号,这篇笔迹可能是伪装,而不是变形。例如,抖动和驻笔往往发生在一个字母不恰当的位置上,它们往往是伪装而不是变形导致的。

关于手写印刷体和数字的书写者的结论是建立在一组笔迹范围内书写者书写习惯或特征的组合。如果伪装的手写印刷体是一幅绘图或者是乱写到难以辨认的程度,这就很可能得不出结论。然而,笔迹是伪装的事实不一定能够否定可以确定书写者身份的可能性。

伪装的质量将决定书写者能否成功地阻止对有争议内容所进行的法庭科学文件检

验。有些人选择使用手写印刷体作为伪装的手段是因为他们认为这种伪装方式不能被识别。然而,其他人试图通过从通常的书写方式改变为一种不同寻常的书写方式来伪装手写印刷体。[1]

过去的研究已经发现,伪装更频繁地发生在听写样本,而不是发生在可疑文件上。对当前社会来说值得庆幸的是大多数犯罪分子将他们的注意力集中在如何获得不义之财(商品或货币),而不是书写行为。例如,伪造的支票在表面细节上经常有正常的笔迹。

11.1 伪装的手写印刷体

11.1.1 伪装方法

多篇论文(发表和未发表)和本书的章节已经撰写了关于当书写者试图伪装他们的笔迹或手写印刷体时经常使用的伪装方式的特点。前后不一致的字母型式、抖动(较差的线条特征)、使用书写者通常不使用的替代字母型式、字母的倾斜度、许多独特的笔画(一笔一画书写*)、对字母覆盖书写、使用不习惯的手、使用方形字体、使用奇形怪状的字体和故意拼写错误,这些通常是与故意伪装相关的特点(图11.1)。利用其中的一个或多个技术手段可以改变手写印刷体的外观。

戴维森(Davidson)和凯克勒(Keckler)在他们对50位书写者的研究中将使用的某些特征进行分类。[2]50名书写者中有23人利用倾斜变化。这也是对书写者来说在整个样本中最难保持的特点。在此研究中,大约一半的书写者通过改变字母和间距的大小,延长或缩短上下延伸部分和改变大、小写字母收笔笔画来伪装其手写印刷体。其中28名书写者利用最后一个特点作为伪装形式,通过改变收笔笔画来完成,一般多发生在大写字母D、H、R、U和Y。最常见的发生变化的小写字母是d、e、g、h、l、m、n、p、q、s、u和w。延长收笔笔画和添加曲线或装饰字母是改变收笔笔画最常用的方法。不足为奇的是,50名书写者中的46位是通过使用印刷中的block字体,缩短或延长起收笔笔画,或修饰字母来改变他们的大写字母。只有35名书写者改变了他们的小写字母。在35名书写者中,10名要么将全部大写改为小写,或者将全部小写改为大写。

正规教育影响书写者伪装特点的选择。赫尔(Hull)对160名书写者的研究[3]表明那些受教育程度少于12年的书写者很可能使用手写印刷体作为其伪装的方法。在这组人群中,28%的人是不太容易改变自己的数字形式。81%具有较高学历的书写者通过改变数字形式作为伪装的方法。160名书写者中96.9%的人通过替代大写字母进行伪装,而

---

* 英文原为Stick printing,译者查询很多资料都没有恰当、合适的解释,本章中图11.1中谈到Stick printing, grotesque letter formations, tremor, and alternate letter formations are a few of the characteristics that indicate the writer provided disguised exemplars,说明Stick printing是一种可应用于样本的伪装,故排除掉以前的种种猜测,如捺印字,此处翻译为一笔一画书写,有待商榷。——译者注

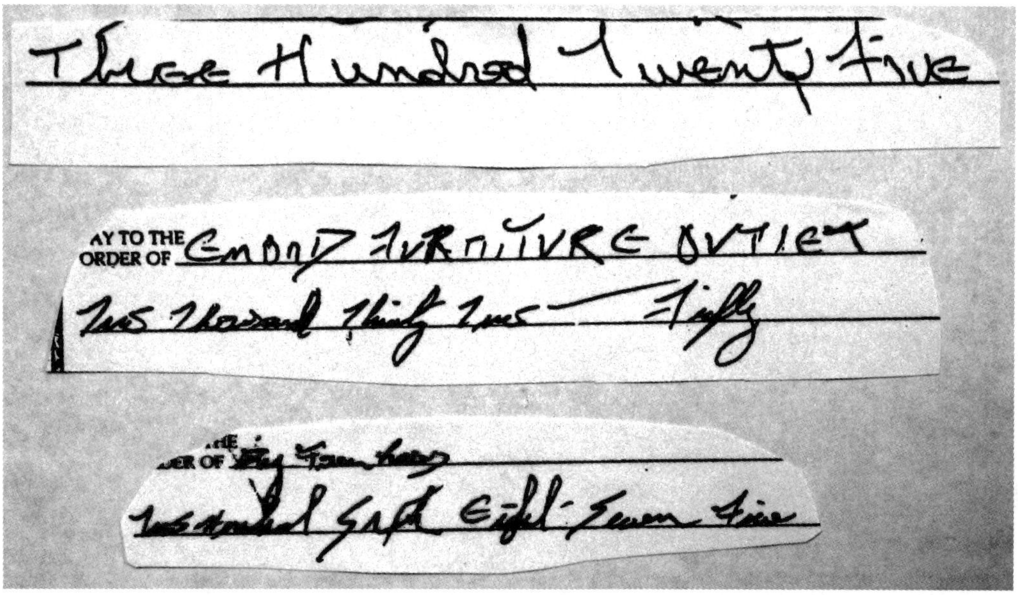

注:一笔一画书写(stick printing)、奇形怪状的字体、抖动和替代字母型式是一些能够表明书写者提供伪装样本的一些特点。在这样的案件中,有业务往来中的笔迹将有助于法庭文件检验员确定要求书写的样本是否有伪装。

图 11.1 部分要求书写的样本是由涉嫌伪造的犯罪嫌疑人提供的

只有一个书写者采用改变高度比率来伪装。 120

使用不惯用手书写的手写印刷体是另一种伪装方法。这种方法通常会影响书写的技能水平,从而在字母的外观图案存在明显差异。道森的研究[4]证实了过去关于使用不惯用手书写作为一种伪装方法的研究。他的研究是由 20 名学员奉命用右手书写伦敦信(the London letter)一次,用左手书写一次。由不惯用手(有时被称为无准备手)书写的手写印刷体具有流畅性消失、书写的字母通常比他们的右手写得更大的特点。在这项研究中观察到的其他特点有:字母 a、d 和 g 的圆形部分为锯齿状且容易在运笔过程中发生方向突然变化;刻度标记状现象较为普遍;像在字母 b、d、f、h、l、和 t 中,被用作字母主干和横画(staffs and crossbars)的水平或垂直笔画被弯曲、伸直或呈现波浪状以及大多数横画被随意倾斜(图 11.2)。

即使不惯用书写的手会影响字迹的图案美观,但是鉴定人仍然能够进行全面的检验。用不习惯的手进行书写的人仍然会写出熟悉的字体,因为对于书写者来说,集中注意力写出能够被大家认识的内容和创造出新的字体都是极其困难的。[5]书写者的习惯组合仍然会存在于其手写印刷体中,为此法庭文件检验员才有可能进行检验,并得出结论。

11.1.2 伪装手写印刷体的样本

犯罪嫌疑人可能会伪装他(她)要求书写的样本,企图阻止法庭文件检验员认定他(她)。如果可以认为犯罪嫌疑人正提供伪装的样本,法庭文件检验员或调查人员将需要 121

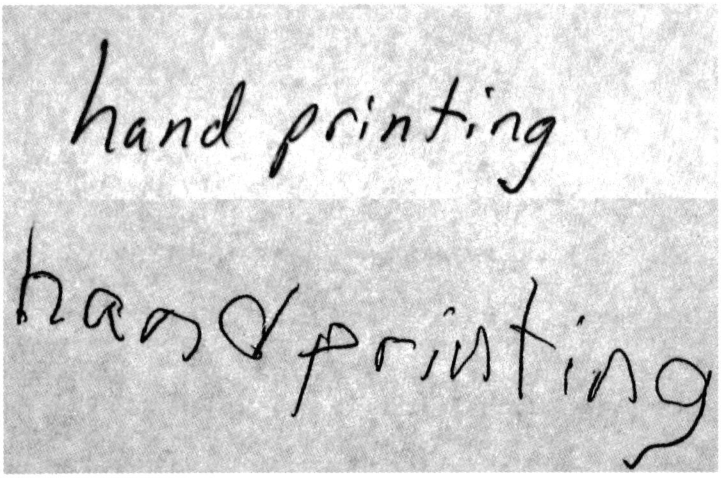

注:使用不惯用的手,或无准备手书写的手写印刷体在字母上部或下部延伸部位、字母的碗状半圆弧线,角的形状以及杂乱无章的横笔画都包含有抖动的特点,如 t 和 f。

图 11.2　图片上方的手写印刷体是用右手书写的;图片下方的手写印刷体是不惯用手书写的

获得更多的听写样本。对于增加样本数量的理由是由于犯罪嫌疑人很难保持伪装的手写印刷体。为了实现成功的伪装,书写者必须集中全部注意力偏离他本人书写的正常笔迹。别扭的起笔位置、当书写者正在完成要求样本时所采取的奇怪定位、沉重的笔压在书写的字里行间形成了深的压痕和书写者填写表格的个人信息区域所使用的大量时间都暗示着书写者正在伪装他(她)的样本。当观察到上述任何一种现象,提供要求书写样本的过程可能比正常情况下需要更长的时间。侦探或文件检验员必须设法确定所观察到的现象是否能够得出所处理的人是没有受过教育、低水平的书写者,或书写存在伪装。密切注意书写者完成样本是强制性的。侦探或调查员只有通过仔细观察才能够确定书写者是否正试图伪装他(她)的笔迹,因为书写者正常的字体会出现在整个样本中。书写习惯是神经功能的定型,替代原来的生物设置来保持伪装是非常困难的。如果样本笔迹出现伪装,法庭文件检验员或侦探将需要提取额外的样本,直到书写者返回正常的(无伪装)手写印刷体或者在伪装的要求书写的样本中已经有足够多的正常书写的手写印刷体样本,该类样本能够与可疑文本进行比较。

在案件中,怀疑书写者使用不惯用手书写了可疑文件,要求书写的样本也要包括该书写者使用不惯用手书写的手写印刷体样本。如果书写者拒绝自愿提供使用其不惯用手书写的手写印刷体样本,收集这类样本可能需要获得法院的授权。如果不能得到书写者使用不习惯的手书写的样本时,法庭文件检验员将需要考虑书写者所展示的以下这些特点:字母的整体尺寸(大于正常书写),字行的坡度变化,以及垂直方向和水平方向的笔
122 画是否呈现出弯曲、直或波浪状,这将改变字体的外观形象,这些特点通常在书写者使用不惯用的手书写手写印刷体笔迹中被发现。[6]书写者使用惯用手书写的手写印刷体样本是令人信服的证据,证明能够鉴别出嫌疑书写者的细微特征存在于可疑文本中。

包含有嫌疑人书写的手写印刷体的业务过程中的样本将会有助于确定书写者。求职申请和租房申请是正常书写的手写印刷体的良好来源。如果业务往来过程中的文件能够反映出正常的手写印刷体,那么它们将提供客观的证据证明提交给法庭的要求书写的样本是自然的或存在伪装的。通过样本(伪装的手写印刷体)和业务过程中的样本(正常的手写印刷体)的比较发现获得的要求书写的样本在字体上缺乏一致性,法庭文件检验员能够安全地报告要求书写的样本存在伪装。

11.2 伪装的数字

在数字外观上的伪装低于发生在手写印刷体和手写笔迹中的伪装。在数字上不频繁使用伪装的原因是由于通常误以为数字是不可鉴别的。除了这个原因以外,书写者的注意力往往更多集中在成功地伪装文字,从而忽略了数字。

数字的伪装可能并不总是被识别。特征前后不一致、运笔抖动、粗劣、缺乏笔压的变化会造成通常与伪装有关的奇形怪状字体。在可疑内容中出现有限的数字或更精妙的伪装方法,如使用替代数字形式,这将使法庭文件检验员难以确定他(她)是否正在检验伪装的数字。

11.2.1 伪装的首选方法

戴维森和凯克勒[2]在他们1986年的研究中评估50位书写者所使用的伪装方法。在他们的研究中还注意到在笔迹和手写印刷体中的伪装数字。在参与者的笔迹样本中,28位书写者的伪装方法包括改变他们书写的数字。最经常被改变的数字是2、3、4和8。大多数书写者试图形成数字的规范样式,而不是正常的非正式样式。在手写印刷体的样本中,书写者通过慢速书写改变数字,形成更多的block字体型僵硬的数字。在手写印刷体中,最常见的易改变数字为4和8(图11.3)。

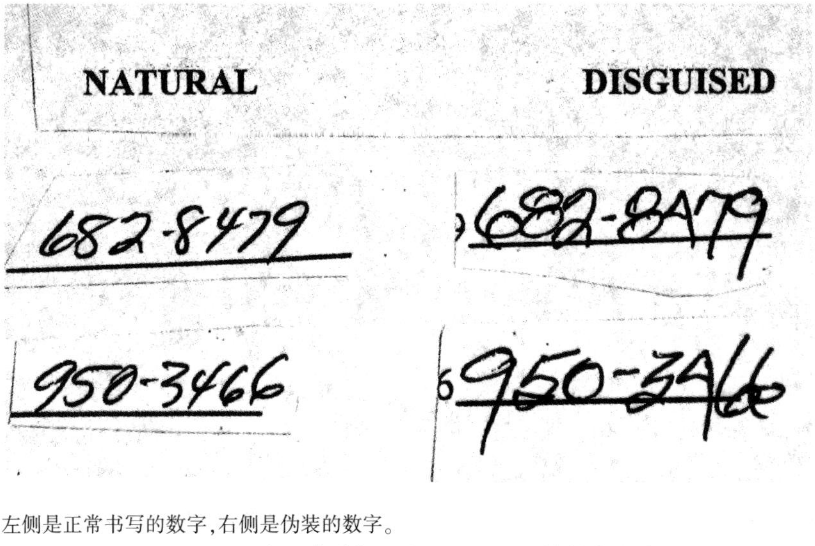

注:左侧是正常书写的数字,右侧是伪装的数字。

图11.3 书写者选择了使用了4和8的替代形式

西曼·凯利[7]研究200名书写者伪装数字的首选方法。参与者被告知不要使用他们不惯用的手或者改变书写工具作为伪装方法。伪装方法按优先顺序列出的是:(1)使用替代数字的形式(图11.4),(2)增加数字的大小,(3)书写者漫不经心书写自然数的正式版本,(4)改变倾斜方向,(5)改变数字形成中的笔画方向(图11.5)。

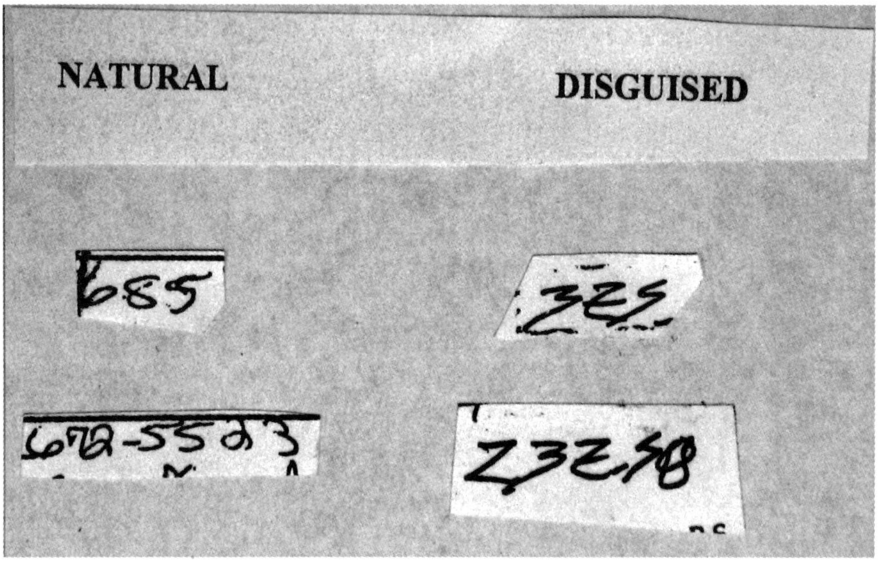

注:慢速书写和数字形式的倾斜是伪装的另外特点。伪装的数字来自书写者要求书写的样本。正常书写的数字来自书写者的工作申请。如果法庭文件检验员怀疑提交上来的手写印刷体或数字存在伪装,他(她)将试图收集业务往来中的手写印刷体和数字。业务往来中的样本可以帮助确定书写者,并且展示给法庭,书写者未能遵守规定提供正常的要求书写的样本。左侧是正常书写的数字,右侧是伪装的数字。

图11.4　书写者选择使用2、5和8的替代形式

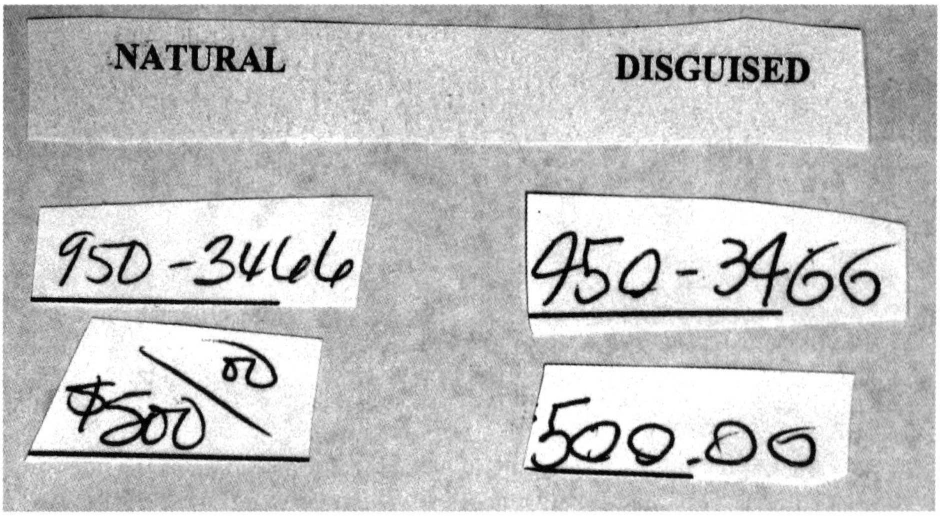

注:左侧是正常书写的数字,右侧是伪装的数字。

图11.5　书写者选择改变数字9和0的运笔方向,选择用帐篷形的数字4企图伪装该数字

使用一个不熟悉的结构组成,无论是笔迹、手写印刷体或数字,都会在任何大量样本中产生不一致现象。虽然在西曼·凯利的研究中,不一致是存在于伪装样本的开始部分,但是伪装的严重程度会逐渐减少,到样本末端流畅程度有所增加。这一结果表明,如果书写者以替代数字形式书写,他(她)最终能够以最少的伪装书写新的数字。 *123*

11.2.2 获得无伪装的数字样本

伪装数字的检验对法庭文件检验员提出了挑战。如果可疑文件反映出数字存在奇形怪状的形式,它不太可能确定书写者。在案件中,书写者在要求书写的样本中提供了奇形怪状的数字形式,调查人员或法庭文件检验员应继续获得书写者的听写样本,直到 *124*
出现正常的数字。如果书写者没有提供正常书写的数字,调查人员应试图找出业务往来中的样本。

参考文献

1. Purtell, D. J. and Casey, M. A., The Comparison Value of Hand Printing Styles, paper presented at the Annual Meeting of American Society of Questioned Document Examiners, Houston, TX, 1981.

2. Davidson, J. M. and Keckler, J. A., A Study of Disguised Handwriting, Handprinting, and Numerals, paper presented at the Annual Meeting of the American Society of Questioned Document Examiners, Houston, TX, 1981.

3. Hull, J. M., The Relationship between Disguised Handwriting and Years of Formal Education: Final Results, paper presented at the Annual Meeting of the American Academy of Forensic Sciences, Boston, 1993.

4. Dawson, G. A., Brain function and writing with the unaccustomed left hand, *J. Forensic Sci.*, 30, 167 - 171, 1985.

5. Zimmerman, J., Handwriting Identification Based on an "Unaccustomed Hand" Standard, paper presented at the Annual Meeting of the American Society of Questioned Document Examiners, Orlando, FL, 1991.

6. Dawson, G. A., An identification of handprinting produced with the unaccustomed left hand, *Can. Soc. Forensic Sci. J.*, 26, 61 - 67, 1985.

7. Seaman Kelly, J., The examination of disguised numbers, *J. Am. Soc. Questioned Document Examiners*, 44, 1027 - 1028, 1999. *125*

签名及笔迹样本的制备和收集 12

布赖恩·S. 林德布洛姆

目　次

笔迹结论的强度部分取决于已知样本的数量和质量。书写标准(standards)或样品

(samples)可以定义为样本(specimens),样本可以用来展示一个人是如何书写的。获得这样的笔迹听起来像是一个简单的任务,但实际上它可能是在整个笔迹调查工作中最复杂、最困难的步骤之一。

正确的笔迹样本的基本要求是什么?它们必须显示出来个人是如何书写的,特别是书写人如何在与检材形成条件相似的情况下制备样本材料。样本中一定要包含足够多的正确制备的笔迹材料,这些材料不仅能够表现出书写者的个人书写习惯,而且要从样本材料中表现出这些习惯的通常变化。它们不一定需要包含一个人笔迹所有可鉴定的特征,但是必须包含那些出现在可疑笔迹中的可鉴定特征。

两类样本可以用来满足这些要求。其中一类样本包括在日常的商务、社会交往中或是个人事务中书写的笔迹。这些样本可以被称为"收集标准"(collected standards)。第二类样本是在律师、调查人员或者法庭文件检验员的要求下,其唯一的目的是与可疑文件进行比较所书写的材料——俗称"要求书写的标准"(request standards)或"听写标准"(dictated standards)。在收集"收集标准"或"要求书写的标准"过程中所遇到的问题在许多方面都有所不同,因此每类标准都将被单独处理。

12.1　收集标准

收集好的标准有两个最重要的因素是数量和同时期性。然而,许多因素影响"收集标准"的使用性。主要需要考虑的要点有:

(1)可获得的样本笔迹的数量;

(2)内容的相似性(如字母、数字和文字组合);

(3)争议笔迹和标准笔迹的相对日期;

(4)可疑笔迹和已知的样本笔迹的制备条件;

(5)书写工具、纸张或使用表格的类型。

12.1.1　标准笔迹的数量

足够数量笔迹的重要性已经被强调为理想标准的基本原则。大家普遍相信只要有一两个签名就可以正确鉴定书写人。不幸的是,这远不是事实,更多的是例外,而不是常态。只有正常书写变化通常使这个罕见的情况发生。只有使用合理数量的样本材料,才可以精确地确定个人笔迹特征和从各种样本中所反映出来的笔迹变化。

没有人会以两次完全相同的方式签署他(她)的名字或书写任意词组的事实是笔迹鉴定中较复杂的因素之一。这一系列的自然变化必然在已知的笔迹样本中显现出来。变化是个人因素——程度和性质人各不同。它受到书写条件的影响。这是对于签名或大量笔迹案件中对样本的最小数量没有设置硬性规定的原因。有一些案例,样本材料的 *128*
数量非常有限,但是由于变化范围很小并存在特殊的鉴定特征集合,依然可以确定书写者。其他案件为了得出关于有争议文件书写者的明确鉴定结论则需要一个更大数量的样本。

10~20个签名应组成足够的样本,但也有一些案件,可能会需要30个、40个甚或更多的样本,以便准确地揭示书写者的习惯、能力和变化范围。对于调查员或律师而言,当有一些其他样本可以极大强化鉴定结论的时候,仅满足于样本数量的最低限度是一项非常糟糕的政策。

能够鉴定出一份手写文件或一封匿名信的书写者所需笔迹的最低数量同样各不相同。作为鉴定工作所需样本的最小数量,四五页精心挑选的连续正常书写的笔迹通常就能够令人满意。即使不管这些建议,提出问题的当事人经常会努力获得尽可能多的笔迹,而不是仅仅满足需要的最低要求。

12.1.2 内容的相似性

标准的最佳集合不仅应包含足够数量的笔迹,而且还应包括数量充足的与检材类型一致的材料。因此,如果一个签名是可疑签名,那么应该收集标准签名;如果支票上的表面细节被认为是伪造的,应该获得真实的注销的支票;如果一封手写的信件遭到质疑,其他信件可以作为最好的标准。如果简单考虑一下所涉及的各种因素,做出这些选择的原因就变得非常明显。

一个人的签名,由于它的使用频率和使用性质(代表书写者的商业和个人事务),往往会比他(她)本人书写的任何其他字母组合更具个性化。通过以上说明,读者无疑会回忆起一些熟人不同寻常的签名式样,这些签名式样根本不同于这个人的其余笔迹。在一些国家,签名习惯上是程式化的,以至于这些签名事实上与个人普通手写笔迹没有任何关系,几乎不可能会暗示出姓名的拼写。显然,在这些情况下,就可疑签名的真实性而言大量笔迹是没有什么价值的。

当收集签名的标准样本时,还必须考虑每种样本的书写用途。有些书写者为特定目的有两个或两个以上独特的书写式样。举例来说,一种较正式的签名式样可以用于支票、遗嘱、契约和其他法律文件,而另外一个式样将保留给快递收据、各种各样的确认表格以及不太重要的其他文件。一些人始终使用一个特定签名式样,而其他人的签名式样则可能不完全一致。因此,有必要获得大量签名,这些签名与可疑签名用于相同的目的,要是有可能的话,最好是包括那些出现在其他类别文件中的签名。仅仅有这样一组标准就可以轻易确定书写者是否采用不止一种签名式样,如果是这样,需要确定可疑签名与其他任何一个签名有什么关系。

一般而言,签名是不适合与其他类型的有争议笔迹进行比较的。从原则上说,这是因为他们表现出的笔迹特征数量有限,而且在签名字母的式样上和该书写人其余部分笔迹经常存在差异。在后一种情况下,由信件,报告和其他手写文件构成的标准对书写者的书写习惯提供了一个更加广泛、更加适当的研究。标准和有争议笔迹在内容上的相似大大有助于比较检验。法庭文件检验员需要比较类似的项目——签名与签名、数字与数字、手写印刷体与手写印刷体等。对于用什么样的样本与可疑笔迹进行比较的一般分析是,例如,可疑笔迹显示出大量大写字母并连同小写字母,这表明如地址簿、日记或食谱书这样的材料能作为良好的比较样本。这些相同的标准在鉴定匿名信件或自书遗嘱的书写人方面可能相对来说没有什么价值,就如同匆忙书写的笔记在与正式材料(如保险或就业申请)比较时是较差的标准。必须考虑选取大量笔迹或收集手写印刷体。 129

12.1.3 制备的相对日期

在以前关于笔迹鉴定的讨论中指出,随着时间的推移,一个人的笔迹和签名可能会逐渐改变。变化的速度和性质有所不同,并且取决于个人书写的频率和数量、他(她)的年龄、书写技能、心理和身体条件等因素。例如,身体健康的中年人的笔迹每年可能会发生很小的变化,但在严重患病期间,他(她)的笔迹可能会发生急剧恶化,只有等到他(她)恢复健康,他(她)的笔迹才会恢复到原来的活力。

当签名必须签署在特定文件时,可能是在严重事故或手术后立即书写的。在严重患病期间,患者不适合进行大量书写,因此可能只有有限数量的签名可供比较,尽管如此实际上任何情况都有可能发生。在这种情况下,制备日期极为重要。在某些情况下,并不存在合适的标准。

在正常情况下,一个典型成年人的基本书写习惯逐渐改变。因此,在有争议笔迹之前或之后 2 年或 3 年内书写的材料可以作为令人满意的标准,但是随着标准和可疑材料之间形成日期的差距越大,标准就越容易缺少代表性。因此,应始终努力去获得一些与争议文件书写日期较近的样本。

12.1.4 书写条件

笔迹制备的条件可能影响其用于比较检验的价值。匆忙、缺乏细致,或不正常的书写位置(如将纸放在膝盖上书写)会引起变化,这些变化可能会使样本完全不适合与小心书写的材料进行比较。在患病的情况下,在床上有点尴尬的位置进行书写可以引起一些并非由书写者较差身体状况造成的变化。其他可察觉的变化可能是由于在粗糙或不规则的表面上或在移动的车辆上书写而引起的。难以辨认的收据签名和在废纸上潦草书写的便条、信封背面或留言簿是样本的常见例子,这些样本能够反映在特有条件下书写 130
的质量。

虽然正常形成的笔迹通常可以作为有价值的补充,但在不正常条件下形成的笔迹不能仅仅与正常情况下形成的笔迹进行比较。对文件书写条件的简要调查可以表明其作为标准的恰当性。

12.1.5 书写工具和纸张

既然笔迹鉴定取决于对其所有要素的考虑,那么用于特定样本的书写工具种类可能对其作为标准使用具有一些影响。使用钢笔和墨水书写的笔迹具有在铅笔书写的样本中所没有完全显现的某些鉴定特征,而笔的样式变化(如从圆珠笔到宽尖液体油墨记号笔)也可能引起书写变化或隐藏本应存在的特征。此外,读者必须记住使用圆珠笔书写形成的笔迹与金属尖笔或自来水笔书写形成的笔迹不完全可比,因为后者代表了一种特殊类型的书写工具。此外,使用多孔尖笔书写形成的笔画与其他笔形成的笔画相比,还具有其他稍微不同的特征。中性笔代表另一种墨线类型。

纸张的组成、大小、形状和尺寸能够影响笔迹。许多书写者会在一定程度上调整其签名的大小以适合签名的空间。有横线的样本标准允许书写者根据个人习惯相对于印刷的基线安排他(她)的笔迹。每个元素都有助于对一些问题达到更准确的解决方案。用可比较的书写工具和适当的纸张或表格制备的样本标准为法庭文件检验员提供了最有用的材料。这样才有可能形成准确的结论,然而文件检验员通常用的样本标准并不是用相似的钢笔或铅笔,并在与可疑文件具有相同的成分、尺寸、形状和横线的纸上制备的。然而,法庭文件检验员应该寻找非常好的样本标准,基于此样本标准来形成鉴定意见,而不只是什么样的样本都行。每年都有许多案例,其中不太理想的样本标准严重限制了鉴定结论。完全就调查人员或律师而言,从一开始就表示,每个限制因素都应该被考虑和尽可能消除。

12.2 标准的来源

书写几乎是每个人日常生活的一部分。因此,笔迹标准的潜在来源众多,经常调查涉及笔迹案件的人很快就能制定出一份全面的来源清单。然而,许多面对笔迹问题的人对这类调查几乎没有任何经验,并且无疑会找到以下有帮助的建议。

签名标准的可能来源是:

(1)已取消的支票;

(2)旅行支票;

(3)用于储蓄、支票、收费账户和保险箱的签名卡,;

131 (4)签名的快递收据或挂号信;

(5)日记或议程;

(6)商务和个人信件;

(7)信贷申请;

(8)销售和信用卡收据;

(9)租约;

(10)契据和抵押;

(11)协议;

(12)销售账单;

（13）合同；

（14）便条；

（15）股票、股东和公司会议记录和转让，以及其他法律或商业文件；

（16）在政府机构存档的有关合作形式和注册公司的文件；

（17）法院记录和宣誓书，如入籍文件、破产程序、离婚文件、已被认证的遗嘱和房地产档案；

（18）授权书；

（19）护照；

（20）结婚证宣誓书；

（21）驾驶证、行车证和其他类型的许可证和许可证申请；

（22）天然气、电、水和电话服务的申请书；

（23）报税表；

（24）保险申请、记录和受益人表格；

（25）就业申请和记录；

（26）货币兑换、支票兑换机构和典当店的记录；

（27）选举人的登记书、请愿书和投票列表；

（28）医院和医患记录；

（29）工作时间记录表、工资单、支付凭证和人事表格；

（30）工会和贸易协会文件；

（31）福利、失业、社会保障、医疗保险和养老补偿记录；

（32）麻醉品和毒品购买的签名；

（33）酒店和汽车旅馆登记；

（34）教会、慈善组织、俱乐部和专业团体记录；

（35）老兵和兵役记录；

（36）指纹记录；

（37）学校董事会或大学课程卡、考试和文章（就年轻人而言）。

当提供支票样本进行比较检验时，要求收集连续编号的样本（包括与可疑文件日期相同的样本）是有帮助的。这降低了所提交材料是对自己有利或被精挑细选的可能性，因为这些签名看起来与有争议的签名相距甚远。然而，如果这些样本标准中的几个签名恰好在同一天签署，则可能需要收集更多的支票样本。

在调查笔迹而不是签名（如匿名信或自书遗嘱），这些相同的样本来源可以揭示正确分类的笔迹。其他笔迹样本通常可以从熟人、生意伙伴或客户那里获得。商务会议笔记、记录和信息提供了其他极好的样本标准来源，像人事表格、就业申请书和俱乐部或协 132
会成员的申请书。事实上，任何组织或活动，无论它是商业性的或社会性的，置身其中的人都是对此有兴趣的和活跃的，这是一个潜在的样本来源。

12.2.1 标准的验证

验证由谁书写的样本标准是绝对必要的。无论假设是多么合乎逻辑,调查人员或律师不应该仅仅假定嫌疑人或当事人制备了这份笔迹样本。这一点的重要性将在接下来的历史案例中揭示。在确定一组雇员是否单独签署宣誓书的问题中,提交了几份在背面签字的薪水支票作为样本标准。一些背面签字和宣誓书签名未能同意作为样本标准,但在研究完成之前,在人事主管在场的情况下要求这些雇员书写签名。这些后来的样本显示,一名雇员没有在他的薪水支票背面签字,但他却签署了宣誓书。如果法庭文件检验员相信薪水支票背面的签名是真实的,那可能会造成严重的错误,尽管这种假设在许多案件中是真实的。在另一个涉及否认签名的案件中,几个月内书写的样本标准确定了由同一书写人签写了有争议的签名。在审判前不久进行的进一步调查显示,一名雇员而不是嫌疑人本人签署了所有样本标准以及可疑签名。任何样本标准在法院使用之前,必须被有法律效力的证据证明。案件提交者有责任验证样本标准是否由特定的书写人所写,这项工作不是由法庭文件检验员完成。然而,法庭文件检验员会仔细检查样本,以确保没有明显的差异和涉及多人书写的暗示。

应通过详细的现场调查和通过获取可靠证人在当面书写的样本来验证样本标准。仔细询问那些提取样本标准的人,如果可能的话,书写者本人可以作为认证的手段。用于不同目的,在不同时间和在不同环境下书写的笔迹,允许技术上的反复核对和验证。如前所述,样本标准是有争议笔迹案件的基础,没有鉴定可以比支持它的样本标准更准确。

12.3 要求书写的标准

尽管笔迹标准具有广泛的潜在来源,但是在需要笔迹标准时难以获得或许不可能获得一套适当的"收集标准"的情况时有发生。这是最常见的现象,但绝不仅限于刑事调查。因此,如果受害人或嫌疑人可以找到并且愿意配合,应确保获得一套"要求书写的标准"或"听写标准"。

制备这些标准的条件必须遵守某些预防措施,以使其比较价值不受损害:

(1)材料必须听写给书写者;

(2)听写的文本必须仔细选择;

133 (3)必须产生足够的书写数量;

(4)每次听写应在一张单独的纸张或纸片上完成;

(5)一些内容应当重复听写,最好重复三次或三次以上;

(6)书写工具和纸张应与争议文件所使用的类似;

(7)听写应该不时地中断,听写的内容随时变化;

(8)应设置正常的书写条件。

必须认识到,上述指导方针充其量可以得到可供使用的样本标准——能够识别实际书写人的样本标准,并且希望能够排除所有没有书写可疑笔迹的人。要求书写的样本通常不能完全代表书写者的全部习惯范围,但如果我们控制得很好,它们应该能够透露出他(她)的许多书写习惯。经验丰富的法庭文件检验员认识到这些样本的缺点。为此,虽然通过"要求书写的标准"可能鉴定出特定的书写者,但完全排除嫌疑通常是不可能的。明显的差异是由伪装、书写过程中的紧张,或者仅限在特定的时间书写样本以及知道结果将用于比较检验等原因所产生的。另外,如果样本标准与有争议的材料进行充分比较,即使它们无法完全揭示书写者的习惯也不会排除或限制鉴定。

12.3.1　听写材料

听写已经被发现能够产生最有代表性的"要求书写的标准"。最初,听写的内容必须读给书写者,而没有关于材料的安排、拼写、标点符号、大写字母或其他方面可能导致他(她)伪装或改变其正常书写习惯的建议。一旦制备了足够数量的此类样本,也可以要求制备其他样本,制备时要给出指导,如使用大写字母书写、字写大些等。这些指导应该被记录下来,使法庭文件检验员知道向书写者发出了哪些特殊指令。

听写的方式与样本标准的最终价值有很大关系。如果内容是连续的,如同一封信,听写的速率应该被校准,以便该人连续地书写而不是间歇地书写。听写的最初速度应该设置为使他(她)不会匆忙,但后来的样本应该以几种不同的速度书写,其中一部分会书写得很匆忙。只有以这种方式,他(她)的正常书写变化甚至才可以在要求书写的样本中大致再现。快速听写可以防止嫌疑人只提供他(她)最好或最整洁的笔迹,这通常与书写较差的样本同样不可取,因为有争议材料的书写质量通常介于这两个极端。

此外,如果书写者试图修改或伪装他(她)的样本,较快的听写速度会减少他(她)成功的可能性。在这里可以很好地观察到,许多不熟练的书写者只能写得很缓慢,他们把主要的注意力都集中在每个字母的形成上。一个试图伪装的书写者也可能会以类似的方式书写。因此,在第一印象中,不熟练书写者的正常书写方式可能使人联想到伪装书写,但是通过广泛收集样本,发现他(她)的笔迹特征是前后一致的。另外,使用不熟练的 *134*
伪装方式制备的大量样本缺乏这样的一致性,恰恰是这种大量的前后不一致揭示了其伪装的真实性质。

应避免使用除听写以外的任何方式获得"要求书写的标准",例如,让某人抄写打字的、手写的或印刷的材料都应该被杜绝。通过允许书写者使用一份事先准备好的复印件,并指出布局安排的方式、正确的拼写和标点符号,并且这些个体特征(它们对于鉴定有所帮助)将会丢失。此外,一个人仿效脚本交替地读和写,这样就会产生不连续的样本。由于每一页的笔迹包含许多起点和终点,这样的"要求书写的标准"可能缺乏书写者的个人书写自由和书写节奏。显然,仔细引导的听写会消除这些误区。在某些情况下,让法庭文件检验员亲自听写并收集“要求书写的标准”可能更好,然而这种方法就文件检验员而言必须对任何可能的偏见加以权衡,因为他(她)与书写者进行了直接接触。

12.3.2 听写内容的选择

“要求书写的标准”可以基于以下三种类型文本中的任何一种:

(1)有争议文件的内容;

(2)一些类似的材料,其中包含许多相同的单词、短语、数字和字母组合;

(3)一种标准格式的文本,包括字母表中的所有字母和一些更常用的字词。

无论何时嫌疑人或当事人都或多或少知道可疑文件的内容,这是一个常见的情况,双方对于听写相关内容都不会有严重的反对。事实上,这个程序具有优势,并使它好于其他程序。这样做,调查人员或律师不需要为听写准备特殊材料,而且对法庭文件检验员的帮助很大,能够在可疑笔迹和样本标准之间比较相同的词和字母的组合。

然而,有时不向提供比较样本的人公开争议文件的内容可能会更理想。经验表明,在这些情况下,最好的程序是听写与争议文件内容相似的材料,例如用于与匿名信件进行比较的连续文本,或与有争议支票进行比较的支票和收据样本。应该包括尽可能多的来自争议文件的单词、字母和数字组合。确保在可疑文件中发现的任何拼写错误的单词或大写字母以及标点符号的不正常用法都应包含在听写材料中。

最没有用的“要求书写的样本”可能是标准化的或固定形式的听写内容,如“快速的棕色狐狸跳过懒惰的狗”(The quick brown fox jumps over the lazy dog)。精心设计包括所有大小写字母的文本中却包含不常用和不熟悉的单词或名称。因此,即使这个听写内容被重复多次,得到的“要求书写的标准”也缺乏书写人正常书写的自由,并且不包含在可
135 疑文件中出现的相同字母和词组。然而,有些时候固定形式的听写也是有价值的。它们可以用作一系列听写的开始部分,随后则生成更有价值的“要求书写的标准”。

读者不应该从这个讨论中推断对于每个书写者仅仅使用一种类型的听写材料。相反,更有代表性的标准通常使用两种甚至所有三种类型文本进行制备。当争议笔迹书写得简短时,这种将三类听写文本组合运用的方式最为有效。相反,仅仅使用有争议的内容制备“要求书写的标准”将需要大量重复的听写,以确保获得足够多的材料。然而,这种技术可能与冗长的有争议笔迹具有同等的优势。例如,可以通过改变内容,如从可疑笔迹的内容变化到一些不相关的内容,书写人则可以精神放松,从而将他(她)更多独特的笔迹变化反映到“要求书写的标准”中来。

在某些条件下,特别是在刑事案件调查中,可以在不诉诸听写的情况下获得“要求书写的标准”。当可疑书写者被逮捕时,他(她)通常试图解释任何可能导致他(她)受牵连的行为。机警的调查人员将确保嫌疑人写出他(她)的陈述。在撰写这样的解释时,他(她)通常会努力地将他(她)的注意力集中在为其可疑行为提供合乎逻辑的借口上,并且不假思索地写完陈述材料。因此,这些书面陈述是代表正常笔迹的良好样本。

负责监督制备“听写标准”的人应该对可疑文件具有充足的知识。如果不是这样的话,他(她)一定会将“要求书写的标准”限制为一般形式;如果那样的话,可能会得不到正确的“要求书写的标准”。只有在现场调查人员已经看到或与那些更了解案情或通晓法庭科学文件检验工作的人讨论之后,比如大小写、拼写和可疑材料中某些词的重要性等关键因素才会完全清楚。

12.3.3　材料的数量

仅仅使用“要求书写的标准”来反映一个人笔迹中的正常变化是非常困难的。即使在最有利的情况下,也需要制备大量的样本。绝大多数要求书写的样本都有缺陷,只是因为它们无法揭示笔迹变化,而笔迹变化是嫌疑人正常笔迹的组成部分。

紧张和故意伪装是经常削弱正常书写变化的两个因素。由没有参与制备有争议文件的人来书写“要求书写的标准”,其开头部分可能会反映出神经紧张的状况。而这种紧张状况是被逐渐灌输,至少部分是由于指控制备有争议文件或仅仅因为书写者知道样本将与可疑笔迹(如恐吓信)进行比较。当长时间持续听写时,这种焦虑可能消失,这使随后的笔迹可以呈现出更自然的特点。另外,许多有罪的个人和其他选择不合作的人试图故意伪装他们的笔迹以避免被发现。幸运的是,只有个别书写者才能在多页笔迹中持续保持不熟练的伪装。因此,如果我们要确保“要求书写的标准”能够刻画出个人的正常书写变化,并且排除紧张状况或故意伪装的影响,有必要让书写者至少提供五或六页连续书写的笔迹,或者20个以及更多的签名,每个签名都应写在一张单独的纸上。 *136*

“要求书写的样本”最常见的缺陷是没有让嫌疑人写得足够多。有时这是因为调查人员不知道合格的“要求书写的标准”需要写多少笔迹,但通常只是因为调查人员发现这是浪费时间的,并且认为调查其他方面更重要。然而,如果要认定书写者或排除嫌疑,都应该制备大量的样本标准。

12.3.4　重复

无论使用什么样的内容,标准的价值都会因某些重复而增加。在听写过程中,一页笔迹至少应重复三遍。它的内容最好取自可疑材料。重复使书写者更加熟悉书写内容,并有助于他(她)更加自由和自然地完成书写。同时,重复也是一种阻止伪装的有效手段。有些时候,有罪的书写者意识到他(她)不可能连续再现他(她)对第一份样本的改变,从而完全放弃了尝试。另外,如果他(她)在这个方向上继续努力,则会在连续样本之间出现明显的变化。当发觉到这些不一致时,调查人员必须获得额外更多的笔迹材料,包括进一步重复先前的材料。以这种方式,就可以更容易地侦查到伪装意图,并且随着“要求书写的样本”逐渐增多,即使在极端情况下,最终也会获得毫无伪装的样本。

12.3.5　书写工具和纸张

书写工具和纸张的影响可以通过“要求书写的标准”轻松控制。只需要向书写者提供类似于可疑文件中使用的钢笔或铅笔即可。同时应选取与争议文件具有相同物理特性和规格的纸张,如果必要的话,可以修剪到适当的尺寸和形状。以这种方式制备样本,受书写材料影响的个人习惯不太容易从“要求书写的样本”中排除。

当可疑笔迹是用墨水书写时,重要的是识别书写者使用的是什么样的墨水笔。墨水笔是一个包罗万象的通用术语,正如其他章节所介绍的那样,目前存在几种类型的墨水笔,每种墨水笔都具有本质上各不相同的书写特性。今天,圆珠笔、中性笔和滚珠笔是最常见和流行的。通过非弹性的球珠将油墨滚到纸张上。中性笔和纤维尖笔会显示出一些不同的书写特性,尤其是如果笔尖有一定弹性,如纤维尖笔。纤维尖笔通常会比其他笔写出更宽的笔画,这些笔画隐藏了会在其他笔中表现出来的细节特征。并不是每个书写者都可以同样轻松地驾驭每种书写工具,如果嫌疑人使用某一类型的墨水笔书写可疑笔迹,那么至少有一部分“要求书写的标准”要用这种墨水笔书写。

12.3.6 听写的间断

用一个或两个休息时间将听写分割开是一种很好的安排。可以消除由于制备大量样本而导致的书写疲劳,同样可能阻止伪装或使其无效。如果在这些休息期间从书写者
137 的视野内拿走所有完成的样本,并且他(她)的注意力集中到其他事情上,那么前后一致的伪装将变得更加困难,因为在这样的休息时间之后,书写者对伪装细节的记忆可能不太准确。最后,中断有助于引入正常书写变化到“要求书写的样本”中,中断听写中所发现的书写变化比在相同数量的连续书写中发现的更加自然。

12.3.7 书写条件

书写者本应该舒服地坐在桌子旁书写。但是如果了解到可疑笔迹是在不正常的条件下书写完成的,例如,站立书写或将纸张靠在墙上书写,那么也应该要求嫌疑人以类似的姿势书写一些补充样本。当不知道确切的书写条件,而可疑笔迹却表现出一些不正常书写姿势完成笔迹的特点,样本则应采取多种不同的书写姿势制备,例如,站立并将文件放置在高柜台上书写或趴在桌子上书写;手持书写板,在手写板夹着的纸张上书写或用膝盖垫着的便签簿上书写。这些书写方式都是对正常坐姿书写的补充。应该对每个样本采用何种方式书写完成进行准确的记录。因此,通过对正常书写条件和不正常书写条件下制备的样本组合,可以充分研究这些书写条件变化的影响。

12.4 对要求书写签名的特殊考虑

到目前为止,对于“要求书写的样本”而言最麻烦的问题是获得一套令人满意的签名标准。由于即使制备大量的签名,所涉及的书写量也是很小的,所以不能完全消除紧张或故意伪装的影响。要求书写的签名标准相比于每天正常书写的签名具有书写形式更

加统一的情况。因此,它们可能无法充分显示出某人通常签名的情形。

有几种技巧有助于克服这些限制。可以通过引入不同内容来增加书写量将有助于改进"要求书写的标准"。代替单独书写一组签名,书写者可以填写 20 个或 30 个样本支票或收据的全部信息,每一份样本都需要他(她)的签名作为出票人或转让人或者既作为出票人又作为转让人。

另一种策略在某人被认为用他(她)的正常笔迹书写了一个虚构的名字时特别有效,这种情况在警察调查伪造支票案件中普遍存在,这种策略是在标准中列出某人虚构的名字和与虚构名字相似的姓名。按照这样的技巧,如果虚构的名字是约瑟夫·马丁(Joseph Martin),几个相似的变化,如约瑟夫·哈茨(Joseph Harts)、鲁道夫·马丁(Rudolph Martin)和斯蒂芬·马文(Stephen Marvin),可以被添加到"要求书写的标准"中。

当情况允许时,一个很好的方法是让书写者在不同的日期制备部分标准。以这种方式制备的"要求书写的签名"往往更像是日常书写的那些签名。这种方法不仅仅局限于签名,因为此方法在使任何笔迹更具代表性方面同样有效,并应尽可能采用。

签名和大量笔迹的"要求书写的标准"最常见的问题是它们不能包括书写变化的代表性数量。我们必须竭尽全力克服这一缺陷。为了达到这个目的,每个样本都应该在一张单独的与可疑文件相似的纸上书写完成。随着纸张的更换,书写位置的移动容易引入 138
细微变化,在单独一张纸上书写一系列签名中通常不会遇到这些细微变化。事实上,在一张纸上一个接一个写 10 个签名通常不如在不同场合书写的 2 或 3 个签名更具有价值。

初步检验通常是对所提交的各种"要求书写的样本"进行评价。为了帮助法庭文件检验员,每张笔迹都应该编号并且应该精确记录样本是如何书写的,当听写被中断时,要确定哪些部分是快速书写的,哪些部分是慢速书写的,并且如果样本不是在同一日期制备时,每个样本制备的日期和条件都需要编辑。这些记录特别是在书写人有伪装意图时,将会大大地有助于法庭文件检验员筛选出反常样本。

12.5　要求书写的标准和收集标准的结合

没有理由认为"要求书写的标准"和"收集标准"不能同时使用。事实上,在某些条件下,一套数量充足价值较高的样本必须由这两类标准组成。匿名信案件经常面临这样的状况。每当有人怀疑故意伪装的影响还没有并且也不能从"要求书写的标准"中完全消除时,应该通过"收集标准"来补充样本集合。两类标准的结合通常是用于比较检验的最佳材料,甚至伪装笔迹都不是问题。当然,样本必须是由一个人书写的。法庭文件检验员将审查材料以确保样本不被污染。

在某些情况下,甚至最彻底和最详尽的收集材料也会导致"收集标准"的不足。只能用"要求书写的标准"来有效地补充"收集标准"的不足,因此"要求书写的标准"需要制备一套完善的听写样本。只有通过这样的方法,才能确保在"收集标准"不足的情况下,样本集合具有代表性。

12.6 特殊问题的标准

有时法庭文件检验员被要求对一份带有异常或非典型签名的文件出具鉴定意见。这类问题包括在酒精或药物(医疗和非法使用)的影响下、在严重疾病或接近死亡期间,以及在某些情况下由老年人书写的签名。通常需要适当的标准来回答这些问题,因为在以上任何一种情况下书写的任意一个可疑签名可能都具有反常特点。

12.6.1 醉酒

过量饮酒对书写的影响人各不同。一些人相比其他人对酒精具有更强的耐受性,并且在他(她)们的签名受到影响之前可以喝掉大量的酒。在饮酒的早期阶段,个人的签名可能只受到轻微的影响,通常签名会略微变大,运笔稍微不够准确,但随着继续喝酒,书写可能会进一步恶化。缺乏协调性可能导致较差的式样和书写对齐。虽然书写者仍在努力书写一个正常签名,但是他(她)的整体书写技能还是要下降。酒后笔迹可能开始表
139 现出粗心大意,并且最终可能呈现为“醉酒得摇摇晃晃”。连续签名可能失去了正常的式样,甚至以某种不可预测的方式偏离前一个签名的式样。换句话说,变化巨大。在同一晚饮酒期间书写的连续样本在许多鉴定特征方面可能都发生了很大变化。我们在本节讨论中关注的不是酒精影响笔迹的程度,而是如何获得可比较的样本,这些样本可以有效地用于准确地鉴定一个明显反映出受到酒精影响的签名。

在这些问题中,获得已知样本的任务可能不如其他类型的反常签名困难。一个在酒精的影响下签署了可疑文件的书写者可能已经在类似的场合签署了其他文件。在大多数情况下,特别是涉及大量饮酒者,正确的调查能够发现一些显示各种醉酒迹象的签名。另外,更大程度的变化需要更多真实的样本,尽可能多的样本应该是醉酒的样本,而不是清醒后的变化。

这些问题的样本几乎完全由从各种来源收集的材料组成。“要求书写的样本”(对于这一问题而言,或当书写者不喝酒时书写的任何样本)可能仅具有有限的补充价值。当然,如果书写者在醉酒的时候被逮捕,可以说服他(她)合作,如此制备的样本应该很有价值。可惜,很少有可能从醉酒疑犯处获得“要求书写的样本”。

顺便说一句,应该观察到,身体残疾或使用毒品可以产生类似醉酒的症状,并且这可以从笔迹中反映出来。另外,通过正确的药物治疗可以改善患有麻痹或帕金森患者的笔迹。

12.6.2 老年人笔迹的退化

由于书写者的年龄或身患绝症所产生严重退化的签名是可能会遇到的非常困难的

问题。其中,临终签名特别令人困惑,因为书写退化是快速的,甚至在书写者早期签名中很少出现或根本没有预警。对于老年书写者逐渐退化的签名,这种衰退通常在几个月或几年的时期内逐渐发生。因此,相比临终签名,暴露书写衰退迹象的样本则更容易获得。

这种性质的签名笔迹具有缺乏书写流畅性和式样细节不一致的特点。与同一个人的早期签名相比,其表现出较差的书写质量。对于体弱者一系列签名的研究揭示出在签名之间的变化比早年身强体壮时书写签名之间的变化大得多。这种不一致性在一些情况下非常突出,使问题更加复杂化。为了获得最准确的鉴定结论,可能需要数量上是正常数目的两倍或三倍的样本,并且收集的样本在日期上必须比通常情况下更接近于可疑的签名。虽然可能已经书写了足够数量的签名,但是通常很难找到它们。

对于临终签名,我们面临同样的鉴定问题,因为临终的人一定有最紧急的原因才会仅仅签署他(她)的名字。可用的真实签名几乎和临终签名一样令人怀疑,因为制备真实签名的环境与制备可疑签名的环境相似。例如,在书写所有样本时,书写者正在被一名家庭成员照顾,该家庭成员从可疑遗嘱中受益巨大。因为能够与临终签名可比的样本签名非常之少,有必要对其进行全面研究。

对于这些问题,满足要求的标准必须包括尽可能多地获得书写者在书写衰退期书写的签名。早年正常书写的签名,尽管这些签名与可疑签名不是同一时期完成的,但是也可以用来作为补充样本并有利于鉴定。这些样本给了法庭文件检验员一些关于书写者试图尽可能重复原来签名基本模式的想法。当可以获得大量的同期签名(如至少 25 个)时,文件检验员能够获得有意义的解决方案。不幸的是,通常很少能找到同期的签名样本。然后,必须严重依赖经验去判断可疑签名是否以书写者身体条件变化的原因偏离了样本。可供研究的同期签名越少,存在于可疑签名和样本签名之间仍然无法解答的差异就越多。当可疑签名与不充足的样本进行比较时,得出的任何意见必须反映所遇到的问题。

12.6.3 卧病在床的签名

一名体弱书写者的签名代表了一名可能随后恢复他(她)部分或全部书写技能的个人所书写的严重退化的作品。这种签名可能是在严重事故或手术后立即书写的。患病期间,特别是严重疾病,不适合患者书写大量笔迹,所以可能只书写了有限数量的签名。

书写者身体虚弱状况以及在床上被支撑起来或有时在更差的条件下书写通常使问题变得复杂。书写位置和身体虚弱状况同样会导致低水平的笔迹。这些因素在收集样本和检验案件时必须考虑进去。

卧病在床的签名,像我们正在考虑的大多数这些特殊情况一样,可以通过比一般情况收集更多的签名来有效地解决。不幸的是,书写者可能从来没有书写足够数量的签名,虚弱的身体状况难以满足法庭文件检验员的真实需求。事实上,可疑签名可能是书写者在患病期间书写的唯一签名。如果书写人已经完全恢复了他(她)的书写能力,恢复 140

健康之后书写的签名不会有太多帮助。在某些情况下,该人可能经历了一段长时间的恢复期,在这期间他(她)书写了一些签名,但这些签名的质量低于他(她)患病前或恢复后的签名质量。这些样本可以帮助我们了解他(她)的签名是如何衰退的,并且肯定比仅仅依赖于正常样本好得多。

12.7 手写印刷体样本

关于手写印刷体标准的收集程序和原则与笔迹样本的收集程序和原则极为相似。由于对合适样本的要求与对笔迹样本的要求相同,所以在制备上文所讨论的"收集标准"和"要求书写的标准"的各个步骤都适用。

手写印刷体在日常生活中的应用比通常意识到的更频繁。除了那些专业使用印刷
141 体的人(如制图师、工程师、建筑师和插图画家)之外,很少有人以这种方式制备大量样本,但是许多申请表、调查问卷和其他表格有些部分却常常需要使用手写印刷体。手写印刷体也不时用于在信封上手写清晰的地址,填写明信片甚至整封信。虽然找到相当于三页或四页连续书写的手写印刷体似乎很困难,但是这可以通过一点点的努力来完成,特别是对于积极从事贸易的人而言。

然而,对于许多人来说,在手写印刷体案件中提供的"收集标准"比涉及有争议笔迹或签名案件中的"收集标准"更容易受到限制。因此,我们必须借助于"要求书写的标准",这些"要求书写的标准"是正常书写的,并且能够反映书写者习惯使用的印刷体风格。显然,不应该给出仅用大写字母书写印刷体,用大小写字母分别书写印刷体或类似的指令。如果怀疑所使用的印刷体风格与书写者的习惯不同,那么应该明确指示他(她)使用特定类型的印刷体。这个事实应该在样本上注明。然而,缺少某个字母的手写印刷体并不意味着应当要求书写者补充,如书写字母 e 某种印刷体式样。这种做法只会破坏标准的价值,并且也不能证明书写者通常如何书写印刷体。

在所讨论的与手写"要求书写的标准"相关的每个因素必须密切注意,但是作为要求书写的手写印刷体样本所必需的数量是迄今为止最重要的考虑因素。在所有情况下,应收集足够多的材料以确保样本不会受到伪装或神经紧张的影响,同时包含个人正常的书写变化特别是手写印刷体的正常变化。平均来说,五页或六页的"要求书写的样本"应该可以组成令人满意的样本。

12.8 结论

要建立一套适当的标准,需要坚持不懈和无微不至的细心,仅仅包括足够的材料来显示个人的笔迹是不够的。标准必须尽可能充分地代表他(她)在不同时间和不同条件下的笔迹,但它们必须明确地表明在制备可疑文件时,他(她)是如何书写的。

为了获得要求书写的笔迹，我们不能仅仅向嫌疑人提供纸和笔，并要求他（她）写上几行。我们必须深思熟虑地选择要听写的材料，在嫌疑人或当事人制备样本时，监督他（她）书写，以便使伪装减到最小，同时记住所有上文讨论的各种因素。

最好的"收集标准"只有经过彻底的寻找，检查所有可能的笔迹来源，同时不断地认识到提高或降低任何一段笔迹使用性的条件后才能收集完整，而不是简单拿起手边前两次注销的支票那么简单。样本标准的质量在很大程度上决定了最终鉴定意见的强度和准确性。只有通过样本收集人的勤奋努力，这些样本才能完全服务于它们的预期目的。

准确标准的重要性怎么强调也不为过。每年都会有许多案件，在这些案件中获得较好的标准本来就意味着对某一特定书写者能够明确认定或排除嫌疑，但却得出一些无法
明确的结论。这种情况一次又一次地被举例说明，其最初的标准不充分，初步检验得出 *142*
的结论是无法确定的。这经常促使现场调查人员努力收集并向法庭文件检验员提供其
他的样本材料来进行补充检验，其结果通常是一份具有更加明确结论的报告。 *143*

Section V Mechanical and Electronic Impression Examinations and Comparisons

第五部分 机械和电子印迹的检验和比较

钢笔和铅笔 13

布赖恩·S. 林德布洛姆

目　次

自古以来,各种各样的书写工具被用来传播书面文字。如今,鹅毛笔和金属尖笔已经被其他类型的书写工具所代替,如圆珠笔(ball point pen)、多孔尖笔(porous-tip pen)、滚珠笔(roller ball pen)和中性笔(gel pen)(图 13.1)。许多特殊类型的笔,包括用于绘画、刻字和插图的那些笔,目前也在市场上销售。每种类型的笔都有自己的鉴定特征,使其能够与其他类别的笔区分开来(图 13.2)。使用特定类型的笔或墨水在有争议文件的调查过程中,特别是当涉及倒填日期、是否为后添加或其他变造的问题时意义重大。

13.1　圆珠笔

圆珠笔于 1945 年在第二次世界大战结束时被引进美国市场。[1] 尽管早期不被市场认可,但还是迅速普及开来。随着圆珠笔的普及,钢笔的笔尖被一个小钢球代替。钢球 147
通过一个球座保持在笔尖位置,球座允许它在书写过程中自由旋转。当钢球在纸张上滚

〔1〕 圆珠笔实际上早在 1935 年就首次在欧洲销售,但是 1939 年的销售总额只有 25000 支(《财富》,1946 年 7 月,第 144 页)。L. 比罗(L. Biro)在 1943 年开始在阿根廷生产这种笔,并在南美洲限量销售(《读者文摘》,1946 年 12 月,第 60 页)。其中一些笔在 1945 年出现在美国市场。1945 年秋天,雷诺兹(Reynolds)引进这种圆珠笔,并在国内生产,随着促销计划迅速将销售量跃升到数百万。托马斯·惠特赛德(Thomas Whitside),在《纽约客》(1951 年 2 月 15 日)阐述了圆珠笔的早期历史和促销方案。

图 13.1　四类现代笔的例子：圆珠笔、多孔尖笔、滚珠笔和中性笔

动时，油墨从油墨腔中转移到纸张表面。[1~3]圆珠笔油墨是一种高黏度的膏状物质，相比较而言，滚珠笔和多孔尖笔中使用的是液体油墨。大多数圆珠笔油墨具有三种组成成分：染料、树脂和挥发物。某些制造商生产可重新注满的笔芯，如派克(Parker)，而其他制造商出售一次性笔，如比克(Bic)。

圆珠笔字迹可以通过其油墨和墨线形态被识别并区别于其他书写工具。[4]在较轻的笔画中，膏状油墨的转移仅发生在纸面较高的纤维边缘，而在较重的笔画中，球珠上的压
148 力在笔画中心形成一条凹槽或压痕。圆珠笔油墨一旦沉积在纸上就会快速干燥。圆珠笔的其他特征则源自于球珠，其控制书写形成的笔画的宽度和质量。

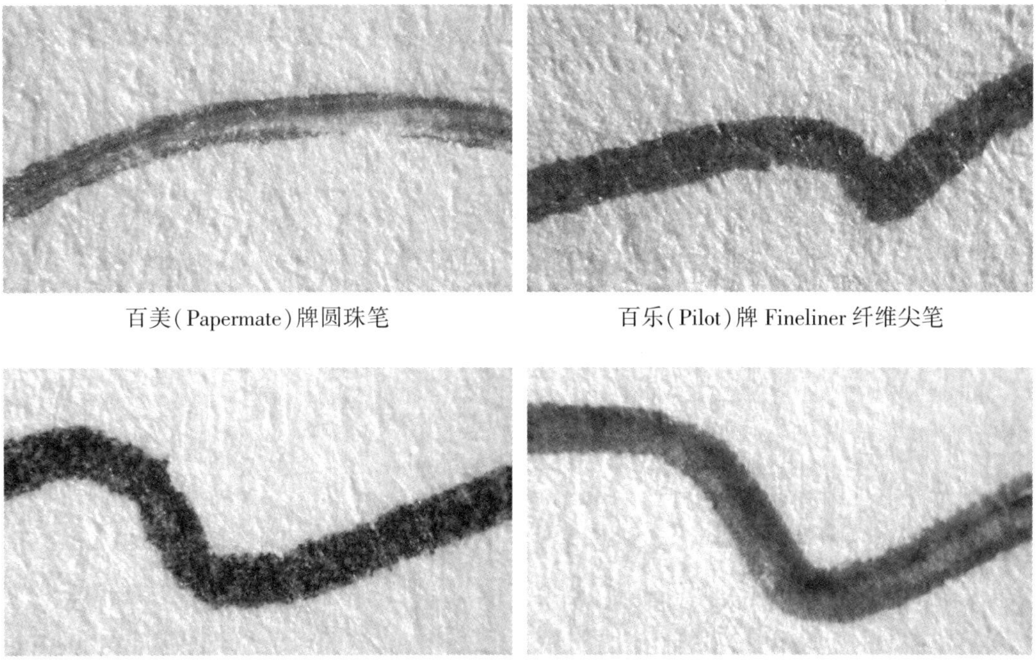

百美(Papermate)牌圆珠笔　百乐(Pilot)牌 Fineliner 纤维尖笔

比克 Z4 滚珠笔　百乐 P700 中性滚珠笔

图 13.2　使用四类现代笔形成的油墨线的显微放大照片

圆珠笔可以通过它们的油墨颜色、球珠尺寸(中等、细或超细)和可能存在于笔画线条中的缺陷而彼此区分。这些缺陷包括油墨堆积(小点状的油墨沉积,特别是在变换方向处,如在循环和连接笔画中)、油墨遗漏或短的露白(图 13.3)以及笔画内的条纹(图 13.4)。有时,笔画中出现的非常细微的毛刺状条纹,这种独特的条纹足以鉴别这支圆珠笔。[5~7]

图 13.3　用圆珠笔书写签名的部分笔画显示了这类笔的油墨遗漏和油墨堆积的特点

13.2　多孔尖笔

多孔尖笔(纤维尖笔或毡尖笔)是数十年来受欢迎的书写工具,它在 20 世纪 60 年代中期被引进。这种笔的笔尖是多孔的,并且能使水性(水溶性)墨水在纸张上散开。尽管

注:ug 字母组合展现出条纹图案和油墨堆积的情况。

图 13.4 圆珠笔书写实例中的墨线形态缺陷

宽尖在早期的笔中占主导地位,但是细和非常细的笔尖现在是广泛使用。一些多孔尖笔使用硬的、有孔的塑料尖。硬尖笔书写的笔画与纤维尖笔写出的非常相似,除了在某些条件下,硬尖笔可以在纸张上形成一个轻微的沟痕或槽。总而言之,墨水多用浓重的颜色,由此能写出一个厚重的但快干的笔画线条。[8]使用多孔尖笔产生的墨线可以与圆珠笔产生的墨线形成对比。当正常工作时,前者能产生宽的、立体的带状笔画。由于较轻的
149 笔压和快速书写的原因,墨线有时会有条纹状或笔刷状的笔画形态。对于特定的笔来说,很少能具有足够的个体特征从而与含有相似墨水的笔区分开来;然而,如同圆珠笔一样,许多笔尖宽度是已知的并且是可以区分的因素。这种类型的笔是由工厂填充的墨水,并且通常是一次性使用的。

由于墨水的流动和笔画宽度的缘故,在检验用这类笔书写的笔迹时有时难以发现细微的线条特征,如犹豫和难以觉察的提笔。

13.3 滚珠笔

正是在圆珠笔被引入的几年后,第一次尝试改善这种设计使其使用液体油墨。直到20世纪60年代末,这样的笔已经完善到具有充分的可靠性能够使大众普遍接受。这类书写工具代表了钢笔和圆珠笔的混合体。[9]与多孔尖笔和钢笔一样,滚珠笔使用的油墨是水性的。这种笔可以采用以下两种方式出售,或者作为一次性物品,或者用可更换墨水芯(包括球珠在内)进行再次填充使用。这些笔书写出来的笔画与多孔尖笔不同,除了球珠往往在纸张表面压出印痕,还会产生像圆珠笔字迹中所看到那样的压槽。墨水的不同可以将滚珠笔字迹与通常的圆珠笔字迹区分开。墨水通常会浸透纸张,轻微渗入到相邻的纤维,并且在笔画末端经常可以看到墨水回流。不像圆珠笔字迹,滚珠笔书写的笔画并不表现出露白和油墨堆积的特征。随着滚珠笔的使用,会出现一些笔画缺陷,但是一支特定的笔不能表现出充足的个体特征与同类的其他笔区分开来。

13.4 中性笔

这种最新类型的笔已成为世界上非常受欢迎的书写工具。它最早是由日本樱花彩色产品公司(Sakura Color Products Corporation of Japan)于1984年研发的。[10]樱花公司致力于生产一种环保的书写工具,它不含有在滚珠笔中所发现的挥发性有机成分。最初,这类书写工具使用高黏度、不透明的颜料油墨,其不像水性的滚珠笔或多孔尖笔那样容易渗入纸张纤维。现代的黑色中性油墨既有染料着色又有颜料着色。一大批油墨颜色是可见的,通常可以通过半透明笔管看到。[11]一些种类的中性笔被宣传为适合于艺术和绘图,包括那些使用的油墨具有金属光泽的中性笔。由于有大量的颜色可以使用,这些笔在儿童和艺术家这两个群体间非常受欢迎。像圆珠笔和滚珠笔一样,油墨出自一个封装的金属球珠。百乐、斑马(Zebra)和派通(Pentel)是常见的品牌。可用于区分中性笔油墨线与其他书写工具油墨线的一个特点是沿着油墨笔画外边缘的轨道效果(图13.5)。虽然在整个书写过程中不一定都会看到这种效果,但这仍然是常见的情况,表明油墨被球 150
珠推到笔画的边缘。

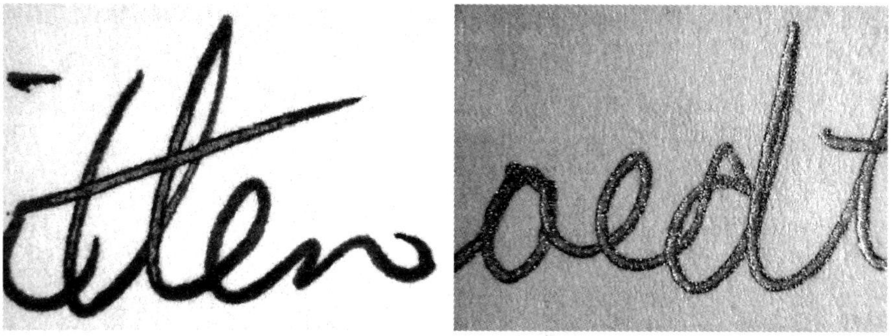

注:如上面的例子所示,由中性笔形成的油墨线可以呈现出轨道状的外观形态。当发生这种情况时,很容易根据最后一个笔画确定笔顺。它的轨道冲断了下面的笔画,如在左图字母t的交叉部位。

图13.5 左边的示例是用百乐p-700中性笔书写的,而右边的例子是施泰特勒(Staedtler)中性滚珠笔使用金属银墨水书写的

13.5 自来水笔或金属尖笔

今天,自来水笔和金属尖笔比普通的书写工具更具有威望的象征。个人可以选择这类笔作为他(她)的正式签字笔,同时使用其他书写工具作为日常使用。这类笔书写特性变化多样。笔尖端的宽度和书写的灵活性是这类笔的两个特点。特别是在那些非常古老的文件中,可能会发现钢尖蘸水笔(steel-pointed dip pen)书写的痕迹。 151

一般来说,特定的金属尖笔不能被鉴定为一份具体笔迹的书写工具,因为在其墨水线形态中缺乏个体特征。另外,并不是所有这些笔都能产生相同的笔画,[12]这使在某些情况下可以说可疑文件不是用某支笔书写的或者是使用多支笔书写的。

金属尖笔写出的笔画不同于其他类型的笔。笔尖可以在笔画内形成明显较暗的双轨,但是这种双轨不像现代硬尖自来水笔书写的那样明显,因为它是用更有弹性的笔尖书写形成的。

自来水笔能够提供充足的墨水来书写篇幅长的文件,页与页之间墨水浓淡相似,这种能力可以将其与蘸水钢笔区分开。蘸水钢笔每蘸一次书写字迹墨色较重,笔画墨色逐渐地变淡。如果自来水笔的笔尖是弹性的,则笔迹将存在明显的阴影,可以通过笔画宽度逐渐增加而将其识别出来。笔画宽度的逐渐增加是由于笔压增加造成的,特别是在向下行笔中。

13.6 书写墨水

墨水的历史最早可追溯到古代。[13~16]早期使用的材料是碳,碳可以用来制成持久性很好的墨水。今天,碳仍然用于某些绘图墨水,通常称为印度墨水(India inks)。在中世纪期间又出现鞣酸铁墨水(iron gall ink)。用鞣酸铁墨水书写文件的特点是它的氧化作用,并由此从黑色褪色到棕色。这种墨水的腐蚀性还能够将其书写的纸张腐蚀。在许多历史文件中都可以观察到此现象。鞣酸铁墨水最终被改进为蓝黑墨水并被广泛使用,直到圆珠笔成为最流行和最普遍的书写工具。

最初,各种天然染料用于制造有色墨水。随着苯胺(1856年发现)和其他合成染料(如合成靛青,1861年)的引入,这些天然染料逐渐被替代。[17]转机发生在19世纪末和20世纪初。在20世纪30年代,开发出需要使用强碱性溶液的染料代替弱酸性油墨。这些较新的墨水仅享受有限的商业普及性。对于以上讨论的所有墨水,水是主要溶剂。

20世纪40年代中期,随着圆珠笔的发明出现了一种新型油墨。它是一种使用有机化学溶剂而不是水的黏稠的膏状材料,[18]虽然圆珠笔油墨有其自己的特殊性质,但在这方面它与老式打字机色带和在印刷业中使用的油墨类似。

20世纪70年代以来,液体水性油墨又得到了广泛的使用,首先在多孔尖笔或纤维尖笔中使用,并且最近也在滚珠笔中使用。纤维尖笔标志着毡制记号笔的改进,纤维尖笔已经有一些专门用途并使用非水性油墨。现今几乎所有的墨水都是使用合成染料和颜料作为着色物质。

我们可以看出,已经发明的各种各样的笔需要相应的墨水种类。结果,由文件检验员和化学家共同开发了分析方法用以区分不同种类的墨水和笔。文件检验员不仅要鉴别墨水,而且要能够鉴别特定墨水的来源。文件检验员可以通过适当的检测来鉴别出非
152 常类似但不同的墨水。然而,很少能够对笔和墨水组合做出正确的鉴别。通常,最好的表述是可疑墨水与在可疑笔中发现的墨水成分一致,并且可能源自那里或与其他笔中的

墨水具有相同配方。

无损检验，包括目视检验、显微检验、红外光检验和紫外光检验，任何墨水检验的第一步几乎普遍采用无损检验，无损检验可以区分出两种笔或两种墨水书写的材料。无损检验一开始是在各种光照条件下使用手持放大镜或立体显微镜检验纸张表面上墨水颜色和笔画外观形态。可以通过从日光到荧光或钨光的照明变化来检验墨水的相对色彩质量。

使用分色滤光片[19、*]或红外荧光[20～24]对墨水笔画的研究是进一步区分相似但不相同墨水的方法（图 13.6 和图 13.7）。这些检验中没有一个会改变或损坏文件。

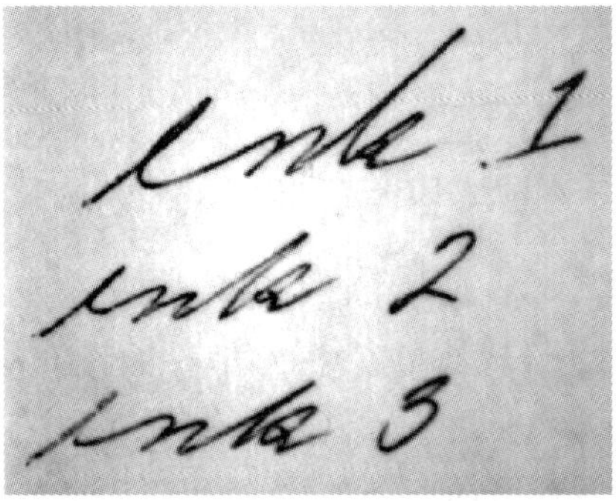

（1）未滤光

（2）使用530 700nm的滤光片，715nm的照相机滤色镜和0.3秒的集成设置下的红外荧光

（3）使用715nm的照相机滤色镜的红外反射

注：第（1）条来自比百美制造的圆珠笔，第（2）条由比克制造的圆珠笔，第（3）条出自于未知的制造商。

图 13.6 在正常照明条件下看起来彼此类似的三种黑色圆珠笔油墨可以借助于光学过滤进行区分

---

* 此处英文原著为 diachronic filters，但引用的论文拼写为 diachroic filter，参见本书序言部分译者注，推测此处应为 dichroic filter，故译为分色滤光片。——译者注

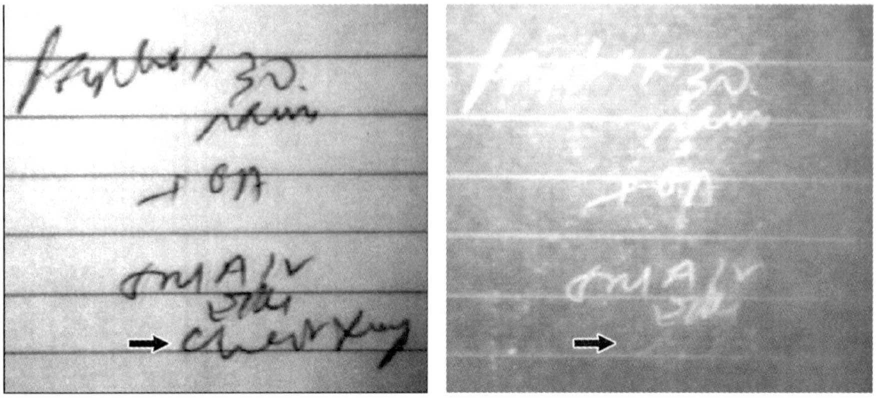

(1)未滤光　　　　(2)红外荧光

注:在可见光和红外荧光下观察到可疑条目。注意,词语“*Chest Xray*”变成红外透明的,而预约记录的其余部分则是发光的。

图13.7　在怀疑医生变造患者医疗记录的案件中使用红外分析

微观点滴检验(在显微镜下观察到的部分墨水笔画上滴上一小滴化学试剂的反应)有助于确定文件是用特定种类的液体墨水,如铁基、合成染料、碳素墨水或颜料。这些检验做
153 得好时,仅能在文件中发生极小的变化。虽然今天这种检验方法没有像以前那么常用,但是它们在证明一份文件上使用两种不同的墨水方面是特别有价值的。不幸的是,点滴检验不一定能够区分不同品牌的同种墨水。

在使用上述无损技术方法检验时,不同的油墨可能反应相似。在这种情况下,可以使用一种被称为薄层色谱法的技术进行进一步的鉴别性检验。[25~28]由于薄层色谱法会导致该文件自然条件的变化,它应该是有损检验(充其量也是半破坏性的)。该方法需要从纸张上切去非常小的墨水样本,这一步骤可能需要获得法院批准或争议双方的同意。这种切除方法通常使用微型打孔机或手术刀去除少量的油墨和纸张,薄层色谱法是当前最常用的化学检验方法(参见第375页的彩图13.8)。

现在可以使用其他的仪器分析法进一步区分墨水,如气相色谱/质谱(gas chromatography/mass spectroscopy, GC/MS)、傅里叶变换红外光谱(Fourier transform infraredspectrometry, FTIR)和拉曼光谱。

化学检验是墨水鉴定的重要部分,化学成分可以通过综合检验来确定,并在法律诉讼中展示以显示文件已经被倒填日期或已被更改。

一般来说,墨水检验提供了更多的机会来揭示欺骗,而不是清楚地确认真实性。文件各部分之间的不一致性有时(尽管并不总是)可以得出伪造的结论,但是一致的结果也不能最终确定该文件各部分是同一时间制备的。

13.7 铅笔

像钢笔一样，铅笔可以根据其物理性质分为几类。铅笔一般可以分为三类：石墨铅笔、彩色铅笔和自动铅笔。[29]在制造过程中，形成标记物质的石墨先与黏土和蜡混合，然后再经过烘焙。石墨和黏土的量以及烘烤的时间是决定铅笔芯(the lead)硬度的因素。[1] 154
设计用于绘图的铅笔范围从非常硬到非常软——即使用很大的压力也只能够画出清淡的笔画，或者只用轻微的压力却能画出比较暗的线条。普通的书写铅笔也有几个等级。

这些铅笔是以一般方式按照它们的相对等级或硬度来进行分类。用来书写的铅笔具有数字标记，1 是最软的，4 是最硬的。艺术家的绘画铅笔是分开区分的，8B 是最软的，2H 是最硬的。[29]

廉价铅笔是用粗糙的石墨和黏土制成的，而顶级铅笔是使用精细材料并且在优良质量的控制下制造的。铅笔笔画的显微研究有助于区分较便宜和更昂贵的书写笔芯。一小部分铅笔使用树脂作为黏土基材的替代物。它们的外观形态没有实质的不同。自动铅笔可以使用黏土或树脂为基材的铅笔芯。绘图员最常用的是高分子聚合物铅笔芯。在后一类的铅笔芯尺寸包括但不仅限于 0.3mm、0.5mm、0.7mm 和 0.9mm，并且硬度也变化多样。

当检验铅笔书写的样本时，虽然可以识别出诸如软、中等或硬的大概分组，但是可能很难确定所使用的铅笔的具体硬度。由同一制造商生产的两个相邻硬度之间的差异很小。由于个人的压力和着力点的习惯不同，使用相同硬度级别铅笔的两个书写者可能会产生略微不同的效果。此外，从硬桌面到较软书写纸的书写环境变化会影响书写笔画的密度，以及点的相对清晰度。木杆铅笔中的软尖在连续书写几页后可能会出现明显的磨损，而较硬的铅笔芯保持其笔尖的时间更长。

另外，也会出现在一页纸上的所有笔迹是否为一次书写并且使用同一支铅笔的问题。在笔画宽度、清晰度、压痕或笔画明暗深浅的明显变化可以是两次单独书写的证据。对铅笔笔画的研究可以表明是在多种书写面上书写或使用多支铅笔书写。相比于连续书写，这些情况与文件各部分在不同场合书写的情形更相符合。完全一致性则强烈地表明连续书写，但它不是绝对的证据。如果是用自动铅笔在几个不同的场合书写，即使在相同的书写环境下，恐怕也没有表明书写中断的证据。

很少能确定使用特定的铅笔来书写文件。这种性质的鉴定必须基于由石墨中的杂质所产生的书写笔画中的微观缺陷，并且涉及广泛的受控照明和摄影相结合的显微检验。即使如此，铅笔通常不具有足够的个体特征从而得出明确的结论。

---

〔1〕 早期的铅笔是黏土和石墨的压制混合物。这些铅笔的笔芯没有被烘烤，因此是非常软的，仅能产生很宽的笔画。现代铅笔，其中黏土和石墨混合物被烘烤以增加硬度，1810 年左右投入使用(Woodward, W. E., *The Way Our People Live*, Dutton, New York, 1944, P. 1 20 footnote)。

复写铅笔,通常称为不能擦除的铅笔,形成特殊的子类。在其制造过程中,苯胺染料与石墨相结合,染料在润湿之前几乎没有颜色,随后笔画呈现出明显的蓝色或紫色,使用
155 普通的橡皮不容易擦除。除了染料允许有一些其他的分类并且笔芯硬度的变化较小之外,就黑色铅笔芯而言,这些铅笔的鉴定和划分方法非常接近。

彩色铅笔,特别是红色和蓝色,有着广泛的用途,它们的字迹可能会成为可疑字迹。在每个颜色组内有各种各样的色泽。有些铅笔是水溶性的,有些不是。一滴水就能鉴别是否为水溶性。一些内装有高质量笔芯的铅笔会写出光滑的笔画,而装有较差笔芯的铅笔则会写出有缺陷的笔画。所有这些因素,加上笔芯基本的宽度,可以区分不同的铅笔。[30]除了目视检验和显微检验外,紫外光、红外光和红外荧光检验也可以用于鉴别不同铅笔书写的字迹(图13.9)。通过这些因素来鉴定一个特定铅笔的做法是一个冒险的行为。因为所有生产商所使用的生产材料是随时变化的。某些生产商将铅笔卖给一群批发商,每个批发商都给本是同一批的铅笔贴上自己的商标名称。所有鉴定因素的一致则表明在整个文件中使用了一支特定颜色的铅笔,但是也不能得出高度可能的鉴定结论。

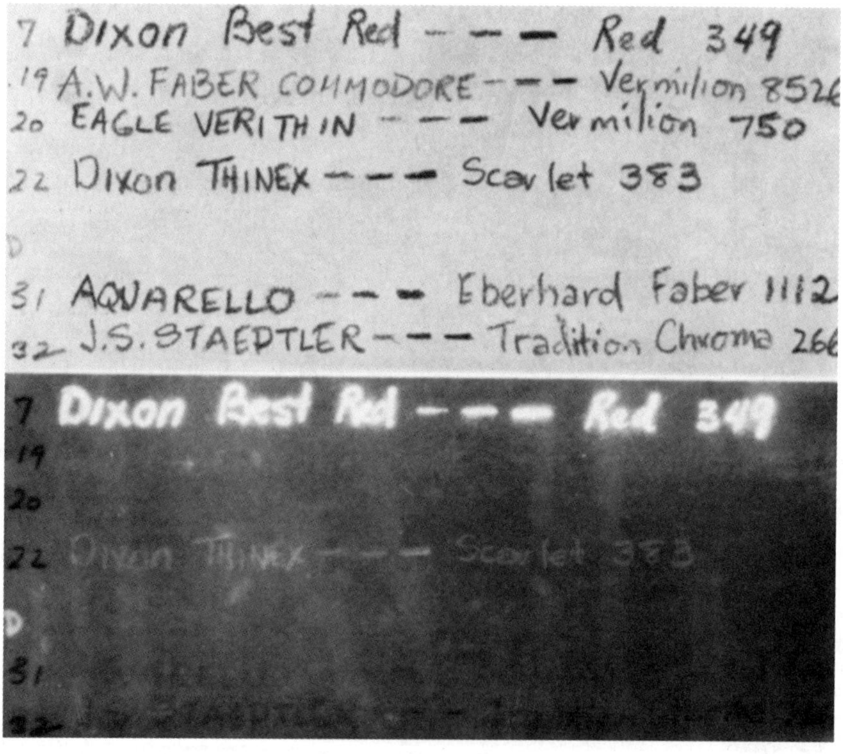

注:注意,有明亮荧光的铅笔7和22的发光亮度不同和铅笔32的不发光记录。其他铅笔是半透明或者完全透明。如果这些笔迹是未知铅笔书写的,实验能够将铅笔7、22和32相互区分并从其他笔迹中区分开来。

图13.9 上部分显示了六支相似色调的红色铅笔,下部分则显示了它们在红外荧光实验中的反应

非彩色铅笔的检验基本上限于肉眼观察,但也可以补充使用立体显微镜和手持放大镜。考虑到凸起的程度,笔尖的条件和笔画的明暗深浅是很重要的。使用聚光灯在不同

的角度特别是低角度照明,可以显示出次要色彩的光泽。除了彩色铅笔,红外光和紫外 156
光检验对其他铅笔的检验没有特别的帮助。由于黑色的铅笔都含碳,因此它们在红外光下反应相似。彩色铅笔则不同,一些吸收红外光,而一些则不吸收。紫外光检验有助于区分一些染料。红外荧光也可以分离一些类似的彩色笔画。

虽然已经尝试了许多化学分析和仪器分析的方法,包括薄层色谱法、质谱法和 X 射线荧光光谱法。然而,都存在从纸张表面提取石墨和污染两个问题。[31,32]更有希望的是使用扫描电镜 – X 射线能谱分析(scanning electron microscopy-energy dispersive X-ray, SEM-EDX)和电感耦合等离子体质谱(laser ablation inductively coupledplasma/mass spectrometry,ICP-MS)。后一种方法是半破坏性的,因为小的测试点会在文件上燃烧。

从铅笔笔画的检验中得到的证据不一定能为当前的问题形成明确的解决方案。但是,这些信息与其他有形的文件物证相结合有助于重现可疑文件制备的客观情况。

参考文献

1. Making ball point pens, *Machinery*, London, 135, 1951.

2. Ball point pens, Bulletin of the Bureau of Criminal Investigation, 15, 7, 1950.

3. Lindsly, C. H., Schmidt, R. B., and Casey, R. S., Ball point pens and inks, *Chem. Ind.*, 50, 1948.

4. Hilton, O., Characteristics of the ball point pen and its influence on handwriting identification, *J. Criminal Law Criminol. Police Sci.*, 47, 606, 1957.

5. Poulin, G., The Ball Point Pen Striation Patterns as Evidence in Document Examination, paper presented at CSFS/ASQDE meeting, Montreal, 1985.

6. Black, D. A., Identifying ball pens by the burr striations, *J. Criminal Law Criminol. Police Sci.*, 61, 280, 1970.

7. Lewis, J., Striation Patterns in New and Used Ball Point Pens, paper presented at the American Society of Questioned Document Examiners meeting, San Diego, 2002.

8. Black, D. A., Fibre tipped pens, *J. Criminal Law Criminol. Police Sci.*, 57, 521, 1966.

9. Dick, R. M., Rolling Marker Pens, paper presented at the American Society of Questioned Document Examiners meeting, 1973.

10. Wilson, J. D., LaPorte, G. M., and Cantu, A. A., Differentiation of black gel inks using optical and chemical techniques, *J. Forensic Sci.*, 49, 364, 2004.

11. Gerandt, M. N. and Urlaub, J. J., An Introduction to the Gel Pen, paper presented at the American Academy of Forensic Sciences meeting, Seattle, 1995.

12. Osborn, A. S., *Questioned Documents*, 2nd ed., Boyd, Albany, NY, 1929, chap. 11, p. 151.

13. Carvalho, D. N., *Forty Centuries of Ink*, Banks Law Publishing Co., New York, 1904.

14. Grant, J., *Books and Documents*, Chemical Publishing Co., New York, 1937, p. 41.

15. Mitchell, C. A. and Hepworth, T. C., *Inks: Their Composition and Manufacture*, 4th ed., Griffin, London, 1937.

16. Lucas, A., *Forensic Chemistry and Scientific Criminal Investigation*, 4th ed., Arnold,

London, 1946, p. 79.

157 17. Nickell, J., *Pen, Ink and Evidence*, University Press of Kentucky, Lexington, 1990, p. 34.

18. Harrison, W. R., *Suspect Documents: Their Scientific Examination*, Praeger, New York, 1958, p. 217.

19. Dick, R. M., A comparative analysis of diachroic filter viewing, reflective infrared, and infrared luminescence applied to ink differentiation problems, *J. Forensic Sci.*, 15, 557, 1970.

20. Pfefferli, P. W., Application of an Infrared-Comparison-Projector in Document Examination, paper presented at the International Association of Forensic Sciences meeting, Oxford, 1984.

21. Ellen, D., *The Scientific Examination of Documents: Methods and Techniques*, Taylor & Francis Ltd., London, 1997, p. 99.

22. Dalrymple, B., Visible and infrared luminescence in documents: excitation by laser, *J. Forensic Sci.*, 28, 692, 1983.

23. Tanaka, T., A Review of the Spectrometer and Chromaticity Capabilities of the VSC 2000, paper presented at the American Society of Forensic Document Examiners meeting, Indianapolis, 1998.

24. Lyter, A., A Comparative Differentiation of Ball Pen Ink by Infrared Reflectance and Luminescence, Raman Spectroscopy and Thin Layer Chromatography, paper presented at the American Society of Questioned Document Examiners meeting, Ottawa, 2000.

25. Tholl, J., Applied thin-layer chromatography in documented examination, *Police*, 14, 6, 1970.

26. Crown, D., Brunelle, R., and Cantu, A., The parameters of ballpen ink examinations, *J. Forensic Sci.*, 21, 917 - 922, 1976.

27. Lewis, J. A., Thin-layer chromatography of writing inks: quality control considerations, *J. Forensic Sci.*, 41, 874, 1996.

28. Vargas, R., The Search for a Universal Solvent Solution for the TLC of Fluid Inks, paper presented at the Southeastern Association of Forensic Document Examiners meeting, Atlanta, 1999.

29. Masson, J. F., Pencils, paper presented at the American Academy of Forensic Sciences meeting, New Orleans, LA, 1986.

30. Hilton, O., Identification and differentiation between colored pencils, *J. Forensic Sci.*, 6, 221, 1975.

31. Cantu, A. A. et al., A scientific study of pencil lead components, *J. Forensic Sci.*, 23, 662, 1978.

32. Zoro, J. A. and Totty, R. N., The application of mass spectrometry to the study of pencil
158 marks, *J. Forensic Sci.*, 25, 675, 1980.

排 版 14

威廉·J. 弗林

目 次

14.1 字体的剖析

14.1.1 印刷字体的各组成部分

许多由排版师用来描述印刷字符各组成部分的术语已经被法庭文件检验员用于描述打字机打出的字母。这样术语的例子如 ascender(小写字母如 b、d、f、h、k 的高于字母 x 的上伸部分)、descender(小写字母如 p、q、j、y 的下伸部分)、serif(衬线)。还有一些在印刷行业中常用的词,如 stress 和 stem,对于文件检验员也具有同等的释义。但文件检验员不使用单词 stress,经常将从细线到粗线的转变称为 shading,并且字母的垂直骨干称为 staff 而不是 stem。然而,当涉及描述印刷字符的各个部分时,排版师的词汇比法庭文件检验员的词汇丰富得多。这是意料之中的事,毕竟印刷机领先了大约 500 年的历史。

因为利用现代计算机生成的文件几乎只使用印刷字体,所以法庭文件检验员理所当然该采用已被接受的印刷术语。图 14.1 详细描述了最常用的术语。注意字母 h 的垂直

159 骨干(字母X高度以上的部分,也称为上伸部分)实际上比大写字母的高度高。小写字母上伸部分超过大写字母高度也是经常的情况,并不是罗马字体的例外。另一个需要注意的重点是标记为“光学校正”(optical correction)的区域。排版师几乎总是将圆底字母放在稍微低于基线的位置。这是为什么基线测量不应该包括圆形字母的一个原因。

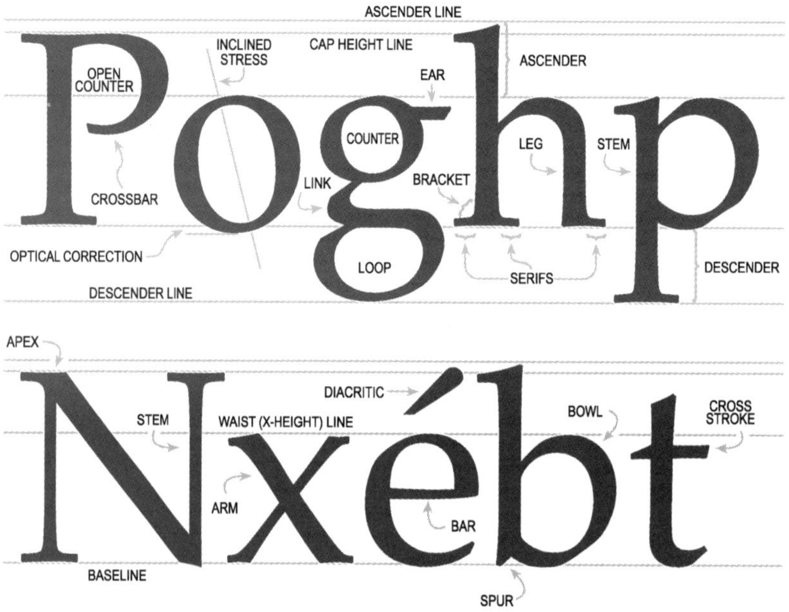

图14.1 字体的剖析

14.1.2 字体的分类系统

排版师利用几种不同的系统来对字型进行分类。例如,一些分类系统利用铅字面的物理外观来区分字型。最广泛的分类方式为衬线体和无衬线体,实际上是基于字符的物理属性(它们是否有衬线)。其他分类系统试图使用字型被设计出来的时间段来区分它们。具体例子可以在像旧体(Old Face)、现代体(Modern)和过渡体(Transitional)这样的术语中发现。另外,其他系统使用括号类型(the type of bracket)[1]按时间顺序划分子类。有一种子类用于描述现代字体的特殊类别,粗衬线体(Slab-serif)是这种子类的一个具体实例。

作者的经验是,按照创建字体的时间段对字体进行分类,在某种程度上可能有些困难,而且这种分类方式往往是非常模糊的。这是真实的情况,因为字体设计师是艺术家,而不是工程师。如果字体设计师认为一个既有旧体那样笔画粗细变换、过渡体括号部分的特点又有粗衬线体式样的字型看起来也不错,那么就这样吧。让文件检验员担心的是

〔1〕 括号是罗马字体的垂直骨干和水平衬线之间的过渡,参见图14.1。

如何划分“Goudendonlubarock”[1]字体。有一个很实际的问题值得关注，有时可能非常难以确定一个字型是否表现出倾斜(oblique)、中等(moderate)、最小(minimal)或垂直 160
(vertical)的粗细变化。图 14.2 展示了一个应用笔画粗细变化，括号类型和衬线宽度按时间顺序划分的分类系统。请注意，像所有的分类系统一样，这些分类系统都是理想化的例子——在现实世界中，选择的方法变得更加模糊。

	Slab Serif P (Boton)	Old Style P (Goudy)	Transitional P (Times)	Modern P (Bodoni)
Stress	Minimal	Oblique	Vertical	Vertical
Brackets	None	Full	Medium	Minimal
Serifs	Thick	Medium	Medium	Fine

图 14.2 按时间段进行字体分类

一个更加一致、易于使用，并且作者喜欢的分类系统包含六种不同的字体类型：衬线体、无衬线体、展示体(Display 或 Decorative)、黑体(Blackletter)、脚本体(Script)和丁巴特体(Dingbats)。这些示例如图 14.3 所示。

图 14.3 字体的分类

因为大量的商业文件都是以衬线体或无衬线体制备的，所以这也是在法庭科学实验

[1] 作者在这里用英语冒昧地合并了三种著名字体的名称(Old Style，Transitional 和 Slab-serif)。

室中最常见的两种字型。除专业排版师外,很少有人花费时间安装和使用成千上万(不夸张)可用的 TrueType 和 PostScript 字体,因此各种文字处理程序、办公室自动化软件和操作系统的默认字型是那些我们最常遇到的字型。这并不是说,法庭文件检验员可以忽
161 略所有其他可用字体——事实上恰恰相反。就像取证中遇到的所有情况,奇怪的现象正是最重要的。图 14.4 描述了在各种罗马字体中发现的两个大写字母的一些差异。

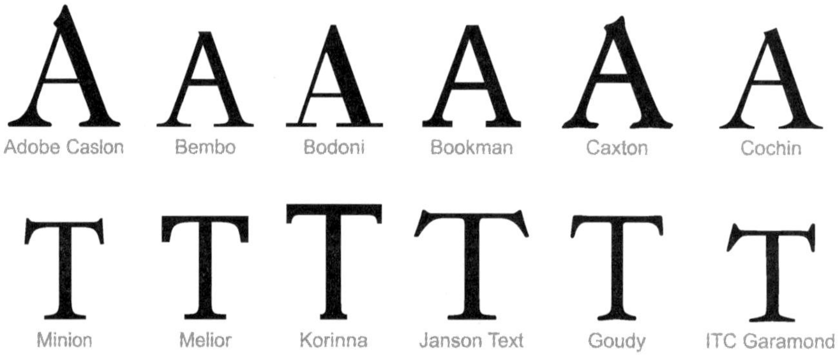

图 14.4　各种罗马字体中大写字母的差异

不幸的是,在几乎所有罗马字体中最独特的字符并不会像其他字母那样在许多内容中频繁出现——这便是大写字母 Q 和符号 &。由于某些原因,字体设计者对这两个字符从艺术角度采取了比任何其他字符更多的修改。如图 14.5 所示,常见字体中字母 Q 和符号 & 的示例。

图 14.5　Q 和 &(and 的符号)在式样设计上的差异

符号 & 实际上是一个连字——两个字母组合成一个单个字符。这两个合并的字母是大写 E 和小写字母 t。他们一起拼写成拉丁语单词 Et,这意味着"和"。Et 组成的联合体在一些字体中更容易看到。

另一个常见的连字是称为商业标志符号"at",@ 是字母 at 的固定形式。其他不常见的连字大多都在 Unicode[1]字体中,它们是 Æ、æ、Œ、œ、fi 和 fl。请注意,最后两个是 fi 组合和 fl 组合的单个符号(图 14.6)。

---

〔1〕 定义世界上大多数字母表中每个字符的字符代码。

fi vs. ligature ﬁ
fl vs. ligature ﬂ

图 14.6 连字的示例

14.1.3 测量字体大小和行距

等宽打字机文本几乎总是基于固定宽度的字符和 1/6 英寸的单位行间距，不同于这种文本，绝大多数（尽管不是全部）电子计算机字体是以成比例的宽度和可变的行间 162
距构成。比例字体的宽度基于两个因素：每个字符的标准大小（而不是每个字母被限制或扩展到适合固定的水平尺寸）和字体设计者的美学思想。印刷字体的大小总是在垂直轴上给出，并且始终以磅（现在定义为 1/72 英寸）作为测量单位。因此，16 磅字体总是比较小字号的相同字体高。然而，字符的宽度是一个完全不同的事情。在大多数字型系列中，12 磅 Black variant 字体很可能比 16 磅 Narrow 字体的相同字母宽得多（图 14.7）。

This is a **12 point** Arial **Black** text: **The Quick Brown Fox**

This is a **16 point** Arial **Narrow** text: The Quick Brown Fox

图 14.7 Arial Black 字体与 Narrow 字体的比较

在字体测量中另一个重点考虑的事情是，单个字母（甚至大写字母）的测量几乎总是小于其真实的字号。这是真实的情况，因为实际的字体大小是建立在一个矩形范围内，该矩形相当于传统打印机的打印条。对于字体中的每个字符，这个打印条必须足够大以至于可以容纳垂直方向上最高的上伸部分和最低的下伸部分，并加上这些特征上方和下方的少量空间。这被称为内部行距（参见第 375 页的彩图 14.8 和图 14.9）。[1]

由于印刷字体大小只是近似值而不是绝对测量值，确定打印页上字体大小的最好方法是使用排版 E 标尺。大多数美术用品供应商店都提供排版标尺，也可以在线订购。这些标尺通常包含一系列印在半透明塑料上的衬线体和无衬线体的大写字母 E，尺寸范围

---

〔1〕 内部行距通常用于避免铅字的连续两条线发生冲突（重叠）。现代 OpenType 字体包含用于多语言支持的符号。由此产生的重音、变音符号等，可能导致字符的总测量高度实际上超过其声明的字号。

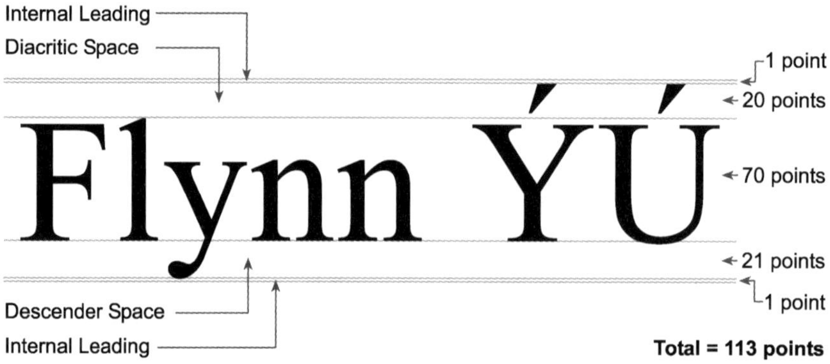

图 14.9　对于 100 磅 TrueType 字体中各种测量值的一个示例

从 6～8 磅开始，最大到约 60～72 磅。如果要测量的字体是衬线体中的新罗马字体
163 (Times New Roman)，标尺上有刻度的罗马字母 E 覆盖到要测量字体的大写字母上(如果有的话，显然是大写字母 E 是最好的)(图 14.10)。当标尺上字母 E 的高度与可疑文件上的大写字母大小匹配时，可以直接从标尺中读取文本的大小。在测量字体时要记住的另外一件事是，大多数字体是字体系列的一部分，字体系列包含该字型的多个变体。例如，几乎所有的字体都带有标准体、粗体和斜体。斜体不仅仅是标准体的向右倾斜。斜体是有别于标准体的式样，不一定与它们对应的罗马字体标准体的大小相同(图 14.11)。

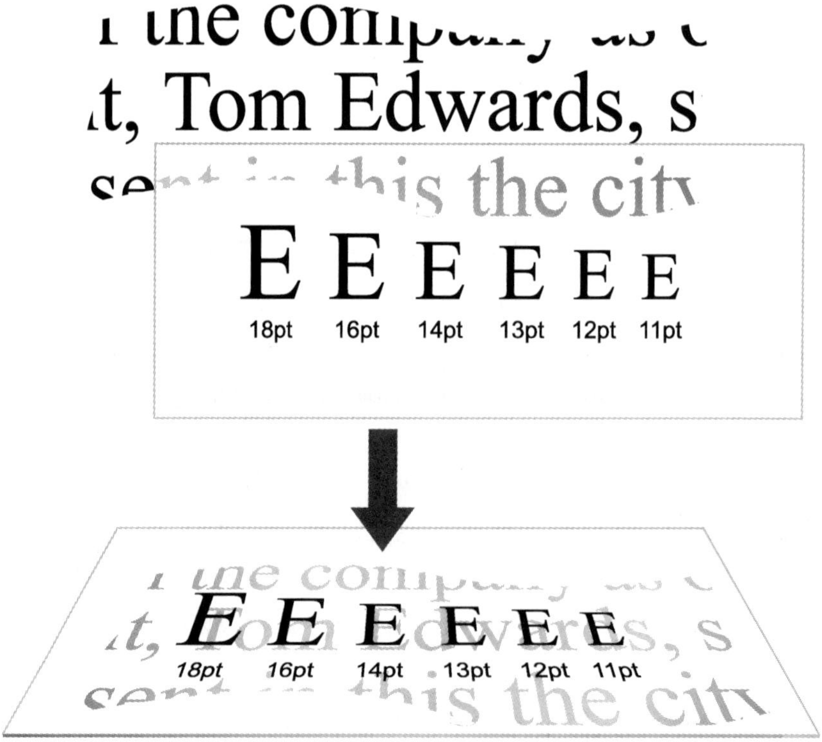

图 14.10　使用排版 E 标尺确定字体大小

注:注意垂直方向长短和字母形状的差异。

图 14.11 一个新罗马体字母 m 和 i 在标准体和斜体式样的例子 164

在字体测量中,另一个潜在的问题是一些软件,特别是桌面排版程序,以小数尺寸(如 12.5 磅)生成字体的能力。因为测量时,所谓的 12 磅字体通常会落到 12 磅测量值任意一侧的测量范围内,所以不可能将高 12 磅的字体和桌面排版的 12.5 磅字体区分开来。

14.1.4 重新插入文本案件中的测量字体

在实际的案件工作中,字体测量通常由文件检验员完成,以确定是否在以前印好的文本中重新插入了其他内容。除了正在使用的新技术之外,这些案件与法庭文件检验员检验了 80 年甚至更久的典型的打字机重新插入问题相同。然而,在使用电子计算机字体而不是打字机制备的文件中可能会出现一些独特的情况。

在典型的打字机重新插入文本检验中,将玻璃或塑料网格放置在打字的页面上,以便确定可疑文本是否水平对齐、垂直对齐,并且是否平行于页面的无争议部分。如果文件是用等宽字体制备的,比如 Courier 字体,设置为 12/12,该技术在印刷案例中仍然可以在某种程度上使用。[1] 因为 12 磅等于 1/6 英寸,甚至可以在这种情况下使用打字机测量板。然而,要清楚打印机内部位图形式的 Courier 字体可能使用的行距与 Courier 字体 TrueType 版本(Courier New 字体)不同(图 14.12)。

如果能够得到(或者制作)以排版单位划分的行间距网格,那么清晰的塑料测量网格在印刷文本重新插入案件中仍然可以相当有效地使用。幸运的是,在大多数现代文字处理程序中创建表格相当简单,然后以磅为单位将垂直单元格的间距设置为给定高度。例如,制作一个具有 50 行的一列表格,然后将其间距设置为 13.6 磅,这样将创建一个具有 13.6 磅间距的印刷网格,然后可以将印刷表格印制在清晰的透明材料上面。在作者最近进行的一些实验中发现,现代字处理程序使用最精细的增量是 0.05 磅。尽管使用桌面排版程序可能具有较精细的分级方式,但似乎可能是一组以磅为间距单位的网格,如 165

---

〔1〕 当 12 磅字体设置有 12 磅行距时,排版工说版面样式是字体 12 磅,行距为 12 磅,缩写为 12/12。然而,Courier 字体是一种奇怪的印刷字体,因为它最初设计为打字机字型。如果使用 E 标尺来测量 12 磅 Courier 字体,它实际上显示为 10 磅字符。此外,许多打印机出厂时都带有 Courier 字体位图或可缩放字符集。这些字体的 12 磅版本有时设计为以 1/6 英寸行间距进行打印。然而,Courier New 字体是 Courier 的印刷版本,因此,通常会按照真正的印刷行间距规则来确定行距相对于字体大小的百分比。

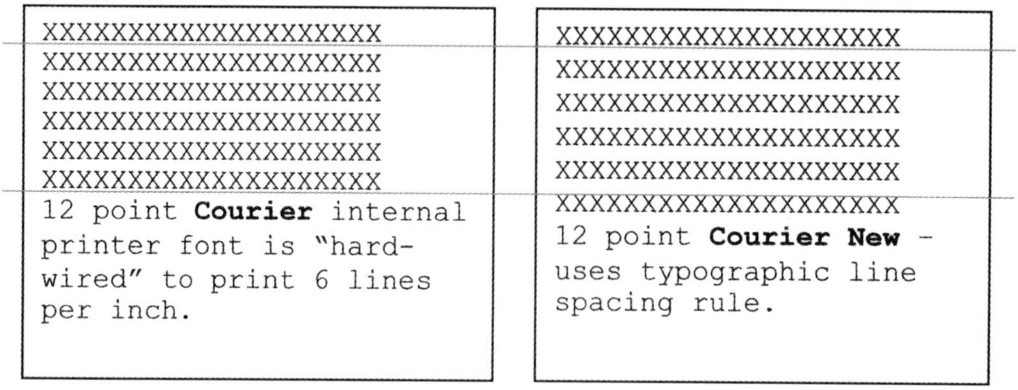

图 14.12　在打印机内部 Courier 字体和使用印刷行间距的 Courier New 字体之间的行间距不同

13.0、13.05、13.1、13.15、13.2，将足以用于几乎所有涉及行距的典型案件。下一节将详细介绍行间距(图 14.13)。

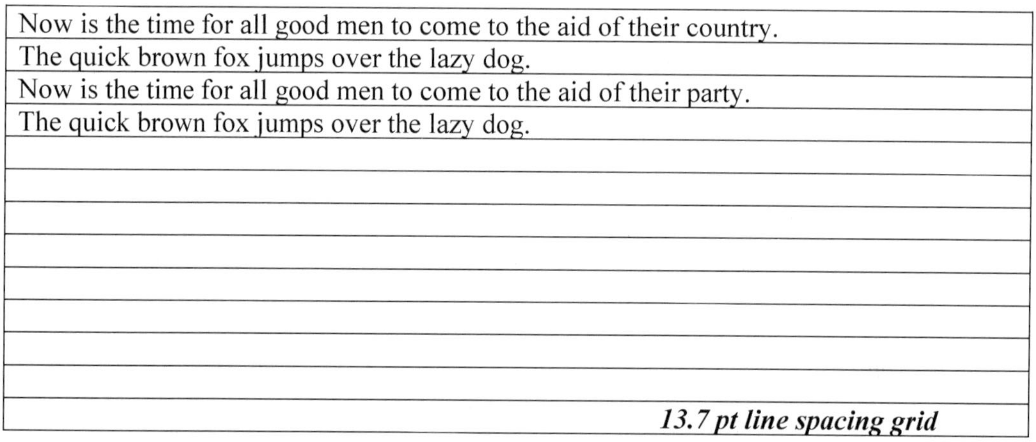

图 14.13　在 Microsoft® Word 中制备的行间距网格

14.2　印刷行间距

字体行间的垂直距离(行间距)传统上被称为 leading。该术语源自印刷工人用来调整手排活字盘中字体行间距的细铅条。不同于打字机打印文件的固定行间距，印刷行间距基于字型和页面布局的基础上，通常根据美观性和可读性调整其大小。由于文件中行间距的测量几乎是法庭印刷品检验中最为重要的一个方面，因此在本节中将涉及大量的材料。

166

14.2.1　测量行间距

印刷行间距测量单位为磅(point)和皮卡(pica)。72 磅等于 1 英寸，12 磅等于 1 皮卡和6皮卡等于一英寸(根据现代排版规定)。然而,大多数计算机生成的排版线都有小数的行间距。例如,现代激光打印机在打印12磅新罗马字体时使用的典型行间距为约13.6~13.8磅。为了实现小数的设置,大多数数字处理程序实际上使用0.1磅(decipoint)作为它们的增量单位。[1] 然而,就打印机而言,上述讨论的行间距仅仅位于打印机内部网格系统,其精细度取决于设备的输出分辨率。然而,出于所有实际目的,以0.05磅为增量的行间距网格应足以满足文件检验员对计算机生成文件进行法庭科学检验。

存在几种合理的应用方法可以以0.1磅(decipoint)为单位进行测量。作者使用的一种方法是用显微镜测量分划板(reticle),分划板上有100个均匀间隔刻度。[2] 将分划板插入到立体变焦显微镜的一个目镜中,并以下列方式校准:

(1)将精确的排版标尺放在变焦显微镜下,通过目镜观察到视野内的磅(point)刻度和皮卡刻度。

(2)当通过目镜观察时,将显微镜的倍率放大,直到100个分划板(reticle)增量与标尺上的10磅长度相同。每个标线距离就将等于1/10磅。

通过一些实践,上述方法能够非常精确地测量行间距。此外,上述方法容易在多次使用中重复校准,并且该技术已经应用在许多法庭科学实验室中的设备上。缺点是,上述设置仅可以用0.1磅的精度直接测量10磅的线性距离。然而,仍然可以使用校准的分划板(reticle)作为高精准的游标,[3] 以便完成排版标尺范围内的任何距离的测量。

另一种可用于在页面长度上显示行距偏差的技术是使用印在透明材料上的网格。使用基于印刷间距(如13.6、13.75或13.8磅)的网格是非常有效的方法来确定文本是否为重新插入到文件中。然后可以使用相同的网格以透过透明网格拍摄或扫描可疑文件的方式来记录重新插入过程中所发生的任何行间距差异。这些网格可以在自己的实验室使用最现代的文字处理或桌面排版程序制作。在作者的实验室中,Microsoft® Word
已被用于创建具有0.1磅间距的多套网格,范围从10.0磅到15.0磅,以0.05磅为增量。 167

在过去几年中,几个公司已经创建了用于法庭科学实验室的计算机测量系统。这些系统通常包括高分辨率摄像机、图像采集卡、将用户定义的网格叠加在捕获图像上的软件和一些注释图像的方法。此外,这些软件包中的许多软件可以被调整到将鼠标移动(以像素为单位)转换为其他单位,诸如毫米、英寸或磅。这些计算机化的测量系统通过交叉比较可疑文件中不同页面上的行间距特别有助于可疑换页文件案件的检验。例如,可以用某个无争议页上测量的行间距尺寸非常快速地在屏幕上绘制网格。然后可以使

---

〔1〕 在撰写本文时,发现最精确的字处理程序是Microsoft® Word,其较新版本允许行间距增量为0.05磅,即13.8、13.85、13.9等。

〔2〕 明治(Meiji)显微镜为不同类型的目镜制作几个这样的分划板。

〔3〕 Vernier(名词):沿着主尺滑动的小型可移动的尺;小尺被校准到主尺的小数部分(www.hyperdictionary.com)。

用这些设置作为基准。将这些网格留在屏幕上,可以检验文件其余页面的行间距异常。相同的技术同样可以用于检验单页文件,怀疑其中一部分文本是后添加的(重新插入)。

要记住一个关于任何计算机测量系统的警告是,这些测量的最终精确度是建立在任何组件最低分辨率的基础上。例如,一个软件程序可以在比显示器显示图像更高的分辨率下检测鼠标移动。在该例子中,网格标记符在屏幕上的相应移动在跟上鼠标移动之前,屏幕上的测量结果可能已经改变了。

总之,在开始检验有关行间距的案件之前,文件检验员一定会有一些用于进行高精确度测量的方法。无论是使用显微镜分划板、测量网格板还是计算机系统,测量的黄金单位是0.05磅。虽然这些测量结果是比通常在打字机案例中得出的测量结果精细数倍,但这些测量结果完全是在现代法庭科学文件检验实验室的精度范围内。

14.3 哪些因素会影响印刷行间距?

幸运的是,对于法庭文件检验员而言,只有三类人能够创建计算机生成文件:(1)排版专家,(2)想成为排版专家的人,(3)他们的生活依赖计算机生成的文件,但还不知道如何改变默认设置的人。我们可以由衷地感谢这一事实,大多数人都属于最后一类。

下面是我们提出的一些有关能够影响文件行间距的可变因素的问题:

(1)如果字处理程序的默认设置被认为是标准的行间距,那么什么因素能够影响这些标准间距?

(2)文件排版设置的默认行间距是如何预定的?

(3)我们是否应该期望发现页面上的所有12号字体都有相同的行间距?

(4)用户通常对他们所创建文件的行间距,相对于在没有用户干预的情况下由软件和硬件来进行调整的文件行间距,施加了多少控制?

14.3.1 为什么对于相同大小的字体,标准行间距是不同的?

排版师(和字体设计师)调整行间距有三个主要原因:(1)可读性,(2)字体的设计需
168 要额外的行距避免冲突,(3)页面美观。那些经过排版训练的人看待打印文件的方式和大多数美国人不尽相同。他们看到的特征之一(即使文件仅用黑色油墨或者墨粉打印)被称为色彩(color)。色彩是指字体的总体色调或纹理。一个精通桌面排版软件的人,曾经说过色彩是“黑色和白色在页面上和谐的混合”。如果眯起眼睛不聚焦地看着页面上的文本时,作者喜欢把色彩想象为人们眼中的灰色层次。这个讨论的关键是行间距可以看作由以下两种方式中的一种形成的:白色被添加到页面中或从页面中减去白色。然后,调整色彩是那些美学考虑因素之一(通常仅由图形艺术家使用),可能会导致行间距不同于默认设置。

还有两个其他(通常相关的)原因可以解释为什么行间距被调整:字体设计和可读

性。例如,在装饰脚本体(decorative script fonts)中发现的细长的斜体字符通常更难读,并且由于它们向上和向下扩展需要更多行距。如下所述,行间距通常被自动调整以适应不同字体的事实对于法庭文件检验员来说应该是相当感兴趣的,特别是因为这些调整通常是在用户不知道的情况下进行的。首先,让我们看一下通常对文件可读性影响最大的四个标准:(1)字型的大小,(2)字型变体,(3)行间距,(4)打印机的输出分辨率。[1] 这是一个好的经验法则(rule of thumb):对于眼睛来说,识别字体中的字符轮廓越容易,字体可以被设置得越靠近(水平地和垂直地)。在图 14.14 中、Narrow, All-caps Sans Serif 字体(通常很难读的组合)被设置各种宽度的行距,以便说明行间距(空白)的重要性。 *169*

NOW IS THE TIME FOR ALL GOOD MEN TO COME TO THE AID OF THEIR PARTY. NOW IS THE TIME FOR ALL GOOD MEN TO COME TO THE AID OF THEIR PARTY

Enlargement of 10 pt Arial Narrow set to a "negative leading" of 10/9

NOW IS THE TIME FOR ALL GOOD MEN TO COME TO THE AID OF THEIR PARTY. NOW IS THE TIME FOR ALL GOOD MEN TO COME TO THE AID OF THEIR PARTY

The same text set to 10/12 (normal) leading

NOW IS THE TIME FOR ALL GOOD MEN TO COME TO THE AID OF THEIR PARTY. NOW IS THE TIME FOR ALL GOOD MEN TO COME TO THE AID OF THEIR PARTY

The same text set to 10/13 leading

图 14.14 Arial Narrow 字体使用各种行间距设置的比较

在正常字体大小的情况下,用眼睛区分罗马字体(垂直类的衬线体)或哥特式字体(垂直类的无衬线体)打印的字符轮廓比其他任何字体更容易。字型设计者在决定他们想要在字行之间出现多少空白时需要考虑到这一点,以使其更加具有可读性。图 14.15 展示了一个明显的例子,一个 14 磅的脚本字体(Script)和一个 14 磅的罗马字体在无人为调整设置的情况下使用同一台打印机打印连续的段落。注意关于阅读内容的不同难度级别,以及对于脚本字体为防止字母向上下扩展导致行间冲突而增加的行间距。

图 14.15 中的字体示例还说明了与哥特式(Gothic)文本相比,12 磅黑体(Black Letter)字是如何自动添加额外的行距。此外,图 14.15 还显示了为什么长段落不使用 12

---

[1] 字型是指整个字母系列。Helvetica 和 Times Roman 是字型系列。变体将被称为 Helvetica Condensed Oblique。当把大小添加给变体时,它就变成字体。例如,12 磅 Helvetica Condensed Oblique 是一种字体描述。

磅 all-cap 黑体。

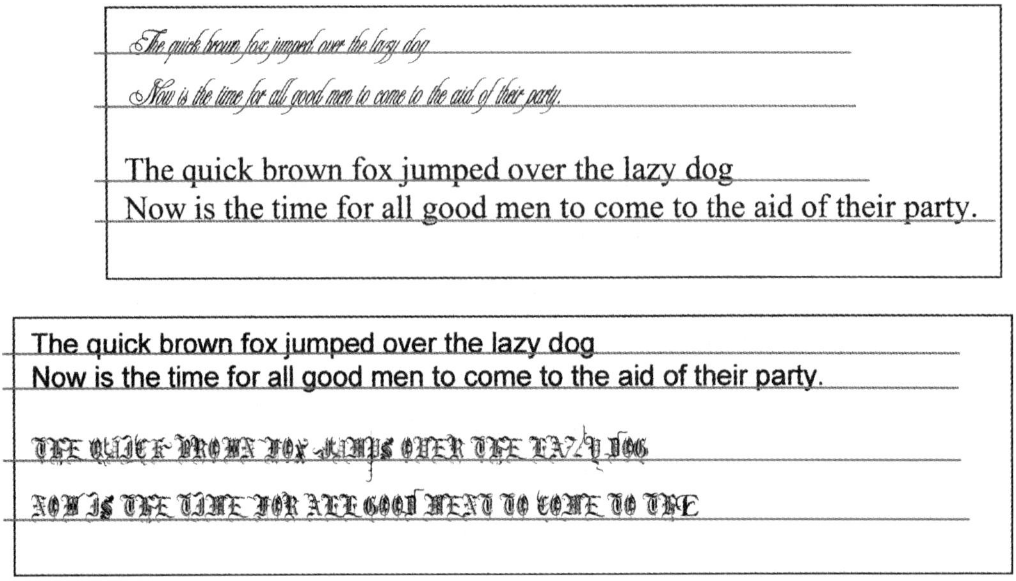

图 14.15 字体可读性比较

影响字型可读性的另一个因素是它被绘制的分辨率(每英寸点数,dots per inch, dpi)。根据上述原理,因为使用打印机的输出分辨率已经提高,排版师(和编写字处理程序的软件工程师)倾向于减小默认的行间距。在一些情况下,这可能是约会现象。当市场上易买到的激光打印机的常见输出分辨率限于 300dpi(直到 1992 年 10 月)默认推荐的行间距是字体大小的 120%。应用这个 120% 行间距规则,12 磅罗马字体将具有 14.4 磅的行距(12 × 1.20 = 14.4)。当输出设备的分辨率已经从 300 到 600dpi,甚至 1200dpi,
170 罗马(新罗马)字体的标准行间距系数已经下降到字体大小的大约 115% 左右。这导致 12 磅罗马字行建立在约 13.8 磅的行距上。[1] 所有事情都是一样的,使用旧版软件创建的文件并用低分辨率打印机打印将比新系统具有更大的行间距。然而,总是有一些重要的附加注意事项。例如,我们可以同时(取决于驱动程序版本)将惠普 LaserJet 4 的输出分辨率设置为 150、300 或 600dpi,并观察行间距随分辨率的设置而变化。作者最近尝试在装有 Windows XP Professional 的计算机上重复此实验。虽然仍然可以通过打印机属性对话框更改输出分辨率,但新驱动程序根本没有调整行间距。由于操作系统往往被升级和覆盖(通常与旧的打印机驱动程序一起),因此不知道是哪个惠普驱动程序版本也不管输出分辨率就开始强行统一行间距。

---

[1] 与所有事情一样,对于排版有一些重要的警告。作者注意到,新罗马字体的行间距多年来随着从同一台打印机(HP LaserJet 4)的打印机驱动程序、文字处理程序和操作系统的升级而发生变化。

14.4 影响行间距的其他因素

还有许多其他因素可以直接影响文件中文本行间距的测量。其中一些因素是操作者控制的,而其他因素不是。这是可能对行间距有影响的一些情况的简要列表:

A. 用户无意的干预:

(1)整个文件从一个字处理程序转换为另一个字处理程序。例如,存在这样的情况,文件从 WordPerfect(这是律师事务所最喜欢的字处理程序)到 Microsoft® Word 格式的转换已经导致奇特的行间距和格式异常。

(2)旧文件(最初是由一个字处理程序制备的)的部分内容被复制/粘贴到正在使用另一个字处理程序编辑的新文件中。当在新文件使用旧的合同/协议中的“样板”这个法律术语时,这种情况有时就会发生。法庭文件检验员工作中经常遇到的情况,复制/粘贴(插入)术语设置的文本行间距与直接录入到新文件中的文本行间距不同。

复制/粘贴的文本不一定会进行字体替换。有许多常见的相似字体可以出现在商务文件中,如 Helvetica 字体/Arial 字体/Swiss 字体、罗马字体/新罗马字体、新罗马字体/CG Times 字体、Courier(内部打印机版本)字体/Courier New(TrueType)字体。如果一个新文件正在使用 Arial 字体,打字员插入了旧文件中使用 Helvetica 字体的文本,那么可能会发生以下两种情况中的一种:①如果打字员在他(她)的计算机上有 Helvetica 字体,粘贴的文本可能保持为 Helvetica 字体不变,即使周围文本都是 Arial 字体;②如果用于制备新文件的机器上没有 Helvetica 字体,很可能会将粘贴的 Helvetica 字体文本转换为 Arial 字体。从文件检验员的立场,必须知道 12 磅 Helvetica 字体和 12 磅 Arial 字体(即使它们是非常相似的字体)可能会有不同的行间距。[1] 因此,重要的是确保针对页面上相同字体的文本进行行间距测量比较。在使用可疑打印机重新插入文本的检验中尤其如此(图 14. 16)。 171

(3)从一个文件复制/粘贴到另一个文件的段落可能会携带它们自己的行间距,即使它们是相同的字体并且是用相同的字处理程序制备的。如果以前文件中的行间距被作者强制改为与众不同的间距,这很容易给人以文本被重新插入的错觉(图 14. 17)。

(4)如果用不同的打印机打印多页文件的各个部分,则在行间距上可能存在明显的差别。虽然这看起来似乎很牵强,但在法庭科学实验室中可以直接观察到这种情况,打印一份长文件而网络打印机在打印期间发生故障,需要在独立的激光打印机打印其余页。在大型组织中,也有可能几个工作组都在不同的打印机打印文件的各个部分然后将各部分编辑成最终稿。

---

[1] 至少在作者的机器上是真实的。

注:CG Times 字体与新罗马字体非常相似。不过,也能看到细微的差异。注意在百分号设计中的变化。最下面图中重叠的字符显示出了两者之间的一些微妙的差异,例如 F 的臂长和 C 的宽度。

图 14.16　在商务文件中常见的许多罗马和哥特式字型中,有外观相似的表亲,如新罗马字体和 Arial 字体

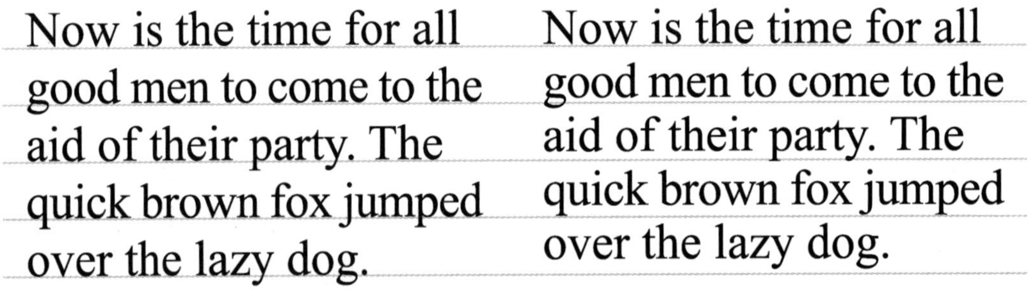

图 14.17　左边段落设置为 12 磅新罗马字体的默认行间距,右边段落被强制使用 13 磅的行间距

B. 用户有意的干预:

个人改变文件中行间距方式的数量仅受限于想象力和软硬件的能力。说也奇怪,这
172 是一个好事情。在法庭科学各个方面都是如此的,正是古怪离奇,而不是正常,才能提供最大的鉴定价值。例如,很可能在匿名信中发现的字体和格式的异常组合也在嫌疑人正常书写的通信中找到。

14.5 水平测量

在本章中关于水平测量的讨论很少,水平测量(对于打字机生成的文件而言),甚至一度成为最重要的取证测量。大多数文件检验员购买了多套网格,以便使打字文本中的水平不对齐有助于对特定机具的鉴定。然而,现代的文字处理程序和真实印刷字符的使用已经极大地改变了我们测量可疑机具打印文本的方式。

有许多因素可以影响现代的比例字体和可缩放字体的水平间距。从新罗马字型到与其非常相似的 CG Times 字型的变化可能导致一行文本水平长度的测量差异(图 14.16)。因为新罗马字型和 CG Times 字型的笔画宽度有细微的差异,所以它们在同样的字号也将占据不同的水平长度。此外,另外两个重要因素可能对水平文本测量产生显著影响:字体可以有不同的粗细,可以有窄体(condensed)和阔体(expanded)的版本。

对于网页的创建,TrueType 字体规范明确允许为字体粗细(笔画的宽度)分配 100 ~ 900 的数值,其中 400 被认为是常规的,700 被指定为粗体。然而,字型制造商根本不受该规范的限制。通过组合窄体、斜体和粗细的各种排列,Linotype 公司已经制造了不少于 97 种流行的 Avenir 字型的不同组合。由于这些字符笔画宽度的细微差异,它对于普通的文件检验员来说,难以区分 12 磅 Avenir 半粗体和 Avenir 粗体,除非有该字体在每个粗细度下的实际样本。表 14.1 列出了 15 个常用粗细度和 5 个窄体/阔体级别的名称。

表 14.1 15 个通常粗细度和 5 个窄体/阔体的级别

Weight 1	Weight 2	Weight 3	Condensed/Extended
Ultralight	Regular	Extra bold	Ultracondensed
Light	Medium	Ultrabold	Extra condensed
Thin	Demi	Heavy	Condensed
Roman	Semibold	Black	Compressed
Book	Bold	Ultrablack	Extended

图 14.18 说明了一些不同的粗细度和字体扩展程度如何影响同一字体生成的文本。此外,最后一行文本是使用 Garamond 字型制作的,与上面四个 Garamond 字型出自不同 173
的铸字厂。请注意两个标准 Garamond 字体的不同笔画宽度如何改变它们的水平间距。

还有一些需要考虑的因素,这些因素可以改变文本的水平间距。例如,右边距的整理是试图拉伸一行文本,使各行长度都相同。完全调整的效果是改变字母之间的距离和单词之间的距离,以使线条长度统一。如果打开字距调整,它还可以通过对特定字母对(letter pairs)进行微调来影响字间距以使它们更美观。最后,一些文字处理软件将具有"适合文件"的能力。如果该特征可用,那么操作者可以能够使该软件尝试调整文本和行间距以使文件适合于设定的页数。这不同于打印机菜单中的"缩放到适合"选项,这个选项只是打印期间对文件的每一页简单地放大或缩小,以适应不同尺寸的纸张。更改一份

The quick brown fox jumps over
(NORMAL)

The quick brown fox jumps over
(BOLD)

The quick brown fox jumps over
(CONDENSED)

The quick brown fox jumps over
(EXPANDED)

The quick brown fox jumps over
(NORMAL – FROM DIFFERENT FONT MANUFACTURER)

图 14.18 使用 Garamond 字型的不同粗细度和字体扩展程度的例子

由 8.5×11 英寸页面组成的文件以便能在打印期间在 A10 纸张上正确打印,这将是使用
174 “缩放到适合”的典型示例。

14.6 结论

对现代文字处理系统上制备的文件进行检验所需要的技能与做打字机鉴定的时代所需的技能有很大不同。从非常现实的意义上说,人们需要具有排版技能,以便对计算机生成文件的检验中得出可靠的结论。使人涉足这个领域的一些最好的培训是参加桌面排版的课程(或学习相关内容)。事实上几乎在页面布局、字体设计和相关术语的每个方面都可以在桌面排版课上学习。此外,人们很快会鉴别出相似字体的数量及其微小的差异。

今天计算机生成的商务文件不再是打字形成的,而是使用复杂的排版规则来进行排版和呈现的,这些规则不是来自打字机,而是来自排版师。显然,对于计算机生成文件的检验已经开始成为一个在总的法庭科学文件检验下的附属专业。甚至在这个附属专业,还可以进一步细分,涉及文本排版软件的专业知识和生成文件机具的专业知识。

毫无疑问,法庭科学文件检验的未来将包括许多不同的计算机硬件和软件专业。这
175 都将是法庭科学的优良传统——科学和法律的结合。

打字机 15

玛丽·W.凯利

目 次

虽然打字机作为制备文件的主要工具的黄金时代已经过去了,但是有时仍然要求文件检验员分析在打字机上创建的旧文件、表格或匿名文件。打字机可以用来制备一切文件,从旅行证件到遗嘱再到恐吓信。虽然当今打印机技术有了很大的提高,但打字机的廉价性和便携性仍然可以使它们成为诈骗犯选择的工具。

在法庭文件检验员能够正确地检验打字文件之前,他(她)必须对所涉及的技术有充分的了解。各种类型打字机的工作原理及其鉴定特征能够让法庭文件检验员区分出打字机的种属类别。此外,还存在一种工具,TYPE 分类系统,[1]其提供了可以对打字机字体进行分类的方法。对打字机字体进行分类可以识别来源机器的品牌和型号及其可能推出的日期。TYPE 分类系统是打字机检验中一个非常有用的工具,将在本章后面更详细地讨论。

与打字相关的其他检验包括读取某些打字机色带。读取色带包括从打字机中取出色带并且对可疑内容进行定位。虽然已经开发了色带自动读取装置(ribbon reading device,RAW)以帮助辨认打字机色带,但是大部分工作仍然是借助于不同的光源徒手完成的。用于此类检验最常见的光源是透射光。

打字检验还可以确定某特定文件是否通过添加文本而被变造。这可以通过使用打字机网格来帮助检验,打字机网格是放置在打字文本上的测量模板,以检测行列不对齐和间隔不规则。这是基于这样的理论,一旦纸张从打字机中移出,几乎不可能将其重新放入到完全相同的位置上。网格包含间隔均匀的垂直线,对应于特定型号打字机的水平间距。接下来,一次打字完成的文本将在网格内对齐,而纸张从机器中移开或调整后再添加的文本不会如此。在进行网格测量时必须非常小心,因为在打字机中可以发现一定数量的变化。

打字技术在许多方面上对于确定文件制成时间具有巨大的潜力。随着打字技术的创新和改进,我们将会确定推出日期。[2]相对日期可以提供一种方法,通过它可以从可疑文件的检验中获得重要的时间信息。相对日期是从个体机器的生活史中获得的。日期信息在确定打字机种类的案件中至关重要,特别是关于文件变造和倒填日期。

打字机的鉴定是建立在有关其工作原理的特征基础上。这意味着字杆式打字机的鉴定将涉及与字球式打字机或字轮式打字机所不同的特征。然而,尽管每类打字机的频率和重要性各不相同,但在所有问题中都会寻找到相同种类的鉴定特征。在下面的讨论中阐述的三类打字机都是击打式机具。击打式机具通过与纸张接触的压力产生打字压痕。它们包括字杆式打字机、字球式打字机或字轮式打字机。对任何打字机检验的第一步是,确定是使用哪一类打字机制备的可疑文件。

15.1 字杆式打字机

打字机的历史丰富翔实并有良好的文献记载。[3]因此,这里只进行一个粗略的讨论以期获得历史的展望。第一个实用的打字机是在1876年由密尔沃基(Milwaukee)的一个名叫克里斯托弗・莱瑟姆・斯科尔斯(Christopher Latham Scholes)的印刷工发明的,他与卡洛斯・格利登(Carlos Glidden)和塞缪尔・索尔(Samuel Soule)共同研发。这些人试图创建一个系统,以便他们可以在书的页面上打印数字。他们的想法扩大到包括字母表中的所有字母,由此现代打字机诞生了。他们把发明的"打字机"卖给一个枪支和缝纫机制造商(Remington & Sons)。该制造商于1873年推出了第一个成功上市销售的打字机——雷明顿型(Remington)打字机。

早期的打字机使用金属打字杆,字杆上印有字母和数字。当对应的键被按下时,这些打字杆就工作起来。打字杆撞击着墨的色带并将印迹转移到纸张上。字杆式打字机的另一个部件是其可移动的托架。托架从右向左移动,以便在整个页面宽度上打字。压板将纸保持在适当位置,并且为按键提供一个承击面。早期打字机受欢迎的品牌和型号包括有雷明顿1型(1876年)和雷明顿2型(1878年)、书法家(Calligrapher)(1883年)和
178 安德伍德(Underwood)1型(1896年)。

在字杆式打字机上最常用的色带是织物色带。织物色带可以由许多不同种类的织物制成,但最常见的是尼龙。根据所使用的织物,可以确定编织图案和纱线支数。通过放大观察,打字杆的压痕不是整洁的,而是在外观上有些模糊,并且通常可以观察到色带的织物图案(图15.1)。在字杆式打字机上使用的织物色带很难读取的原因有两个:第一,一旦一个字母被输入,织物色带的油墨将填充在该空隙中,并且字母将不可辨认。第

二,后续打字继续使用这条色带就将堆叠在先前打字的文本之上,从而使其难以辨认。

字杆式打字机在产生打字压痕的打击力是三种打字机中最强的。击打导致背面凸起,并且是这类打字机的重要特征(图 15.2)。移开色带而产生的压痕,正如在示例中所做的那样,是一种推荐的方法用于获得字杆式打字机的比较标准,因为字体的任何缺陷都是清晰可见的,不会被色带遮盖。

注:观察色带的织物图案、背面凸起和压痕的模糊状况,还要注意字母 e 上所看到的反弹现象。反弹是在字杆式打字机所观察到的常见情况,其中存在两个打字印迹,而不是一个,它们不会完全重叠。

图 15.1 字杆式打字机(皇家牌)的冲压痕

图 15.2 无色带的字杆式打字机的冲压痕,以显示压痕的深度,效果是背面凸起

19 世纪 70 年代打字机开始发展以来,每个制造商都根据其对可读性和期望外观的想法自行设计字体。因此,许多旧机器都有对应于特定机型的字体设计。这是区别于同 179
类打字机的另一个重要的鉴定特征。当进行检验和比较时,字体和打字机被认为是一个整体。

水平间距,称为间距(pitch),是评估打字文件时需要考虑的另一个特征。间距可以通过使用普通尺或利用前面提到的标准打字机网格来测量。早期机器上的传统间距是 pica 或 elite。pica 间距是每英寸 10 个字符或每个字符 2.54mm。elite 间距是每英寸 12 个字符或每个字符 2.12mm。欧洲间距基于公制计量法并且包括,如 2.10mm、2.20mm 和 2.30mm 的间距。曾经有一段时间,如果水平间距是 2.12 和 2.54 之外的任何数字,那么可以明确声明,该台机器不是美国制造的。如今不能再做这种明确的声明了。有一段时期,由美国以外的地区开始设计制造打字机字体,许多字体风格被复制。尽管如此,水平间距仍然是进行打字机检验时所要做的一个关键的测量数值。

1939 年,美国国际商用机器公司(International Business Machine,IBM)推出了第一台比例间距打字机,取名为经理(the Executive)在市场上销售。这台打字机打字方式类似于印刷,字母占据不同的间距单位,范围从 2 个单位到 5 个单位。例如,大写字母 M 占据五个单位,而小写字母 i 占据两个单位。比例间距不能用标准网格测量,标准网格测量的所有字符必须具有相等的大小。因此,开发了用于比例测量的特殊网格(图 15.3)。比例间距增量包括 1/32、1/36 和 1/45 英寸。它们的字型设计和特殊间距的组合能够将这些类型的打字机与其他的字杆式打字机区分开来并且有可能为确定文件形成日期提供帮助。

随着时间的推移,对斯科尔斯的原型机进行了几个重要的改进。第一个是引入"shift"键,允许打大小写字母。第二个是在1920年年初引入电力驱动。在电子打字机中,电动机驱动的设备激活所选择的按键,产生更均匀的打字效果,由此打字员所施加的力量不再是关键。

到目前为止,仅仅讨论字杆式打字机的种类特征。对这些种类特征进行评断是任何
180 检验中最重要的第一步。然而,对特定打字机认定或排除其嫌疑的基础在于对其个体缺陷或特殊性的评断。这些缺陷可以分为两类:对齐缺陷和字体缺陷。

所有机器的理想设计是使每个字符均匀地打印在想象的基线上。然而,磨损的影响通常导致缺陷从而引起与这种理想背离。由于金属杆的碰撞,在这类机器中的缺陷尤其明显。这些碰撞会导致字体损坏和倾斜对齐。与任何法庭科学检验一样,在评断这些个体缺陷的重要程度之前,必须观察到它们在大量样本中重复一致的出现。

总之,在检验是由字杆式打字机创建的打字文件时,要考虑的关键特征包括织物色带、印痕深度、背面凸起、独特的打字字体。

15.2 字球式打字机

1961年,随着自动打字机(the selectric typewriter)的推出,单体打字机诞生,打字机鉴定的概念也发生了变化。这是开发的第二大类打字机。自动打字机由两个不同的打字部件或元件组成,机械部分和字球。字球包含该元件周围用横行和竖列排列出来的字母和字符(图15.4)。按下打字键会使字球旋转和倾斜,以定位正确的字符,然后敲击到纸张上。

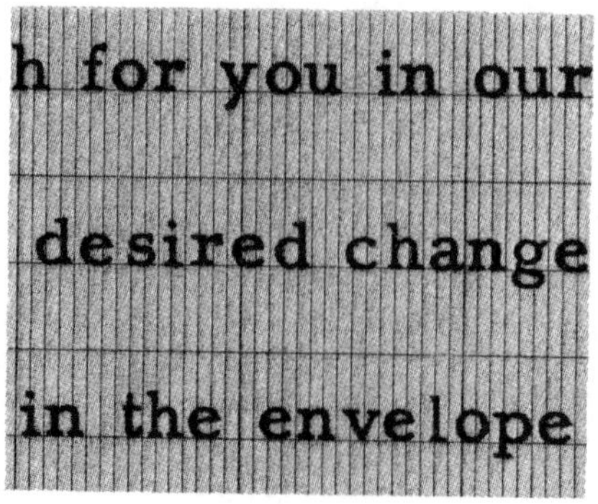

注:注意字母i和l占据两个单位,而o、r、e和s则占据三个。

图15.3 在特殊设计网格下的比例间距打字

图15.4 包含四行字母和字符的字球元件

自动打字机用一个打印元件——字球,代替打字杆和可移动托架。当字球选择到需

要的字符时，它会沿着细长的金属杆移动，高速旋转和倾斜。字球元件包含以行围绕字球的字符。所有的大写字母在一侧，全部小写字母在另一侧。每个键和字母都有由闩锁控制的插入杆。

为了键入特定的字母，需要三次快速的移动。字球必须旋转，使正确的列居中，并且它必须倾斜，使正确的行居中。这种组合动作将特定字符移动到打字位，然后第三个动作使字球向前移动并撞击色带在纸上打印字母。紧随打字动作之后，字球返回其静止位置。整个循环在几分之一秒内完成。 181

这些球形元件可以在打字机之间互换，并且已经取代传统打字机的打字杆。这些可互换的球形元件的意义在于，可以在一个页面上出现不同的打字字体，不需要从打字机中移除纸张。此外，球形元件的意义还包括当它们被损坏时，它们可以被简单地拆除和替换，并且任何缺陷都会被修复。能够制造字球式打字机的公司有阿德勒（Adler）、法西特（Facit）、奥利维蒂（Olivetti）、雷明顿和皇家（Royal）。

到发明自动打字机时，织物色带已经被碳膜色带（carbon film ribbons）所取代。碳膜色带是在聚乙烯表面涂上一层碳蜡组成的。字球元件撞击色带，使大部分涂层沉积在纸上，留下了一个清晰的打字字母轮廓。因此，碳膜色带，除了特别设计的安全色带外，通常可以读取和键入可辨认的文本。碳膜色带的印迹比织物色带的印迹整洁（图 15.5）。

字球式打字机在形成打字印迹过程产生的冲击力量小于字杆式打字机。实际上，字球是在运动过程中撞击纸张形成的印迹。因此，印痕在深度上略微不均匀，印痕边缘略微有些深（图 15.5 和图 15.6）。与字杆式打字机产生的印迹相比，几乎没有背面凸起的印迹。 182

注：注意到碳膜色带闪亮的黑色表面和印迹的清晰质量。

图 15.5 球形元件的冲击痕（配备 Prestige Elite 字球的自动打字机）

图 15.6 无色带的字球式打字机的冲压痕，以显示印痕的深度和深浅不均

在 1971 年，随着 Selectric II 打字机的推出，打字技术有了进一步的补充。它有一个双间距机制，允许以每英寸 10 个和 12 个字符打字。因此，会出现 pica 大小的字符以 elite 间距排列字符（拥挤的效果）和 elite 大小的字符以 pica 的间距排列。

在1973年,随着可纠错自动打字机的推出,打字技术又有了进一步的创新。这些机器装有两种类型的色带:一种特殊的可校正的碳素色带和一种剥离校正带。当第一次打印时,这些碳素色带的油墨不会牢固地附着到纸张上。结果,第二次通过具有高粘性涂层的剥离色带打相同的字母可以去除原始字母。仅能留下原始字母在空白处的压痕,这些压痕可以使用侧光在显微镜下观察到。随着时间的推移,这种类型的油墨会逐渐作用在纸上并变得更难以去除。

至于缺陷,球形元件的损坏并不频繁。在发生这种情况下,通常是由于该元件掉落或在纸夹或订书钉上打字的结果。偶尔,字球元件的缺陷是制造工艺的结果,在电镀工艺中形成小珠或发生凸起(图15.7)。与字杆式打字机字体所产生的损坏不同,字杆式打字机的损坏将成为这台机具永久的身份标识,而对字球元件的损坏可以通过替换而得以消除。

字球元件出现的不对齐缺陷不如在字杆式打字机中出现的那么明显,但可能前后更加一致。在字球元件中,不对齐现象普遍发生在打字元件表面上的整行或整列字符。通过在机器中心的凹口处操作的两个棘爪或刀刃来实现字符的精确对齐,机器中心的凹口本身用于与基线对齐。这样,任何给定旋转的单个垂直列中的四个字符通过棘爪定位在字球上的相同凹口来控制,并且所有四个字符应当具有相同的从左到右对齐。因此,在字球式打字机上的几个字符中发现的对齐缺陷之间存在直接相关性,而在字杆式打字机上,唯一的相关性是在同一个打字杆上的两个字符之间(通常是大写和小写)。因此,对齐取决于打字机本身和打字机与球形元件的进一步组合。

专门的打字机字体被设计用于字球式打字机。字符被专门设计以适合球形元件。由IBM创建的在自动打字机上使用的常见字体是Courier和Prestige Elite。随着时间推
183 移,这些字体被广泛复制。

总之,在检验一份在字球式打字机上创建的打字文件时要考虑的关键特征包括碳素色带(是否具有剥离校正功能)、印迹的深度和深浅不均匀、独特的打字字体和个体的、可鉴别的缺陷。

15.3 字轮式打字机

字轮式打字机是在1974年推出的,代表了第三类打字机。打字轮,通常被称为菊花轮(a daisy wheel),是由一系列轮辐(或臂)环绕的轮毂,每个辐条的末端包含一个字样(图15.8和图15.9)。在一个字母旋转以对齐要打印的字样后,字锤(plunger)撞击字样背面,将字样击入色带内并将油墨转印到纸上。在这类打字机上使用的是碳膜色带。字轮式打字机的碳膜印迹非常清晰和干净(图15.10)。

图 15.7 一个 IBM Orator 字球,在数字 6 上有一个小珠缺陷

图 15.8 字轮元件:由一系列轮辐环绕的轮毂

图 15.9 轮辐的特写,每个轮辐都有一个字符

注:观察到清晰、干净的碳膜印迹。

图 15.10 字轮式打字机(兄弟牌)的冲压痕

字轮式打字机的推出带来了一系列新的打字字体,其中大多数字体与以前在字杆式和字球式打字机上使用的样式非常相似,然而在细节上存在微小的不同。这些字体必须设计成能够正确地装配到字轮上。与字球元件一样,这些可替换字轮的一个重要方面是可以在一个页面打印上不同的字体,而不必从打字机中移开纸张。 184

当字面磨损或辐条扭曲或断裂时,字轮式打字机会产生个体缺陷。在某些字轮上,损坏可能是由于字轮被错误地安装在机器上造成的。在这些情况下,字锤撞击字样造成损坏(图 15.11)。字轮上的金属或塑料涂层出现剥落而导致缺陷。每个轮辐包含单个字母或字符,因此,一个字符与另一个字符的缺陷之间没有相关性。与字球形元件一样,当字轮更换时,字轮上的缺陷很容易消除。

在字轮装置中,不对齐的范围,特别是在垂直方向上是有限的。在大多数情况下,在特定机器内的字间距是非常一致的。当发生不对齐时,它们的程度很小或数量有限。因此,难以评断发现不对齐现象的重要性。

字轮式打字机在形成打字印迹时产生的冲击力是所有三类打字机中最小的。当字轮上的轮辐通过字锤压入纸张时,便形成了印迹。它会形成一个浅的、均匀的印迹(图

15.12)。与打字杆式打字机和一些字球式打字机产生的印痕相比,实际上并没有背面凸起。

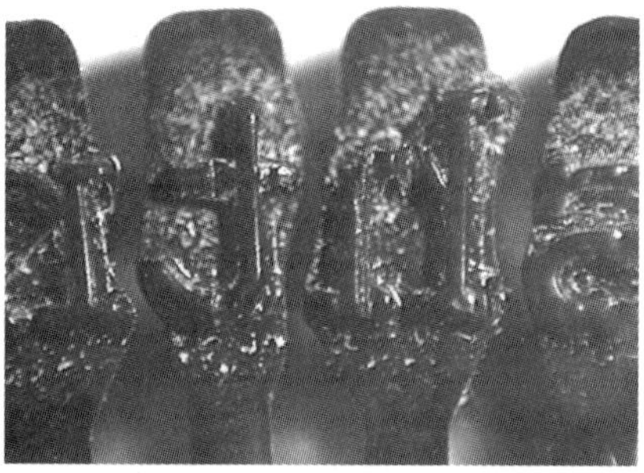

图15.11 受损字体的特写,这很可能是由于字轮被错误安装并被字锤撞击字体而造成的损坏

图15.12 无色带的字轮式打字机的冲击痕,显示浅的、均匀的印迹

伴随字轮式打字机的推出,电子打字机的时代到来了。电子打字机几乎没有机械动作。几乎所有打字机的动作都是由电子装置控制的。例如,当插入一个齿距不同的新字
185 轮时,大多数电子打字机将会自动改变字间距。由于电子打字机包含非常少的机械部件,它们容易以高速产生非常一致的成品。

由于这种速度和效率的作用,随着电子打字机的发展,字处理系统应运而生。字处理系统简化其基本原理是字轮式打字机和信息存储、编辑与搜索系统的组合。这些存储设备可以是磁卡、磁带、磁盘或固态存储器。今天仍在制造的那些打字机中,绝大多数是电子字轮式打字机。

15.4 分类系统

如前所述,打字机字体的分类是打字文件检验的一个重要组成部分。早期划分打字机字体的系统是由奥德韦·希尔顿、[4]大卫·克朗(David Crown)、[5]格里·德·拉·杜兰塔耶(Gerry de la Durantaye)[6]和理查德·托蒂(Richard Totty)[7]设计的。20世纪90年代初,基于计算机的分类系统TYPE是由菲利普·布法德博士设计的。[8]它使用多达40个特征来对打字机字体进行分类。

该系统的主要样本来源是哈斯图集(the Haas atlases)。这些图谱是由约瑟夫·哈斯(Josef Haas)和伯恩哈德·哈斯(Bernhard Haas)[9,10]编辑的一系列打字机字体。他们是由字体或打字元件制造商组织起来,用德语书写的图谱,还包括字体推出的日期,以及产生字体印迹的打字机的日期和序列号(图15.13)。有一些表格参考了制造商和打字机所使用的字球和菊花轮元件。

区分打字可以通过几种方法来实现。一是字体的大小,如pica或elite。二是基本设

计类型,可以是单调类型、脚本类型或阴影类型。单调类型是最常规的字体设计风格,其中字符的所有部分都具有相等的宽度,并且在适当的情况下,字符有衬线。此外,它可以通过间距的形式区分开——单位间距或比例间距。

83 B Muster	Bezeichnung	Sig.	Varianten	BA	Motion	System	Schriftprobe (aus)
1234567890ß´ ;"=%&()_§/:` QWERTZUIOPÜ* qwertzuiopü+ ASDFGHJKLÖÄ£ asdfghjklöä$ YXCVBNM?!' yxcvbnm,.-	CSA - Kugelkopf Caroll 12	CR	1 (1)	2,12 2,54	-	HERMES 808 JAPY SE 860 OLYMPIA SGE 77	08 500 393 (1976) 08 500 579 (1977)
!@#$%¢&*()_+ 1234567890-= QWERTYUIOP¼ qwertyuiop½ ASDFGHJKL:" asdfghjkl;' ZXCVBNM,.? zxcvbnm,./	CSA - Kugelkopf Courier 12 (Caroll 12) ausl. T.	77	1 (1)	2,12 2,54	-	ROYAL E1 ADLER / TRIUMPH	47 018 053 (1976)
123456789+ß´ ;"=%&()'§/:` qwertzuiopü QWERTZUIOPÜ asdfghjklöä ASDFGHJKLÖÄ yxcvbnm,.- YXCVBNM?!_	CSA - Kugelkopf Courier 12	SR	1 (1)	2,12 2,54	-	SILVER REED 25 CE II	C70 000 020 (1978)
!"=%&()_§/?` 1234567890ß´ QWERTZUIOPÜ* qwertzuiopü+ ASDFGHJKLÖÄ£ asdfghjklöä$ YXCVBNM;:' yxcvbnm,.-	CSA - Kugelkopf Courier 12	77	1 (11)	2,12 2,54	-	FACIT 1850	000 034 (1975)

注:它列出了打字机字体、间距、机具类型[库格科普(Kuglekopt)是一个字球元件]和制造信息。

图 15.13 来自哈斯图集的样品表

TYPE 系统的一个主要理念是在不同的打字机字体使用不同的字母作为分类的基础。也就是说,不是使用相同的字母、数字等,对于所有的打字机字体,TYPE 分类系统会

186 使用每个打字机字体的不同特征。这将允许更大的灵活性和更高效的分类。

系统依赖于一系列菜单。输入主要字体设计和字母间距选项,然后再输入数字和大小写字母设计(图15.14)。当已经输入足够的选项,就可以开始对数据库进行搜索,搜索完成后,将显示可能的匹配项。为了完成分类过程,通过样本的实际冲击痕找到记录于
187 哈斯图集中的匹配项,则可以与可疑文本进行互相比较。

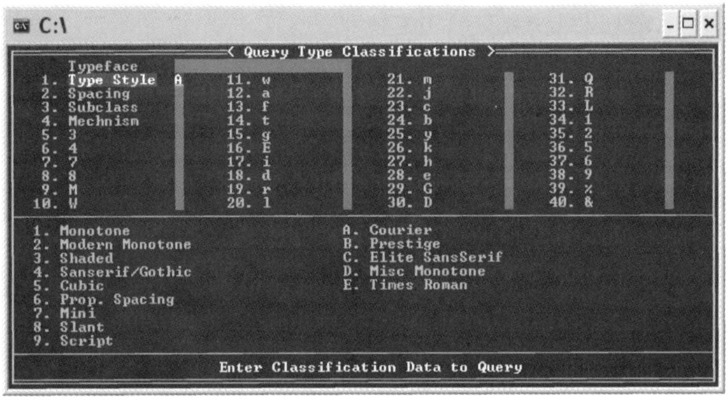

图15.14 TYPE分类查询屏幕

15.5 打字的日期

基本上有两种方法,通过它们来确定打字日期。第一种是基于由制造商提供的绝对日期。这种绝对日期的两个示例包括:(1)字体设计的推出日期;(2)对已建立字体中的某些字符的设计变更。这些有价值的信息记录在像哈斯图集那样的资料中。

第二种确定打字日期的方法是相对日期。相对日期是从个体机器的生活史中得出的。随着不断使用,打字机逐渐受到正常磨损的影响,也称为渐进磨损。某种恶化的迹象就会反映在机器的工作过程中。这些现象包括损坏的字体或破坏对齐方式。由于每个缺陷都是第一次发生,这就建立了一个日期。随着这些缺陷修复,又建立这台机器历史上的新日期。

15.6 结论

一个完整的打字机检验将包括确定打字机的类型、水平间距、打字机字体和通过分类得出的品牌和型号、任何个性化的对齐方式或字体缺陷。特定机器的身份取决于种类特征和个体特征的特殊组合。

本章中的讨论仅仅是为了对打字这个主题提供的概述,并反映出这项技术现今在普通法庭文件检验员的案件工作中所起到的不太重要的作用。

参考文献

1. Bouffard, P. D., A PC-Based Typewriter Typestyle Classification System Standards, paper presented at the American Academy of Forensic Sciences meeting, New Orleans, LA, 1992.

2. Seaman Kelly, J., *Significant Dates of Modern Typing Methods*, American Board of Forensic Document Examination Monograph, 1993. *188*

3. McCarthy, J. F., A Brief History of the Typewriter and Some Early Exemplars of Early Typeface, paper presented at the American Society of Questioned Document Examiners meeting, 1972.

4. Hilton, O., Identification of the work from an IBM selectric typewriter, *J. Forensic Sci.*, 7, 286 - 302, 1962.

5. Crown, D. A., The differentiation of pica monotone typewriting, *J. Police Sci. Admin.*, 4, 134 - 178, 1976.

6. de la Durantaye, G., A Classification System for Typewriting Specimens, paper presented at the American Society of Questioned Document Examiners meeting, 1973.

7. Totty, R. N., Hall, M. G., and Hardcastle, R. A., A computer based system for identification of unknown typestyles, *J. Forensic Sci. Soc.*, 22, 65 - 73, 1982.

8. Kelly, M. W., The significant contributions of Dr. Philip D. Bouffard to the examination and classification of typewriting, *J. Am. Soc. Questioned Doc. Examiners*, 7, 91 - 96, 2004.

9. Haas, J., *ATLAS de Schreibmaschinenschrift*, *Non-PICA*, 1972.

10. Haas, B. and Haas, J., *ATLAS de Schreibmaschinenschrift PICA*, 1985. *189*

计算机生成文件的检验 16

威廉·J. 弗林

目　次

书面交流是我们人类拥有最非凡的技能之一。与谈话不同,我们书写的文字使我们传播思想不仅能够超越距离,而且还能穿越时间。看起来,记录我们日常生活的冲动和人类自己一样古老。即使在有记载之前,洞穴中的赭石和木炭绘画也显示了我们的祖先记录重要的日常事件,如特别成功的狩猎野牛——或许是最早的教科书,或者话又说回来,也许只是吹牛的权利。我们只用了非常短的时间就取得了从象形文字到图形用户界面的进步。然而,在人类历史上没有任何时候我们制作和印刷文件的方式经历了比过去30 年更加引人注目的技术变革。例如,本章的内容是通过将电子串联在一起形成二进制位来创建的。使用保存在硅存储寄存器中同样短暂的电荷,短暂的思想世界已经转化为有形的东西。我们的祖先可能会理解我们为什么要讲一个故事,但他们永远不可能想象我们怎么讲。引用著名的科幻作家阿瑟·C. 克拉克(Arthur C. Clarke)的一句话,“任何足够先进的技术都与魔术无法区分”。[1]

以印刷形式记录我们想法的历史也是人类不断改变技术的故事。在几乎每一个主要的技术革新中,我们记录和存储想法的方式都发生了相应的变化。当然,一些工业化学和技术创新的最早尝试来自制造更好的油墨和染料的努力。在 16 世纪后期,对可移动的、可重铸的热金属铅字的改造有助于在整个欧洲传播文化。在 17 和 18 世纪,冶金学家逐渐学会了如何提高钢铁的强度。字体设计师很快利用更硬的金属创建具有更精确的细节和更小尺寸的新型字体。由于这些新创建的字母具有更大的可读性,许多字母可

---

〔1〕 摘自 Clarke, A. C., *Profiles of the Future: An Inquiry into the Limits of the Possible*, Harper&Row, New York, 1962,其基于 1959 年至 1961 年撰写的文章。

以在页面上串联起来,从而节省了打印机和出版商的纸张和墨水成本。随着印刷成本的降低,印有单词的小册子、传单和书开始在人群中传播。当今的信息技术继续与整个技
192 术创新紧密相连,协调一致。

始于18世纪的工业革命,发明家首次努力将机械印刷设备置于公众手中。虽然第一台英文打字机的专利于1713年授予亨利·米尔(Henry Mill),但他曾经设计的工作模式似乎并没有实现。然而,米尔由于他在1713年的尝试而受到赞扬,并写下英国专利局最长的一句话:"一种人造机器或方法,用于单个或逐个压印或转写字母,类似于书写一样,从而使在纸上或羊皮纸上正式书写的任何字迹都是如此整洁和精确,以至于无法与印刷相区别。"[1] 近一个世纪后的1808年,佩莱格里诺·图里(Pellegrino Turri)至少生产了一台功能机。[2] 然而,第一批重要的打字机,是1874年的肖尔斯(Sholes)和格利登(Glidden)机器。[3] QWERTY键盘布局(我们今天使用的)是为这些早期的肖尔斯-格利登机器设计的。对于不寻常的键盘布局至少有两个历史原因。据说QWERTY设计的第一个原因是为了故意减慢打字员的速度,以便使打字机的机械联动装置能够保持同步。这个布局的第二个原因(可能是伪造的)据说是为了早期打字机推销员的方便。该布局使通过键入单词"typewriter"的所有字母很容易地示范机器,因此"typewriter"的所有字母都落在键的最上一行。

总的来说,印刷的历史可能经历了四个不同的技术阶段:

(1)发明和改造可移动、可重铸的金属铅字(约1450年至1500年);

(2)工业革命:使用蒸汽驱动的机械印刷机,马金撒勒(Mergenthaler)发明的字体排版机和办公室打字机(约1870年至1975年);

(3)适用于印刷工业的照相处理技术——柔版印刷、照相凹版印刷、胶版印刷和电子照相术(静电复印)(约19世纪末至今);

(4)数字时代:计算机排版、电子计算机字体和图形用户界面(约1973年至今)。

本章讨论上述最后一个阶段:现代数字计算机和输出设备在纸上产生数据的方式。具体来说,本章内容将重点关注于计算机的输出设备如何将它们的图像和文本印制在文件上以及对这些项目进行法庭科学检验可以获得什么样的信息。

16.1 计算机生成文件和法庭科学检验

在20世纪60年代末,在可疑文件检验领域必须阅读奥德韦·希尔顿、菲利普·布法

---

[1] 从专利385可知,该专利是由安妮女王(Queen Anne)在1714年授予亨利·米尔的。米尔设计的机器细节并不清楚。

[2] 图里的机器据说是为他的盲人朋友制造的,卡罗莱娜·达·菲维佐诺(Carolina da Fivizzono)伯爵夫人。

[3] 克里斯托夫·拉森·肖尔斯(Christopher L. Sholes)是密尔沃基新闻工作者,哲学家和发明家。格利登是克兰斯特伯(Kleinstuber)机器店的成员,早期的打字机研发工作始于1868年。

尔(Phillip Bouffard)博士和大卫·克朗博士关于检验打字文件的论文(见第15.4节)。当时,企业界正在将他们的打字机从手动和电动单体机升级到具有可互换打字元件的新型IBM电动打字机(IBM Selectric)。第一次,对打字文本的鉴定需要鉴别打字系统,而不仅仅是打字机。由于缺陷可能发生在打字元件或打字机本身,因此必须考虑元件可以从一台打字机移动到另外一台机器中或者一台机器可以使用多个元件的事实。因此,打字机和可互换元件的组合可以作为一个系统来进行鉴定。 193

在短短40年的时间里,我们已经从电动打字机(被认为当时技术最先进的打字机)步入到电脑时代。在1961年,一个文件创建系统只有两个部分(打字机和元件),现在则可以有多个部件——一些基于软件,一些基于硬件。现代的法庭文件检验员必须知道一些诸如操作系统、字处理程序、字处理程序的版本、数字字体和字体文件的版本、打印机驱动程序及其发布日期以及连接打印机的方式(独立或联网)等情况。所有这些都会对打印文本的外观产生影响,许多与打印机本身相关的变量也会影响打印文本的外观。

毫无疑问——这是一个复杂的领域,需要一些排版、数字字体、计算机系统和软件的知识。所有这些内容都可能(并且已经)装满有关它们的教科书中。对那些从事计算机生成文件法庭科学检验的人们而言,本章提供了被认为是最重要信息的简明版本。

我们生活在信息时代,这是一个以不断增长的速度生成、发布和存储信息的时代,计算机在这三项活动中都发挥着不可或缺的作用。也许对过去500年来事物如何快速发生变化的最好说明是引用来自马莎·贝克(Martha Beck)在2002年4月的《O杂志》中的:信息是国王。《纽约时报》的星期日版通常包含的信息比在整个15世纪印刷的报纸所包含的信息更多。

16.1.1 检验前的评估

对印刷文件的检验和对任何类型的检验一样首先需要预防措施和谨慎的处理。显然,如果文件要处理潜在指纹,文件检验员必须保持证据的完整性。如果实验室配备了对墨水、墨粉、纸张、胶水或文件其他部分进行有损分析的仪器设备,则应首先完成无损检验。在这方面,印刷文件检验前的评估与任何类型的文件检验没有区别。

16.1.2 检验程序

通常进行的检验有助于回答案件中的问题。其中一些问题可能包括:

(1)文件是原件还是副本?

(2)能够识别印刷技术吗,日期是什么时候?

(3)是否有多种技术用于制备这份文件(在平版印刷机上印的信头——用干墨粉打

印的可变数据[*])?

194 (4)在多页文件中,是否有证据表明一个或多个页面的制备方式与其他页面不同?

(5)是否有证据表明文本已被变造或后添加到文件中?

(6)在印刷过程中是否存在明显的(严重)缺陷,可能导致机器具有个体化特征?

一般来说,文件应该由双方从头到尾进行彻底审查的明确原则同样适用于现代计算机生成的文件,因为法庭科学文件检验这项工作开始以来一直遵循这项原则。

16.1.2.1 文件是原件还是副本?

对于一名新的法庭文件检验员来说,这似乎是一个微不足道的问题,但对有经验的从业者来说这个问题往往是令人生畏的。以下例子会说明为什么可能很困难或不可能确定证据是原来机器印制的文件还是一份机器复制的文件:

示例1:现代计算机技术可以模糊我们对原件与副本的定义以及原件和副本之间的物理区别。例如,可以将相同电子文件在不同的打印机上打印从而形成多个原始版本。当收件人打印出电子邮件附件时,这种情况在现代世界中每天都会发生。最初的文件制作人员(如公司总部的某个人)向分支机构的每个员工都发送政策变更,然后他们在其计算机上打印出文本。每个人都可以声称具有原件,即使一些原件可能是由喷墨打印机打印,一些原件是由激光打印机打印。

示例2:许多办公室,特别是小型企业,使用多功能一体机。这些设备已经变得非常流行,因为一台机器可以代替打印机、复印机、扫描仪和传真机。从法庭科学的观点来看,问题是用于打印原始文件的同一台机器可能稍后用于复印原始文件。许多多功能设备使用喷墨技术,以至于在这些机器上制作的复印件不是传统的干式、静电复印墨粉制成的复印件。因此,可能容易将喷墨复印文件错误地认为是原始的喷墨打印文件。

示例3:最初在激光打印机上打印的文件,然后在喷墨多功能一体机上复印,并且随后在传统的静电复印机上再次复印,这样形成的文件看起来像是喷墨原稿的静电复印件。

示例4:机器打印的原始文件可以具有机器绘制的签名。有些公司可以采用自己的原始签名,并将其转换为TrueType字体。因为这些签名是可缩放字体,所以它们可以流畅地调整大小、粗体和斜体以使它们具有不同的视觉外观。因此,出现在文件上的墨粉签名或喷墨签名不一定证明文件本身是复制品。

既然原件与副本的证据可能有点模糊,因此最好根据所使用的技术,简单地参考机器制作的文件。例如,“项目1是使用(1)干式墨粉,(2)喷墨技术等办公机器上制成的
195 六页合同”。此外,最好避免使用像激光打印或气泡式喷墨打印这样的术语,因为这些术语涉及墨粉和喷墨技术的特定子类。

---

* 可变数据印刷是按需印刷的一种,又被称为可变数据印刷(variable data printing,VDP)、可变信息印刷(variable information printing,VIP)、个性化印刷(Personalized Printing)、定制印刷(Customized Printing)等,不管何种称呼,其实质是一样的,即在每份印刷品或出版物上印刷各不相同的内容,包括文字、数字、图片、条码。——译者注

16.1.2.2 印刷技术能够被鉴别吗?

从法庭科学文件检验工作中得出的结论通常从一般发展到具体。文件检验员常见的做法是通过其逐步检验尝试首先确定种类特征,然后努力确定更多个体化的可鉴别的特征。根据这个准则,对计算机生成文件的检验起点通常是对印刷文本的显微镜检验,以便确定最笼统的证据类型,是使用什么技术来印制文件的。

识别打印技术的努力可以被认为是尝试对打印过程进行分类。从目视(显微)检验可以做出的分类最初围绕三个基本决定:(1)文件是以黑白或彩色打印,(2)使用击打或非击打方式,(3)使用墨粉、墨水或其他介质。当初始筛选文件时可以使用这些简单的分类,请记住它们并不是互斥的类别。也就是说,可以使用干油墨(墨粉)非击打式、彩色打印机打印文本。当你通过下面的技术说明和示例图片工作时,请记住并非所有的打印过程都完全适合上述有限的选择。例如,染料热升华技术*利用油墨以气相形式压印在页面上。你还将看到一些打印机是使用多种技术的混合组合。

表16.1是计算机打印技术主要类型的总结。此外,本章附录概述了激光打印机输出缺陷的一些常见原因。事实总是如此,生动的样本不可替代。强烈建议,努力获取你正试图鉴定的打印机技术的原始样本。

表16.1 计算机打印技术的主要类型

Technology	Liquid Ink	Dry Toner	Thermal	Other	Impact
High-speed mainframe	Through ribbon				Yes
Daisy wheel typeball	Through ribbon				Yes
Dot matrix	Through ribbon				Yes
Inkjet	Yes, ballistic (may be more than 4 colors)				No
Laser/LED monochrome		Yes			No
Laser/LED color		Yes, 4 colors			No
Magnetography (similar to electrophotography, but with a magnetic drum)		Yes, ferrous (magnetic)			No
Thermal wax/pigment			Dry wax/pigments melted onto page		No

* 热升华技术是利用热能将颜料转印至打印介质上,每种颜色的浓淡由打印头的温度变化控制,最大可以有256级等级。因为颜料是通过升华过程以气相施加到纸张上的,因此三种基色相互融合可以形成连续的色阶,比之喷墨打印的墨滴效果好很多。单就打印效果而言,彩色热升华打印机可说是数码相机的最佳拍档,因此,这种打印机又常被称作彩色数码照片打印机,特别适合打印时对人像精致细腻的皮肤质感的要求,也具有长久保存不易退色的特点。——译者注

续表

Technology	Liquid Ink	Dry Toner	Thermal	Other	Impact
Dye sublimation			Resinous inks heated to a gaseous state (sublimated)		No
Thermal paper			Heated pins in ceramic head produce characters much like dot matrix		No
Solid-ink/thermal jet Xerox/Tektronix			Dry ink "stick" melted and drops sprayed onto drum	Solid ink sticks, 4 colors	No
Hybrid digital offset HP Indigo and Heidelberg	Yes, liquid toner up to 7 colors			Blanket impression	No

16.1.2.3 是否有多种技术用于制备这份文件?

在某些情况下,(没有化学或仪器分析)不可能确定远远超出用于产生计算机生成文件的技术。然而,根据文件宣称的制成方式,这可能是解决问题所具备的一切条件。这种信息对于两类案件可能是相当重要的,这两类案件是重新插入文本和页面替换。在第一种情况下,在各方同意文件中的条款并签署之后,将文件重新放回打印机。如果可疑的段落使用的是与周围文本不同类型的打印机打印,则可以认为该段落是文件通过重新插入而改变的证据。这种情况的一个例子发生在一起专利案中,其中所有无争议的文本是由点阵打印机打印的,而可疑的专利权转让内容是用喷墨打印机插入在页面的底部,而该页面的开始部分是由点阵打印机打印的。在第二种类型的案件(页面替换)中,原始文件的一个或多个页面被移除,并且不同的页面被插入进来。这种情况经常出现在遗嘱认证问题上,遗嘱的签名页保持不变,但前面页被替换。根据各方关于创建可疑文件的
196 陈述,仅仅能够确定使用了多种打印机技术就可能足以解决诉讼。

16.1.2.4 有证据表明一个或多个页面制备方式与其他页面不同或者文本已经被变造?

在上一节中,我们讨论了在同一文件中使用不同打印机的可能性。这里,我们将涉及文件中整个页面被替换的情况。这些示例与上面示例的区别在于替换页面上的文本实际上是由用于制备原始文本的同一台打印机打印的。如果存在页面替换的可能性,则必须考虑诸如字体变化、格式、纸张类型等。一般来说,用来确定整个页面或多行文本是否后添加到文件中或已经从文件中删除的法庭科学文件检验,总而言之,是进行一致性
197 分析。虽然可以检验文件许多部分的一致性(拼写、标点、装订孔、格式等),但这些分析通常归结为三种不同类型的检验:技术、时间顺序和"故事是否合适"。尽管法庭科学家通常应该是在对案件事实的许多信息不太了解的情况下进行检验,但是也存在例外,变造文件可能是大的例外之一。这绝对是一个领域,在检验鉴定之前知道关于文件创建的

过程是非常有帮助的。以下是一些原因。

多页文件中的页面创建方式不同不一定是篡改的证据。有一些完全合乎逻辑的原因,为什么长内容的页面格式不同,为什么在不同的纸张上,甚至使用与周围文本不同的打印机打印。例如,一些文件定期被修改或添加。这些可能包括附则、合同(特别是房地产合同、佣金率、政府法规和费用经常变动)、与税收有关的表格、程序手册,以及一般来说只要需要随着时间推移就需要进行修订的文件(而不是整个文件必须被重写)。

另一个考虑涉及使用制式语言(boilerplate language)。如果在新合同的创建过程中使用某些长的惯用语(如免责声明),这些段落可能是从较旧的电子文件剪切并粘贴到正在创建的文件中。制式文字在粘贴到新文件之后仍然保持原来的格式和字体是普遍的情况——关键是页面的字体或间隔特征的突然改变不一定是变造或后添加的证据。再者,这是为什么在公布法庭科学结论之前要获得关于文件是如何创建的详细说明这一重要信息的另外一个原因。例如,如果有证据能够证明该文件完整录入(一气呵成),那么能够证明文件某一部分与其他部分不一致是非常值得注意的。

发现时间顺序的不一致性对于文件内的可疑页或实际上整个文件而言可能是一个强大的工具。这些检验通常是复杂的,并且可能需要广泛的研究以证实印刷技术的推出日期、纸张生产(水印)日期、商业表格或信头的印刷日期等。另外,对文件的怀疑可能就像一个办公室或个人在据称文件制成的日期无法使用特定类型的打印机一样简单。举个例子,法庭科学检验可以确定制成文件时使用了四色墨粉工艺,但是调查证明办公室在可疑内容本应该打印时尚未购买彩色激光打印机。当然,法庭文件检验员的工作不是证明有无机会使用特定机器,而是尽可能彻底地鉴定用于制备文件的机器/方法,然后让案件调查员处理现场工作。

文件几乎在每个方面都可能有某种异常。法庭文件检验员清楚地知道检验装订孔图案、纸张类型、水印、压痕、印刷版号(printed form numbers)等作为其日常工作一部分的重要性。这些典型检验中的任何一个都可以显示添加或变造的证据。至于计算机打印技术,可以采用多种方法来帮助确定文本(或整个页面)是否已被添加、删除或变造。第 *198*
一步应该尝试确定整个文件是否使用相同的打印技术。就这一点而言,应该逐个检查印在文件上的所有内容,包括用于制备信头的印刷方法。[1]

即使只使用一种技术来创建文件,也可能有证据表明在不同的机器上创建了段落。在一些情况下,可以通过无损检验来进行确定;在其他情况下,只有进行有损检验,如墨水和墨粉成分分析,才能提供这方面的明确证据。对喷墨打印文件上的墨水进行红外检验可以很好地显示出用于打印可疑段落的墨水与文件中其他墨水在红外光下的反应不同。关于喷墨打印文本的红外检验有必要提醒一下,如果文件中的段落在反射光或红外

---

[1] 作者有一个倒填日期的案例,其中罪犯使用自动打字机制备文件的正文,但使用喷墨复印机复制了20世纪60年代的信头。

荧光检验中的反应不同,则必须注意确保两部分文本仅是以黑色墨水打印(而不是复合黑色,由青色、品红色和黄色墨水组合成黑色)。在确定两种喷墨墨水的不同之前,应进行全面的显微镜检验以确保比较检验是在黑色墨水与黑色墨水之间进行的。

在更加细微的层面上,在大多数喷墨打印中作为装饰品(an artifact)出现的喷溅图案(卫星墨滴,satellite drops)也可以提供打印机变化的有用证据(图 16.1)。大多数现代喷墨打印机能够以单次通过完成多行的方式打印在典型文件常见的字体大小(大约 10 ~ 14 磅)。换句话说,在喷墨打印头的一个向右或向左的经过过程中,可以同时打印两行、三行或甚至四行文本。

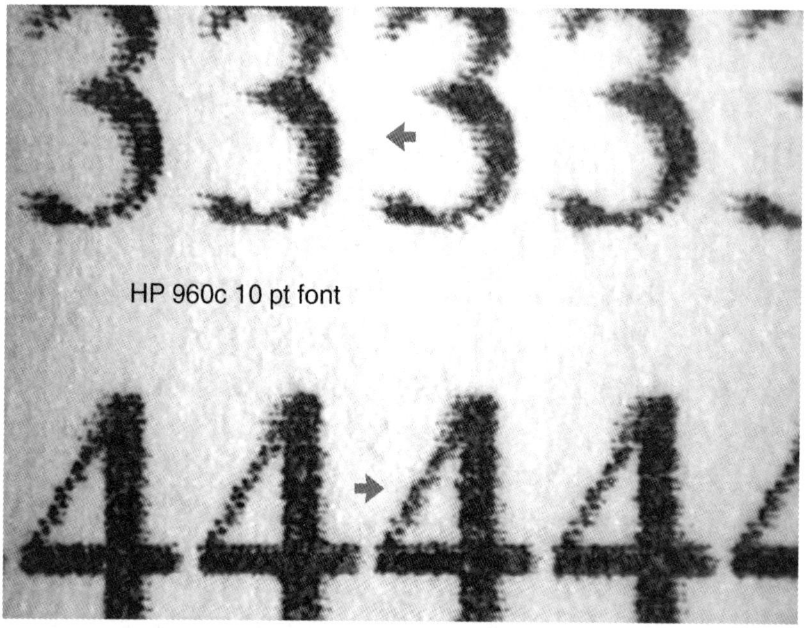

注:该显微照片说明了交替的喷溅方式。

图 16.1 喷墨打印头向左和向右移动引起的喷溅方式的特写图像

这里的规则是打印机不能在一次通过中打印比打印头喷嘴阵列垂直尺寸多的字行。例如,如果黑色墨水打印喷嘴阵列是 48 磅高,则可以在一次通过中仅打印 48 磅或少于 48 磅的文本和行间距的组合。因为打印头上的喷墨喷嘴数量逐渐增加,所以连续打印文本行的垂直间距本身则可能是约会现象(参见第 376 页的彩图 16.2)。彩色显微照片彩图 16.3(参见第 376 页)显示了惠普(Hewlett-Packard)960C 黑色墨水打印头。喷嘴从左到右分成三个一组和四个一组。

字体和行间距应仔细检验。有许多相似的字体只包含细微的差别。新罗马字体和 CG Times 就是很好的例子。[1] 此外,计算机生成文本的默认行间距通常随着打印机输

[1] 请参见本节结尾处的示例。

出分辨率的增加而逐渐减小。[1] 曾经是12磅新罗马字体的默认行间距(行距14.4磅)现在可能只有13.5磅13.8磅。仅有若干个1/720英寸的行间距差距则需要仔细测量,但在现代法庭科学实验室肯定是可以测量的(也许是强制性的)。

当然,制备文件的介质可以提供关于页面可能被添加或被替换的信息。如果存在文件变造的可能性,则应该始终执行纸张水印和介质上其他鉴定特征(如印版编号、信头数 199
据、紫外线特征)的法庭科学检验标准。

总而言之,在文件中出现的打印异常不一定是其已被变造或添加的证据。然而,有一些检验最终能够显示整个文件或选定的页面是假的。使用Courier字体在自动打字机打印的几页文件中发现其中一页是使用Courier New字型在激光打印机打印的(当整个文件大概是在1969年制备时),肯定会证明这部分内容是后来制备的。如果涉嫌生成该文件的计算机和打印机仍然存在,应当取得样本标准并与可疑材料进行比较。虽然有时最好不要过多了解有关正在检验文件的事实信息,但强烈建议在这样的案件中,法庭文件检验员尽可能多地获得有关可疑文件形成过程中所涉及的条件和设备的详细信息。

16.1.2.5 是否有证据表明文本已被变造或后添加到文件中?

就计算机生成文件而言,变造或添加文本通常是由检验来发现的进而确定文件是否被重新放入打印机。简而言之,确定文本是否后添加或变造的检验类似于页面替换的测 200
试,因为这也是进行文件一致性的分析。可疑文本中的行间距、打印机技术、字体或布局的任何差异都可能是通过打印机重新插入添加的证据。

16.1.2.6 在印刷过程中是否存在明显的(严重)缺陷,可能导致机器具有个体化特征?

严重的打印机缺陷可能是相当罕见的情况,但它们确实发生过。具有这些缺陷的问题之一是它们配有专门的墨水盒、墨粉盒、感光鼓或其他可更换的部件。因此,一个缺陷或一组缺陷可能在机器上发生一段时间,随后当更换消耗部件后缺陷消失。在工作期间,诸如发生堵塞的缺陷,如喷墨喷嘴也可能进行自身清洁。因此,最好获取与可疑文件相同的时间段内打印机输出的样本,而不是依赖在稍后阶段收集的该打印机的样本标准。

一些制造商,如惠普,它们的打印机维修手册可供购买。这些手册提供了大量信息,包括打印输出中的常见缺陷以及纠正它们所需的步骤。如果手头没有特定型号打印机的维修手册,另一个潜在的信息来源是本地打印机维修店。经常使用这些打印机的技术人员通常可以提供他们对打印机所有类型的缺陷和各种制造商生产机器的典型打印特征的直接的亲身的实践经验。

最后,制造商无疑会掌握他们自己产品最全面的信息,但往往会很犹豫参与刑事或

---

[1] 由于电子计算机字体轮廓已经以更高的逼真度呈现,所以肉眼更容易区分字母。较高的输出分辨率允许文本行在一起更靠近一些,并且仍然保持可读性。

民事案件的鉴定,或开诚布公地谈论自己打印机的缺陷。

16.2 技术说明及发展历史

16.2.1 高速大型计算机的行式打印机:鼓式和链式打印头

这类打印机最初是在20世纪50年代初研发的,用于刚开始投入使用的大型计算机。有两种主要类型的行式打印机:鼓式打印机和链式打印机。

从1952年5月到1969年7月出售的IBM 716型是最广泛使用的鼓式打印机。在这类打印机中,打印机构是由120个字轮(盘)排列在一起形成色带后面的圆筒(鼓)组成的。这些轮子旋转到击打位置并且一次打印整行。在全速下,这些打印机每分钟可以大约打印150行。716型打印机的打印轮有26个(所有大写)字母,数字0~9,和9个特殊字符,如美元符号、句号和斜杠。然而,最广泛使用的行式打印机是1959年10月推出的IBM1403型,并于1971年停产。[1] 该打印机使用一个旋转链条,字符固定在一侧。链条
201 上有240个字符,通常排列成5组,每组48个字符。击打机构由132个锤子组成,像钢琴琴弦上的锤子那样排列。锤子是用来敲击纸张的背面从而撞击着墨的色带,与此同时旋转链条再将字符打印到页面上。对文本的检验应该可以显示出由金属字符撞击织物色带的典型模式。IBM1403型打印机通常采用11×14英寸折叠(绿色条)纸,每分钟可打印多达1400行,每行132列。1403型打印机的所有链条都使用等宽字体的字符。然而,在20世纪60年代的某个时间,特殊的链条面世,这种链条使用Courier字体的一整套大小写字母、数字和符号。这些特殊链条可以订购多达120种不同的印刷字符,并分成两组排列在链条上。这些特殊链条和1403型打印机成为各公司制作自己的技术/政策手册的一种特别流行的方式。截至2004年,IBM的利盟[2](Lexmark)仍在销售1403型打印机的尼龙色带。

16.2.2 打字机技术打印机:字球式和菊花字轮式

关于何时第一台IBM打字机被修改为用作计算机外部打印机的历史记录似乎有点不清楚。然而,肯定的是,早在1964年,IBM开发了一个称为磁带自动机(Magnetic Tape

---

〔1〕 行式打印机很大,很嘈杂。经过长时间听着1403s打印巨大的批处理作业后,一些数据处理工程师意识到打印某些字符串可以产生音乐音高。通过以正确的顺序和正确的持续时间来努力地敲击数据卡,1403型打印机实际上可以播放可识别的歌曲。1970年在里士满加州联合学区录制1403型的音乐样本,请访问 http://www.computerhistory.org/exhibits/highlights。

〔2〕 利盟(NYSE:LXK)是一间美国的公司,为打印机的开发及生产商,包括激光打印机、喷墨打印机及多功能复合机等产品,打印耗材主要服务对象为商业用户与个人消费者。该公司总部设在肯塔基州的列克星敦。自1991年从IBM分离出来后迅速成长为一家集产品研发、制造、营销、服务为一体的国际知名企业,1995年11月15日,利盟在美国纽约证券交易所成功上市。时至今日,利盟已拥有50多家分支机构,13 000多名员工,产品行销150多个国家和地区,是全球知名的跨国企业。

Selectric™)的文字处理系统。该系统使用了 IBM 于 1955 年从王安(Wang Laboratories 的创始人)处购买的技术。在这个系统中,自动打字机既作为输入设备(输入的按键存储在磁带上)又作为回放磁带时的打印机。

1969 年,李信麟(David S. Lee)和魔鬼系统公司(Diablo Systems)的一组工程师开发了第一台高效的菊花轮式打印机。1972 年,魔鬼公司被卖给施乐(Xerox),李信麟又成立了一家公司——奎茂(Qume),是生产当时最知名的高品质打印机的公司之一。1985 年,IBM 发布了其菊花轮式电脑打印机——ProPrinter I。尽管 IBM 继续生产 ProPrinter 的多个更高版本,但是这一技术已经过时,因为已经越来越多地使用激光和喷墨打印机。

16.2.3 点阵式打印机

点阵式打印机在技术上被描述为击打式矩阵打印机。这使它们与非击打式矩阵打印机,如喷墨打印机、热打印头打印机,甚至激光打印机区分开,所有这些非击打式矩阵打印机都将文本和图像创建为一系列密集的点。最早的针式打印机(wire printers)开发工作是由 IBM 的雷诺·B. 杰克逊(Reynold B. Johnson)于 1949 年开始的。到了 50 年代中期,宝来公司(Burroughs)和 IBM 都开发出了用于大型计算机的高速针式打印机。这些机器被证明是非常不可靠的,没有获得商业上的成功。1968 年,精工电子(Seiko Electronics)制造了一个小的点阵打印头。这个元件用于在 1972 年东京奥运会打印精工电子计时器在记录体育赛事时的硬拷贝。[1] 这种小型打印机被称为 EP-101。十年后,1978 年,爱普生*(SON of Electronic Printer,EPSON)使用 EP-101 点阵技术以低于 2000 美元的价格卖给客户第一台点阵式打印机爱普生 TX-80。然而,TX-80 并未卖得很好,2 年后的 1980 年,点阵技术的第一个商业上成功的型号是爱普生的 MX-80(80 是指可以打印的列数)。由于爱普生销售 MX-80 打印机的绝对数量,MX-80 打印机控制语言,爱普生 ESC 代码也被设置为点阵式打印机控制语言标准。爱普生 ESC 代码一直 202
是用于向点阵式打印机发送 ASCII 字符和格式代码的事实语言,直到图形用户界面和可缩放字体开始应用。

最初的爱普生点阵式打印机使用九针垂直阵列作为输出。几个短寿型号具有 18 针配置,18 针配置用于接近高质量打印(near-letter-quality,NLQ)模式。这些打印头排成间隔很近的两列,每列由九针组成。针之间的紧密间距用于填充点之间的白色空间,并给字符结构以更加紧凑的外观。到 1982 年,爱普生已经发布了一个 24 针的点阵式打印机,使用一个两列且每列 12 针的打印头。9 针和 24 针点阵式打印机今天仍在销售,约占美国整个打印机市场份额的 6% ~8%。点阵式打印机主要用于制作需要击打方式的碳复写纸或无碳复写纸拷贝,或者其中非常低的输出成本也是一个因素。

---

[1] 当资料经由打印机输出至纸上称为硬拷贝,若资料显示在荧幕上则称为软拷贝。

* EPSON 意为"SON OF ELECTRONIC PRINTER",即电子打印机之子,中文音译为"爱普生"。——译者注

1974年,由普印力(Printronix)开发的用于大型计算机和超高速输出的第二类点阵式打印机被称为行式点阵打印机。目前最快的行矩阵打印机(泰利(Tally)T6218和普印力P5220)声称输出容量为每分钟1800~2400行。行矩阵打印机利用整排以磁力驱动的击针(或者在一些情况下,几个独立的打印头从一边到另一边往返滑动)。当纸张垂直前进而击针水平击出时,形成在印的字符。

行矩阵打印机通常用于诸如大批量邮件,那里需要填充预先印好的表格。每页成本是所有打印机中最少的——大约是激光打印机的1/10。

16.2.4 喷墨打印技术

有两种不同类型的喷墨技术:按需喷墨(drop-on-demand)和连续喷墨(continuous drop)。虽然连续喷墨打印机是首先在商业上使用的,但是按需喷墨打印机目前更为普遍。两种主要喷墨技术中的任何一种都存在许多变化和替代方式,包括墨滴产生方式和射到承印物表面上的方式。喷墨打印机可以是微型的、便携式的,电池供电的设备或者诸如由英克(Inca™)、赛天使(Scitex™)和海德尔堡(Heidelberg™)制造的那些如同房间大小的商用打印机。非常大的喷墨打印机通常用于打印广告牌、卡车侧面图像和织物。喷墨打印机世界的这些庞然大物并不是以每秒字符数,而是以其覆盖范围每小时几百平方米来进行评价的。

虽然它们在使用行业之外很少被听说,但是还存在另一种连续喷墨技术,即喷射阀打印机。顾名思义,这些仅仅是由精确定时阀门控制的一系列内嵌喷嘴。喷射阀打印机通常用于施加精密涂层,与传统意义上的打印机功能不同。

大型连续喷墨打印机通常用于高速、大容量环境中,而不是标准通信中。文件检验
203 员可能会遇到该种打印机在盒子或容器上以打印产品制造商和产品信息(包括盒子上的条形码)的形式输出,以及批量邮件标签和即时获胜彩票。

在使用范围的另一端,喷墨技术已经变得如此精确,使微小的喷墨头被用于微电路生产中在电路板上打印部件。使用喷嘴用于医药交付、燃料电池应用和无推进剂喷雾器的开发工作也正在进行。

连续喷墨打印机的核心技术在1948年由瑞典的西门子埃莱玛(Siemens Elema)公司的R.埃尔姆奎斯特(R. Elmqvist)首先获得专利。埃尔姆奎斯特在1951年因这个相同的方法而被授予美国专利2566443。西门子继续生产了第一台使用连续喷墨打印技术的医疗纸带记录仪(strip-chart recorders)。20世纪60年代早期开展的研发工作,最终导致首次使用连续喷墨技术来打印文本要归功于斯坦福大学的R. G. 斯威特(R. G. Sweet)博士。他的实验证明了在孔口处的压力波如何能够将连续的墨水流分散成墨滴。斯威特的发现导致了第一台商业规模的连续喷墨打印机的发明,A. B. 迪克(A. B. Dick)公司、伟迪捷科(VideoJet)公司和米德迪吉特(Mead DIJIT)公司在20世纪60年代末发布了第一台商用的连续喷墨打印机。1976年,IBM批准了上述技术,并推出了第一款文字处理

硬拷贝输出外设——IBM 4640 喷墨打印机。除大型商业应用外,连续喷墨打印机从未获得成功。

惠普公司在 1979 年声称发明了热喷墨(按需喷墨)技术。然而,佳能公司在这方面遇到了一些问题,实际上可能是在 1981 年制造了世界上第一台热喷墨打印机。佳能称它的技术为气泡式喷射。1984 年,惠普发布了第一个被称为 Think Jet 的气泡式喷墨模型。几个月后(1985 年),佳能开始销售其第一台喷墨打印机——Bubble Jet 80 或仅仅是 BJ - 80。无论是谁真正发明了热按需喷墨的原理,惠普和佳能在 20 世纪 80 年代中期形成了一个紧密的技术共享合作伙伴关系,随后则涉及喷墨打印机和激光打印机技术的授权。

因为惠普和佳能很快获得了使用加热元件产生和喷射墨滴的专利(参见第 377 页的彩图 16.4),爱普生被强迫或者支付不合理的许可费来生产自己的喷墨打印机或使用完全不同的方法用以产生和喷射墨滴。爱普生的解决方案是以压电式喷墨技术的形式出现的。

在压电式喷墨系统中,电流被施加到某种沿着轴线变形的材料(如压电晶体)中。通过脉冲电流可以使压电晶体在喷墨腔内非常迅速地弯曲,从而迫使墨滴通过孔口流出(参见第 377 页的彩图 16.5)。

16.2.5 黑白激光/LED 打印机

所有现代激光打印机都可以追溯到 1939 年,当时年轻的发明家和专利代理人切斯特·卡尔森(Chester Carlson)获得了称为电子照相术(或者更通常地称为静电复印术)的干式静电印刷方法的专利。从 1969 年开始,施乐公司工程师加里·斯塔克韦瑟(Gary Starkweather)将公司的静电复印机技术应用于脉冲激光成像系统,激光打印机的理念诞生了。像许多快速发展的技术一样,关于谁首先销售全功能激光打印机有一些争议。西门子声称在 1975 年推出了激光打印机,而 IBM 认为其在 1976 年销售的 3800 - 1 型是第一台真正的激光打印机。然而,毫无疑问的是 1977 年出售的施乐 9700 激光打印机不仅是一台功能齐全的激光打印机,而且以每分钟 120 页的速度成为打印最快的激光打印机。除其令人难以置信的速度外,施乐 9700 可能是第一台使用单页纸而不是采用连续给进、折叠纸的激光打印机。 204

虽然所有激光打印机都使用某种形式的静电成像来将墨粉转印到页面上,但是在这个主题上还存在几种不同的变化。到目前为止,在页面上放置图像和文本的最常用的方法被称为涂黑法(paint-black)。在这种情况下,激光将图像和文本描绘在感光鼓上,静电荷使墨粉保持足够的“紧贴”,从而将数据传输到页面上(图 16.6)。然而,还有涂白色的激光打印机,其中感光鼓被完全充电,并且默认情况下将被墨粉覆盖,除非有些地方被激光放电后露白。后一种类型的激光打印机最常用于图形艺术应用和广告中,其中大块的黑色区域更有可能被发现。最后,并不是所有的激光打印机都实际上是使用激光来形成图像。发光二极管(light-emitting diodes,LEDs)和液晶显示器(liquid crystal displays,

LCDs)已经应用在静电打印机中的光电导体上形成图像。最后,奥林巴斯(Olympus)在 1994 年开创了所谓的离子沉积静电法。

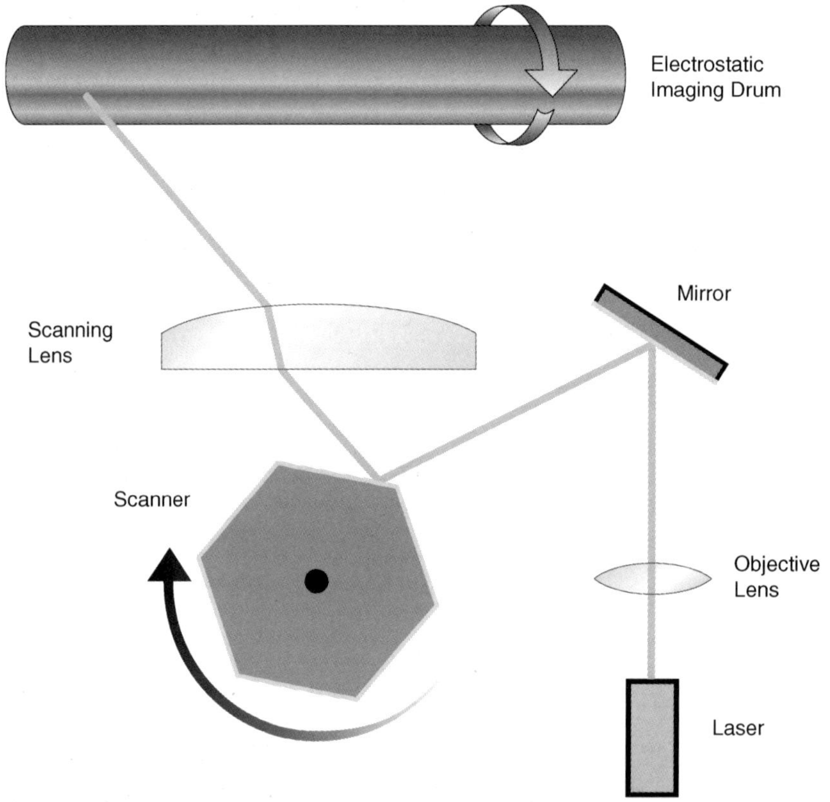

注:扫描器是旋转镜或棱镜,其向静电鼓的表面上投放激光束。

图 16.6　标准激光打印机成像部件的示意图

16.2.6　彩色激光打印机

第一台 5 万美元以下的彩色激光打印机于 1993 年 6 月由 QMS 推出,被称为 Colorscript Laser 1000。大约一年后,施乐公司推出了自己的型号——Color Laser 4900,像 QMS 打印机一样使用日立制造的引擎。第二年,苹果公司和利盟公司推出了它们的彩色激光打印机,使用佳能制造的引擎。

205 除了添加青色、黄色和品红色的墨粉,彩色激光打印机中使用的成像技术与黑白打印机中的相同(参见第 377 页的彩图 16.7)。到目前为止,大多数激光打印机使用打印黑色技术,其中激光打印将文本/图像“描绘”到成像鼓上。但是,一些特殊的激光器使用所谓的打印白色方法(如上所述),在被激光束照射的地方之外转印墨粉。关于这种电子照相印刷方法的基本步骤如下:

(1)首先通过充电辊对成像鼓或成像带(其具有保持静电电荷但随后通过曝光而改变该电荷的能力)进行充电。

(2)激光束或来自 LED 阵列的光被聚焦到成像鼓上,将文本或图像绘制到其表面。光束或者使成像鼓放电,或者减少其表面上的静电荷。

(3)墨粉带静电后并在成像鼓的表面上滚动。通常,鼓上仍然充满电的区域排斥墨粉,而已经放电的区域吸引墨粉。

(4)当空白纸从纸托盘给进时,纸张被施加足够强的静电荷以从成像鼓上吸引墨粉,从而将由激光束绘制的图像转印到纸张上。

(5)热和压力的组合用于打印机的定影部分中,以将图像永久地固定在纸张上。

(6)成像鼓再次充电并重复该过程。

16.2.7 磁成像

磁性打印首先在 1984 年在商业上推出。在该方法中,磁性成像器将潜在的磁图像呈现在金属成像鼓上,然后将富铁(磁性)墨粉扩散到成像鼓上形成实际图像,最后,图像被转移到纸张上并熔合以使其永久。这些打印机通常仅应用于商业中,如高速条形码、批量邮件和标签。

16.2.8 热蜡/颜料打印机

热蜡转印打印机具有将蜡基树脂油墨熔化到纸上的功能。当纸张和涂蜡的色带在热打印头下经过时,加热的电阻器将蜡熔化到纸张上。冷却后,蜡就固定到纸张上。黑白打印机对于每个要打印的页面仅有黑色板,而彩色打印机每页有三个(Cyan, Magenta and Yellow,CMY)或四个(Cyan,Magenta,Yellow and Black, CMYK)彩色板。像所有全过程彩色打印机一样,热蜡转印打印机依靠抖动[1]算法产生全色彩外观。与这些打印机相关的一个问题是全色打印的高成本。这是因为即使图像只需要使用单一颜色(参见第 206
378 页的彩图 16.8),但是整套色板都要用于每个页面。

热蜡打印机通常非常可靠,这要归功于少量的移动部件。由于它们的可靠性和蜡质油墨是防水的,它们通常用于打印邮寄标签、条形码和批量邮寄的信封。然而,这些打印机的打印输出对磨损敏感,因为蜡质油墨可被刮擦、摩擦掉或弄脏。一些普通纸传真机还依靠热蜡转印技术。最常见的工业热敏打印机使用 203dpi(每英寸点数)打印头,但打印头也有 152dpi 至 400dpi。热蜡和热颜料打印机通常用于在诸如护照和驾驶执照这样的安全文件上打印个人的"照片"。

最早的热蜡转印设备实际上并不是打印机,而是一台打字机——IBM Quietwriter 7, IBM 于 1984 年发布。第二年,IBM 推出了 Quietwriter 打印机,该打印机旨在与 IBM PC 机一起工作。原来的 Quietwriter 打印机有一个 40 个电极头,能够以 240 × 360dpi 的分辨

---

[1] 抖动是半色调的数字等价物,其中全色图像的外观是通过仅使用四种颜色和白纸背景产生的。然而,与半色调不同,抖动图案可能不具有规则的点图案。

率打印。

16.2.9 热升华打印机

热升华打印机是一种电脑打印机,其使用热升华打印头将染料转移到介质上,如塑料卡、打印纸或海报纸(参见第378页的彩图16.9)。然而,与热蜡方法不同,塑料板上的染料作为气体转移到纸张上。术语升华是指固体(当加热时)直接进入气态而没有介入中间液态的过程。大多数热升华打印机使用CMYK颜色。许多消费类和专业类的热升华打印机被设计用于进行相片打印。因为转印到纸张上的染料数量可以比热蜡方法得到更大程度的控制,所以可以调节颜色的密度。此外,颜色实际上可以混合而不是抖动成比热蜡印刷中的抖动图像更细微的色调。在一些商业应用中,使用一种称为二次染料升华转印的方法。在这种类型的印刷中,染料一次加热将图像转印到中间载体,然后再第二次加热将图像从载体移动到纸张上。在一些高分辨率应用中,如医疗成像,采用激光而不是用热打印头升华树脂染料。

因为在这些打印机中使用的染料可以黏附到塑料以及纸张上,所以热升华印刷方法经常在需要照片的身份证件上找到。文件检验员应该记住,在这些打印机和热蜡打印机中使用的CMYK色板上保留了它们打印材料的图像。如果这些打印机中的一台或多台被怀疑在犯罪中发挥了作用,那么卷绕在卷取辊上的色板应当小心地展开并且图像就在染料板(the dye panels)上。

热升华印刷方法一般被认为是1957年诺埃尔·德普拉斯(Noël de Plasse)在法国北部为莱尼埃尔·德鲁贝(Lainière de Roubaix)公司工作时发明的。然而,直到20世纪80
207 年代末和90年代初,一些公司如三菱(Mitsubishi)、精工(Seiko),泰克(Tektronix)开始销售基于PostScript页面描述语言的商用热升华打印机。

16.2.10 热敏纸打印机(也称为直接热敏打印)

由于使用热敏纸打印的销售终端(point-of-sale,POS)的激增,近年来热敏纸打印机的使用出现显著增加。一旦主要使用传真纸,那么热敏纸打印机的主要销售市场就会扩展到杂货店、大型连锁药房、银行、医疗卫生部门、汽油销售行业和游戏行业(图16.10)。热敏纸打印的最新发展是可以打印黑色和红色图像的新型双色纸。像爱普生TM-6000II的销售终端就使用这些双色纸。一些热敏纸,如由阿普尔顿(Appleton)制造的热敏纸可以具有内置的UV(ultraviolet,UV)安全标签。这些标签在可见光下是不可见的,但是在紫外光下可以清楚地看到。安全标签纸开始用作产品识别包装的防伪措施,并且可以显示在票务柜台打印的机票上。

所有热敏纸打印机在与纸张接触的打印头中使用一系列加热针。热量引起纸张中的化学反应,导致形成图像。截至2000年,由于热敏打印机的低成本、出色的打印质量、没有噪声,并且易于与现有的销售终端集成,它们开始在零售点、条码、标签和票据市场占主导地位。

16.2.11 固体油墨/喷墨打印机

最近被施乐公司收购的泰克公司在 1991 年推出了第一台固体油墨打印机 Phaser。2004 年,施乐 8400 系列固体油墨打印机在美国市场售价低于 1000 美元。目前的固体油墨彩色打印机使用四根树脂油墨,它们被熔化并喷射到成像鼓上以形成页面。墨滴的落点是由打印头上的一系列喷墨嘴控制的。在纸张开始穿过打印机之前,施乐打印机等待所有四种颜色转印到感光鼓上(参见第 379 页的彩图 16.11)。这将以非常高的精度安排墨点,并且与大多数四色激光打印机相比,还有非常短的纸张路径。所有施乐 8400 固体油墨打印机都可以设置为双面打印。

16.2.12 混合式(数码平版打印机)

现在有许多应用新旧印刷技术的组合技术。例如,用于标准胶版印刷的印版可以现在通过激光扫描装置"烧制",而不是通过一个平版负片曝光。以这种方式,文本和图像(包括需要全彩色处理的标准四色图像)可以直接从计算机发送到激光制版装置,而不需要分色照相(参见第 379 页的彩图 16.12)。

另一个最近进入数字领域的是数字胶印(digital offset printing,DOP)。数字胶印机使用静电成像鼓和特殊的静电敏感液体数字油墨。新型数字胶印机最大的两家制造商是惠普公司,其制造惠普靛青印刷机(Indigo presses)和海德堡公司(图 16.13)。这些类型的打印机在静电鼓上形成图像,然后使用各种油墨沉积在鼓表面,其方式与在标准激光打印中投放墨粉的方式大致相同。随后将油墨转移到胶印滚筒(橡胶滚筒)上,通过胶 208
印滚筒油墨被转印到纸张上。

图 16.10 爱普生 TM-88iii 型销售点使用的热敏打印机

图 16.13 海德堡数字胶印机

在最新版本的惠普靛青印刷机中,最多可以放置七种颜色,有效分辨率为 812 × 812dpi,使用高达 230 线/英寸的线条网屏(line screens)。从法庭科学的观点来看,不进行某种形式的破坏性油墨分析区分传统的胶印和数字胶印非常困难(见第 17
209 章)。

16.3 各种打印方法中的鉴定特征

16.3.1 高速大型计算机的行式:鼓式和链式打印机

这些打印机的输出更有可能在历史案例中发现而不是在现代的文件中找到。如果文件本身在牵引进纸的绿条纸上打印,则很可能是在击打式打印机上打印,如点阵式打印机或这些高速打印机其中之一。典型的行式打印机输出是等宽的,10 个字符一英寸,旧的打印机使用所有的大写字母。然而,较新的行式打印机可以使用完整的大小写字母表,Courier 字体是其字体选项之一。

字母本身是行间密排形成的(像打字机字符),并且和打字机一样,文本通过着墨的色带在纸张上压印形成。虽然字符可能看起来是由微小的点或虚线组成,这是由着墨织物色带的编织方式造成的错觉。大型计算机的行式打印机输出的典型示例如图 16.14 所示。

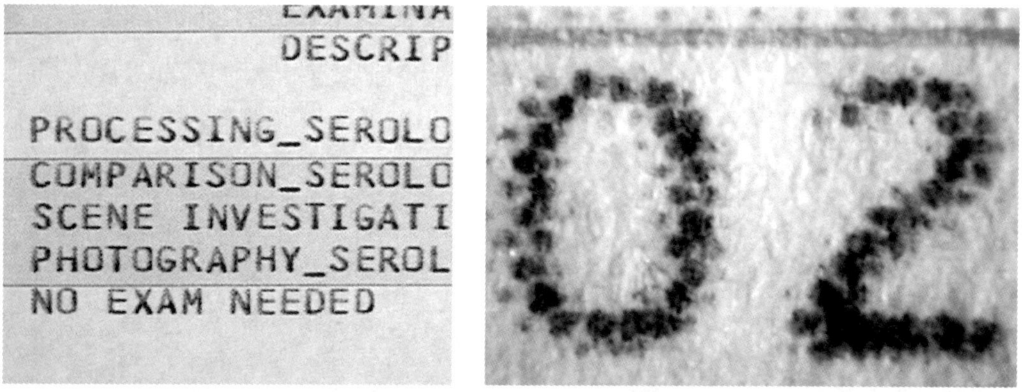

图 16.14 行式打印机输出示例显示左侧低倍放大,右侧高倍放大

16.3.2 打字机技术打印机:字球式和菊花字轮式

将在标准菊花轮或字球式打字机上制备的文件与它们的计算机打印机表兄弟制备的文件区分开是不太可能的。事实上,一些带存储器的打字机实际上是打字机和打印机的混合体,其可通过键盘输入数据、记录笔画,然后使用打字机作为打印机输出。

在篇幅很长的文件中缺少校正,打字机行间距和完全对齐标志着文件是在菊花轮或单体印刷机上制备的,但这绝不是硬性的规定。第 15 章中所包含的所有信息都可用于对这类打印机进行检验。图 16.15 显示了史密斯—科罗纳(Smith Corona)L－1000 型菊花轮电脑打印机。

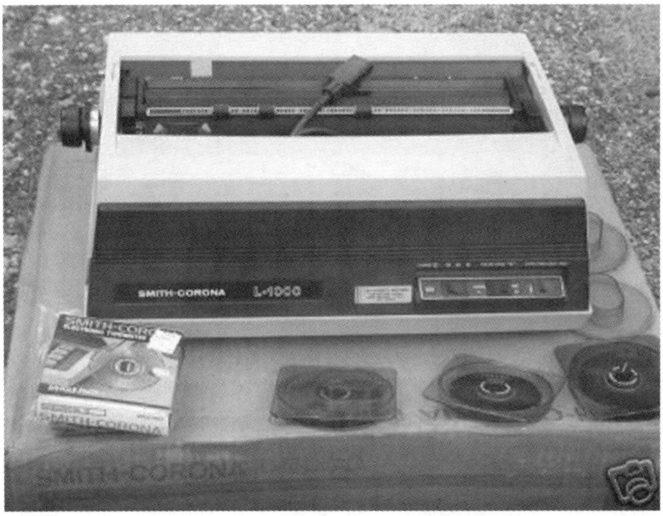

图 16.15 史密斯—科罗纳 L－1000 型菊花字轮式打印机

16.3.3 点阵式打印机

因为点阵式打印机使用击打印刷方法，所以现今它们经常被用在打印复写表格纸或
无碳复写表格纸。医院记录、现金收入登记簿和税表是在点阵式打印机上创建的典型文 *210*
件。在点阵打印机中最常见的针脚阵列是 9 个垂直针脚，18 个垂直针脚(2 列 9 个针脚)和 24 个针脚(2 垂直列 12 个针脚)。图 16.16 显示了一个无碳复写表单第二联的点阵输出。

图 16.16 无碳复写纸上的点阵打印样本

16.3.4 喷墨打印技术

喷墨打印机有两种类型，连续喷墨和按需喷墨。所有现代台式喷墨打印机都是第二种类型——按需喷墨。在法庭科学实验室遇到的大多数可疑文件很可能均出自这种类型的喷墨打印机。然而，在商业高速应用中，更可能使用连续喷墨打印机。包装、条形

码、批量邮件和彩票是高速、连续喷墨打印机的一些更常见的应用。彩图16.17(参见第380页)显示了一台按需喷墨打印机单色模式的输出(a图),四色喷墨图像(b图),图16.17(c)是赛天使连续喷墨打印机打印样品。

图16.17(c) 高速连续喷墨打印样品

16.3.5 黑白和彩色激光/LED打印机

黑白和彩色激光/LED打印机都使用干墨粉作为油墨(图16.18和第381页的彩图
211 16.19)。但请记住,黑白和彩色复印机也使用墨粉。虽然一些旧的静电复印机使用压印辊筒将墨粉“压碎”到纸张纤维中,但是现代机器使用加热的定影辊来熔化与墨粉混合的热塑性黏合剂。因此,一些静电复印机将产生具有玻璃状熔化外观的图像/文本。然而,许多较新的细微墨粉则具有更均匀的外观。

16.3.6 热蜡式打印机

热蜡式打印机产生相对低的分辨率输出,但是具有非常饱和的颜色。从彩图16.20(参见第381页)中可以看出,使用大头针或手术刀可以从纸张表面上刮去蜡质油墨。一些普通纸的传真机也可以使用这种方法。

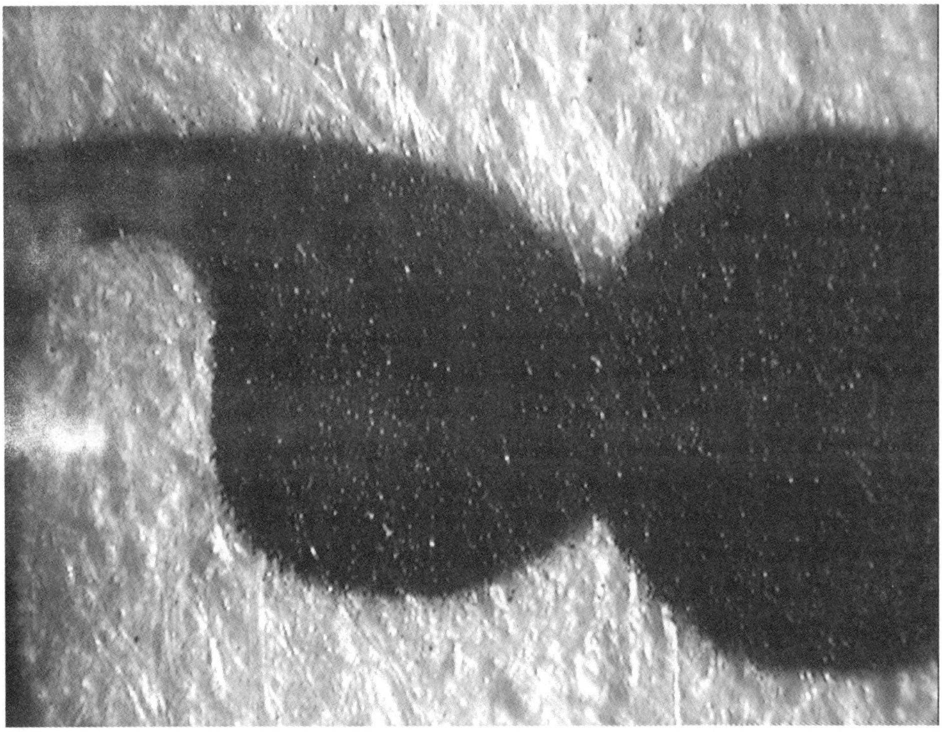

图 16.18 黑白激光打印样本

16.3.7 热升华打印机

染料热升华打印通常用于从数字采集设备生成摄影图像。虽然实际输出分辨率相当低,但眼睛被欺骗以为看到很多的细节,因为这种工艺可能使用了精细的色调。与其他 CMYK 设备不同,热升华打印机可以通过改变用于升华染料的热量来实际产生每种颜色的深浅变化。彩图 16.21(参见第 382 页)说明了当图像从红色变为橙色到黄色时,精细彩色色调的变化。热升华打印机经常用于制造身份证件(无论真品和伪造)。请记住,在打印机中留存的成像胶卷保留了它们生成的图像。 212

16.3.8 热敏纸

热敏纸通常有两种不同的形式。第一种类型的打印输出类似于老的热敏传真复印件所使用的特殊涂层纸,纸张背面光滑,在成像面上有些白垩。另一种类型的热敏纸更接近于具有热敏涂层的普通的厚纸原料。许多"Pick"型彩票机使用第二种纸。一些较新的热敏涂层纸具有双温度涂层,可以打印黑色和红色。在中等放大倍率下,经常可以看到打印元件的不规则密度(图 16.22)。

注:字符元素的低分辨率输出和不均匀密度是热敏纸打印机的典型标志。

图16.22 热敏纸打印机的输出通常可以在销售终端处找到,如自助加油泵、热敏纸传真机和收银机收据

16.3.9 固体油墨/喷墨打印(泰克/施乐)

将熔融油墨的微小液滴喷射到转印鼓上,然后冷熔(压印)到纸张的表面上(参见第382页的彩图16.23)。在早期机型上,这种熔融方法通常导致固体油墨的墨滴(在转印鼓上是圆形的)沿着进纸方向变长。然而,据报道,在高放大倍率下,这些液滴比更早的泰克公司的Phaser型打印机的液滴圆得多。

16.4 供比较的标准

无论对墨粉和墨水的视觉外观多么熟悉,实际上也无法替代生动的比较标准。就这
213 一点而言,去当地计算机零售商通常可以获得多家制造商生产的打印机样本以及由同一制造商生产的不同型号打印机的样本。记住,从这些出处获得的样本是由设置为演示模式的打印机生成的。对于法庭文件检验员,这意味着样本是以最佳质量打印的,并且可能无法表现出与所检验的项目完全一致的图像。零售商通常也拥有使用不同技术的打印机。

16.5 结论

这是一个漫长而复杂的章节,尝试探讨有关计算机生成文件的法庭科学检验的许多不同方面。即使我们努力剔除无关紧要的内容保留最重要的信息,也必须讨论各种不同

的主题,如字体设计、打印机历史、排版印刷,当然还有这些内容是如何影响计算机制备文件的法庭科学检验。

可以肯定说,正如用于创建现代文件的技术方法不断改变一样,对计算机生成文件的法庭科学检验也将继续发展。例如,世界上许多实验室目前正在进行研究以确定是否可以通过对墨粉、喷墨墨水和其他介质的分析可以个体化到特定的制造商。电子印刷行业本身用于确定输出质量和图像条带的设备开始进入法庭科学领域并作为识别工具。总而言之,现代文件检验员正在适应计算机生成的文件,就像 80 年前的法庭科学检验员被迫处理新出现的机械生成(而不是手写)文件一样。下一代文件检验员将在一个充满 214
计算机和计算机生成文件的世界中长大成人。

附录:一些常见的激光打印机输出缺陷及其原因的总结

在其出版的激光打印机服务指南中,惠普(Hewlett-Packard)列出了 23 种不同类型影响激光打印机输出质量的常见缺陷。[1]尽管一些原因是特定于惠普(Hewlett-Packard)机型的,但是许多通常适用于所有激光打印机。表 16.2 是这些缺陷及其最常见原因的摘要。

表 16.2 常见的激光打印机输出缺陷及其原因总结

缺 陷	可能原因
空白页	墨粉盒空了或有缺陷;密封带已留在墨粉盒中;高压电源不良;转印辊有故障
黑页	墨粉盒安装不正确或有故障;高压触点脏或高压电源有故障;光线泄漏到打印机中;激光/扫描器电缆或组件有故障
细的黑色垂直线条	墨粉盒有故障;主充电辊脏污或有缺陷;消电齿被污染或有缺陷;定影清洁垫或定影组件有故障
图像歪斜	纸张装入不正确;辊筒或分离垫磨损;搓纸辊和分离辊磨损;传动系组件中的驱动齿轮有缺陷;注册组件脏污或有缺陷;激光/扫描单元不对准
注册失败	纸张不符合规格;纸张的前缘卷曲;纸张装入不正确;纸盘卡住;磨损或损坏的驱动齿轮
浅色打印/褪色打印	纸张不符合规格;墨粉盒墨粉量低或空;打印浓度设置不正确;打开经济模式;转印辊有缺陷;转印电晕组件有缺陷
水平线/重复缺陷	墨粉盒未正确就位或有故障;激光/扫描器组件有缺陷;在与纸张接触的感光鼓或辊筒其中之一发生缺陷;消电齿脏污;齿轮系有缺陷
定影质量差/字符空白	纸张不符合规格;打印到纸张的错误一面;定影器有故障;转印辊有缺陷;高压电源或直流控制器有故障;打印浓度设置不正确
背景散射	打印浓度设置不正确;墨粉盒有故障;纸张不符合规格;纸张太湿或太干燥(最佳 40% ~60% 相对湿度);转印辊或电晕脏或有缺陷的;当打印信封时,打印在接缝上;墨粉在定影器进纸导板中累积

215

续表

缺 陷	可能原因
纸张背面脏	墨粉从墨盒中泄漏;打印机内部脏污;转印辊脏污;进纸辊脏污;定影器被污染;电晕丝黏上;输入进纸辊脏污;在定影器组件中有碳粉累积
细的垂直白线/条纹	墨粉盒有故障或几乎空了;外来障碍物在激光束路径中;扫描器组件中的聚焦透镜可能变脏;镜鼓被污染;定影清洁垫脏污
污迹带套印	主电机齿轮系组件不与墨粉盒鼓齿轮啮合;定影组件脏污或有缺陷;消电齿脏污;墨粉盒有故障
墨粉涂污页面的右侧或左侧	分离带脏污;分离辊脏污;夹送辊脏污;墨粉盒有故障;墨粉盒中的主电晕丝脏污
垂直的不清晰条纹	导轨的导电表面磨损,产生静电荷;给进引导组件有缺陷;主电晕丝脏污;墨粉盒有故障;打印机内部脏污
右侧或左侧文本丢失/扭曲	外来物体在激光束路径中;墨粉盒已空;光束镜快门上的指令标签已松动;镜鼓弯曲或不对准;顶盖组件铰链支架被弯曲
变形	墨粉盒有故障;齿轮系损坏;有纸张运输的问题;主电机有故障;直流电源/主电动机驱动器 PCA 有故障
气泡打印	墨粉盒内的感光鼓不接地;定影器有故障;墨粉盒泄漏;纸张不符合规格;高压电源有故障
行边墨粉分散	纸张不符合规格;定影器进纸导板安装不正确;高压电源或转印辊/导线有故障;需要调整打印密度;辊和高压触点需要清洁
缩印	墨粉盒有故障;鼓驱动齿轮损坏或磨损;鼓驱动齿轮组件有故障
页面部分空白	内存溢出——页面太复杂;在打印 legal 纸张时,软件设置为字母尺寸
白色水平线	墨粉盒有故障
水平不清晰的条纹	激光扫描电缆有故障;墨粉盒有故障;高压电源控制器有故障;与墨粉盒接地故障
波浪打印	扫描单元有故障;激光扫描电缆有故障;直流控制器功率控制组件有故障

参考文献

216 1. Hewlett-Packard, *Hewlett-Packard LaserJet Family Quick Reference Service Guide*, Part 5021 – 8908, Hewlett-Packard, October 1997.

复印机 17

邦尼·L.比尔　苏珊·E.莫顿

目　次

现代复印机创建快速,廉价文件复制品的能力使它们在每一个业务层面上都得到了广泛的使用。今天,在独立的复印机和多功能一体机中最常使用的方法是间接静电法,也称为普通纸系统(the plain-paper system),对于彩色复印机,其运行方式已经从卤化银原理转移到静电和喷墨技术。

切斯特·A.卡尔森(Chester A. Carlson)被授予了发明复印的荣誉。卡尔森为施乐公司工作,该公司在1960年推出了间接静电法。复印机已经从旧的方法,诸如直接复印、扩散转移、明胶转移(染料转印复印法)、热熔印刷(thermographics)、直接静电(电传影印)和双光谱,走过了漫长的道路。

间接静电法也被称为静电普通纸,已经从模拟成像系统发展到数字成像系统。模拟方法和数字方法之间的差别在于复制过程中的显影和曝光步骤。复印机操作的七个步骤分别是充电、成像、曝光、显影、转印、定影和清洁。在模拟成像过程中,原始文件直接成像到光电导体,而在数字系统中,机器扫描文件并存储图像或其修改版本,然后经由激光器转移到感光鼓。[1]如果有可能的话,这两种操作方式的输出也难以区分数字复印机分辨率高(如600dpi或更大)的地方。

对于一些数字复印机,用户能够在复印图像之前通过切割、裁剪、旋转或重新定位所选择的区域来编辑扫描的图像。不同型号的数字复印机为用户提供了关于这方面的各种选择。

随着成像系统的变化已经带来所使用墨粉的发展。在三类墨粉中——液体墨粉、[*]干式墨粉和化学墨粉——后两种是复印机中最常用的。化学墨粉被研制用以提高性能并实现在墨粉上更均匀地充电。[2]这是通过总是生产尺寸小于7微米的球形墨粉来实现的。老式机械制造的墨粉形状不规则,并且容易聚集在一起。图17.1是扫描电子显微镜(scanning electron microscope,SEM)图像,显示了机械墨粉和化学墨粉纯净形式的并排对照图。[3]

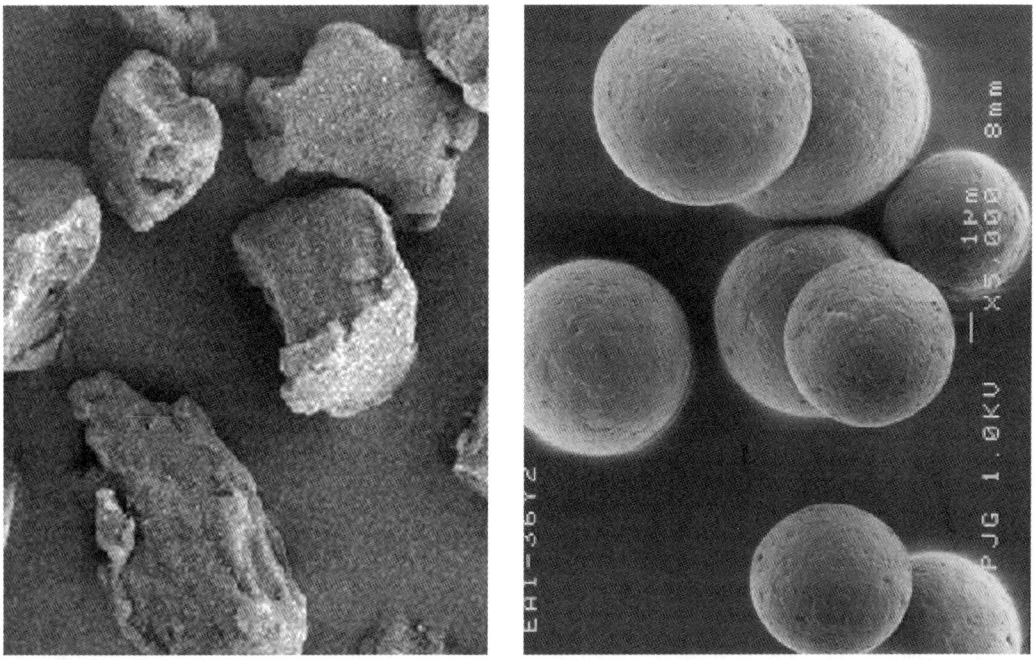

图17.1 该图像在左边显示了机械墨粉的不规则形状,右边显示了球形化学墨粉

原来的液体墨粉虽然目前并不普遍,但是通过一些零售商可以得到,仍应用在赛文(Savin)复印机的某些型号中。当稍微放大观察时,可以发现老的液体墨粉染色纸张纤维。[4]较新的液体墨粉(有时称为电子液体油墨)现在正在高端打印机中使用,并且最终可以在复印机中看到。根据当代液体墨粉的制造商称,其打印效果可与胶版印刷相媲美。与平版胶印一样,液体墨粉可以用来形成半色调图像。尽管产生的图像非常干净和清晰,但是显微镜检验仍将会显示散布在半色调点之间的细小墨粉颗粒(尺寸小于2微米)(参见第383页的彩图17.2)。[**]

---

* 液体墨粉(liquid toner),即液体着色剂,采用此种翻译方法便于突出化学墨粉和机械墨粉,"液体墨粉"该术语使用可详见《采用液体墨粉印刷折叠纸盒》(矢渊编译,《今日印刷》,2013年5月,第56~57页)。——译者注

** 原著中"see color Figure 17.2 following p.366",可是彩图部分并无17.2,却有彩图17.1。由于原著彩图和黑白图混编,故判断原著彩图部分的彩图17.1即彩图17.2,翻译时调整了该彩图序号。——译者注

墨粉可以以不同的方式结合到纸张底面，包括热辐射、热压、冷压、热软辊、热硬辊和硬—软辊方法。根据其与纸张熔合方式，可以看到不同的特征。[4] 218

彩色复印机的发展带来了使用它们进行诈骗的担忧。为了帮助减轻这些担忧，一些制造商在每个复印件上都设置防伪保护代码。该代码包含关于用于复制这份文件的彩色复印机的信息。有一些供参考的论文介绍了用于增强这些代码以便更容易查看的方法[5,6]（图 17.3）。另外，一些机器采用货币锁定系统，防止用户复印纸币。

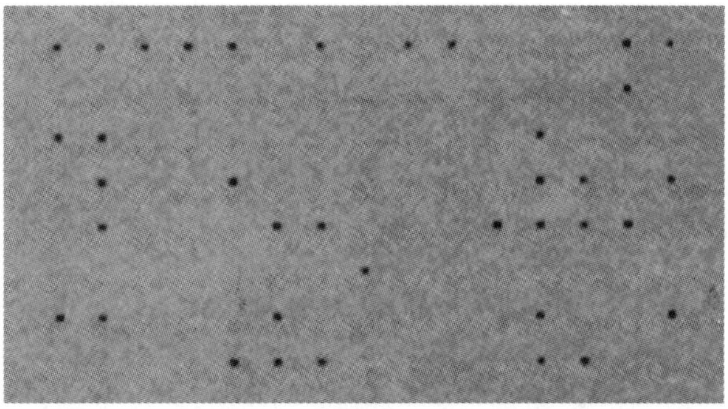

图 17.3 说明了应用于 AdobePhotoshop® 防伪系统（counterfeit protection system，cps）的增强代码

关于新式彩色复印机工作过程的信息，如气泡印刷术、热转印和汽巴克罗姆（cibachrome〔1〕）方法可以在詹姆斯[4]和多尔蒂（Doherty）[7]发表的文章中参考。尽管目前大多数彩色复印机使用墨粉，一些使用喷墨法。喷墨复印机分为两类：独立和多功能（集复印机、传真机、扫描仪和打印机于一体）。[8]由于成本较高，独立设备较少见。

喷墨打印机和喷墨复印机的印刷装置表现出相同的特性，因此需要相同的法庭科学分析方法。当检验由喷墨技术产生的文件时，法庭文件检验员需要很小心，因为实际上它可能不是由电脑打印机打印形成的，而是由复印机印制的。

17.1 复印件分析

复印件（黑白或彩色）的分析涉及整个文件检验实验室中的所有仪器，包括显微镜、测量设备、红外热成像系统（IR imaging systems）和静电检测装置。[9]每个案件都是独一无二的，因此整个文件都需要进行彻底检验。

---

〔1〕 Cibachrome（也称为 Ilfochrome）是一种现代的银盐染料漂洗印相方法，最先发明于 20 世纪 30 年代，商业完善应用于 20 世纪 80 年代，并改名为 Ilfochrome 经典法。其是染料破坏正片对正片的照相方法，用于在相纸上复制透明胶片。Cibachrome 印刷品的特征是图像清晰、颜色纯正，并且能够对原始透明度产生的临界精度形成存档过程。

17.2 个体复印机鉴定

本部分将集中讨论静电普通纸复印机。詹姆斯・M. 戴维森(James M. Davidson)[10]的一篇文章讨论了三个复印机检验的问题:确定两个或多个复印件是否来自同一台机器、确定这些复印件是否由特定复印机印制的,以及确定这些复印件的大概日期。由詹姆斯・格哈特(James Gerhart)[11]撰写的另一篇文章使用定影辊缺陷帮助鉴定一份复印件
219 源自哪台复印机。他论述到,定影辊缺陷应该被认为是复印机鉴定的关键组成部分。

像任何机械设备一样,复印机将随着时间和使用磨损而发展其自身的特性,这通常会导致将一组独有的标记反映到复印件上。知道如何找到和解释这些标记可以使文件检验员能够将复印件与制备它的复印机联系起来。

复印机原理提供了几个领域,其中的机具缺陷能够使个体化特征转移到复印件上(图17.4)。有些特征是短暂的,需要时间接近的样本;其他特征则是相当稳定的,但也可以通过机器的维修或售后服务消除。在观察到的特征能够被正确解释之前,可能需要研究特定复印机的维修记录。

可能出现独特标记的第一个区域是在玻璃成像窗口或稿台。玻璃可能被指纹、胶带或标签上的黏合剂、不透明溶液和普通碎屑污染和弄脏。这些东西如果数量足够多的话,可以在每个复印件上产生一组独特的标记。清洁玻璃窗口可以去除这些标记。为了
220 排除这种可能性,需要谨慎地获得与可疑复印件在相近时间内同台机器制备的已知样品进行比较。玻璃窗口可能以划痕或凹坑的形式存在更多的永久标记。如果这些标记并不是很明显,不足以使用户烦恼而更换玻璃,那么它们将在复印机的使用期间内长期存在。

将原始文件保持在玻璃窗口上适当位置的橡胶衬垫也可以是独特特征的来源。其可以通过长时间使用而变脏或损坏。如果整个成像区域未被全覆盖,则部分橡胶衬垫及其具有的独特特征将被复制。然而,对于标准或法定尺寸的原件,橡胶衬垫通常不在成像区域内。

偶尔,一点点灰尘或其他物质将附着在成像透镜上并在复印件上产生特征标记。这种类型的缺陷是罕见的,并且可能非常引人注意并最终导致呼叫维修服务。

感光鼓也可以是独特特征的来源。感光鼓上的凹坑、划痕或标记将在复印件上产生特征标记和圆点。与其他成像缺陷不同的是,鼓缺陷将不会出现在每张复印件的同一位置。每次复印,感光鼓都会转动,并且在每次旋转后都不会停在相同的静止位置。感光鼓缺陷的记号始终与顶部和底部(或与左边和右边)页边的距离相同,这取决于纸张的进纸方向,但会沿进纸轴变化,也可能不会出现在所有的复印件上。高速复印机具有巨大的感光鼓,一次能拍摄三个不同的图像。这种复印机只能在每三张复印件中再现一个感光鼓缺陷。

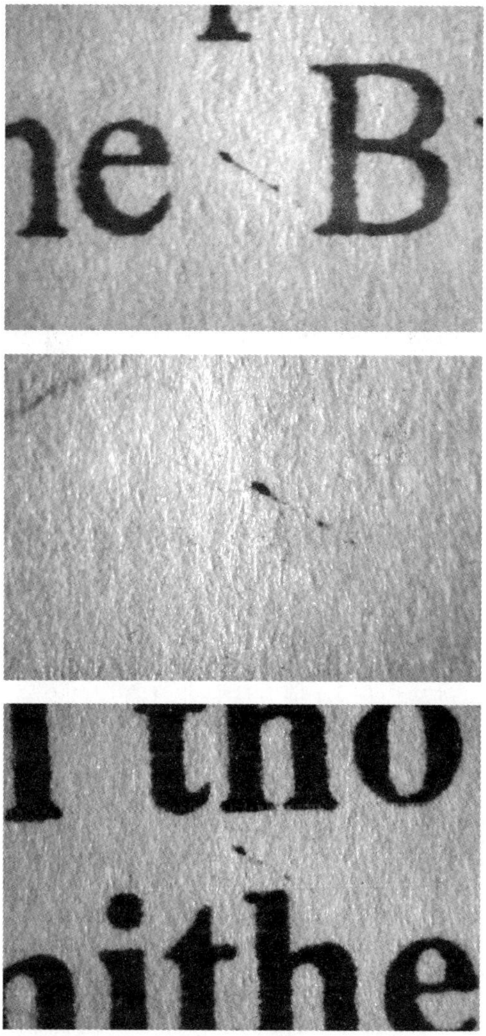

图 17.4 在多页文件的每张纸上都可以找到的垃圾标记示例(由简·西曼·凯利提供)

进纸夹和辊筒也可以在复印件上留下不同的印痕。这通常发生在纸张没有正确地放置在纸盒中或者送纸装置上的拉力失调时。这些标记通常是在纸中以凹陷压痕,而不是可见的墨粉标记出现。压痕可以用侧光观察到,并且可以用静电检测设备恢复。

17.3 比较的样本

法庭文件检验员真的很少有机会接触到嫌疑人使用的复印机。有必要把检验建立在从某台嫌疑机器或从多台嫌疑机器上取得的样本上。来自某台复印机的多个样本有助于确定哪些在几乎所有复印件中都出现的微小标记是重复出现的个体特征,哪些是随机的电子失效标记。外来的标记几乎总是存在的。为了捕获每个重要的缺陷并消除无

意义的随机标记,法庭文件检验员必须对几个样本页面进行相互比较。通常可以通过遵循这些指导来获得数量充足的样本:

(1)将橡胶衬垫压在玻璃成像窗口上的适当位置,运行机器,并至少连续复印六次。按照它们形成的顺序对其进行编号。

(2)将机器设置为颜色最深并且至少连续复印六次,按形成顺序进行编号。

221 (3)将机器设置为颜色最浅并且至少连续复印六次,按形成顺序进行编号。

(4)在成像窗口上放置一张空白白纸,并重复前三个步骤。

研究复印机的修理和清洗历史也是非常有帮助的。如果从可疑复印件制备的嫌疑时间起,复印机已经经历了大量的修理和清洗,有必要找到在这台复印机清洗/维修之前复制的复印件。了解纸张的进纸方向、长边或短边,也会有所帮助。

17.4 比较检验

在将可疑的复印件与一台或多台机器的样本进行比较时,法庭文件检验员可以从样本或可疑文件开始检验。在待研究的文件上覆盖一张透明塑料胶片,通过在塑料胶片上用墨点记录非图像标记来创建模板,这种方法是非常有用的。[12]然后可以将模板放在其他的复印件上以确定是否存在相同的临时记号集合并鉴别出现的任何不同的标记。文件还可以使用图形软件的层功能进行扫描、覆盖和比较。

在复印机比较中考虑符合点和差异点时,检验员必须考虑到复印机几乎总是在其产品上随机地做标记。因此,可疑文件和已知的样本几乎总是有一些差异,这些差异的存在并不意味着这两份复印件是在两台复印机上印制的。如果在可疑文件和已知文件上存在足够数量的重复一致的标记,则文件检验员则可以断定它们出自同一台复印机。

可疑复印件和已知复印件之间没有任何符合点不一定保证排除可疑复印机的嫌疑。复印机可能在复印可疑复印件和制作样品的那段时间内已经进行了清洁或修理。虽然缺乏符合点可以排除关联,但它不可能会排除那台特定复印机的嫌疑。知道机器的维护情况总是有帮助的。

无法设置符合点的数量来实现复印机的鉴别,因为决定鉴定结论不在于数量,只有缺陷的种类是价值最高的。重要性的确定必须基于文件检验员的判断,并且是建立在学习和经验的基础上。

17.5 复印件的日期

有时候,对于法庭文件检验员来说能够确定复印件的大致日期。为此,他(她)需要在怀疑时间段内制备的复印件样本。通过研究由污垢和碎片形成标记和由清洁去除标记的演变过程,法庭文件检验员能够缩短创建复印件的时间窗口。此外,知道该复印机的引进日期可以有助于确定一份复印件是否在怀疑的时间拷贝的。[13]

17.6 重复复印

大多数复印机不以精确的 1:1 比率复制文件。但是,制造商将机器稍微放大以对分辨率的轻微劣化进行视觉补偿。该放大倍数通常为 1% 左右。特定复印机的放大倍数可 222
以通过测量第一代复印件与原始文件来确定。通过知道机器的放大倍数并持有原始文件,可以确定复印件距离原件的迭代次数。它是原件的复印件吗?复印件的复印件吗?复印件的复印件的复印件吗?

为了计算特定机器的放大倍数,可以测量一行文本或一幅图形以及在复印件上可比较项目的确切大小。精确的打字机网格对于这种分析是有用的。项目越大,测量结果可能越准确。例如,假设原稿上的一个数字为 10 毫米,在复印件上的相同数字为 10.1 毫米。机器的放大倍数为 1% 。有 10.2 毫米数字的可疑文件很有可能是经过二代复印或复印件的复印件。这假设所有的复印件都在相同的复印机上复印,而不调整机器上的图像大小选项。还应该注意关于非线性失真的可能性,其中复印件的一个区域会以与其他区域不同的比例进行复制。

在完成测量和解释这些测量值时必须非常小心。纸张本身的尺寸可以随气候条件的变化而略微变化,它可以在潮湿环境中膨胀,并在干燥条件下收缩。精确测量是非常困难的,0.1 毫米是一个微小的数值。

17.7 伪造文件

复印机可用于伪造不存在的原件。签名可以放置在合同和协议上,日期或数量可以变造,或添加段落。通常这些剪切和粘贴操作通过仔细审查是可以发现的。提供复印件,而不是原件成为罪魁祸首。事实上由于不存在原件,提供复印件的人必须解释为什么只找到一份有价值文件或其他重要文件的复印件。

揭示伪造事实最有决定性的方法是找到制造它的源项目。没有一个签名可以存在于多个文件上。如果在一个文件上发现了特定签名,则该签名的复制品不能使不同的文件都生效。

即使找不到源文件,伪造文件上的物证也经常能确定它的性质和其制备方式的迹象。伪造文件上可能存在阴影线、字母上伸部分或下伸部分的略微中断或切除的其他迹象。印刷/打字输入的文本可能不对齐,或者甚至可能是不同的字体类型和字体大小。如果排版的签字栏并且可以准确测量,则可以证明签名下面的打字内容与文件上的其他文本是出自不同的复印代。

17.8 在复印件上进行笔迹和其他方面的检验

随着复印件的增多,法庭文件检验员经常被要求对非原始文件进行笔迹或其他方面
223 的检验。做这些检验原始材料比复印件更好,没有人对此有异议,但是原件有时无法获得。例如,许多账户所有人不会从银行收到取消的支票,因为它们是以电子文件的方式扫描和存储的。在做出伪造指控时,存在的唯一证据是电子形式。在其他情况下,原始文件即使确实存在,但是不可获得。它们可能在遥远的司法管辖区的法庭记录中,或者由于其他原因拿不到。[14]

现代复印机的成像系统已经大大提高,并且相应地提高了复印件的质量。道森和林德布洛姆的研究[15]表明,当分析高质量复印件上的非原始签名时,法庭文件检验员可以评估线条特征。方得(Found)、罗杰斯(Rogers)和赫克特(Herkt)[16]进一步证实了这一点。后者将法庭文件检验员对可疑文件复印件所做的分析与其对原件的分析进行比较,发现参与者能够对线条特征和结构特征给出准确的意见。

对复印件需要强加什么样的限制?如果复制过程是高对比度的,那么它可以去除诸如笔画拖拉和具有刻度标记类特征的浅淡线条。线条特征可能很难解释笔压的第三维度——进入纸张的墨线深度——这不能被看到。墨线在外观上看起来比在原始笔迹中更加均匀。一些复印机不是全色的——它们无法复制蓝色墨水像其他颜色那样清晰。对于书写墨水而言,由于蓝色是非常流行的颜色,签名可能会出现支离破碎。复制过程可能会掩盖微小犹豫点的存在,或者它可能引入看起来像犹豫点的假象。

考虑到图像质量和分辨率的差异,每个复印件必须根据其自身的优点来评估。显然,第三代复制将缺乏在较早迭代中所看到的细节和准确度。

数字复印机的早期型号在图像中产生了阶梯效应或“锯齿”。这使难以评估复印件中的线条特征和细微的结构特征。在相对低的分辨率下产生的传真复制品也会出现相同的问题。幸运的是,现代数字复印机的分辨率已经显著提高,从而将一些像素化的明显影响最小化。

由于复印所施加的限制,一些文件检验员将不会给出关于笔迹或签名鉴定的明确结论。其他法庭文件检验员将会考虑每一份复印件,并决定复制质量可以支持多大把握程度。[17]

其他类型的检验甚至都不可能实施。能够鉴别击打式打字机的微小字体缺陷很可能在复制过程中丢失。类似地,凹陷压痕检验、油墨分析和纸张检验只能是在原件上完成。

当检验对象不是原件时,必须始终考虑其伪造的可能性。使用现代复印机、扫描仪和排版软件,这样的操作很容易实现。有时,案件的来龙去脉排除了这种可能性,并且法庭文件检验员可以根据复印件自身的情况来进行检验。

17.9 结论

本章的检验建议并不详尽。建议文件检验员应该阅读所有关于这一主题的现有文献,因为该领域永远在不断发展和变化,特别是就办公技术而言。 224

参考文献

1. Canon, Inc. , *The Copier Basic Series*, *Part* 1 *and Part* 2, Canon, Inc. , Norcross, GA, 2000.

2. Tuvesson, E. , The soul of a new machine,*Future Graphics LLC*, 26, 2001.

3. Gibson, G. , Xerox Corporation, personal communication, 2004.

4. James, E. L. , The classification of office copy machines from physical characteristics, *J. Forensic Sci.* , 32, 1293, 1987.

5. Tweedy, J. S. , Class characteristics of counterfeit protection system codes of color laser copiers, *J. Am. Soc. Questioned Doc. Examiners*,4, 53, 2001.

6. Li, C. K. and Leung, S. C. , The identification of color photocopiers: a case study,*J. Am. Soc. Questioned Doc. Examiners*,4, 8, 1998.

7. Doherty, P. , Differentiating Full-Color Photocopiers by Class Characteristics, paper presented at SWAFDE, Long Beach, CA, October 1990.

8. *Color Copier Guide*, Guide 159, 2003, www. betterbuys. com.

9. Shiver, F. C. and Nelson, L. K. , Non-destructive differentiation of full-color photocopies,*J. Forensic Sci.* , 36, 145, 1991.

10. Davidson, J. M. , The Document Examination of Machine Copies, paper presented at ASQDE, Montreal, September 23 – 27, 1985.

11. Gerhart, F. J. , Identification of photocopiers from fusing roller defects, *JFSCA*, 37, 130, 1992.

12. Tytell, P. V. , Transparencies and Acetate Overlays: Their Use in the Investigation and Demonstration of Questioned Document Problems, paper presented at ASQDE, Crystal City, D. C. , August 26 – 30, 1989.

13. Crown, D. , Dates of introduction of specific photocopy machines,*J. Forensic Sci.* , 34, 110, 1989.

14. Morton, S. E. , A look at newer photocopiers,*J. Forensic Sci.* , 34, 461, 1989.

15. Dawson, G. A. and Lindblom, B. S. , An evaluation of line quality in photocopied signatures, *J. Forensic Sci. Soc.* , 38, 189 – 194, 1998.

16. Found, B. , Rogers, D. , and Herkt, A. , Comparison of document examiners' opinions on original and photocopied signatures,*J. Forensic Doc. Exam.* , 14, 15 – 30, 2001.

17. Beck, J. , Detecting Photocopied Forgeries Using Genuine Signatures, paper presented at ASQDE, Seattle, WA, 1985. 225

传真机 18

布赖恩·S. 林德布洛姆

目　次

在过去的10到15年间,传真机的普及程度大大增加,现在大多数企业和许多家庭都拥有传真机。因此,涉及传真文件的争议常常被送到法庭科学实验室。对于复制的签名是否是真实的、是否向文本正文添加或删除某些信息或者传真是否实际在特定日期传送,这些问题都会引起关注。

大多数主要制造商在市场既销售多功能机又销售独立传真机。前者具有扫描、打印、复印和传真功能。两种类型机器的打印功能可以是热敏、热转印、喷墨、气泡式喷墨或激光,后三种是迄今为止最流行的。此外,传真调制解调器被集成到许多计算机中或者可用作外部设备,并且可以由多种供选择的软件来驱动。尽管单张进纸机器代表了目前大多数市场上销售的型号,但是仍然随时会遇到卷筒进纸机器,并且通常使用随时间变色和褪色的涂料纸。

那些有机会检验传真文件的人会注意到,与复印或扫描和打印的材料相比,传真文
227 件的分辨率很低。这是因为与至少300~600dpi的复印机和电脑打印机相比,传真机的传输很多时候是以约100~200dpi的分辨率完成的(图18.1)。

18.1 传真笔迹

检验传真签名或手写条目必须非常小心,因为不能充分评断笔画的线条特征。微小的细节,如不明显的提笔、犹豫、修饰和轻微的抖动,都不可能被复制下来。[1]另一个关注的问题是传输中产生的噪声可能会在签名和其他手写的笔画线条中看起来像是运笔的

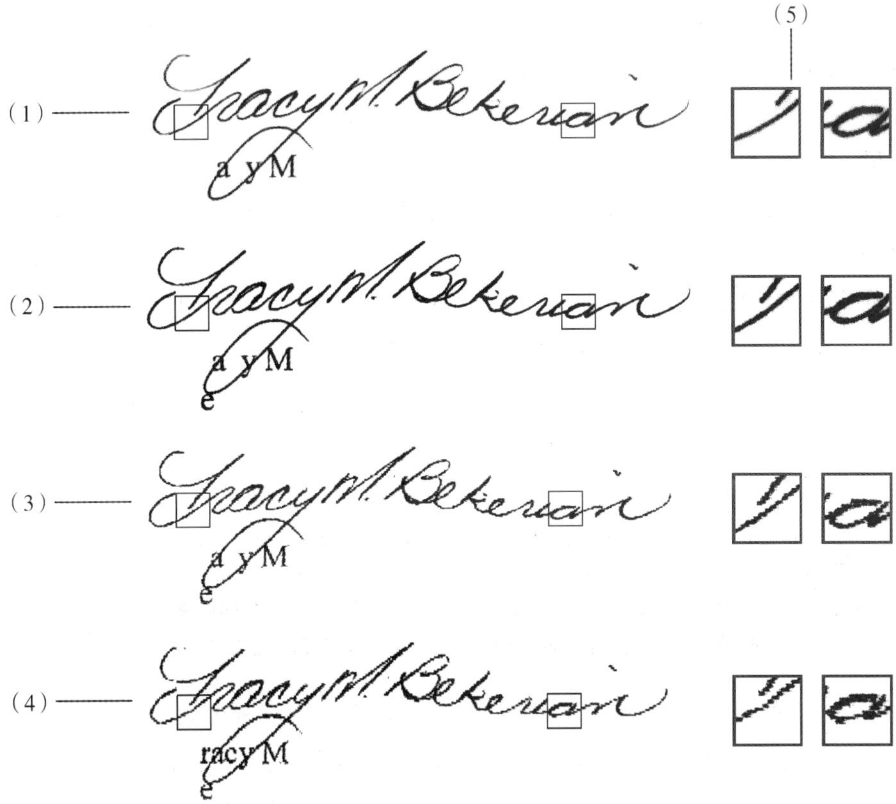

(1)喷墨打印机；
(2)数字复印机；
(3)使用精细设置的传真机；
(4)使用标准设置的传真机；
(5)在每个签名的右侧有放大图显示。注意图像分辨率的差异。

图 18.1 在喷墨打印机、数字复印机、使用精细设置的传真机和使用标准设置的传真机上复制的签名进行比较

抖动。这并不是说不应该对传真文件进行分析，而是文件检验员必须认识到复制的局限。结构特征可以被评断并且可以考虑出具对签名或笔迹真实性的保留意见。很明显，确定存在与非真实笔迹相一致的差异点比做出选择容易得多。

与来自电脑打印机和复印机的那些文件不同，传真发送的文件可能经历大量的尺寸变化，这可导致尺寸的明显减小，甚至导致变形为不规则的梯形。研究已经记录了尺寸大小的变化，变化范围从减少 12% 到增加 2.9%。[2] 228

18.2 发送终端标识符

对传真文件的任何检验都应该包括对出现在文件顶部的发送终端标识符（Transmit Terminal Identifier，TTI）的考虑。该报头行由发送端机器生成，并且包括发送者的传真号码和姓名、传送日期和时间、接收者的电话号码和页码。所有这些都是可编程特征，操作者可以完全或部分停用或修改。不同的品牌和型号的传真机使用各种不同的格式和字体,这可以使不同型号彼此相区分开。该信息通常非常有助于识别可能的发送者,并且通常作为一种传输机制,潜在地记录发送的日期。与发送的文件不同,发送终端标识符不被扫描,因此其图像比在传真文件其余部分中的图像更清晰。在传输中也会出现接收终端标识符(Receive Terminal Identifier,RTI),它是由接收端机器产生的。这个功能没有被包含到所有的品牌和型号中,但是当存在时,接收终端标识符将作为第二行显示在页面的顶部或底部。[3]发送终端标识符/接收终端标识符组合的一个例子如图18.2所示。注意发送终端标识符和接收终端标识符之间不同的格式和字体。

CAMPRO VIDEO 613 728 0013 P.01

JAN 25 '99 17:21 613 728 0013 PAGE.01

注:在这种情况下,接收终端标识符是出现在页面的底部。两者之间的格式和字体存在非常明显的差异,这是由于发送终端标识符是由发送机器创建的,而接收终端标识符由接收机器添加上的。

图18.2 从接收的单个传真页面取得的发送终端标识符(顶部)和接收终端标识符(底部)组合的示例(为了方便说明,字符串之间的一些空白已经被移除)

案件中,如果传真文件的来源有问题,并且发送端机器没有可用的样本,使用发送终端标识符样品的计算机数据库可能是一个有价值的帮助。美国可疑文件检验员协会已经开发了一个这样的数据库。[4,5]通过使用所声称的品牌和型号作为发送端,可以将可疑的发送终端标识符与参考集合中的示例进行比较。在一个可供选择的方法中,可以搜索与可疑文件上的发送终端标识符格式特征和字体特征相似的所有品牌和型号的传真机。图18.3说明了使用诸如布局、日期格式、页面术语、文本设计和文本字体的参数组合得出与可疑发送终端标识符的可能匹配。从该次查询检索出的数据可以揭示出可疑的发送终端标识符相对于传真发起人所交代的发送端机器上的发送终端标识符而言,与在不同品牌传真机中看到的发送终端标识符更加一致。虽然数据库还是不够详尽,但它确实提供了一个良好的开端,从中可以对制造商进行查询。

研究发送终端标识符数据时需要特别小心。必须记住的是,许多信息是可编程的,因此日期、时间和电话号码不一定被认为是准确的。在某些型号中,用户还可以改变某
229 些格式特征。[6]两个示例是关于页面指示符号和日期格式的。存储到计算机中的制造商和型号信息通常允许使用附带的软件修改配置。

18.3 伪造传真

传真的低质量为那些希望隐藏伪造文件的人提供了一个有吸引力的媒介,无论伪造是以剪切和粘贴签名,还是添加文本或变造发送终端标识符的形式完成。检验过这样的案件,将发送终端标识符内部的日期替换或替换整个字符串。如果不仔细审查,那么对

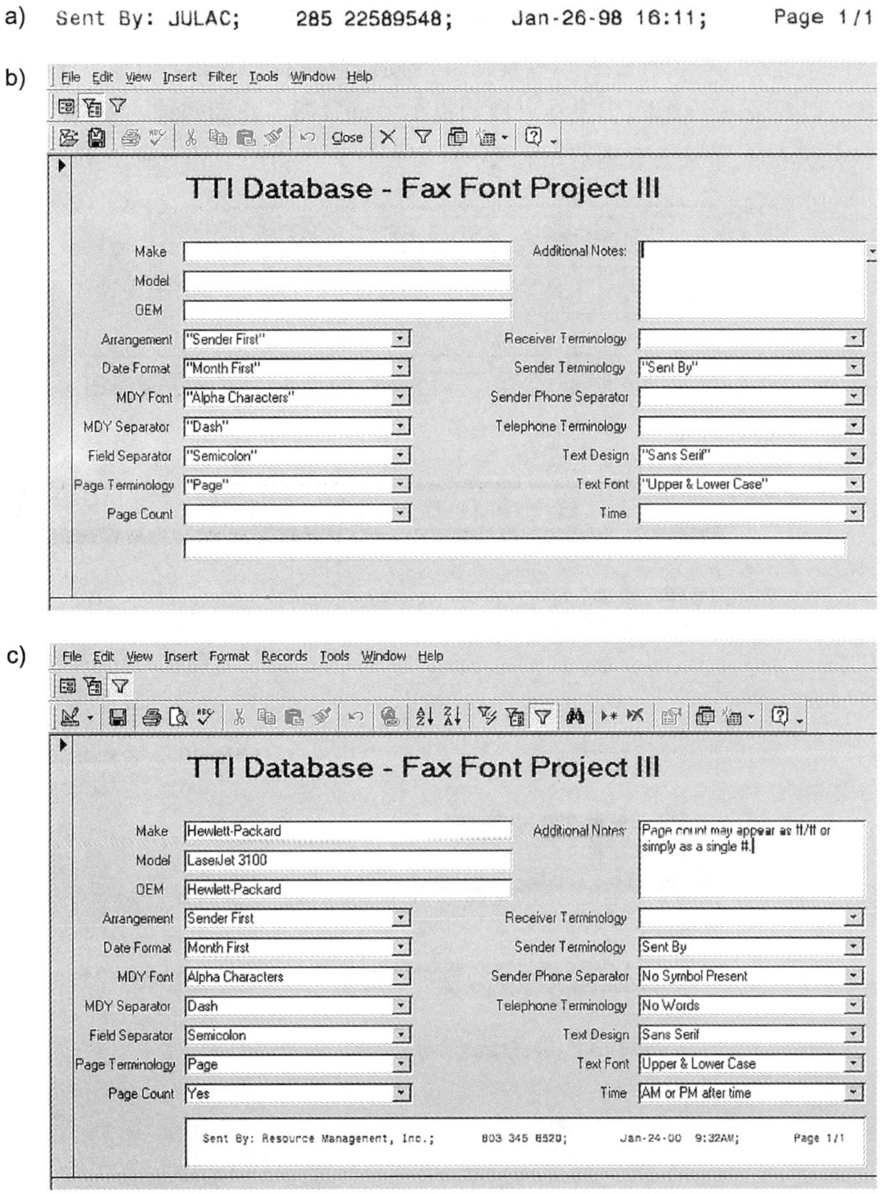

(a)可疑发送终端标识符报头的格式信息。

(b)发送终端标识符数据库 Fax Font Project III。

(c)搜索结果只提供一台匹配的机器:惠普 LaserJet 3100。虽然该数据库并不被认为是发送终端标识符的详尽参考,唯一的匹配得出了对传输型号有保留的鉴定结论。

图 18.3 当向发送终端标识符数据库 Fax Font Project III 的过滤器中输入可疑发送终端标识符报头的格式信息时,搜索结果只提供一台匹配的机器:惠普 LaserJet 3100

文件进行的欺骗性更改就可能不会被检测到。文件中一个区域与另一个区域之间的像素化程度的差异应警示文件检验员是否存在变造。图 18.4 说明了本应该在传真之前放置在文件上的签名之间的明显区别。虽然豪伊(Haughey)签名显示了与低分辨率复制相关的经典的阶梯效应,但是芬多尔(Fendor)签名没有显示这样的特点。两个签名之间的不一致表明文件有些部分未被传真。图 18.5 显示了对该观点的进一步证实,其中出自相同机器的发送终端标识符样本与可疑文件的发送终端标识符进行比较。然而在两个样本中都可以看到单个像素,但是在可疑的报头中可以明显看到密排的模糊图像。当传真件被多次复印时,常常会看到填充效果。

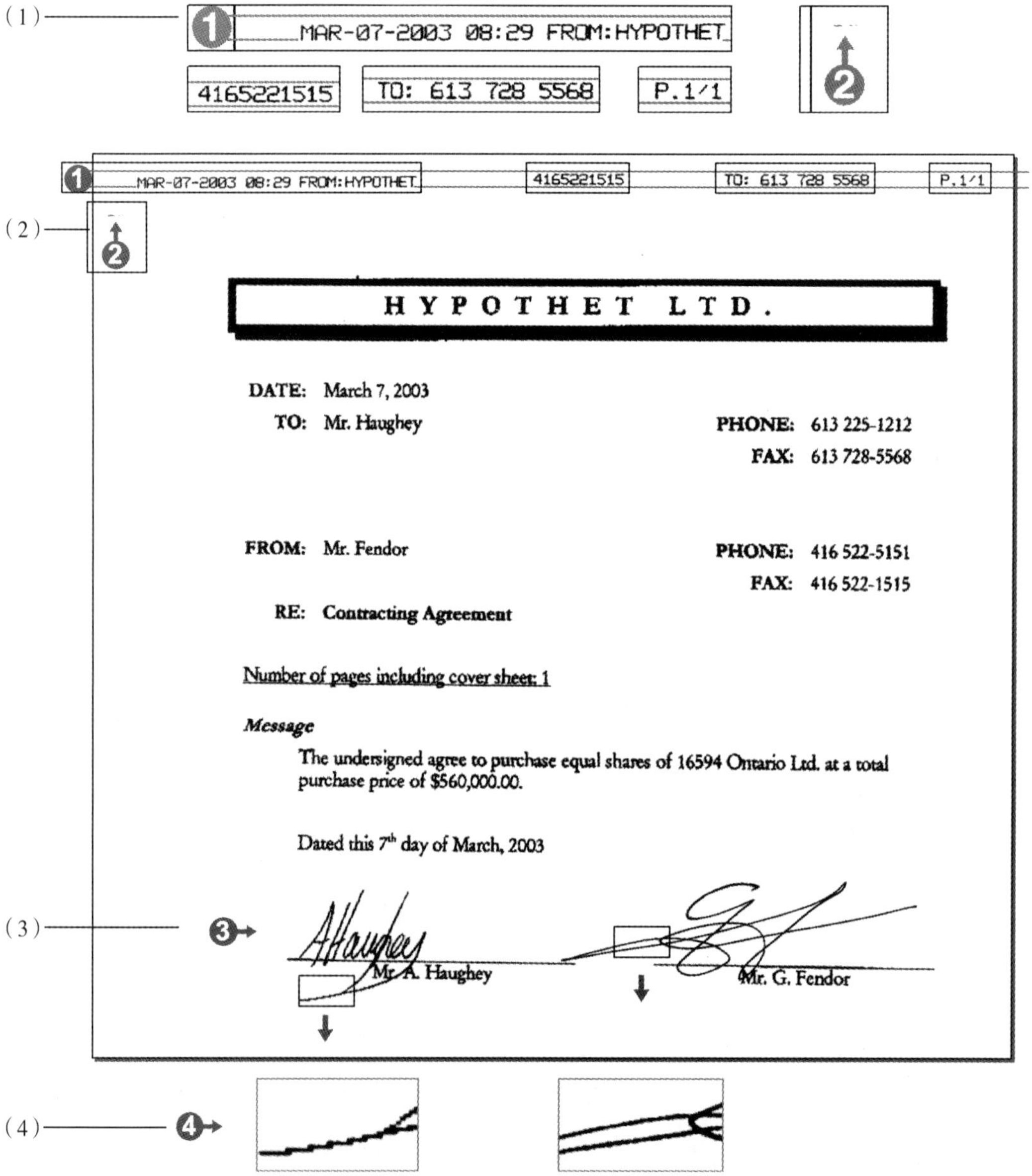

(1)请注意日期和发件人姓名相对于发送终端标识符中的其余信息的不对齐情况。

(2)残余标记出现在发送终端标识符的该部分下方,可以表明是经过切割和粘贴的。

(3)虽然两个签名据称都是在文件传真之前放置在文件上的,但只有豪伊签名显示了像素化的轮廓线,如果这是真的话,出现像素化的轮廓线是预料之中的。

(4)如放大图所示,芬多尔签名与影印复制的效果更一致。

图 18.4　给出原始接收传真的复印件,这份文件显示了文件伪造的许多特征

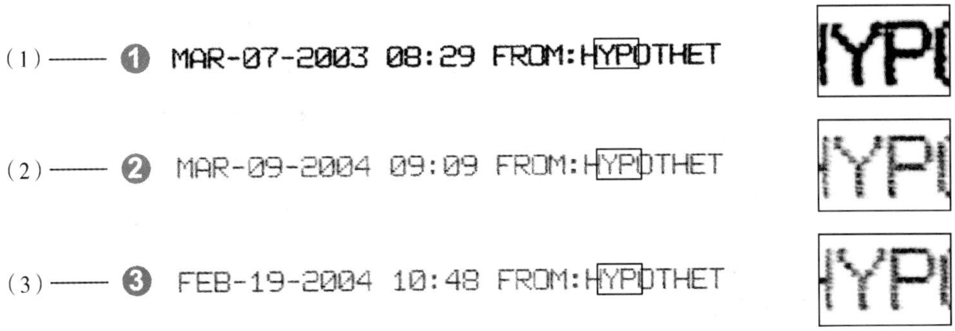

(1)在 2003 年 3 月 7 日的传真中注意到的另一个差异是,与其他接收传真件的样本相比,发送终端标识符字符中明显缺少清晰的轮廓。

(2)(3)在两个样本中,各个像素是明显的。

图 18.5 在可疑传真件发送终端标识符中,像素之间存在填充,表明文件是一份传真的复印件而不是接收的原件

18.4 传真机缺陷

传真机与其他办公产品没有什么不同,它们都会随着时间的推移产生缺陷。然而,我们必须认识到,缺陷可能源自发送端机器或接收端机器,或者源自两者。此外,由传输异常引起的噪声必须与实际的传真机缺陷区分开来。例如,在所发送的文件上找到的垂直标记或线条没有出现在相同两台机器的所有其他传真中。这可能是由暂时性问题引起的或可能涉及通信线路噪声。

在传真文件中可以观察到的一个缺陷是由发送端机器扫描头的故障导致的垂直黑线或打印空白。类似的特征可能是由接收端机器的打印系统故障造成的。另一个例子是由有故障的发送端机器的送纸系统弄皱原稿而产生的不完整图像。一个相关的缺陷则是接收端机器的供纸机构不能正确地滚动纸张,导致图像的水平部分丢失、模糊或拉长。大多数现代传真机的打印装置都在利用喷墨、气泡式喷墨或激光打印机中所使用的技术。结果,在这些打印机中显现的许多缺陷也将在传真机的产品中找到,特别是在多功能一体设备上。

发送终端标识符或接收终端标识符的状况,以及缺陷的性质和定位,对所观察到的特征是否源于发送端或接收端机器提供了深刻的理解(图 18.6)。例如,除了发送终端标识符以外,所有打印在页面上的垂直空白一定来自发送端机器扫描系统的缺陷。类似地,沿着图像区域长度的垂直黑线可能是扫描元件被阻挡的结果,例如,当扫描期间不透明液体被传送到传感器时就可能发生。相比之下,如果相同的垂直线超过图像区域延伸到整个页面,则可以表明接收端机器的打印装置故障。231

具有鉴定价值的其他特征可以在供纸装置留下的痕迹中找到。这些标记与复印件和计算机生成文件中的标记相似。它们是以黑色小污迹的形式存在于页面背面,或者仅

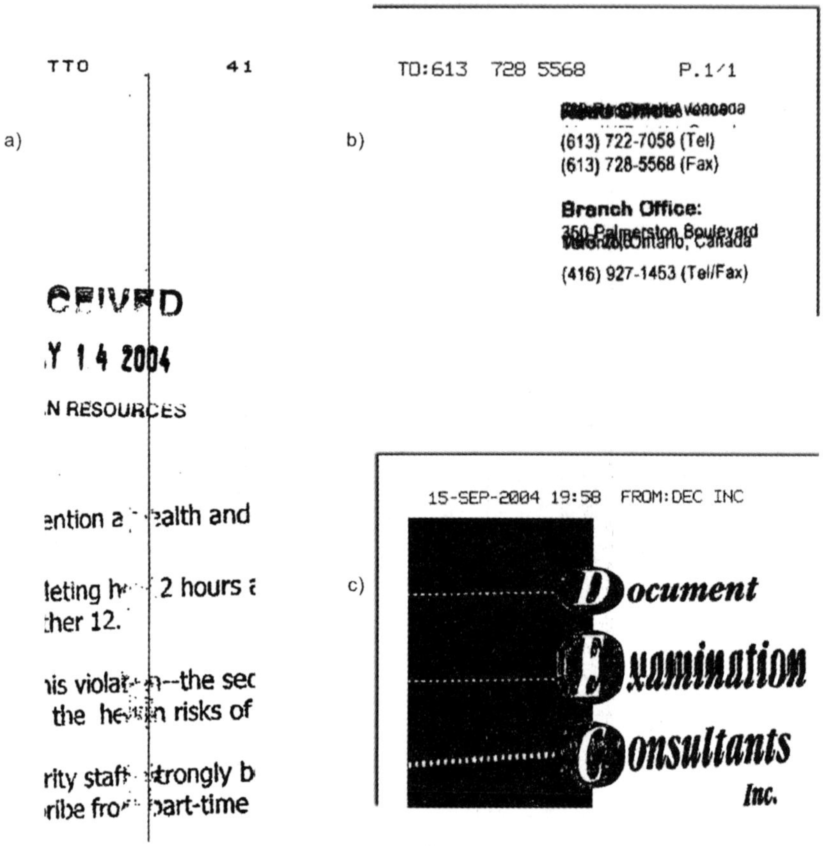

(a)较常见的图像缺陷之一是沿页面垂直向下延伸的黑线或打印空白。在一次传输中能够看到两者的例子。注意,黑实线没有延伸到发送终端标识符报头中,表明缺陷在于扫描(发送)机器而不是打印(接收)设备。

(b)、(c)分别为接收端和发送端机器中供纸故障的可能影响。

图 18.6 传真机发送文件过程中可能存在的缺陷示例

仅是以通过压痕分析检测出来的凹陷压痕形式显现出来。[7]

18.5 结论

鉴定发送或接收传真机,在理想情况下需要提交两个设备以及由它们发送或接收的业务往来过程中的样本。在任何比较分析中,在声称传输时间左右的传真样本是至关重要的。可能需要来自工程技术人员的帮助来识别特定缺陷的来源或者在诊断模式下提供评估机器功能的指导。

参考文献

1. Seaman Kelly, J., Facsimile documents: feasibility for comparison purposes, *J. Forensic Sci.*, 37, 1600, 1992.

2. Lindblom, B., Purdy, D., and Lange, K., Enlargement and reduction characteristics of facsimile transmission copies, *J. Am. Soc. Questioned Doc. Examiners*, 6, 38, 2003.

3. ASQDE, A Collection of Fax Fonts, Part II, paper presented at the American Society of Questioned Document Examiners meeting, Chicago, 1995.

4. Miller, J. L., TTI Database Fax Project III, paper presented at the American Society of Questioned Document Examiners meeting, Ottawa, 2000.

5. Lauterbach, J., A Collection of Fax Fonts, Part III, and Fax Font Database, paper presented at the American Society of Questioned Document Examiners meeting, Ottawa, 2000.

6. Lindblom, B., Facsimile Header (TTI) Examinations, paper presented at the American Society of Questioned Document Examiners meeting, Long Beach, CA, 1994.

7. Laporte, G. M., The use of an electrostatic detection device to identify individual and class characteristics on documents produced by printers and copiers: a preliminary study, *J. Forensic Sci.*, 49, 234
610, 2004.

伪造复印件、传真件和电脑打印文件 19

布赖恩·S. 林德布洛姆　罗伯特·热尔韦

目　　次

复印、传真和计算机生成的文件特别容易插入文本、换页、剪切和粘贴伪造,以及使用多个真实文件来形成具有欺诈性的新合成文件。这种情况一部分是由于使用上述技术可以轻易地完成对这些文件的变造。对于潜在的欺骗者来说,同样诱人的事实是这种类型的复制品往往能够隐藏许多常见的变造标记。收到一份通过多代复印(提供复印件的复印件的复印件……)来增加复制处理的失真效果和细节损失的文件绝不是非常罕见的事情。因此,考虑文件的各个方面以发现变造的迹象是非常明智的。

19.1　原始签名与彩色复制品

应该着手进行的第一项检验是评估文件上的任何签名或其他手写信息以确定文件是原件还是复制品。许多文件检验员收到一份文件并声称该文件是原件,但是经过进一
235 步检验,显示其特征与彩色复印或喷墨打印冒充蓝色墨水的特征相一致。在大多数情况下,组成印刷颜色(process color)的青色、品红色、黄色和黑色的小点可以通过放大观察(参见第 383 页的彩图 19.1)。在一些争议中,简单地证明签名和笔迹不是原件,而是彩色复印件或打印件则解决了问题。

19.2　识别和比较打印或复印技术

随着时间的推移,越来越难以区分复印件和计算机生成的文件。事实上,由于用于

复印件和计算机生成文件的所有打印和成像技术现在彼此通用(在许多情况下甚至是由同一台多功能一体机制备)的,这样通常不可能做出区分。因此,以下讨论的许多方面同样适用于复印件和计算机生成的文件。

对传真件、复印件或计算机生成文件的任何检验都应包括对所用的印刷技术进行总体评估。由于许多印刷方法在外观上表现出不同的特征,所以通常可以借助各种光源通过显微镜检验来进行识别。目前使用的一些常见印刷技术包括静电、气泡式喷墨(bubble jet)/喷墨(inkjet)、热蜡/颜料、热升华和点阵。对所使用印刷技术的识别通常可以阐明给出证词的合理性,以及提供揭示文本后插入或换页的潜在可能性。

在确定单个打印方法的情况下,可以通过使用更复杂的检验技术来进一步对技术进行分类并区分打印机设置的差异,或甚至区分打印机。在如图 19.2 所示的示例中,两行文本是由在正常设置下的喷墨打印机生成的,而最后一个句子是以较高的分辨率打印的。墨水分散状态的差异以及卫星墨滴在字母周围的位置可以作为两种输出之间的识别特性。

使用激光打印机或复印机制成文件上的墨粉颗粒特征和分散图案可以使用傅里叶变换红外光谱、扫描电子显微镜、共聚焦显微镜或能量色散 X 射线(energy dispersive x-ray,EDX)来进行比较和检验。一些标记介质,如气泡喷墨/喷墨墨水和热升华染料,可以通过使用红外线或紫外线检验将彼此区分开。

关于静电复印技术,可以在采用模拟技术和较新的数字系统的那些机器之间进一步再分类。虽然识别由数字复印机创建的像素化现象,与由模拟机器创建的非数字化图像进行对比,乍看起来似乎是一件简单的事情,但是必须相当小心以确保观察到的任何像素化不仅仅是原件或中间代复印件中所发现特征的复制。现代激光打印机输出分辨率在 1200 ~ 2400dpi 范围内,法庭文件检验员将文件鉴别为模拟复印件时必须相当谨慎。在这些分辨率下,像素宽度如此之小,以至于即使在高倍放大下,墨粉颗粒尺寸、墨粉聚 *236*
集和纸纤维都可能在评估数字化过程中产生重大的干扰。

能够确定是否由多台机器在多页文件或者甚至在一页纸的两个不同区域创建文本的能力有时是至关重要的。尽管微观分析显示总体差异很明显,但其他差异只能使用更为复杂的分析工具进行检测。正在使用专门的机器视觉系统(machine vision systems)对测量打印质量进行前沿研究。使用这些工具,文件检验员可以评估诸如点位置、边缘粗糙度、过度喷涂、卫星墨滴和文本质量等参数。[1]

在传真机、复印机和电脑打印机生成文件上的成像和打印缺陷已经在前面的章节中讨论过。这样的缺陷在鉴别由多种机具制备的材料方面具有价值,并且因此可以用于鉴别换页文件或甚至在单页纸上的字行间进行书写(interlineations)。例如,由计算机生成的临终遗嘱(last will and testament)除了一页之外的所有页面上都出现打印空白。这种差异,以及其他差异(如在纸张,装订孔和书写压痕),可以证明存在换页现象。

这些检验的真正价值在于它们被用作比较技术,即将文件的一部分与另一部分进行

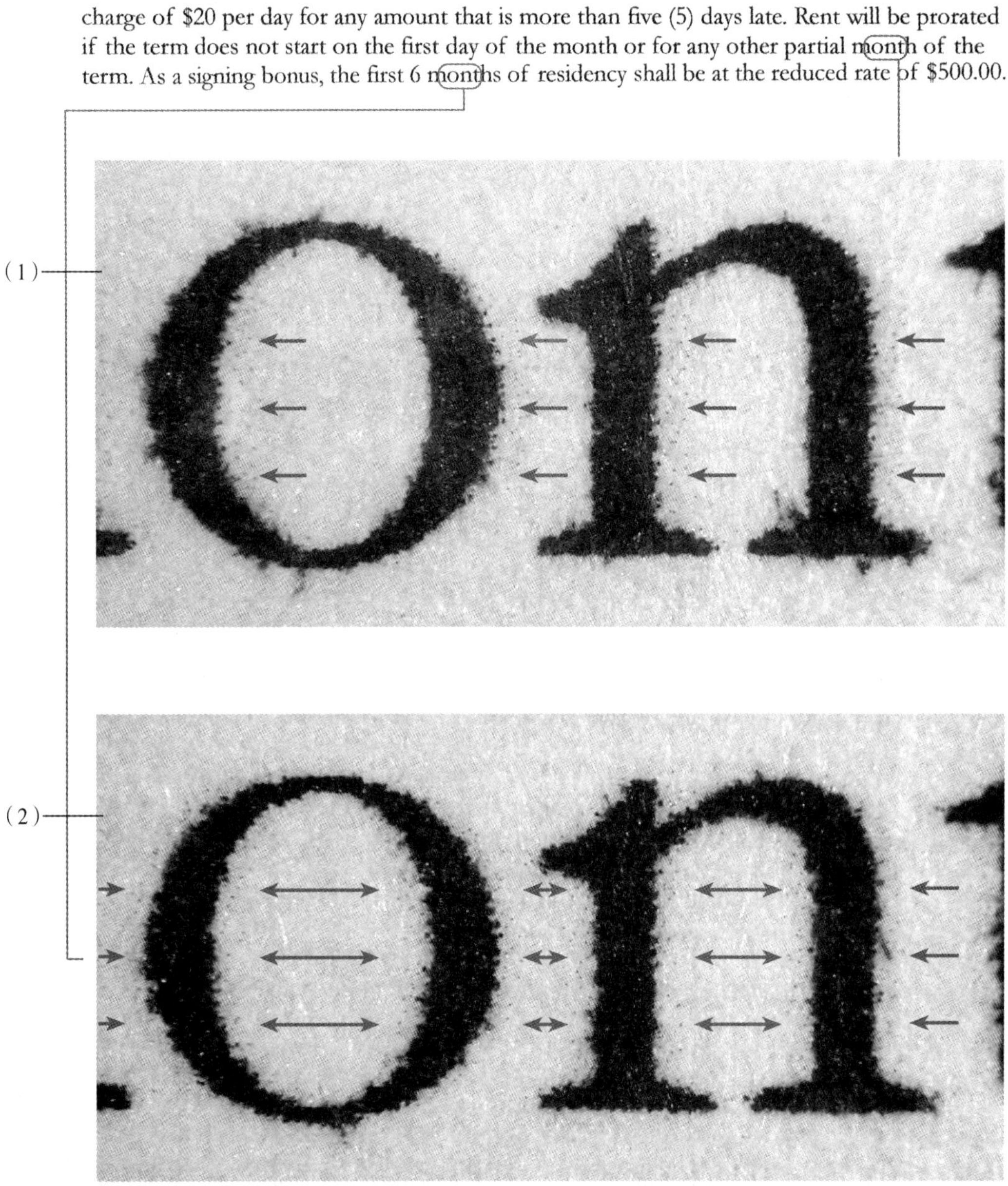

(1)过量喷涂主要出现在右侧(正常模式);(2)过量喷涂出现在下图中字符的两侧(精细模式)。

图 19.2 图片显示了在正常和精细设置下使用喷墨打印机打印文本的示例

比较,以确定两者是否存在一致性。类似地,可以将调查材料与涉嫌用于创建该材料的机器输出样本进行比较,从而确定是将这些机器作为涉案嫌疑工具包括在内或排除在外。

19.3 排版注意事项

一旦对制成给定文件的印刷技术进行了全面评估之后,文件检验员应该检验文本以确定整篇内容是否使用了相同的字体。鉴于许多不同字体之间的相似性,这种分析需要密切注意精细的排版细节。将重复的字母或字母组合进行重叠比较是一种快速比较文件上各个字符的方法。法庭文件检验员必须记住,不同代复印的页面在大小上可能略有不同,这将影响比较。显然,也必须考虑到为了格式目的以不同的字体大小打印不同的文件部分。类似地,在单个页面内通常也可以看到非线性复制失真。复印越往后几代,更难以确定是否所有的文本具有相似的字体和大小。这是因为填充效应和连续复印产生的微小细节损失。当在传真件中比较文本时,法庭文件检验员面临着相似的问题,传真件的分辨率通常在 100 ~ 200dpi 之间。在使用的字体或样式中的任何差异都必须要在待检验文件的上下文中考虑,也就是说,是否有合理的理由解释为什么会出现多个字体?

19.4 评估对齐、间距和复制失真

检验过程的下一步是评估整个文件中的行间距。可以采用各种测量技术,包括玻璃或塑料测量板或使用扫描和图形软件。无论采用何种方法,法庭文件检验员必须认识到 238
可能存在的任何线性或其他失真。这对于多代复印件或传真件尤其如此,在其中看到文本基线在整个页面呈波浪形起伏并不罕见。在这种情况下,只能进行一般的测量。为了正确评估存在的任何失真,应进行多行测量。只注意可疑条目相对于其紧挨着的上下行的位置,这将是一个错误。行间距的差异和页边距的差异仅在周围文本间隔一致时才有意义。

在进行这种测量时发挥作用的两个印刷要素是光学校正和特殊字符。术语光学校正是指在印刷设计实践中具有弧形底部的字符实际上稍微低于真实的基线。因此,重要的是认识到,给定字型中的不同字母和数字它们的基线对齐相对于彼此是可以变化的。因此,基线的测量不应该依赖于诸如 O、e 或 C 等字符(图 19.3)。类似地,特殊字符不一定下降到基线以下,这取决于字体(图 19.4)。另一个必须考虑的注意事项是,即使是单个字符在不同大小或使用不同字体的情况下,也会移动整个行的基线,因此也会移动所有行的基线(图 19.5)。

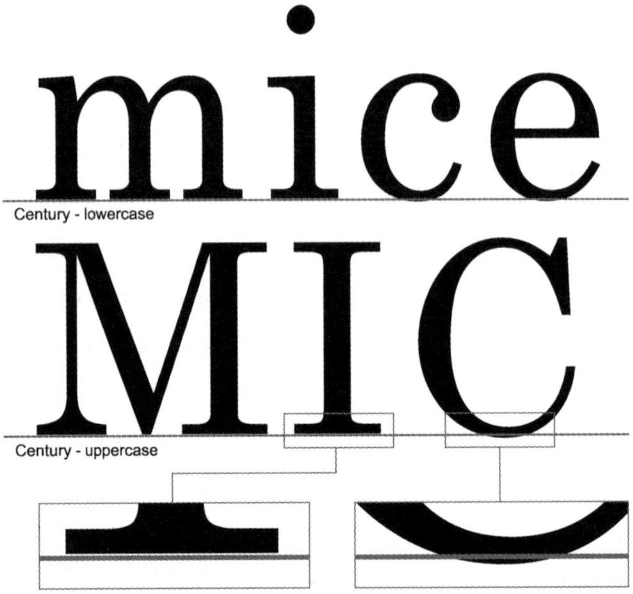

注:请注意,带有弧形底部的字母略微低于实际的基线,而具有平坦底部的字母则不会。

图 19.3　光学校正的示例

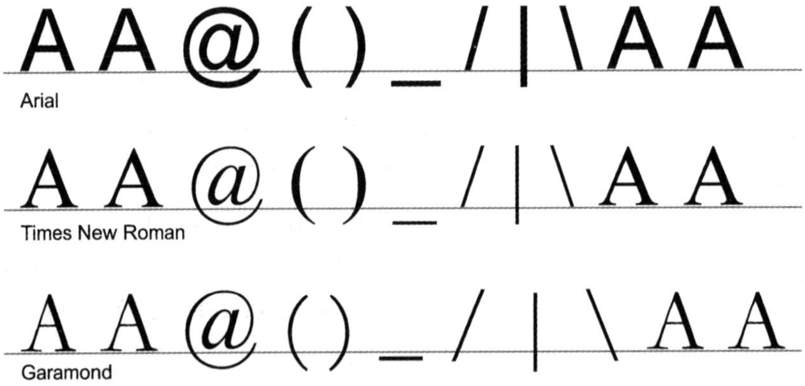

图 19.4　三种不同字体的例子,其中某些字符被设计为下降到基线以下

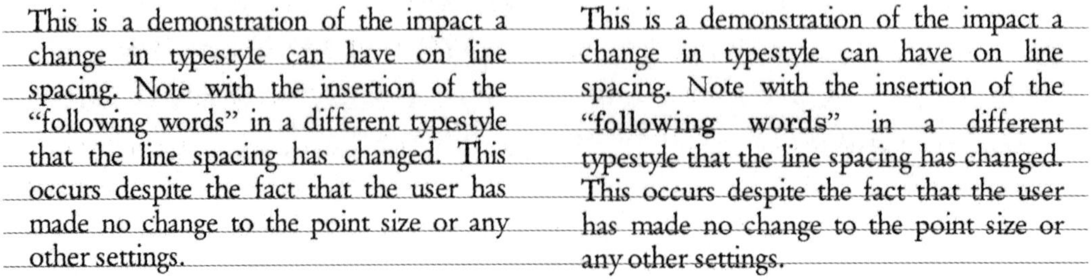

注:在右边的示例中,语句"following words"已使用不同的字体输入,但是与段落的其余字符具有相同的大小。

图 19.5　以不同的字体大小或字型输入的字符或单词会影响后面所有行的间距

无论是评估传真复制、影印还是计算机生成文本，Adobe Photoshop®或其他软件都可作为评估行方向的有价值工具。文件被扫描到 Photoshop 中(图 19. 6a)，将其中测量工具与任意旋转功能(the Rotate Arbitrary function)配合使用，使文件根据选定的文本行旋转到适当角度(图 19. 6b)。一旦完成，使用同一组工具来获得关于每行的方向信息(图 239
19. 6c)。卡尼(Carney[2])建议对每行进行多次测量以确保精度。

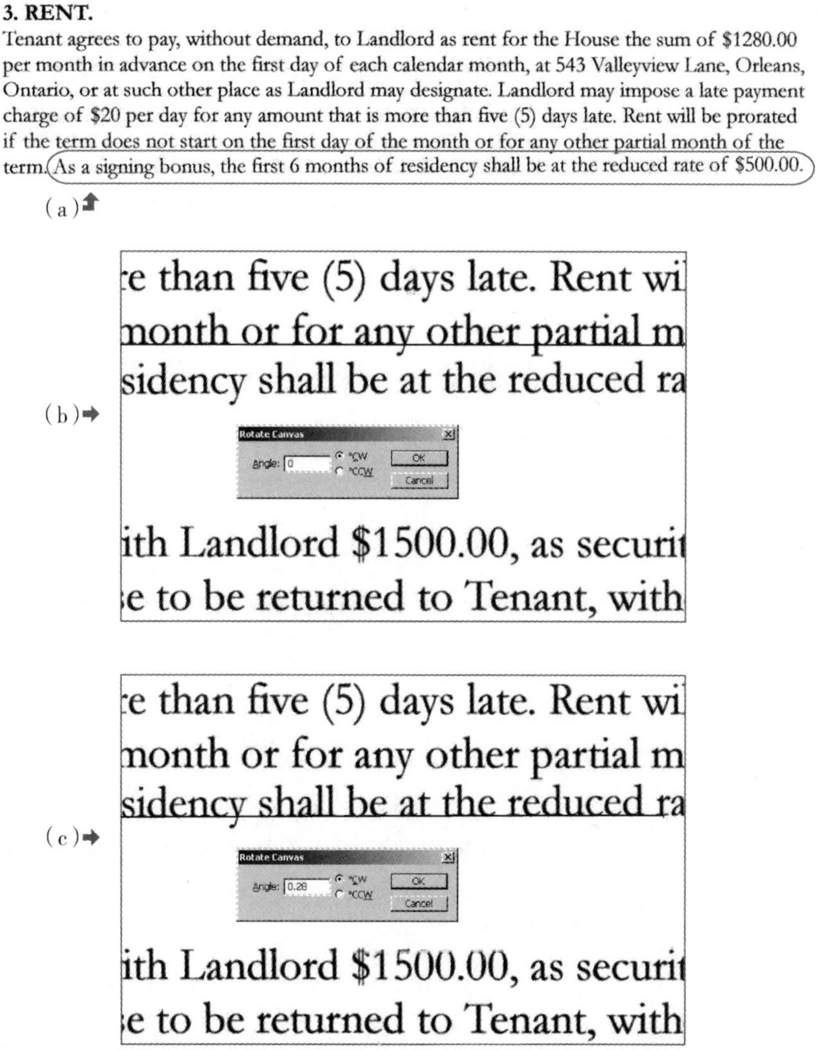

注：通过使用任意旋转功能与软件程序的测量工具相结合，可以计算各行之间相对于彼此的角度，从而识别可能表明存在字行间书写的未对齐现象。

图 19. 6　怀疑一行文字可能已添加到段落的末尾

图形软件也可以有效地评估行间距。例如，Photoshop 有一个内置的网格功能，允许用户调用一个重叠的像素级网格来控制其间距。在其他程序中，例如 Macromedia 的 Freehand®，可以导入扫描图像，并通过标记任意两行的基线，然后用适当数量的行增量

“间隔”它们来创建间距均匀的网格(图 19.7)。此方法不受复制缩放比例问题的影响。它不仅帮助识别不符合整齐间距的任何行,而且还提供对异常的快速洞察,这些出现的异常是由格式的决定、字体或字型样式改变或失真造成的。可以看出,这种技术连同以
240 前引用的分析程序都是法庭文件检验员武器库中的关键组成部分。

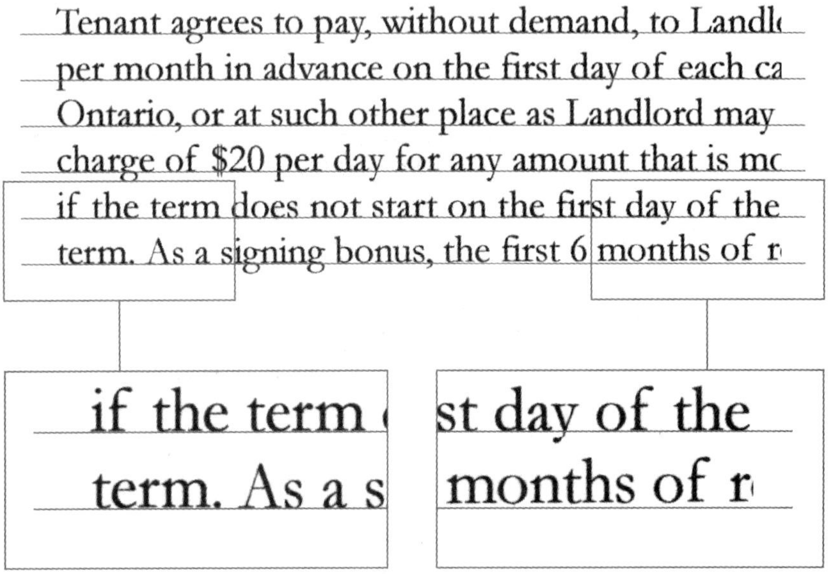

注:测量板的软件版本现在比玻璃或塑料版本更常用,因为它们给用户更大的灵活性。

图 19.7 有间距的网格可用于评估计算机生成文件或打字文件中的行间距和失真

19.5 伪造传真件的特殊注意事项

对签名、文本段落和发送终端标识符报头部分内容的剪切和粘贴是对传真文件的通常变造方式。传真传输过程中的低分辨率部分用于隐藏其中的一些伪造。必须对传真机中的所有信息进行仔细检查,以确保整个传真件具有一定程度上的一致性。签名显示
241 出的像素化现象与已被传真的签名是否一致?在页边距、字体、文本和发送终端标识符的间距,是否有明显和可测量的差异(图 19.8)?所有的发送终端标识符细微之处都是同一个字体吗?发送终端标识符细微之处的字符是否显示一致的基线对齐?发送终端标识符是一个清晰的图像,还是显示出复制的证据(图 19.9)?这些都是在检验传真复制件时需要回答的基本问题。

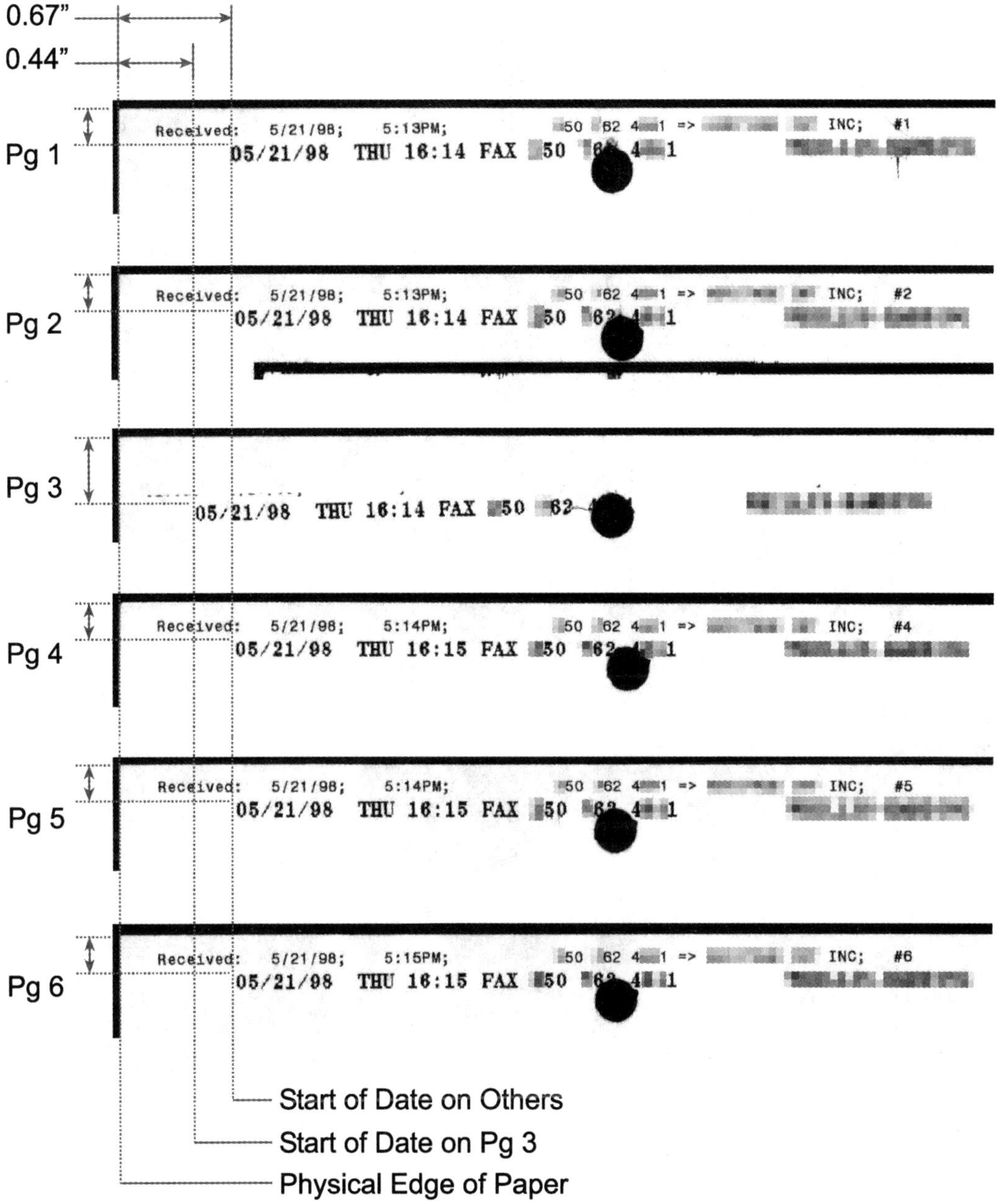

注:第三页发送终端标识符和接收终端标识符在页面的位置较低;发送终端标识符更靠近页面的左边缘;并且接收终端标识符被裁切不正,尽管在这个页面上比在其他任何页面位置更低。当放到一起考虑时,这些差异表明第三页可能是第二代或后几代的复制。

图 19.8 对发送终端标识符和接收终端标识符报头的检验揭示了第三页(Pg. 3)和其他页面在同一次传输中的几个差异

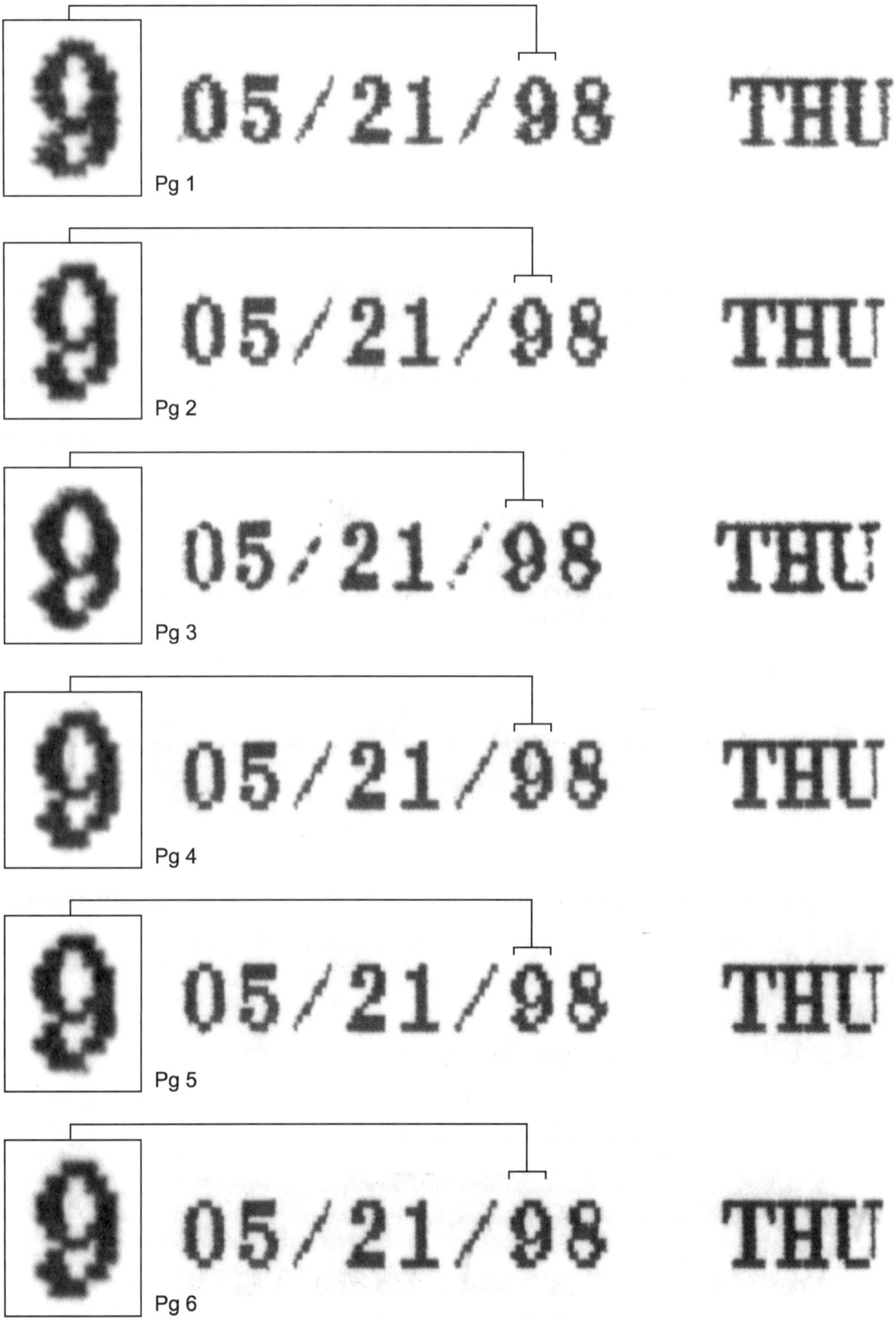

注:发送终端标识符显示了不清晰的边缘(注意主干)、填充、折线和不太明显的点阵模式。这个证据支持第三页可能是第二代或后几代复制的观点。

图 19.9 第三页与其余传输页之间在图像质量方面存在差异

尽管在传真文件中图像分辨率低，但是这个特点本身就具有法庭科学价值。例如，可以对文件进行评估以确保整个文件中的像素方向一致(图 19.10)。并排的签名线虽然在宏观层面上平行，但可以显示出两者相对于彼此而言像素阵列是旋转的，从而证明它们没有同时被传真，而是两次传输的结果。另外，评估传输过程的分辨率可以区分替换的页面和原始传真信息。正常的低设置 100×200dpi 像素化将比 200×200dpi 的精细设置或 200×390dpi 超精细设置更为明显。在同一次传真传输中的页面相互比较能够揭示这种不一致的现象。

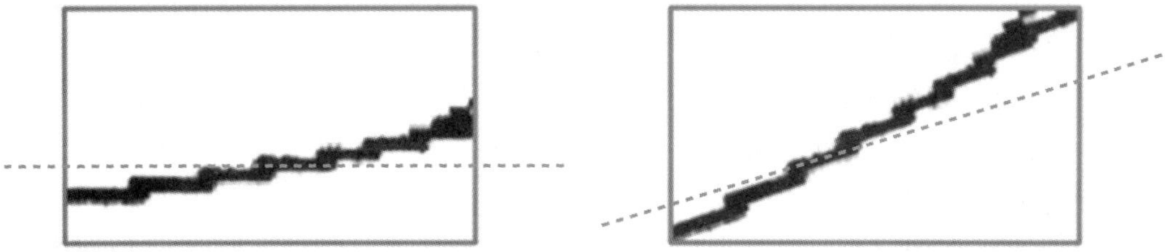

注：如果两者同时数字化并在一次传输中发送，则不会有这样的差异。

图 19.10　一个文件由两个不同传真文件伪造而成的证据是并排放置的两个签名的像素方向不同

19.6　结论

必须采取谨慎、有条不紊的方法来确保在机器生成文件中的伪造和篡改能够被发现。单张纸上的信息应进行相互比较，并与同一文件其他页面上的文本进行比较，在适用的情况下，与所涉及机器的输出样本进行比较。必须考虑所涉及的打印技术、对齐和间距特征、排版和格式、成像和打印缺陷，以及打印质量和分辨率。 242

参考文献

1. Oliver, J. and Chen, J., Use of Signature Analysis to Discriminate Digital Printing Technologies, paper presented at the International Conference on Digital Printing Technologies, San Diego, CA, 2002.

2. Carney, B., Using Adobe Photoshop® to Detect Document Alterations through Interlineations, paper presented at the annual meeting of the American Society of Questioned Document Examiners, Baltimore, 2003. 245

橡皮图章 20

简·西曼·凯利

目　次

在1982年版《可疑文件的科学检验》中，奥德韦·希尔顿写道：

> 作为一种办公室省力的器材，手戳或印章是便利和有用的；作为文件检验员的调查领域来说，则是相对来说不常见但又是多种多样的。它的多样性在于使用的印章种类繁多：固定字母式样的印章、完全由松散活字组成的印章、传真签名印章、具有时间日期可旋转的转轮印章、可移动字钉的日期邮戳，以及这些类型的任何组合。多样性不仅限于按照版面来进行分类。印章实际使用的材料及其制造方式增加了可能的种类。[1]

在上面的段落中，希尔顿撰写的内容更多地涉及印章预期用途的多样性，而不是印模材料或制造工艺的选择。为了满足商业或工业的实际需要，橡皮图章的机械或结构组成存在多样性。过去30年的技术进步带动了制造工艺的发展以及橡皮图章行业所用材料的改进。在1970年之前，传统橡胶印模的材料是用于回墨印章（也可称为翻斗印章，self-inking stamps）的硫化橡胶或用于预加油墨印章（也可称为自含墨印章，pre-inked stamps）的预混合凝胶（pre-mixed gel）。使用勒德罗排铸机（Ludlow）或莱诺排铸机
247 （Linotype）的硫化制造方法用于制造以上两种材料。使用液体光聚合物作为印模材料始于20世纪70年代末期，到80年代中期被广泛应用于印章制造工艺。莫林·A. 凯西（Maureen A. Casey[2]）、杰伊·莱文森（Jay Levinson）和本杰明·佩雷尔曼（Benjamin Perelman[3]）首次撰写并发表文章，讨论了紫外线法（用于生产光聚合物印模的制造工艺）以及文件检验员在由这种印模所产生的印章印文中所观察到的特征。

1990年以来，光聚合物印章占据橡皮图章市场的大部分份额（图20.1）。在美国，硫

化橡胶印模仍然存在，但是由于通过更经济有效的制造工艺（如紫外线和激光）替代了勒德罗排铸机和莱诺排铸机，其数量正在减少（图 20.2）。在引入平模印章之前，由于这类工艺的高制造成本，预加油墨印章的制造商数量很小。引入光爆和热敏制造技术扩大了预加油墨印章的市场。机器较低的成本和操作的便利性使办公用品商店和个人能够以最低的成本、最少的训练和最小的空间要求制作优质的预加油墨印章。[4]

注：光聚合物印模可以是半透明的、透明的或反映出乳白色、粉红色或黄色的色调。光聚合物印模是凸起的。

图 20.1　光聚合物印模的特写

注：这种凸起的橡胶印模是使用旋转激光器制造的。

图 20.2　橡胶印模的特写

20.1 印章分类

印章分类并不是根据印模材料的种类,而是根据油墨来源的位置。[5]根据油墨来源的位置,法庭文件检验员在他们的办案工作中会遇到的常规印章有四种主要类型:手戳、回墨印章、预加油墨印章和平模印章。个人、商业和工业上所用的橡皮图章是由相同的制
248 造工艺生产,并且按油墨来源分类。然而,为了满足特定行业的标记需求,印模材料和油墨在工业环境中有所不同。[6]尽管本书中的讨论仅限于个人或商业用途的橡皮图章,但法庭文件检验员应该意识到在工业环境中也使用其他印模材料。

个人和商业使用的手戳和回墨印章包含由硫化橡胶或光聚合物制成的印模。手戳印模安装在球形手柄底座或模塑底座的印模板上。因为印模暴露在周围的环境中,所以会受到损坏和碎屑的污染。为了使油墨分布到整个印模,印模的着墨过程是通过用手将印模按压到印台上来完成的。手戳的着墨过程是手动实现的,而回墨印章的着墨过程是机械自动完成的。[7]回墨印章是由容纳印模和印台的容器(通常为塑料)组成的(图 20.3)。由于印模通常是在具有盖子的容器中,因此可防止由于与某人桌子里或桌子上的其他物体发生碰撞而产生的过多的碎屑污染或切割损坏以及其他损坏。着墨过程中,当容器的顶部被压下时,印模旋转 180°压入印台中。

注:手戳依靠单独的印台着墨。回墨印章在容器内有一个小印台。凸起的印模(硫化橡胶或光聚合物)旋转 180°接触印台后,再在纸张上压印。

图 20.3 带有木制手柄的手戳显示在照片的右侧,左侧显示的是一枚回墨印章

前两类主要涉及使用水性油墨的印模。第三类是包括以高浮雕印模为特征的预加油墨印章,一般来说使用油性油墨(图 20.4)。脱盐橡胶、泡沫和干粉,以及预混合凝胶是用于制备高浮雕预加油墨印章的材料。第四类是平模印章,它具有低或非浮雕印模,印
249 台夹在印模和模座之间(图 20.5 和图 20.6)。根据其预期用途,水性或油性油墨都可用

于平模印章。

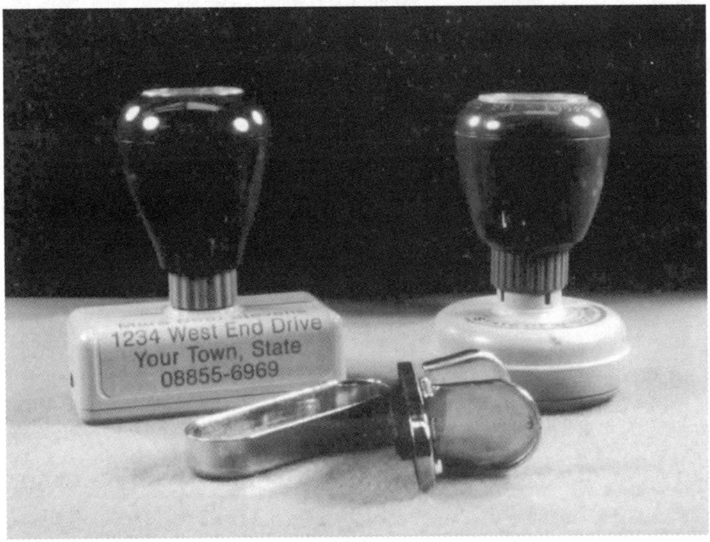

注：预加油墨印模由诸如预混合凝胶、脱盐橡胶、泡沫和粉末制成，预加油墨印模是凸起的印模（字体凸起）。

图 20.4 用于容纳预加油墨印模的各种容器样品

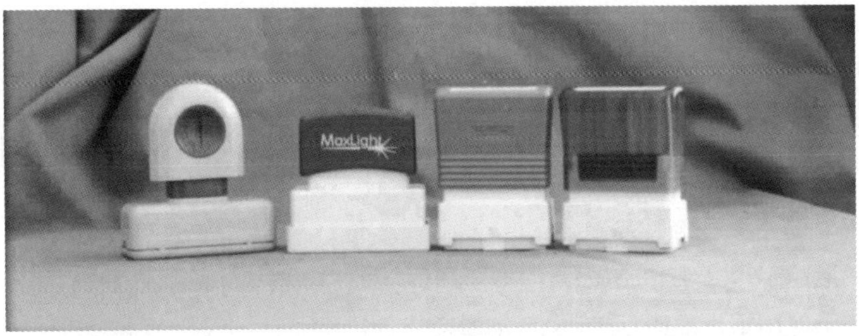

注：低或无浮雕印模油墨可以是水性或油性的。容器具有盖子以保护印模不被损坏或周围的碎屑污染。

图 20.5 用于容纳低或无浮雕印模的各种容器

20.2 橡皮图章印文的特征[8]

法庭文件检验员在印章印文中观察到的特征受到印模材料、油墨是水性的还是油性的、印章尺寸、纸张类型、油墨与纸张的相互作用以及个人盖印形成印文的影响。形成不 *250*
理想印章印文的两个最常见的原因涉及盖印的方法，也就是不能正确地固定住印章，造成不均匀的盖印，并且在形成印文时使用太大的力量导致印章反弹。

观察到用手戳或回墨印章和预加油墨印章所形成印文的差异。一般情况下，很难对形成可疑印文的印章类型做出明确的陈述。然而，在印章印文中观察到的特征可以提供

注:使用热敏印刷工艺制造该印模。油墨通过文本图像的微孔排出。

图 20.6　低浮雕印模的特写

关于可疑印章印模材料的线索。硫化橡胶和光聚合物是手戳和回墨印章印模的最常见
251 材料。这两种材料是无孔的并且不保留油墨。至于印模材料是硫化橡胶还是光聚合物,
它们在印文中具有相同的特性,如下(图 20.7a 和 b):

(1)墨迹均匀;

(2)深色墨环形成单个字母的轮廓,被称为“挤墨效果”,是由于印刷区域的凸起将油墨挤到墨线的边缘,因此产生该环。如果整个字符大量着色,这个特征将很难观察到;

(3)在墨线上没有压痕;

(4)圆形的字母开头和结尾;

(5)如果使用水性油墨,则有少量油墨会渗透进纸张;

(6)油墨会填充尖角和两条线的交点;

(7)可以观察到着墨印文中的一些斑块状区域;

(8)不均匀的字母轮廓。

由于具有多孔性,预加油墨印章的印模可以作为其自身的油墨储存器。通常用于预加油墨印模的材料包括预混合凝胶、脱盐橡胶、泡沫和干粉。由泡沫和干粉制成的印模可以容纳水性或油性油墨。剩余的印模材料在个人或商业应用中只能使用油性油墨。由于预加油墨印章印模是柔软的并且具有一定的弹性,因此形成的印文特征与从手戳或回墨印章盖印的印文中所观察到的特征略有不同。在预加油墨印章印文中观察到的特征包括(图 20.8a ~ c):

(1)干净简洁的细节;

(2)遍及各个字符均匀的油墨饱和度;

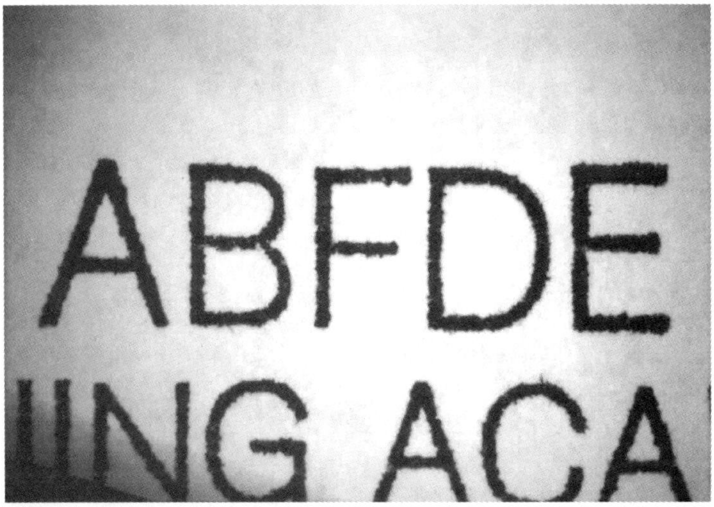

(a)

(b)

(a)印文是由硫化橡胶印模盖印形成的；
(b)印文是由光聚合物印模盖印形成的。

图 20.7 在斑片状区域墨迹均匀，油墨填充在两条线的交点，字母具有圆形的开头和结尾是橡皮图章印文的特征

(3)在字体的内部或外部没有较重的墨线；

(4)字母边缘油墨羽化或渗透；

(5)圆形的字母开头和结尾；

(6)在墨线上没有压痕；

(7)小的盖印文字模糊或扭曲；

(8)油性油墨透过纸张(图 20.9)。

(a)

(b)

(c)

(a)由预混合凝胶印模盖印形成的印文;(b)脱盐橡胶印模盖印形成的印文;(c)平模印章盖印形成的印文(光爆技术)。

图 20.8　油性油墨组成文字的着墨区域,墨迹均匀,字母边缘羽化,以及圆形的字母开头和结尾都是在油性油墨印章印文中观察到的几个特征

注:在预混合凝胶、脱盐橡胶类印章和平模印章中,油性油墨透过盖有印文的纸张并不罕见。

图 20.9　在一张纸的背面观察到的油墨渗透

平模印章分为两大类:光爆技术和热敏打印机技术。光爆技术使用氙气闪光灯来密封印模的非印刷区域(图 20.10 和图 20.11)。印刷区域能够让油墨通过开放的孔通过印模。在热敏打印机技术中使用热量来密封平模非印刷区域中的微孔(图 20.12a 和 b)。出自任何一类平模印章印文的特征与预加油墨印章印文中的特征非常相似。然而,一些平模印章产生的印文包含特定机型更加独特的特征。例如,兄弟(Brother)SC 300 PC 使用热敏打印机技术制作平模印章。这种特定机型是面向普通大众销售的第一台平模机。由兄弟 SC 300 PC 制成的平模印章盖印的印文将在盖印文本中反映出点阵图案(图 20.13)。点阵图案相对于文本的字号大小而变化。随着字号尺寸变小,点阵演变为锯齿形(图 20.14)。相反,印章越大,盖印文字中的点就越多。除了独特的图案,印文的剩余特征也酷似在其他预加油墨印章印文中所观察到的特征。 253

注:这种类型的印模表现为低或无浮雕表面。油墨通过印模上的微孔印到纸上。墨源位于印模版面后部。

图 20.10　使用光爆技术制造的平模印章

注:该印文具有油性油墨印章的特征。

图 20.11　来自光爆平模印章的印文

(a)

(b)

(a)热敏打印机印章的低浮雕印模;(b)从热敏打印机平模印章形成的印文。

图 20.12 印章上的加热单元密封印模上非印刷区域中的微孔,油墨通过文本区域中的开放孔隙流出

图 20.13　印刷文本字符中的点阵图案表明兄弟 SC 300 热敏打印机可能已经制作了印模

注:例如,8 磅的文本将显示具有锯齿形外观的点阵。

图 20.14　点的排列取决于文本的大小

20.3 检验过程[9]

在检验过程中没有包括对文件上的印章印文进行检验时，大量的证据信息就会被忽略。通过花费时间来检验被忽视的证据，文件检验员能够向提交者提供其他的信息。例如，提交了一个案件，要求在一组文件中进行笔迹、签名和印刷方法检验。调查者没有询 256
问公证的印章情况。由于印章印文已经包括在检验中，提交者被告知了额外的调查信息，因为印章印文的显微镜检验显示它们是喷墨打印机形成的，而不是橡皮图章盖印形成的。 257

《橡皮图章检验的标准指南》(ASTM E 2289 - 03)由美国测试与材料协会®出版，是法庭文件检验员在检验涉及橡皮图章及其印文的案件时应遵循的程序指南。[10]在本节中讨论的程序比指南中包含更多的细节，但与出版的 ASTM 指南相一致。

检验橡皮图章或印文需要一种研究方法。与任何文件检验一样，法庭文件检验员必须考虑证据固有的限制。橡皮图章印文固有的限制是由以下因素的组合所决定的：制造工艺、印章使用的材料、墨水种类、印文承印材料的种类以及个人操作印章的盖印方式。拥有生产橡皮图章各种模具材料和制造工艺的知识是为任何观察到的异常分配权重的关键。[2]

有两种主要类型的缺陷：在制造过程中发生的缺陷和通过使用或滥用印章而发生的缺陷。制造过程中缺陷的来源包括原始图像损坏、印模材料损坏、变形或不对齐、较差的质量控制、切割印章造成的损坏、气泡和灰尘等杂质。为了分类或确定缺陷的来源，文件检验员必须拿到可疑的印章。缺陷的确定或分类不能在印文的检验中进行。缺陷的意 258
义，即种类的或个体的，是由制造过程中的出现阶段所决定。例如，气泡可以在制造的不同阶段出现（图 20.15a 和 b）。如果气泡在用于生产硫化橡胶印章的树脂模具中，那么气泡将是一个种类特征。用该特定模具制成的每个印章都将在相同的位置上有气泡。如果气泡是在硫化之前将橡胶放置在树脂模具顶部期间因空气被困住而产生的，则气泡对于该印模是独特的，因此将是个体特征。

个体缺陷通常是通过使用或滥用印章而产生的。灰尘、纸张、纤维、积墨、刻痕和切口、边缘磨损和损坏以及印章变形是缺陷出现在印文中的几个原因。

个体缺陷可能是暂时的，并且在处理印章时必须注意，以免影响导致缺陷的物质的数量或位置（图 20.16a 和 b）。例如，灰尘、毛发、纤维和积墨是暂时的，并且可以因处理或清洁印模而被移除。刻痕、切口、边缘磨损和损坏以及印章变形是永久性缺陷，因为它们是印模的一部分。暂时性和永久性的物质都能造成个体缺陷，从而有助于识别或消除形成可疑印文的印章嫌疑。

(a)

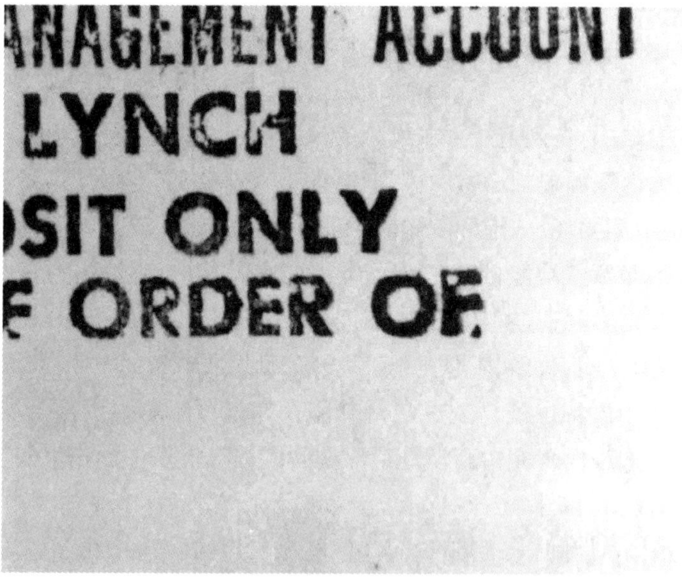

(b)

(a)在印章制作过程中出现气泡;

(b)在印模上的气泡在印文中形成非印刷区域。如果气泡出现在矩阵板中,则被划分为种类特征。然而,如果当橡胶被放置在矩阵板的顶部时由于空气被困住而导致气泡出现,这是个体特征。可以在OF的F中观察气泡。

图20.15 关于确定它们是不是种类或个体缺陷取决于知道气泡何时出现

(a)

(b)

(a)有碎屑在这个脱盐橡皮图章的印模上。处理印章时，法庭文件检验员必须小心，因为碎屑或任何其他暂时存在的材料都可以被移除；

(b)碎屑作为非印刷区域出现在印章印文中。

图 20.16　碎屑的形状、大小和位置可以帮助建立形成时间明细表，如果可疑印文和印文样本都包含相同的空白区域，则形成时间明细表也将视为鉴定特征

检验印章印文的第一步是在显微镜下进行检查,以确保你拥有的是印章印文,而不
是由其他印刷技术创建的图像,如喷墨打印机或复印机。如果图像是由另一种印刷技术
创建的而不是橡皮图章盖印的,则文件检验员仅限于出具有保留意见的报告,因为他
259 (她)仅限于检验文本的总体特征,即图像反映了相同的一般种类特征,如字体、字体大
小、布局安排、提交的橡皮图章的设计样式。

如果提交了可疑的印章,首先进行外观检验,以确定是否存在永久或暂时的缺陷。在外观检验过程中,也可以确定油墨来源和印模、墨腔和印台的状况。墨腔或底座(如果是手戳)会有一个索引(也称为标题),该索引经常出现在由该印章首批盖印的一枚印文中。制作印章的制造商或印章店的名称可能会显示在墨腔和手柄上。这些信息可能有助于找到制作印章的商家。

外观检验后接下来进行显微镜检验寻找异常。外观检验和显微镜检验都应该标上记号。在提交检验时,对印章和印模拍照是为了记录其状况,这是一种很好的做法。一旦这步完成,下一步是将提交的橡皮图章与可疑印章印文进行比较。它们在种类特征、字体大小、字体、布局安排和设计式样上是否相符合,如果相符合,检验则继续。如果在种类特征上不一致,排除嫌疑是合理的,因为提交的橡皮图章不可能形成可疑的印文。

对印模和印文的显微镜检验应包括直接照明和侧光照明。直接照明对所检验区域提供均匀照明,以确定印模的制造工艺。侧光照明与更高的放大倍率相结合,缩小检验的焦点,即使是最小的缺陷,也可以确定它们是永久的缺陷还是暂时的缺陷。

完成对印模的彻底检验后,需要对可疑印文与样本印文之间进行检验。法庭文件检验员使用提交的印章在与可疑印文相似的承印材料上大量盖印。如果提交的印模被暂时性的物质(灰尘、毛发、积墨等)所覆盖,并且可疑印文并未反映出可能来源于暂时性物质的缺陷,那么有必要清洁印章以获得不受暂时性物质影响的印文(图 20.17a 和 b)。在清洁之前,应对印章拍照以记录印章在接收时的状态。需要重点强调的是,在能够反映所提交印章状况的许多印文未被盖印之前,印模不应该被清理干净。

油墨饱和度和印模与承印介质接触的角度决定了印模中的缺陷是否会被复制到印文上。由于油墨填充空白区域,墨迹浓重的印文可能不会显示出小的缺陷。不知道嫌疑人是如何手持印章或印模接触纸张的角度是多少。由于这些未知因素,法庭文件检验员应该以各种不同的油墨饱和度,并且印模以不同的角度接触纸张来形成印章印文样本。在没有重新蘸墨条件下收集一系列可疑印章盖印的印文,是获得油墨饱和度逐渐降低的印章印文的正确方法。对于回墨印章或手戳,请确保印模在首次盖印之前已经充分着墨。印文中的油墨覆盖将在首次盖印中达到最佳。由于印文之间不再重新蘸墨,每次连续盖印油墨覆盖率都会逐渐下降。从 10~20 次连续盖印,文件检验员应该能够观察到每次连续盖印的油墨饱和度都会下降(图 20.18)。

(a)

(b)

(a)在制作印文样本之前清洁印模可以清除包括毛发在内的暂时物质;

(b)反映了头发接触印模而产生非印刷区域的印文。

图 20.17 在清理印模之前,必须提取所收到印模盖印的印文样本

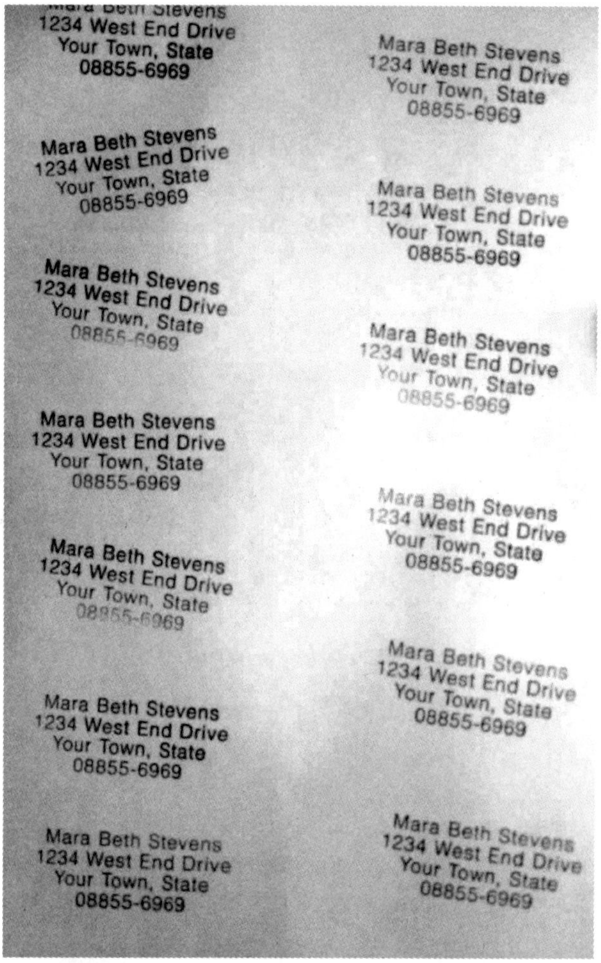

注:第一个印文有最佳的油墨覆盖。油墨饱和度随着每次盖印而逐渐减少。

图 20.18 由回墨印章未重新蘸墨的印模盖印形成的连续印文

印章的分类将决定从可疑印章中获得油墨饱和度的变化范围。例如,与在印章盖印期间没有再次蘸墨形成的印文相比,手戳或回墨印章印文将反映出各种不同的油墨饱和
262 度。预加油墨印章,如预混合凝胶印章,在印模内已经有油墨。文件检验员必须快速、连续地盖印,为了观察油墨饱和度的逐渐降低。油墨饱和度的变化范围在预加油墨印章中并不显著,因为填充油墨的印模由浸透的或微胶囊化的着色单元组成。必须快速进行连续盖印防止着色单元将油墨补充到与纸张接触的印模顶部。甚至平模印章也可被分类为预加油墨印章,从连续盖印中获得印迹较轻的印文也是困难的。由于油墨仅通过文本的开放孔排出,因此油墨供应不会耗尽。平模印文的一个特征是油墨饱和度从第 1 个到第 20 个连续盖印印文都将是相同的(图 20.19)。

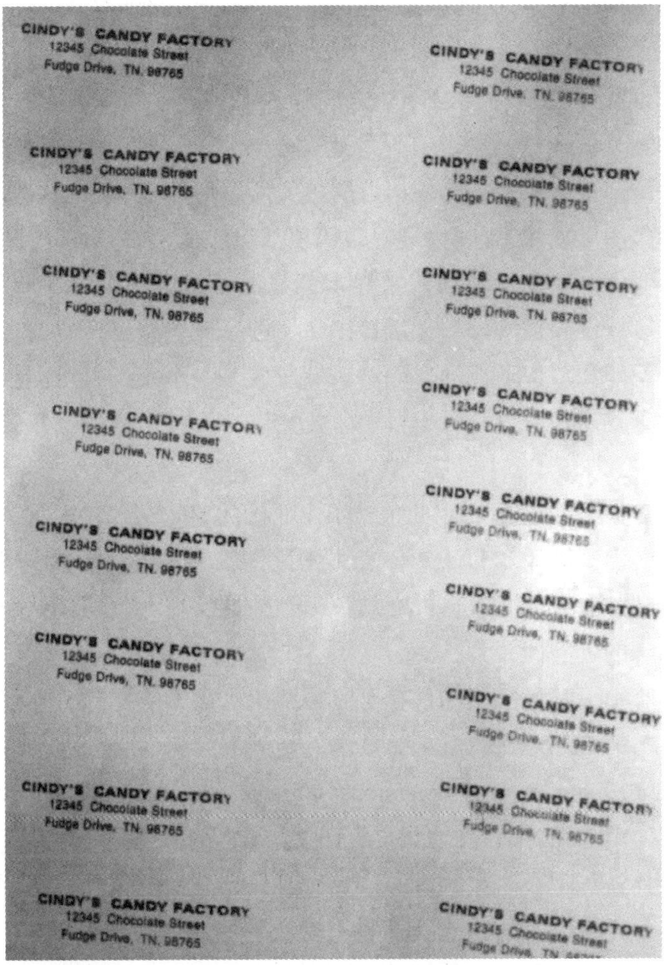

注：平模印章的特点是，第 1 枚印文将与第 20 次连续盖印形成的印文具有相同的油墨覆盖。

图 20.19　热敏打印机平模印章盖印形成的连续印文

下一步是在盖印时改变印模与纸张接触的角度。获得向印模均匀施加压力的印文能够让文件检验员确定油墨在整个文本中如何均匀分布的。印模不均匀地(以不同的角度)接触纸张产生的印文能够让文件检验员观察到当角度和压力改变时印文会如何出 264
现。从一边到另一边或前后摇动印章可能会导致暂时的特征，这些特征直接归因于盖印时不适当地处理印章。一旦形成了印文样本，将与可疑印文进行并排比较，以确定它们是否来自同一枚印章。

20.4　结论的标准[11]

检验结束后，文件检验员根据证据做出鉴定结论。关于橡皮图章印文的结论标准可以在美国测试与材料协会的 ASTM E 2289 – 03《橡皮图章检验的标准指南》中找到。[10]这

265 个特定的出版物列出了支持认定、否定、有保留结论和无结论所需要的条件。

只要有一个种类特征——字体大小、字体、间距、设计式样或排列上的差异足以做出否定的结论。当可疑印文和提交的印章之间存在可说明的差异时,将会得出否定的结论。例如,可疑的印文盖印均匀,没有可鉴别的个体特征。可疑印文和所提交的橡皮图章的种类特征一致。正常业务往来中出自所提交印章的印文,并且这些印文是在可疑印文形成时间前后盖印形成的,反映出沿着印模顶部边缘的字符盖印不完整。案后盖印的印文样本与正常业务往来中形成的印文样本都显示了相同的现象。印章检验揭示出沿着印模顶部边缘区域已经被磨损到无法盖出印文的程度。根据所提交的证据,印模上的磨损情况导致沿着印文顶部形成的非印刷区域应该是一个个体特征,这个个体特征本应该在可疑印文中重复出现。可是由于可疑印文并没有反映出这种磨损情况,所以提交的印章应该被排除。

由于存在复制印章的可能性,因此很难给出明确的鉴定结论。根据 ASTM E2289－03 标准,当可疑印文、已知的印章和印章印文样本之间没有明显差异时以及所有个体特征都一致时,会得出明确认定的结论。按照这一指导方针,在得出明确认定结论之前,必须排除存在复制印章的可能性。[10]

橡皮图章检验中更常见的结论是有保留的结论。当不能排除存在复制的印章时,文件检验员可以发出一份陈述保留意见的报告。类似于"可疑印文和样本印文出自同一枚印章"(the questioned and known impressions originate from the same source)的语言承认可能会有复制印章的可能性;报告陈述到可疑印文与样本印文在种类特征、随机特征(可变性印迹特征)、个体特征上是一致的,而且恰当地反映了存在复制的可能性。

对可疑印文和样本印文的检验充其量只能出具有保留的结论。当法庭文件检验员没有机会去分析形成样本印文的印章时,很难说出两套印文出自同一枚印章。法庭文件检验员必须牢记,缺陷并不会出现在每个印文中。尽管调查人员可能提交了 20 枚印文样本,但法庭文件检验员并没有意识到印文形成的环境条件,而且他(她)也没有机会检验印模可能存在的个体特征,这些个体特征可能存在于可疑印文中,但却不会存在于 20 个样本印文中的任何一个。

当检验发现有嫌疑的印章和可疑的印文都缺乏个体特征或缺陷时,只能得出"无法结论"。结论的标准是建立在个体缺陷的重要性上。只有种类特征不支持认定结论。例如,可疑的印章印文墨迹均匀,显微镜检验没有发现任何个体特征。提交的印章盖印的印文墨迹均匀,也没有任何个体特征。在可疑印文是干净的情况下,文件检验员仅限于出具报告可疑印文和已知的印章在种类特征上是一致的,有可能可疑的印文是由已知的
266 印章盖印形成,但由于在可疑印文与已知的印章都不存在个体特征,法庭文件检验员不能将可能性缩小到一枚印章上。

20.5 概要

总之，法庭文件检验员在检验期间应该牢记存在复制印章的可能性。在大多数情况下，由于这种可能性，文件检验员在其鉴定工作中应该保守一些。希尔顿写道：

虽然不确定的结论远多于明确的鉴定结论，但印章印文绝对不能在没有考虑的情况下被忽略。由于印章印文特有的性质，在初步现场调查和作为最终证明事实的证据方面，它们一直是潜在信息来源。[12]

参考文献

1. Hilton, O. , *Scientific Examination of Questioned Documents*, rev. ed. , Elsevier Science Publishing Co. , New York, 1982, p. 72.

2. Casey, M. A. , The individuality of rubber stamps, *Forensic Sci. Int.* , 12, 134 – 144, 1978.

3. Levinson, J. and Perelman, B. , Examination of cachet impressions, *J. Forensic Sci.* , 28, 235 – 241, 1983.

4. Seaman Kelly, J. , *Forensic Examination of Rubber Stamps: A Practical Guide*, Charles C. Thomas Publisher, Ltd. , Springfield, IL, 2002, pp. 50, 66.

5. Seaman Kelly, J. , *Forensic Examination of Rubber Stamps: A Practical Guide*, Charles C. Thomas Publisher, Ltd. , Springfield, IL, 2002, p. 25.

6. Seaman Kelly, J. , *Forensic Examination of Rubber Stamps: A Practical Guide*, Charles C. Thomas Publisher, Ltd. , Springfield, IL, 2002, pp. 28 – 30.

7. Seaman Kelly, J. , *Forensic Examination of Rubber Stamps: A Practical Guide*, Charles C. Thomas Publisher, Ltd. , Springfield, IL, 2002, pp. 26, 28 – 29.

8. Seaman Kelly, J. , *Forensic Examination of Rubber Stamps: A Practical Guide*, Charles C. Thomas Publisher, Ltd. , Springfield, IL, 2002, chap. 4.

9. Seaman Kelly, J. , *Forensic Examination of Rubber Stamps: A Practical Guide*, Charles C. Thomas Publisher, Ltd. , Springfield, IL, 2002, chap. 5.

10. ASTM 2289 – 03, *Standard Guide for Examination of Rubber Stamp Impressions*, ASTM International, West Conshohocken, PA, 2003.

11. Seaman Kelly, J. , *Forensic Examination of Rubber Stamps: A Practical Guide*, Charles C. Thomas Publisher, Ltd. , Springfield, IL, pp. 160 – 171.

12. Hilton, O. , *Scientific Examination of Questioned Documents*, rev. ed. , Elsevier Science Publishing Co. , New York, 1982, pp. 71 – 72.

支票打印机[1]

21

汤姆·瓦斯特里克

目　次

19 世纪初以来，已经使用一些支票的保护措施以防止篡改。早期的努力是在纸张原料中使用复杂的设计，这是现代保险纸（如钞票用纸）的前身。为此设计的机械设备在 1870 年左右开始进入市场。其中一些机器使图像凸起或在纸张内切割成图像，而其他机器将图像悉数从纸张剪下来，就像使用模板一样。这些早期的设备越变化越复杂，外观从一个类似于钳子的设备变化到看起来像一个复杂的大型音乐盒。托德（Todd）公司是现代机械支票打印机的第一大制造商，它推出了第一台支票打印机 Protectograph。托德公司开辟了现代机械支票打印机行业。托德最终在 1954 年被宝来公司收购，而后者又于 1986 年被标准普尔（Standard Register）收购。

机械支票打印机通过上墨、压花、切割或穿孔把支票信息传输到支票介质上。截至 20 世纪末，支票打印技术进入了计算机时代。计算机控制的支票打印机利用基本的计算机和打印机技术来创建打印的图像。计算机控制的支票打印机的个体特征应用与其他
269 计算机生成文件是一致的。

21.1　机械式支票打印机：印记组成

支票打印机的印记实际上是一组至少部分彼此独立的印记组成。典型的印记包括前置

〔1〕 本章的内容和插图节选自 Vastrick，T. W.，*Classification and Identification of Checkwriters*，American Board of Forenic Document Examiners，1991，经过允许，更新发布。

代码(a prefix)、打印部分、收款人处打孔(payee perforator)和数字字体,也称为字段(图21.1)。

图 21.1　一个包含收款人处打孔(REGISTERED)的支票打印机印记例子、前置代码(THE SUM),数字字体(12 和 34)和打印部分(DOLS,CTS)

前置代码是支票打印机印记的一部分,其在数字金额之前。主要制造商都有标准前置代码,这些标准前置代码经常使用能够提供足够信息的单词和格式,单词和格式本身就是可用于确定印记的制造商。这些制造商还提供针对客户需求量身定制的各种个性化的前置代码。个性化的前置代码可以是数字、字符或图像的任何组合。许多个性化的印记是独一无二的产品,从其设计式样的独特性能够确定个体。一些个性化印记包含一系列数字,这些数字代表一个客户号或那个客户的特定机器编号。制造商以往向执法部门提供有关制造任何个性化前置代码的信息,包括客户名称和制造日期。

大多数前置代码通过支票打印机内的弹簧作用摆动到最左边数字的边缘。摆动的前置代码确保在前置代码和数字金额之间没有额外的空间。有些机器没有摆动的前置代码。这些机器可以通过在前置代码和数字金额之间的大量空间来识别。位于数字金额左侧的美元符号或外国货币符号通常是前置代码的一部分。

作为一个警示说明,前置代码可以很容易地从支票打印机中移除并转移到其他普通机器上。支票打印机也可以在没有前置代码的情况下进行操作。因此,在印记中没有前置代码并不一定意味着前置代码不存在。由于这些预防说明,鉴定人不应仅仅根据有无前置代码的特征,认定或排除特定的支票打印机作为印记的来源。然而,前置代码有无的特征可以为认定或排除特定前置代码提供依据。

打印部分由逗号、句号和单词或表示数量的数字内部或后面的符号组成。通常打印
部分的单词包括但不限于 and、dols 和 cts。打印部分是静止的,并且印在每个印记上。打 *270*
印部分中使用的式样和单词可以独立地提供充分的信息,并且其本身就可以确定印记的制造商。应特别注意使用大写字母与小写字母和字体的式样。

数字字体是由锻造在金属板上的数字符号(0 ~ 9)组成的,金属板又被称为字段。每列数字都有一组单独的数字符号。支票打印机可能有 5、7、9、11 或更多的字段。因此,

代表 50.00 美元中的“5”将与代表 500.00 美元中的“5”属于不同的机械实体。普通制造商的某些型号可以通过在这些型号中应用不同数字字段的字体大小和字体式样的差别来进行区分。通常,字体的式样可以独立地提供充足的信息,单独确定制造商,并且在某些情况下,能够确定印记的某个和某些可能型号。重要的是要注意,制造商偶尔会更改字体,提供一些确定形成时间的可能性。

收款人处打孔印记是支票打印机印记在支票收款人区域凸起或切割的部分。印记的这一部分内容位于数字总额的上方。收款人处打孔的目的是使篡改收款人条目变得更加困难或不可能。通常,收款人处打孔将使用与印记其余部分不同的压印板。收款人处打孔将会出现矩形图案或拼写的单词。印记的式样可以单独提供足够的信息来确定印记的制造商。收款人处打孔功能可以关闭或打开。因此,在印记上没有收款人打孔并不一定意味着创建可疑印记的支票打印机没有收款人处打孔功能。

21.2 机械式支票打印机:专门机具

机械式支票打印机有各种各样的形式。较为常见的形式是键盘型和杠杆型,均由手动或电动驱动。另外还有一些具有独特功能和特点的专门机器。

最常见的专门形式是拨号型支票打印机(a dialing machine)。拨号型支票打印机是机械式支票打印机的最古老的形式,经常在低端、便宜的机型中找到,特别是那些国外制造的。拨号型支票打印机由一段印记组成,包括货币符号、数字 0 ~ 9,以及任何其他符号,如句号。印记的数量受到设计的限制。拨号型支票打印机没有收款人处打孔或前置代码。所有数字都具有相同的来源。因此,50.00 美元中的“5”与 500 美元中的“5”印记相同,这点与键盘型支票打印机和杠杆型支票打印机不同。拨号型支票打印机一次仅打印一位数字。然后机器自动前进到下一处。重复此操作,直到印记打印完成。拨号型支票打印机由于其设计原因而导致对齐效果不好,这种明显缺陷不能被视为其个体特有的。缺少收款人处打孔和前置代码以及对齐效果不好都共同表明此机具为拨号型支票打印机。

重型支票打印机(Heavy-duty machines)是设计用于多份文件的支票打印机。因此,这些支票打印机有意设计为不会在纸张上打孔。此项设计功能背后的原因是防止纸张
271 堵塞机器。在机械上,这是通过使用硬橡胶压板来实现的。通常,印记图案是复制特定制造商凸起方式的外观。重型支票打印机没有收款人处打孔。

多币种型支票打印机(Multi-currency machines)是设计用于许多不同货币的支票打印机。有两种方法可以实现。一种方式是提供一个由许多货币式样的铸模组成的字段。这种方法用于键盘型和杠杆型支票打印机。拨号型支票打印机在主要部分有多种货币符号,多币种型支票打印机通常不会有收款人处打孔,也不会有前置代码。打印部分特点通常限于句点、星号和逗号。星号或货币式样 USD 与 US $ 是多币种型支票打印机的明确标志。显然,具有打印部分术语(如 dols 或 cts)的印记不会是多币种型支票打印机。

21.3 机械式支票打印机:印记样式

机械式支票打印机使用两种不同的油墨。一种是液体油墨,另一种是色带(图21.2)。在显微镜下,液体油墨的印记显示出有明确边缘的清晰固体墨迹。色带印记在显微镜下观察时,将清楚地显示出印痕上色带的纹理,并且印痕边缘明显不清楚。虽然在液体油墨型支票打印机和色带型支票打印机中使用标准颜色,但会出现独特的着色方案。对支票打印机的印记检验发现,很少有独特的着色方案。找到双色的印记并不罕见,一些制造商制作了双色印记标准。颜色的变化发生于字符之间,但色带或着墨系统的变化将在印记中的接缝处显示出来。这种变化是相当普遍的,但变化的位置是个体特 272
征,可以在检验中对此进行相应的处理。

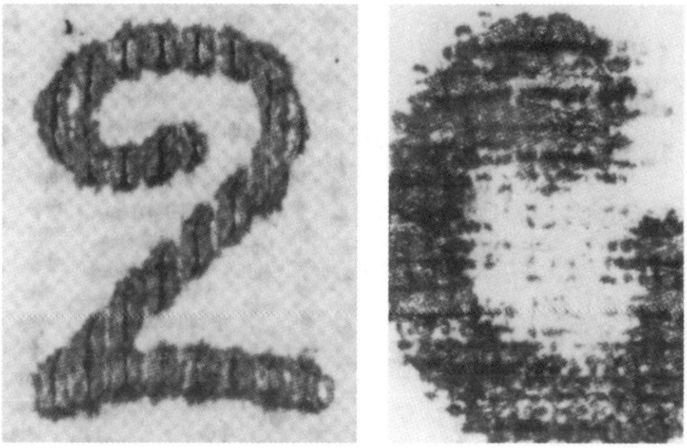

图 21.2 液体油墨印记(左)和色带印记(右)的示例

机械式支票打印机或者使用一系列针孔将纸打穿,或者通过脊和凹槽样式使纸张凸起和切割纸张,或者用凹坑样式使纸张凸起。即使不用放大,这些样式也是可读的(图21.3)。

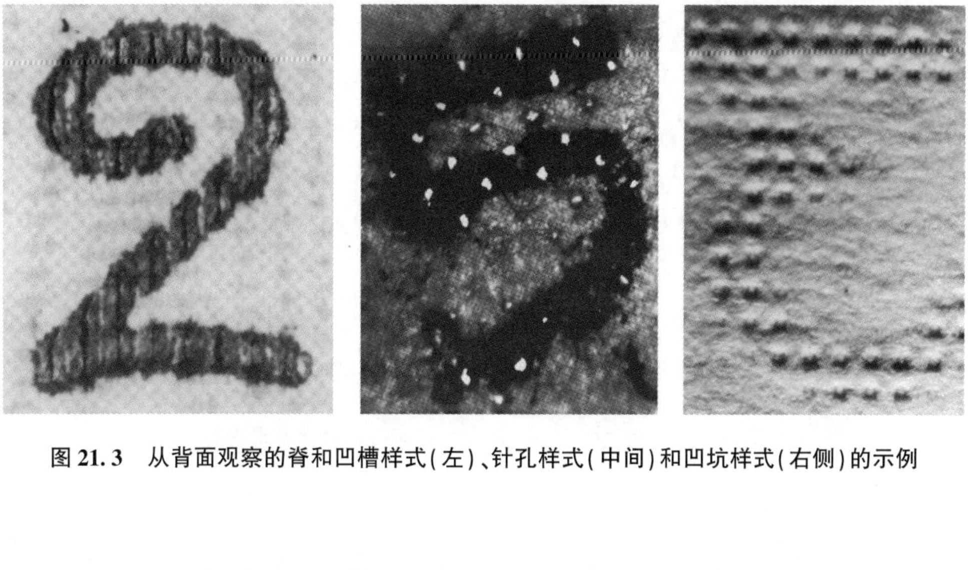

图 21.3 从背面观察的脊和凹槽样式(左)、针孔样式(中间)和凹坑样式(右侧)的示例

21.4 品牌区别

支票打印机制造商已经在其数字、打印部分、前置代码和收款人处打孔创建了清晰可辨的设计式样。因此,制造的鉴别是使用适当的比较材料与印记的每个部分进行简单比较的过程。图21.4提供了用以区别国内当前或最近制造的机械式支票打印机所需的比较材料。在进行任何给定的检验之前更新这些信息是很重要的。

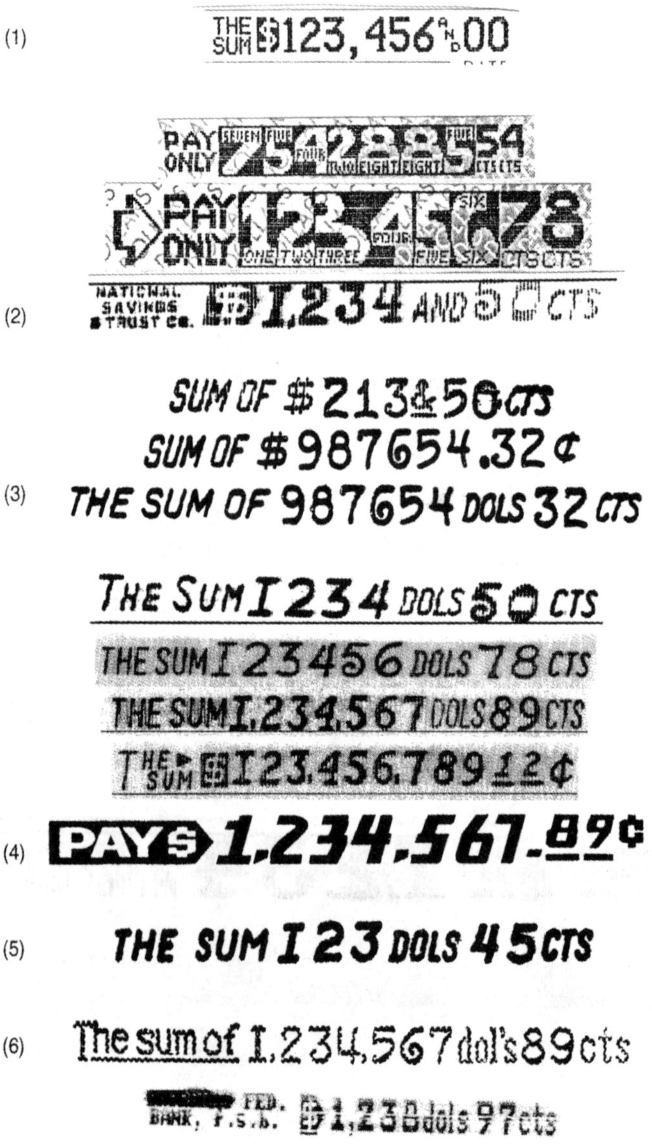

(1) Certex;(2)宝来/标准普尔;(3) Hall-Welter(Speedrite);(4) Paymaster;(5) Speed-O-Print;(6) F&E Hedman。

图21.4 对机械式支票打印机进行区分的快速参考指南

21.5　型号区别

支票打印机的主要制造商生产多种型号的打印机。这些型号中的一些机具仅仅是电源或其他外部特征发生变化,这些特征并不在印记中有所显示。其他不同之处在于除了金额印记之外,支票打印机还具有“签署”支票的能力,尽管没有压印的签名并不一定意味着手头上产生印记的机器无法签署支票。有许多型号的支票打印机可以与所有其他型号相区分。

提供关于型号差别的全面信息是不可能的,型号差别的信息在本书印刷之前是不会过时的。然而,型号区分的一般准则将为检验提供一个宝贵的起点。

Certex*(图 21.5)目前正在生产的一种型号——3100 型。以前,Certex 制造了 100 系列和 6000 系列。100 系列由 100 型和 101 型组成,这两种型号无法签署支票。110 型和 111 型具有签署支票的功能。 273

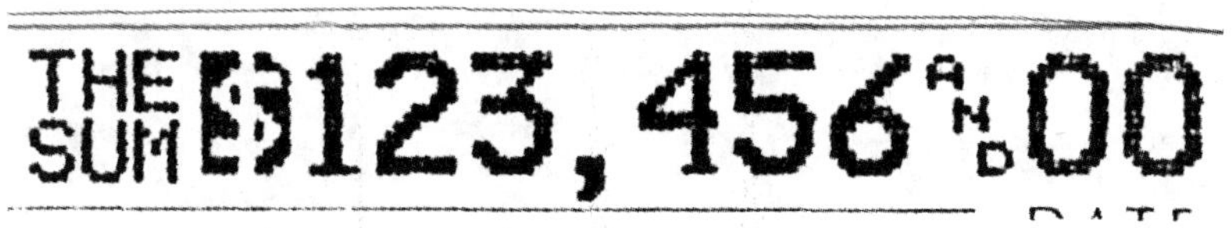

图 21.5　Certex 100 系列具有 Certex 独特的数字字体设计

宝来/标准普尔(Burroughs/Standard Register)(图 21.6)过去制造了许多不同的型

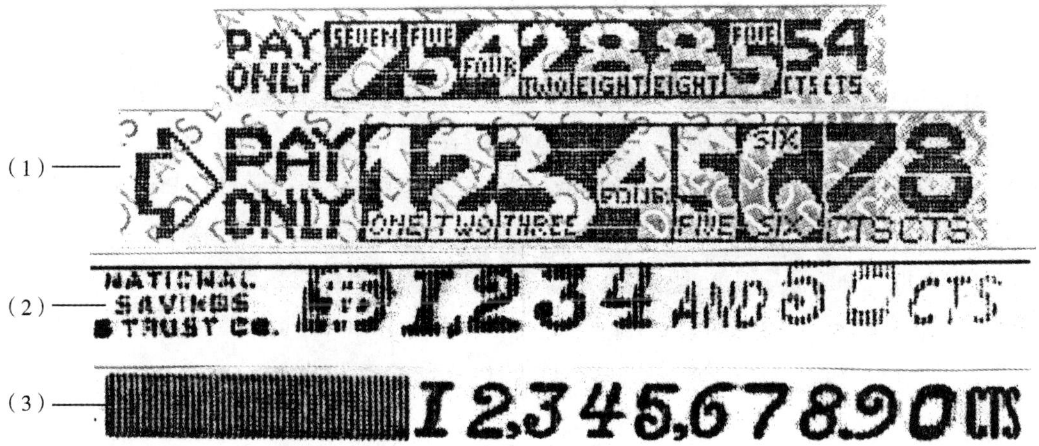

(1)上面两个例子来自电脑支票打印机;(2)第三个例子是经典的老式宝来机器;(3)底部例子来自 TJ510 型。

图 21.6　宝来/标准普尔制造的不同型号的支票打印机

* 该品牌未查到中文译名。——译者注

号,逐个型号分析实际上是不可能的。标准普尔的许多电脑支票打印机型号都是通过在每个数字内部引入其字面数量而变得值得注意。一些较旧型号的一个不同寻常的特征是能够产生两种大小的字体。虽然字体非常相似,但它们仍然可以区分出来。

根据最后一次调查,标准普尔制造了一台机械式支票打印机和一台电脑支票打印机。电脑支票打印机 TJ510 型使用一种字体,字体大小可以变化以适应印记所在的文件。独特的字体设计式样并没有改变。

Hall-Welter[*](图 21.7)在 50 多年来已经制造了两种型号,但没有改变印记的设计式样。这些是 900 型和 914 型,不同之处仅仅在于壳体所使用的材料。900 型在 1996 年停产。914 型继续制造而并未发生改变。Hall-Welter 在 20 世纪 90 年代初开始在市场上销售与标准普尔联合生产的支票打印机。930 型在设计特征上与宝来/标准普尔的某些型号相一致。

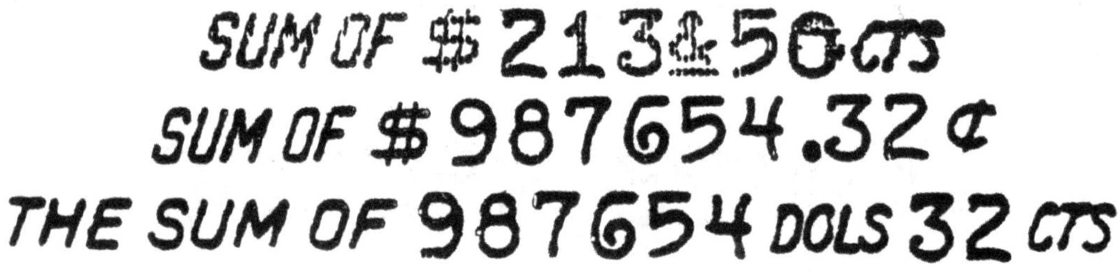

图 21.7 Hall-Welter Speedrite 支票打印机的示例,它具有独特的数字设计式样

Paymaster[**](图 21.8)现在是 Paymaster Technologies,制造了 9 种可以很容易区分的型号。这种区别是基于印记的色料是液体油墨还是色带,在收款人处打孔现在是采用什么样的设计,以及打印部分的设计。

Speed-O-Print[***](图 21.9)从 20 世纪 60 年代初到 1984 年制造支票打印机。在此期
275 间,Speed-O-Print 制造了两种型号,这两种型号在其生产过程中从未改变过。5000 型和 5200 型的区别仅在于 5000 型是手动机型,5200 型是电动机型。Speed-O-Print 所有型号的收款人处打孔印记都采用凹坑样式,当其出现时,样式为 5×45。

在 20 世纪 90 年代,F&E Hedman[****](图 21.10)支票打印机发生了巨大变化。早期
276 的型号在针孔样式和字体设计式样上很独特。F&E Hedman 目前生产 10 种型号的电脑支票打印机。任何型号的区别都来自对前置代码或签名功能的检验。

* 该品牌未查到中文译名。——译者注
** 该品牌未查到中文译名。——译者注
*** 该品牌未查到中文译名。——译者注
**** 该品牌未查到中文译名。——译者注

图 21.8 9000 –8 型、9000 型、8500/9012 型和 PAYstation 型的示例（从上到下）

注：与 Paymaster 的明显区别包括前置代码和凹坑样式字符的均匀高度。

图 21.9 Speed-O-Print 支票打印机印记的示例

（1）具有独特数字字体设计和针孔样式（顶部）的老式针孔型号；

（2）最近和目前国产机型数字字体设计的计算机化格式。

图 21.10 F&E Hedman 所独有的老式针孔型号和当前的电脑支票打印机型号

21.6 个体机具鉴别

鉴定过程的最后阶段是将特定支票打印机与印记相关联或取消关联。任何时候两个金属物体接触并产生压力，这些区域就会变得易磨损和破裂。这样的缺陷在印记中将表现为漏掉打孔，缺少部分脊或凹槽，缺少部分数字或字符或凸起程度的显著变化（图

21.11)。鉴定人在将一个特征评断为磨损或碎裂缺陷时应该小心谨慎,因为文件本身上存在异物(如订书钉或纸张上的曲别针)也能导致类似的结果。

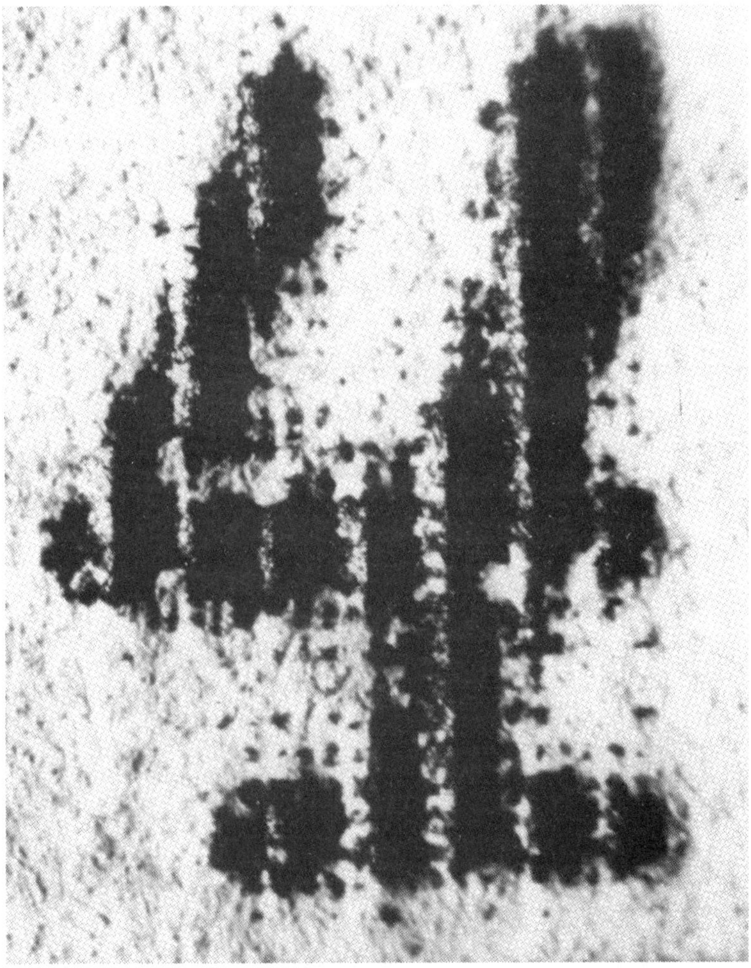

图21.11　带有油墨空白的印记,位于数字4水平笔画的右交叉点附近

打孔状况或脊凹槽型机具的切割图案可以显示出完整的打孔或切割或者是不完整的图案,从而产生具有很强鉴定价值的可重复特征(图21.12)。

不对齐是一个很重要的个体特征,但需要具体了解支票打印机的运行机制才能正确的进行检验。首先,在前置代码的字符内部或打印部分任何单词的字符内部的不对齐特征都是不可预期的。前置代码的整体或打印部分的整个单词或每个单独的字段上都存在不对齐的现象。与国内生产的其他类型支票打印机很普遍的一次形成印记相反,利用拨号方法的支票打印机每次只能压印一个单独的字符,该种支票打印机的不对齐现象是常见的并且是不可复制的。如果不对齐的原因是有不牢固的部件,那么不对齐现象也会发生一些变化。不对齐现象本质上是发生在垂直方向的,并且会在油墨密度和从顶部到底部的凸起程度上表现出明显的差异(图21.13)。

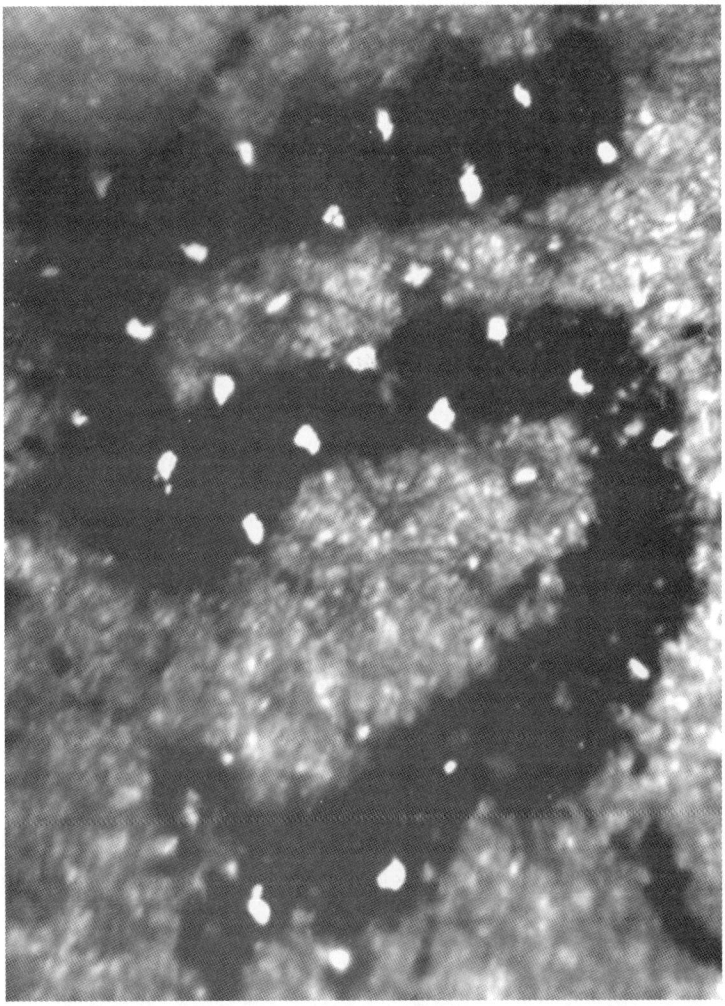

图 21.12 穿透纸张的打孔图案和未穿透纸张的点

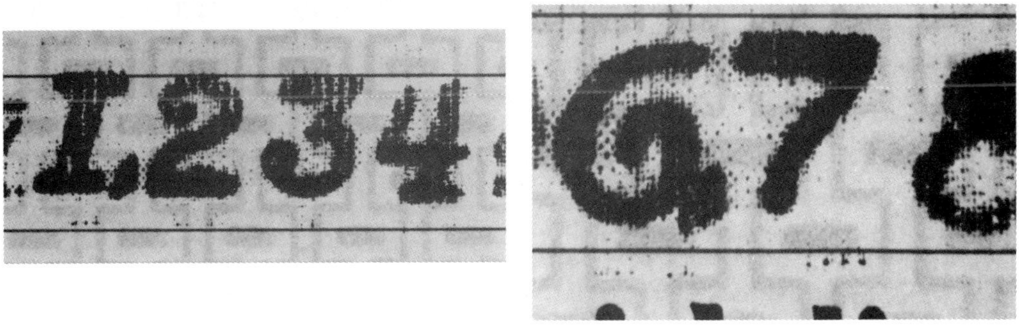

图 21.13 压印板的对齐缺陷示例

在重复出现的支票打印机印记上发现了外来标记。虽然这些标记都曾经在液体油墨型支票打印机和色带型支票打印机上找到，但是它们在色带型支票打印机上出现的频率更高。应该注意的是,色带型支票打印机经常产生许多无法重复的外来标记。在极少数情况下,过多的油墨会导致部分印记上存在油墨过度堆积的现象。对这些支票打印机的测试已经发现油墨堆积现象在印记中会在同一位置重复出现。

许多色带型支票打印机都使用双色色带。文件检验员应仔细地列出任何色带移动的位置,并记住这种现象对于支票打印机而言是常见的和具有个性化的。最后,重要的
277 是要记住,这种移动能够随着时间的推移而改变。

如果不能亲自检验支票打印机,那么适当的样本标准对于比较检验就是很重要的。建议遵循以下准则:

(1)样本应采用类似的纸张材料,因为纸张的变化可以明显影响印记。

(2)第一个样本应为当前在支票打印机中显示的数量。

(3)应尽可能快的收取样本,以缩短样本与可疑印记之间的时间差距。

(4)大部分样本应一字不差。

278 (5)一个完整的检验将需要所有字段的所有数字样本。

21.7 支票打印机和变造

虽然支票打印机的目的是阻止篡改,但这并不意味着印记不能被变造,也不会被变造。没有前置代码的印记容易被添加。对印记进行细致的显微镜检验将会显示出大量的显著特征。应特别注意压印凸起、切割或打孔。在显微镜下,这些特征非常清晰明显。常见的试图模仿注册标记外观的方法包括使用锉刀来压印文件或手绘数额。通过放大,在图案和清晰度或样式的明显差别将会显现出来。

支票打印机不仅可以用来阻止篡改,也可以作为变造的催化剂。支票打印机的印记可以掩盖合法的账目,通过提高金额试图改变文件的价值。原来的油墨印记可以很容易被覆盖其上的印记所忽略。

支票打印机的印记可以被压平,但切割或打孔并不会完全消失。施予高达每平方英寸 20 000 磅(pounds per square inch,psi)的压力来进行测试,却仍然留下了原始印记的证据。制造商将其油墨描述为是不能消除的。实验室测试建议法庭文件检验员应该对
280 这种说法持合理的怀疑态度,仔细检验印记以确定油墨是否有可能发生变化。

订书钉

22

汤姆·瓦斯特里克

目　次

订书钉是用来将两个或更多个对象固定在一起的三面设备。它们的使用范围从用于将碎木片连接在一起的大型订书钉到更常见的用于将多张纸紧固在一起的线订装置。后一种形式的订书钉将成为本节的主题。

订书钉是由冠部和两个支腿组成。冠部是从一堆文件中穿过的订书钉保留在顶部文件表面上的那部分(图22.1)。支腿是穿过堆叠页面的订书钉部分(图22.2)。订书枪利用弹簧力量,有时是压缩空气,推动订书钉的支腿穿过纸张。一些订书枪只会与上面的纸张表面接触,并且装订之后,支腿保持平直或接近平直。其他订书枪会以相当大的角度压弯支腿。办公用订书器将利用使用者的身体力量,将订书钉楔入到多页文件内,多页文件最上面的纸张紧贴订书器托板,最下面的纸张紧贴订书器压盘。一旦支腿已经穿透了所有的纸张,订书器将向内弯曲支腿。通过这样的设计,订书钉支腿卷边通常会超过90°。

22.1　订书钉

订书钉在材料数量、冠部的长度(图22.1可以看出)和支腿的长度都有所不同。虽然有一些标准的尺寸,经询问制造商表明可以使用自定义尺寸。冠部和支腿的测量是部分主观的,因为法庭文件检验员将必须决定冠部是在什么位置转化为支腿。当然,重要的因素是测量的一致性。从检验的装订孔可以测量冠部和支腿的长度,但仅作为估计值。冠部长度约为两装订孔中心的距离。然而,这些孔很少能够精确,并且不断磨损。因此,该测量的精度是十分有限的。在某些情况下可以估计腿部的长度。如果订书钉沿着最后一页的背面被压直,在纸张上留下明显的压痕,可以通过将该距离与文件厚度相加来进行相当精确的测量。文件厚度的测量可能会是很困难的计算,因为订书钉将文件 281

页面压缩在一起,这一点必须考虑在内。如果最后一页的背面显示出订书钉装订结束后又戳回到文件中,从装订出口孔到装订入口孔的长度连同文件的厚度可以提供支腿的最小长度。支腿的实际长度比测量值稍长,但是不能准确地测量,这是由于支腿卷起部分的弧度不能精确测量。如果订书钉的末端重新进入文件穿过一系列页面,则可以确定入口角度,并且通过几何测量可能确定支腿相当精确的近似长度。

从已装订的一组文件中移除一些纸张,这些纸张的残留物会发现塞入到订书钉的冠
282 部(参见第383页的彩图22.3)。同样,文件检验员应谨慎保护其他法庭科学证据,这些证据可能被塞入或附着到订书钉上,诸如血液、表皮或其他形式的微量物证。

图22.1　两个订书钉说明冠部长度的差异

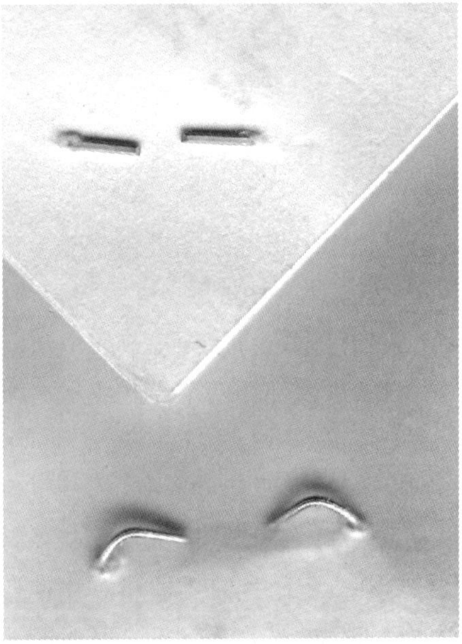

图22.2　两条订书钉支腿展示了订书钉不同的卷曲方式

22.2　订书器

订书器只能使用特定尺寸的订书钉。确定一台订书器是否使用可疑的订书钉进行装订,检验的第一步是利用基本的种类特征进行比较。一些订书器的能力有限。例如,在涉及较多页数的情况下,可能需要进行实验,以确定可疑订书器是否具有装订较多页数可疑文件的能力。最后,文件检验员应该记住,手动操作的订书器依靠人体施加的压力进行装订,这是容易有变化的。

在显微镜下可以看到,用来装订一叠纸张上的订书钉支腿底部在平坦的纸张表面上显现出脊和凹槽图案。这些图案是生产过程的一部分,而不是订书器夹压过程造成的。
283 一个品牌、一批次或一套订书钉没有脊和凹槽特征的具体图案。然而,法庭文件检验员

不应该忽视订书器夹压槽中的一些明显缺陷可能会对使用该装置进行装订作业的任何订书钉造成独特损害的可能性。

22.3 装订孔

在法庭科学文件检验中涉及订书钉的最常见的检验项目是比较多页文件中每页的装订孔,以确定是否存在添页或换页的情况。如果没有发生这种变化,装订孔的图案应该在可疑文件的所有页面都保持一致,同时记住支腿的末端可以穿过已装订纸张的背面(图 22.4)。纸张之间的装订孔图案的差异可以表明存在添页/换页或将不同来源的纸张装订在一起(图 22.5)。多页文件的第一张和最后一张纸都露在外面,可以与外界接触。当试图将外页上的装订孔与内部页面的装订孔相连时,这一点必须记住。 284

图 22.4 一条支腿的末端从背面重新插入到文件中

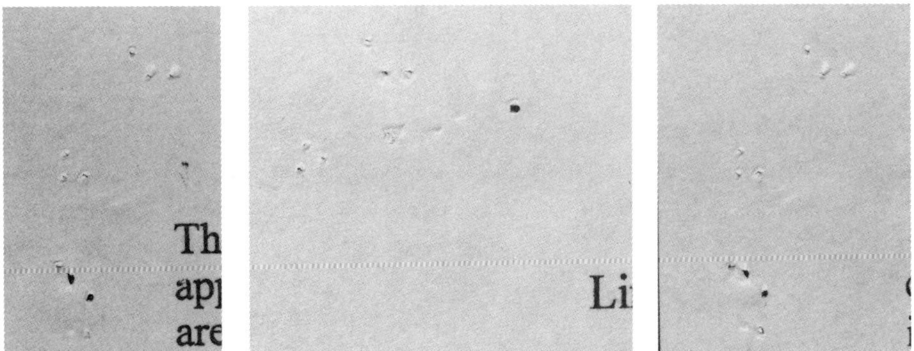

图 22.5 多页文件中的三页显示出中间那页文件并不是一直与其他文件钉在一起

Section Ⅵ　Conventional Printing and Paper Examinations

第六部分　传统印刷和纸张检验

传统印刷方法 23

苏珊·L.福尔图纳托

目　次

在分析文件的过程中,文件检验员将会遇到许多不同的印刷方法。特别是当提交诸如商务信函、业务支票、信用卡、旅行支票、旅行证件和社会保障卡等文件进行笔迹检验时,法庭文件检验员实际上最好能够知道这些文件的印刷方法并能够对它们进行鉴别。在进行笔迹分析之前,了解印刷方法的法庭文件检验员能够发现整个可疑文件实际上是伪造的。最有可能的是,这些信息对于调查人员来说与认定笔迹书写人一样有帮助。

为了确定文件的真伪,对于法庭文件检验员来说,有机会接触到真实文件或者对真实文件及其特征具有充足的认识,以便就可疑材料做出判断,这是很重要的。不仅对文件形成过程中所使用的印刷方法,还有文件现在所具有的安全特征,以及任何编码信息进行识别和评估也很重要。

由于本章的目的,所讨论的印刷方法将限于需要使用印版的传统方法或商业方法。在真实文件和伪造文件中最常见的传统印刷方法包括胶版印刷、凹版印刷、凸版印刷和丝网印刷。有关这些传统印刷方法的参考文献,请参阅本章的最后部分。[1~10]关于办公室机具——打印机和复印机(包括喷墨和激光打印)的信息,请参见第16章和第17章。 287

23.1　胶版印刷

胶版印刷与其他印刷方法的区别在于两种不同的方式:(1)它的成功在于油和水不混合的原理;(2)油墨从印版转印到橡皮布,最后到底材(纸或塑料表面)。

胶版印刷是一种平版印刷方法,意味着印版的印刷区域和非印刷区域位于同一平面内。简单地说,平版印版对观察者而言看起来是完全平的。印版表面的性质决定了哪些区域会或者不会印刷图像。这就是油和水不混合的基本化学原理。印版的亲油图像区域吸引油性油墨并排斥水,而印版的亲水非图像区域则吸引水并排斥油性油墨。印版安装在称为印版滚筒的圆筒上,该滚筒旋转并通过润版辊将水性溶液输送到印版上。只有非图像区域才能接受水并由此接收此溶液。当印版滚筒继续旋转时,它通过一系列墨辊。油性油墨被吸引到印版的图像区域并且仅传递到这些区域。该印版现在可以将图像传送到橡皮布上,橡皮布安装在所谓的胶皮滚筒上,最后将图像从橡皮布转移到底材上。压印滚筒为底材提供支撑和反压力(参见第384页的彩图23.1)。请注意,在该过程中,图像以印版上的正像图开始,在橡皮布上变为负像(镜像)图,并且作为正像图再次传送到底材上。

生产平版印版的过程通常是以原件的传统照片或数字图像开始。在传统摄影中,会产生一种或多种底片。通过数字图像制作,通常会创建计算机数据文件。除了印版之外,橡皮布、胶皮滚筒、压印滚筒、油墨、纸张和垃圾都是在可疑印刷操作过程中发现法庭科学信息的来源。通常,部分完成的文件或印刷错误将最终成为垃圾,并且可以作为法庭科学信息的有价值来源。虽然大多数这些物品在现场很容易收集到,但是印版滚筒非常重,难以从印刷机上移除。如果图像出现在可疑印刷机的滚筒上,则可以获得高质量的照片或数字图像,并将其提交与可疑文件、印版、底片和其他材料进行比较。

由胶版印刷印制的图像看起来非常均匀和光滑(参见第384页的彩图23.2)。印刷品从印刷区域的一侧到另一侧具有均匀、一致的外观,并且边缘非常清晰和明显。胶版印刷的特点是有均匀、清晰的边缘,没有任何凸起的迹象。

胶版印刷机可以是单色或多色的。单色印刷机需要为每种要印刷的颜色单独运行。单色印刷机需要相当于标准落地式复印机那么大的地方。这种尺寸的印刷机可以很容易地被安置在印刷店、地下室、小屋或车库中,并且需要标准的电源。对于多色印刷机,每种颜色都需要单独的供墨装置和一系列三个印刷滚筒(印版滚筒、胶皮滚筒和压印滚筒)。288 常见的多色印刷机包含黑色加上三原色——青色、黄色和品红色——以创建四色印刷机。作为一般参考,包含四个分开的供墨装置和附带印刷滚筒的商业印刷机长度大约为10~12英尺。具有这种尺寸和复杂性的印刷机通常可以在印刷店中找到。当使用胶版印刷时,可以通过使用半色调网屏来实现色调质量的错觉。这些网屏创建不同大小的点来模拟图像中的连续色调。一个半色调网屏的例子,通过显微镜观看报纸图像就可以看到半色调网屏。四色胶版印刷通常利用半色调网屏制作图像(参见第385页的彩图23.3)。注意每种颜色在线性点阵图案中的对齐方式:点与它们的中心距离相等,然而,它们的相对尺寸根据图像所需的色调而变化。这项技术最容易与彩色喷墨技术相混淆。

23.2 热熔印刷

热熔印刷是一种廉价的浮凸印刷(raised printing)形式,无须使用凹版(engraved

plate)就能产生特殊的凸起特征。伪造文件可以用热熔印刷技术来模仿货币、社会保障卡和出生证明上凹版印刷的浮凸感。首先,使用胶版印刷或凸版印刷和特殊非干性油墨在底材上产生图像。其次,将粉末状的化合物或树脂撒在底材表面的油墨上,通过抽吸装置除去过量的化合物。最后,附着有粉末状化合物的黏性油墨在加热元件下通过,加热元件熔化粉末化合物并将其熔合到底材表面,在其冷却时硬化(参见第 385 页的彩图 23.4)。印刷的结果是出现凸起效果,但是需要用侧光观察,这个多步印刷方法很容易与凹版印刷区别(参见第 386 页的彩图 23.5)。在凸起的热熔印刷中,有时候气泡是显而易见的。

23.3　凹版印刷

凹版印刷使用凹版来产生图像或文字。图像区域是凹进的或在印版表面的下方。凹版可以使用手工雕刻或化学蚀刻,使印版上形成负像图。在印刷过程中,将黏性油墨施加到印版的表面并填充印版的雕刻区域或凹槽。使用刮刀从印版的表面刮除过量的油墨。然后在印版滚筒和压印滚筒之间的巨大压力(如 5 ~ 20 吨)下将油墨转印到底材上(参见第 386 页的彩图 23.6)。在压力的作用下,底材表面可以被压印成印刷材料的轮廓。这种效果用侧光可以很容易观察到。

由于印版的雕刻性质和油墨的厚度,油墨位于纸张表面之上。油墨这个特有的高度可以用侧光观察(参见第 387 页的彩图 23.7),或者接触其表面可以感觉到。与任何其他印刷方法不同,凹版印刷可以产生非常细的线条和栩栩如生般的图片和肖像。另外,当 *289*
油墨干燥时,它开始沉淀并沿纸张纤维轻微流动形成一种称为羽化的独特图案。这种独特的羽化图案可以帮助法庭文件检验员鉴别用于制作伪造文件的原来真实的图案。

23.4　凸版印刷

凸版印刷形成图像的方式与铅印或打字方式大致相同。凸版印刷(Letterpress printing)被称为 relief process,这意味着在印版上,印刷的图像凸起于表面,而非印刷区域凹进或低于印刷平面(参见第 387 页的彩图 23.8)。只有印版凸起的部分,如要印刷的图案、数字或文本字符才能接触到油墨。由于凸版印刷是直接印刷方法,其印版与底材有直接的物理接触。在凸版印刷中,印版有负像信息。一旦着墨的印版接触底材,图像就被转印。由于在该印刷过程中使用大量的压力,在印版边缘周围有挤墨现象。这种压力可能导致字符部分在印刷底板背面凸起,所得到的图像不仅清晰和鲜明,而且通常在印刷图文的周围呈现较暗的边缘或光晕效果(参见第 388 页的彩图 23.9)。在各种文件中经常使用凸版印刷作为正版序列号的印刷方法。

23.5 丝网印刷

丝网印刷(Screen printing)也被称为 silk screen printing,需要使用漏印板,其中图像区域是多孔的,并且非图像区域是无孔的。漏印板通常是由聚酯、丝绸或不锈钢制成的薄而坚固的织物或丝网组成。图像通常使用照相方式产生。将含有感光乳剂的漏印板暴露于光线下并冲洗。将乳液从印刷区域冲洗掉,硬化的乳液留在非印刷区域。所得到的丝网包含要印刷区域的正像图。然后将丝网与待印刷的底材直接接触。丝网印刷油墨非常厚,并借助于刮刀以均匀薄膜形式遍布在漏印板上(参见第388页的彩图23.10)。油墨被迫穿过丝网的多孔区域形成图像、图案或文字。丝网印刷可以通过其厚的油墨层和锯齿状边缘或网格图案的外观而识别出来,这些外观特征是由织物或筛网的图案所产生的(参见第389页的彩图23.11和彩图23.12)。丝网印刷最常使用在塑料底材上,特别是真伪信用卡和驾驶执照。

参考文献

1. International Paper Company, *Pocket Pal: A Graphic Arts Production Handbook*, 17th ed.,
290 International Paper Company, Memphis, TN, August 1997.

2. Adams, J. M., Faux, D. D., and Rieber, L. J., *Printing Technology*, 4th ed., Delmar Publishers, Albany, NY, 1996.

3. Stevenson, D. L., *Handbook of Printing Processes*, Graphic Arts Technical Foundation Press, Pittsburgh, PA, 1994.

4. Kasunich, C. L., *Gravure Primer*, Graphic Arts Technical Foundation Press, Pittsburgh, PA, 1998.

5. Crouch, J. P., *Flexography Primer*, 2nd ed., Graphic Arts Technical Foundation Press, Pittsburgh, PA, 1998.

6. Ingram, S. T., *Screen Printing Primer*, 2nd ed., Graphic Arts Technical Foundation Press, Pittsburgh, PA, 1999.

7. Faiola, A., *Typography Primer*, Graphic Arts Technical Foundation Press, Pittsburgh, PA, 2000.

8. Wilson, D. G., *Lithography Primer*, 2nd ed., Graphic Arts Technical Foundation Press, Pittsburgh, PA, 1997.

9. Kipphan, H., *Handbook of Print Media, Technologies and Production Methods*, Springer-Verlag, Berlin, 2001.

291 10. John, C., The Printworks, Inc., available at www.cjpw.com/printing.

纸张检验

24

苏珊·L.福尔图纳托

目　　次

24.1　纸张的历史

在纸张发明之前，人们在诸如岩石、黏土、骨头、树皮、树叶、竹子、金属、丝绸、纸莎草和羊皮卷之类的许多不同材料上书写。这些底材并非没有与其使用相关的问题，包括不同程度的表面光滑度、费用、保管和储存要求。

paper、papier 和 papel 等词源自希腊文和拉丁文 papuros 和 papyrus。虽然纸莎草和羊皮卷都不是纸，但它们是显而易见的前驱者，也是真实纸张发展的灵感。从纸张的历史角度来看，纸莎草和羊皮卷的历史值得简要概述。

纸莎草是在纸之前的第一种书写材料，可追溯到公元前 3500 年左右。在古代，芦苇状植物、纸莎草在埃及大量生长。纸草类植物的茎秆被切成约 2 英尺长的小段并从中间切开，以此为原材料生产埃及纸莎草纸。从一端到另一端切成薄片，并排放置。然后用小麦粉和水的稀糊覆盖这些材料。将其他一些薄片沿相反方向上横放，然后将两层紧压或锤打在一起。这就形成了一种可以在其上书写的物质，但它不被认为是纸张，因为用于生产纸莎草纸的方法与生产纸张的方法无关。[1]

公元 2 世纪，埃及统治者不允许纸莎草纸出口。由于对纸莎草纸的需求，相信其他人试图生产出可与埃及纸莎草纸相媲美的材料。小亚细亚的一个古老城市珀加蒙的国王被认为其于公元前 197 年至公元前 159 年发明羊皮纸，尽管羊皮纸可能早在公元前 1500 年就已经开始使用。羊皮纸最初是由有裂纹的羊皮制成。皮革的粗糙面或有羊毛的那面被制成一个质地结实的皮革，而有肉的那面或者内侧部分被制成羊皮纸。首先，将有肉的那面清洗干净并用石灰擦拭，并用弯刀刮掉剩余的毛。其次，将羊皮洗涤并在框架内紧紧拉伸，继续在上面刮，以除去羊皮中不平整的东西，使其整个表面薄厚均匀。最后，向羊皮撒石灰粉，并用细浮石擦拭。所得的羊皮纸具有纸张般的感觉并且非常耐 293

用。[1]然而,羊皮纸不被认为是真正的纸张。

纸张被韦伯斯特新大学词典(Webster's Ninth New Collegiate Dictionary)定义为"出自水悬浮液,通常是由植物纤维制成的黏结薄片放置在细筛上"。[2]简单地说,从浆料中收集单个纤维素纤维以形成薄片,可以将其归类为真正的纸张。在大多数植物中都发现了纤维素纤维,它们是组成细胞壁的主要成分。有四种基本类型的纤维素纤维能够符合造纸的要求:种子毛发纤维(棉)、韧皮纤维(亚麻布)、草纤维(麦秸、甘蔗渣、细茎针草和洋麻)和木纤维(硬木和软木)。[3]这些纤维原料中的每一种都具有其自身的缺点,如高成本、低强度、干燥储存、产地和可达性或作物产量有限。由于这些材料的局限性和木纤维的丰富,造纸工业使用木材作为纸纤维的主要来源,目前,木纤维占全世界造纸总量的95%左右。[3]

真正的造纸开始于公元105年,因为当时的中国宫廷官员蔡伦向中国皇帝正式报告了纸张的发明。这个早期的纸是由树皮、废麻纤维、旧抹布和渔网制成的。[3]为了制作纸张,纤维原料被化学或物理分解,直到纤维变成单独的单位。最初的中国造纸者将纤维纸浆倒在一块粗布上,粗布被布置在一个称为模具的四边形竹框内。不久之后,工匠们就采用更加快速的方式将模具直接浸入稀纸浆中,水平提起浮动纤维下方的模具。然后将凌乱的纤维从水中提起,如同筛子一般,水通过布网排出。这种浸渍方法是造纸技术中的重要一步,因为它不仅使工匠可以制成更均匀的纸张,而且可以大量生产它们。模具表面上黏有无光泽和毡状纤维的薄沉积物,将这样的模具放置在阳光下进行干燥。在干燥过程中,模具的表面在纸张上留下了印痕。一旦纸张干燥,就很容易从模具上剥离。[1]由于一次制作了很多张纸,每张纸都需要花费时间在这些模具中干燥,不久之后,造纸工作又进一步发展。

古代中国的工匠设计出一种模具,能够允许湿纸片在其潮湿状况时被撕掉。这种模具的研制能够让造纸者在重复使用同一模具的同时继续制作纸张。模具必须由光滑而牢固的材料制成,通过这种模具,湿的纸张可以很轻松地从模具中拿下来。这种模具由两部分构成,即模具框架和模具盖。模具框架作为模具盖的坚固支撑,并保持其平坦。模具盖是通过将薄的圆形竹条并排放置并且用丝绸或某种毛发每隔一段间距将它们缝或绑在一起而制成。竹条和缝线在模具制作的每张纸上都留下印迹。这些标记或印记是纸张中第一个丝线和链线图案的起源。将整个模具、框架和盖子浸入纸浆桶中并拉起
294 到布满湿的纤维材料的纸浆表面上,或者纤维可以倒在模具上。所谓的把纸浆压在木板或放置湿纸片,是一名工人将纸张从模具中取出,该工人慢慢地卷动模具的垫片使其从纸张离开,并将湿纸片沉积在木板上。将这些无光泽纸片一个接一个堆放,并施加压力排出剩余的水。纤维经过适当处理后,使纸张在挤压后容易彼此分离。

造纸术于1150年左右被引入西班牙,随后在15世纪传播到意大利、法国、德国和英国。[4]第一家美国造纸厂由威廉·里滕豪斯(William Rittenhouse)于1690年在宾夕法尼亚州费城附近成立。[4]在19世纪发明造纸机之前,纸仍然是由繁琐的手工制作,与之前描述

的技术相类似。欧洲人使用与中国人相同的方法造纸，用金属丝代替竹子和毛发模具，因为竹子在西方不是天然的商品。欧洲人的纸张包含了金属线的不规则痕迹或丝线和链线痕迹，正如东方的纸张留下竹子图案和模具盖上的缝线印迹一样。

在欧洲造纸厂的模具中引入坚硬的铁丝线，自然导致了第一个水印的产生。1282年，在意大利第一次使用水印。[4]它们的设计简单，被纳入金属成型模具的一部分。[5]以物体或文字为形式的金属丝网被绑到模具表面并在纸张中创建图像。据信早期的水印是在那些制作它们的工人之间或者在那些使用有水印纸张的人们之间传达含义的标志和符号。就像广告一样，纸张制造商因他们的产品和提供了一种识别其手工制品的水印而感到自豪。

对纸张不断增长的需求很快开始超过手工生产和纤维供应的能力。1798 年，第一台造纸机由法国的尼古拉斯・路易・罗伯特（Nicholas-Louis Robert）发明。[4]它很快被英格兰出版商的亨利・杰里兄弟（brothers Henry Jr.）和西利・富德里尼耶（Sealy Fourdrinier）进一步开发。[1]现代的长网造纸机（Fourdrinier）是一个复杂而精巧的机器，能够完成造纸过程的许多步骤，包括全张成型或湿部压榨、干燥和压光。长网造纸机不是生产单张纸，而是生产长并连续的纸张或卷筒纸（web）。

对长网造纸工艺的以下描述源于许多资料的汇编。[1,6,7]在将纤维引入长网工艺之前，棉、亚麻或木材必须被分解成单纤维。现代制浆工艺是将这些原材料分解成单纤维的过程。棉、亚麻或木材首先被清洁并压实成毡状纤维垫（fibrous mattes）。这些纤维垫被机械切割并切碎成纤维，再次进行清洁，漂白和切割成均匀的长度。纸浆通常通过化学蒸煮纤维来除去木质素和任何非纤维素材料，仅留下几乎所有的纯纤维。做一个说明，造纸厂臭名昭著的原因，是因为在这种蒸煮过程产生了一种臭鸡蛋般的气味。这种气味来自硫产物（如硫化氢），与在温泉处发现的气味相同。造纸厂花费大量资源试图来减少或消除这些气味。蒸煮后，纸浆将被冲洗从而将纤维从制浆化学品（其中非纤维材料被溶 295
解）中分离出来，并将杂质冲走。接下来，在加水之后，纸浆被机械敲打以破坏纤维的外壁，使纤维内部吸收水并膨胀。纤维由膨胀产生的力，结合纤维的相互摩擦和打浆工艺的力，暴露出微小的线状原纤维，干燥后互相联结并凝固形成牢固的理化结合。该方法的最终效果是提高成品纸张的拉伸强度、折叠强度、密度和平滑度。一旦将其完全精制，纸浆被稀释成 99.5% 水和 0.5% 纤维的混合物，以确保在形成纸张时均匀的纤维分散。这种纸浆现在就可以被引入造纸机。

在长网造纸机中，将以前浸渍纤维的稀释悬浮液从称为网前箱的储存器通过水平槽（切片）送入环形移动的金属丝网筛。正是在这个阶段，金属丝网筛的前向和快速侧向摇摆运动组合使纤维和原纤维均匀分散，紧密结合并连锁。水在重力的影响下通过金属丝网筛排出，到达成形区域的末端，通过吸水箱除去额外的水，吸水箱从金属丝网筛下方吸水。在这个阶段，纸张的含水量约为 85%。通过压榨部从湿纸上除去额外的水。当纸张到达成形网的末端时，湿纸幅（the wet web）从金属丝网筛上提升到伏辊（couch roll）的毛布上。湿纸幅随后在毛布上通过一系列压辊。通过使用穿孔的辊来帮助移除水,穿孔的辊能够施加吸力。当纸张通过压榨部后,含水量降低到 65% ~70% 。从压榨部出来后,纸幅通过烘缸,烘缸包含一系列蒸汽加热、直接驱动的圆筒。纸幅通过毛布与每个干燥辊保持接触,但是它在辊之间通过未被支撑。通过干燥部后,纸张含有 5% ~10% 的水分。作为造纸过程的一部分,几乎所有的纸都通过压光机。压光机包括两个或更多个具有硬化表面的铸铁辊,其垂直排列在造纸机干燥部的末端。纸幅随后通过这些辊,它们以不同的圆周速度旋转。该过程增加了纸张表面的光滑度和光泽度。此外,也可以添加外部尺寸以提高表面强度、折叠强度、防污性和可印刷性。成品纸在长网机末端缠绕成大卷。

纸张的水印在长网造纸机造纸期间是通过使用水印辊来实现的,水印辊可以具有对应于所需水印样式的凸起或凹陷设计。[4]水印辊在移动的金属丝网筛上方旋转并与湿纸张接触。该图案印在纤维毡中,而纸含水量约为 90% 。如果水印辊包含凸起的图案(或金属丝标记),则水印部分将显得比其余部分纸张更明亮。如果水印辊包含凹陷图案(或暗调水印),水印部分将会比其余部分的纸张显得更暗。水印的外观,无论是较浅还是较暗,都不是纸张厚度的结果,而是由于水印辊的图案所导致的纸张纤维的浓度或密度不同及其对特定区域的影响造成的。凸起的图案将纤维分散在纸幅中,而阴影图案将纤维集中在图案区域中。与长网工艺相反,水印可以由圆网造纸机生产。这种类型的机器是通过将旋转的辊筒部分浸入纸浆桶中来造纸。[4]在此过程中,纸张在金属丝覆盖的圆筒或
296 模具上形成一片,当水排出时,将纤维留在圆筒表面上。圆网水印产生不同密度的纸张纤维,并形成了高质量图像和肖像,这些图像和肖像用于制作世界各地的货币和其他安全文件的保险纸。

24.2 纸张的分析

可以进行各种检测来显示纸张的相似性和差异性。确定拉伸强度、抗撕裂性、耐折性、颜色、荧光、孔隙度和不透明度的物理检测是由造纸厂进行的一些标准质量控制检测,可用于纸张之间的比较。然而,文件检验员经常发现,他们分析的一系列可疑文件不仅仅包括许多同种类型的空白纸张,而且包含笔迹、印刷或图形的单页(或多页)纸张。因此,典型的可疑文件不能只受制于纸浆和造纸行业技术协会(the Technical Association of the Pulp and Paper Industry, TAPPI)的约束。纸浆和造纸行业技术协会的纸张检测标准,经常需要销毁部分纸张。也没有许多行业检测所必需的纸张数量。消费所有或大部分有效证据是法庭科学界所不能接受的一种情况。在采取实物样品并进行检测时,最好留下至少一半可用的证据,如果没有超过一半,便可以让另一个法庭文件检验员有机会进行相同的分析。因此,在比较纸张检验中最有效的检测是比较整体颜色、厚度、交织方式、水印、紫外线特性、纸张定量(basis weight)和纤维分析以及使用仪器进行比较分析。

最后，当对上述检测及其结果得出结论时，文件检验员应了解造纸行业的做法。虽然这些检测在高质量的纸张（如商业纸、债券纸）中不太常见，但是在将多卷纸（或卷筒纸）组成成品纸制品中确实需要进行检测。因此，在纸张给定具体令数（令是纸张的计数单位）的情况下，许多特征是可以变化的，在得出结论时应予以考虑。总之，人们应该期望纸张的重量、厚度和水印保持不变，而剩余的特征（如颜色、交织方式、紫外线特性、纤维分析和仪器结果）可以在纸张给定令数的情况下变化。

纸张整体颜色（或纸张尺寸）可以通过并排比较主观地确定，或者可以根据白色标准进行比较和测量。建议不仅可以观察纸张的整体颜色，还要使用解剖刀将可疑纸张和样本纸张从前到后分开或剥离成两半，以评估和比较纸张的内部颜色。将前后分开约 3 ~ 5 毫米的距离足以评估内部颜色。这在评估整个可疑文件是否可能在印刷或染色过程中在纸张表面着色时特别有帮助。

纸的厚度通常以千分之一毫米测量。纸卡钳或千分尺有许多不同的样式，从手动到电子，但价格差异很大。在分析纸张时，建议测量未打印区域的厚度，并在计算给定纸张的平均厚度之前对各种区域进行多次有代表性的测量。应从所有已知的纸张标准样本 297
中进行类似的测量。

分析纸张的交织方式包括注意纸张是否包含表面交织，这是纸张制造商有意而为或内部交织造成的。表面交织虽然在法庭科学文件分析中并不常见但非常明显，可以使用侧光照明轻松证实。内部交织物或图案通常存在于纸张内部，并可以通过透射光观察和证实。内部交织物是当湿纸幅从长网造纸机的成形网提起并进入压榨部的初始部分时，由运送湿纸幅的毛布所造成的。应当注意，如果对长网造纸机或造纸工艺（毛布被替换）进行改变，则该图案的外观可能会发生改变或消失。

值得注意的是，水印的价值是确定纸张、书籍和文件日期的一种手段。水印通常应使用透射光进行检验和证实。在文件包含的图像或文本被可视化水印严重干扰的情况下，穿透力弱的 X 射线可以对文件拍照。穿透力弱的 X 射线将产生纸张纤维密度的图像，显示出与印刷文本或图像不同的水印清晰图像。

水印通常以不透明油墨在纸张表面上打印图像，或者使用浅色油墨，如灰色，在文件背面打印这两种方式被仿造。应当注意的是，化学水印也可以通过将透明试剂引入成品纸制品中来模拟常见的水印。使用斜侧光、透射光和紫外光的组合应该能够使法庭文件检验员区分真实水印及其仿制品。 298

真实水印的起源和制造商可以被识别，并且有助于确定纸张形成时间以及对纸张来源进行鉴别。水印的具体功能，如图案、字母样式、文字和行文的安排、字体大小、术语和任意标记等都可以用于确定纸张的制造日期（图 24.1）。可以获得关于具体设计的信息，包括第一个生产日期、消费者获得的日期、其使用的程度、其生产历史以及该纸在特定地区的经销商。这些信息的来源包括纸张制造商和行业出版物，如沃尔登纸张目录

(Walden's Paper Catalog[8])、洛克伍德邮报目录*(Lockwood-Post's Directory[9])和菲利普斯纸张目录(Phillips Paper Directory[10])。

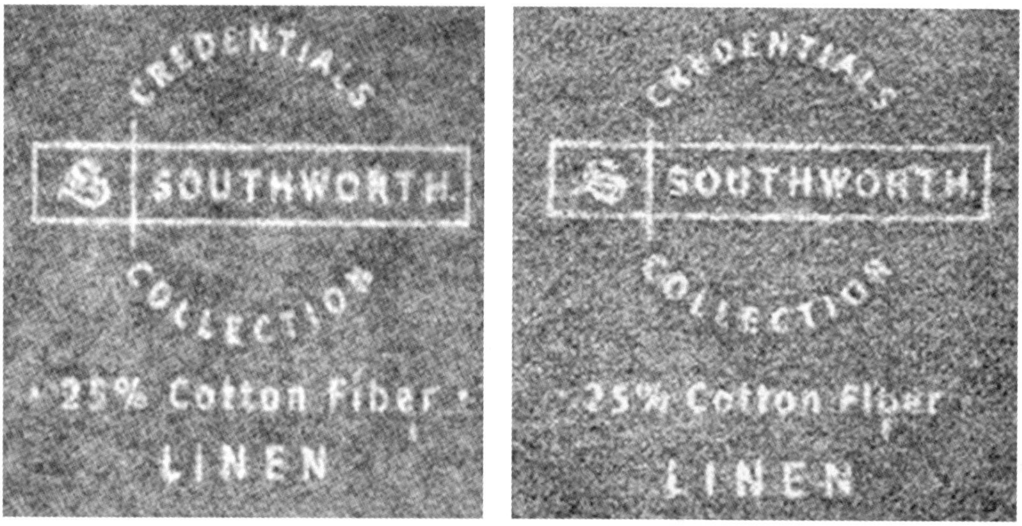

注:左侧图像在字母 e 下方有纤维做成的垂直标记,而右侧图像的垂直标记位于字母 b 下方。垂直标记的位置可用于确定时间。(由简・西曼・凯利提供。)

图 24.1 一个含有 25%棉纤维水印的索思沃思凭证收藏品亚麻

使用长波(366nm)和短波(254nm)紫外光可以主观地比较纸张的紫外荧光特性。光谱特征的图像或照片可用于记录相对的比较结果。应该在可疑文件和样本文件的所有页面之间比较荧光的颜色及其相对强度。应当注意,即使对于高质量的证券纸,同在一个令内的页面荧光也可以有变化。此外,荧光强度必须谨慎解释,因为强度通常随着纸张的使用年限而降低,特别是如果纸张已经暴露在光照下。[11]

纸张定量是 500 张(一令纸)标准尺寸纸张以磅为单位的重量。当提及书写纸张时,定量是基于 17×22 英寸的纸张,通常重量为 20~24 磅(图 24.2)。通过测量给定可疑文件的总体重量和尺寸,可以获得其定量的粗略计算。这个数值可以与纸张标准样本进行比较,以评估可疑文件是否可能是用与现有标准相同类型的纸张制作的。在许多情况下难以实现定量分析。完成这种推断的能力取决于文件的性质和条件、它所承载的印刷数量和类型以及它的形状(切割的边缘与撕裂的碎片)。显然,标准纸张尺寸和均匀切割的纸片可以适用于这种比较,而撕碎的纸屑、浸水的纸张和烧毁或烧焦的文件则不适用于这种比较。

纸张纤维分析是一种有损检验,用于准确地确定哪些种纤维用于制造纸浆、制浆制

---

* 北美纸浆和造纸业最全面、最准确和最新的资源。每年完全更新。详细介绍了美国、加拿大和墨西哥超过 1000 家制浆造纸厂和行政办公室,列出超过 3300 个转换工厂,包括技术服务、设备和化学品供应商的全球买方指南,列出主要的纸张和旧布用户和经销商以及木浆代理商,包括公司地址、电话/传真号码以及网站和电子邮件地址、关键人员的姓名和头衔、设备和造纸机的规格等信息。——译者注

(a)

(b)

(a)重量为 20 磅,亮度为 84,包装中有 500 张;
(b)包含的制造信息印在一包纸的一侧。

图 24.2 纸张的尺寸、重量和亮度特征列在外包装上

作过程以及特定纤维的数量。建议使用纸浆和造纸行业技术协会标准 T 401 om – 93[12]来帮助有兴趣进行纸张纤维分析的法庭文件检验员。大多数商业纸张的小样本可以在水中分解,可以将纸张减少到单根纤维。 299

通常,使用木纤维生产的纸张在水溶液中容易分解,该水溶液在纸浆和造纸行业技术协会标准中被称为方法 A 的水性溶液。含有棉纤维的纸张可能需要更多的“鼓励”才能分解,甚至可能需要使用弱碱性和弱酸性溶液来制备纤维,如方法 B 所述。一旦纸张被还原成纤维悬浮液,将滴剂滴在载玻片上。让水蒸发,使纤维均匀地分布在载玻片的表面上,然后将纤维染色以便可以显现出存在的具体类型和种类。C 染色和赫尔茨贝格(Herzberg)染色通常用于区分特定的硬木、软木、棉花、亚麻和非木本或草纤维。在试图确定纸张中木纤维的种类时,木浆纤维的实用鉴定[13]是非常宝贵的资源,在威斯康星州阿普尔顿的综合纸业服务公司提供的纸纤维鉴定课程也是如此。

为了识别用于制造纸张的大量附加成分,如填料、黏合剂、胶料、淀粉、黏土、增白剂和光亮剂可以进行化学和仪器检验。可以使用各种方法和仪器来比较这些成分,包括色谱法(如气相色谱、气相色谱/质谱)、光谱测定法(如傅立叶变换红外)和电子显微镜[如扫描电子显微镜、透射电子显微镜(transmission electron microscopy,TEM)和 x 射线荧光(x-ray fluorescence,XRF)]。在布朗宁(Browning)的论文《纸张的分析》中,对各个组成部分进行了分析。[14]鉴于各种成分和这些成分组合的数量庞大,人们不能指望两家制造商会以相同的成分、相同的相对比率生产纸张。[15]然而,当得出关于两张或更多纸张是否出自于同一个来源的结论时应该谨慎使用。如前所述,对于许多检验,文件检验员应该很清楚造纸工艺和在制造商那儿发生的偶尔插入的辊筒。[16]文件检验员还应该意识到,商业纸张,包括高端证券纸是以单位形式出售的,可能在同一个单位内会发生物理或化学变化。在进行任何法庭科学检验以确定两张纸具有共同来源的可能性时,重要的是确定纸张是否曾经用做垫纸、顶层纸或活页纸。外观检验可能会揭示打印缺陷、切割、撕裂、穿孔、装订孔、书写压痕、纸夹压痕、残留黏合剂或常见于各种纸张中的其他特征,这可以帮助法庭文件检验员确定这些纸张是否有共同的来源。这些条件的一些分析标准可以在 ASTM 的指南中找到。[17,18]这种类型的比较也可用于确定纸张来源。

参考文献

1. Hunter, D. , *Papermaking: The History and Technique of an Ancient Craft*, 2nd ed. , Alfred A. Knopf, New York, 1967.

2. *Webster's Ninth New Collegiate Dictionary*, Merriam-Webster, Inc. , Springfield, MA, 1989.

3. MeadWestvaco Corporation, *Paper Knowledge*, MeadWestvaco Corporation, Dayton, OH, 1999.

4. Walden-Mott Corporation, *Walden's Handbook for Paper Salespeople and Buyers of Printing Paper*,
300 Walden-Mott Corporation, Ramsey, NJ.

5. Caywood, D. , Watermarks and the questioned document examiner, *Int. J. Forensic Doc. Examiners*, 1, 299, 1995.

6. Hunter, D. , *Papermaking: Through Eighteen Centuries*, Lenox Hill, New York, 1971.

7. Dawe, E. A. , *Paper and Its Uses*, 2nd ed. , Crosby Lockwood and Son, London, 1919.

8. Walden-Mott Corporation, *Walden's Paper Catalog*, Walden-Mott Corporation, Ramsey, NJ, published annually.

9. Paperloop Publications, *Lockwood-Post's Directory*, Paperloop Publications, San Francisco, published annually.

10. CMP Information Ltd. , *Phillips Paper Directory*, CMP Information Ltd. , Kent, U. K. , published annually.

11. Brunelle, R. L. and Reed, R. R. , *Forensic Examination of Ink and Paper*, Charles C. Thomas, Springfield, IL, 1984.

12. TAPPI Standard T 401 om – 93, *Fiber Analysis of Paper and Paperboard*, TAPPI, Atlanta, GA, 1993.

13. Parham, R. A. and Gray, R. L. , *The Practical Identification of Wood Pulp Fibers*, TAPPI Press, Atlanta, GA, 1982.

14. Browning, B. L. , *Analysis of Paper*, 2nd ed. , Marcel Dekker, Inc. , New York, 1977.

15. Brunelle, R. , Washington, W. , and Pro, M. , Use of neutron activation analysis for the characterization of paper, *J. Assoc. Off. Anal. Chem.* , 54, 920, 1971.

16. Polk, D. , Attard, A. , and Giessen, B. , Forensic characterization of papers. II. Determination of batch differences by SEM elemental analysis of the inorganic components, *J. Forens. Sci.* , 22, 524, 1977.

17. ASTM International Standard Guide E2288 – 03, *Standard Guide for Physical Match of Paper Cuts, Tears, and Perforations in Forensic Document Examinations*, ASTM, West Conshohocken, PA, 2003.

18. ASTM International Standard Guide E2291 – 03, *Standard Guide for Indentation Examinations*,
301 ASTM, West Conshohocken, PA, 2003.

无碳复写纸 25

汤姆·瓦斯特里克

目　　次

25.1　什么是无碳复写纸?

无碳复写纸是一种纸张原料,其表面覆盖有一种由压力激活的着墨系统,此着墨系统可以一次在文件的多个副本上记录条目。无碳复写纸系统的基础是染料成分的微胶囊化。微胶囊化工艺是由巴里·格林(Barry Green)在 1950 年发明的。格林是俄亥俄州代顿市的国家收银机公司(National Cash Register,NCR)一名从事研究工作的科学家,与另外一名国家收银机公司科学家洛厄尔·施莱谢尔(Lowell Schleicher)紧密合作,将他的概念转化为无碳复写纸系统的基础,至今仍在使用。他们的微胶囊化系统的专利于 1953 年 6 月 30 日提交,其新产品的首次商业销售是 1954 年 3 月 26 日。术语 NCR Paper 通常用于描述无碳复写纸,但 NCR Paper 实际上是一个品牌的名称。

无碳复写纸是过去与未来的技术桥梁。复写纸从 1803 年起在纸张之间使用,已经占据了历史的地位,然而在当今的商业世界中很少能够见到,主要是由于无碳复写纸的成功(参见第 390 页的彩图 25.1)。随着微胶囊化系统的技术进步,一些无碳复写纸可用于印刷工艺和电脑打印机。然而,即使是纸张制造商也承认,非击打式印刷技术和计算机打印的其他进展正在迅速使无碳复写纸由盛转衰,直至灭亡(成为可能已经看到它最好年份的恐龙)。尽管它有可能消亡,文件检验员了解无碳复写纸系统及其一些法庭科学应用还是至关重要的,因为涉及该技术的有争议文件将成为未来数十年的潜在检验材料。 303

25.2　无碳复写纸系统的种类

在无碳复写纸的制造中使用三种微胶囊系统。到目前为止,最常见的是化学配制体系,其中涂覆在上页背面的无色染料微胶囊与涂覆在下页上的无色共反应物(也称为接收剂材料)接触以产生彩色(通常黑色或蓝色)图像(参见第390页的彩图25.2)。另一个系统称为化学自显色无碳系统,其中无色染料微胶囊和共反应物都散布在每张纸的涂层上(图25.3)。最后一个系统称为机械自显色无碳系统,其中含有着色染料的涂层从上页的背面物理转移到下页未涂层的前面。如果产品制造商成为检验中的一个问题,由于每个制造商都有专利配方,可以通过与制造商的合作协议来进行验证。

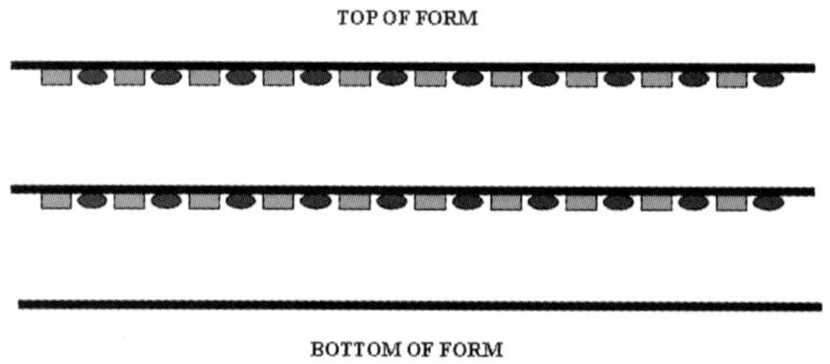

图25.3 无碳复写纸的化学自显色系统是由相同表面的无色染料微胶囊和无色共反应物混合组成

化学配制系统使用最上面的一张纸,书写者可以在其上放置书写工具,或打印机可以将其产品放置在上面,在纸张前面不会有任何无碳系统涂层。背面将涂覆有无色染料微胶囊材料。这张纸称为CB(coated back,CB),代表背面涂层。除了底部纸张之外的所有后续页面,其前面都包含有共反应物涂层,其背面有无色染料涂层。这些纸被称为CFB(coated front and back,CFB),其代表前后涂层。底部纸张仅在前面具有共反应物涂层。该纸张称为CF(coated front,CF),代表前涂层。无碳复写纸的三层表单将具有一张CB纸作为顶页,一张CFB纸在中间,一张CF纸作为底页。四层表单与前一种情况不同,在中间有两页CFB纸。

25.3 司法鉴定应用

无论检验何种类型的无碳复写纸,重要的是,并且可能至关重要的是,获得任一表单的所有副本来进行检验。虽然对于某些检验而言所有副本可能不是绝对必要的,但它们的可用性将为法庭文件检验员提供机会以寻找司法鉴定价值的信息,否则这些信息可能不存在。

经常会出现关于某些条目是否从无碳复写纸表单的单页上添加或删除的问题。添加条目问题中常见的某些特征适用于对无碳复写纸的分析。这些分析包括不同油墨的
304 检验、书写压力差异、速度、倾斜或类似特征的差异,油墨的相对制成时间以及不同书写者的可能性(均在表单顶部的CB纸上进行检验)。此外,将手写条目的相对位置与除了顶页之外所有纸张表格内预先印完材料的对准情况进行比较。如果一个表单被分开,然后再重新组合,那么应该存在页面的对齐变化(无论大还是小)。在重新组合之后添加的

任何条目在各个下页中都应该显示出不同的对齐方式(参见第 390 页的彩图 25.4)。提醒文件检验员注意,表单的一些移动很少会自然发生,应该考虑可能的解释来说明任何需要注意的对齐特征。基于压力激活作用下各种化学物质组合之间的时间差异,存在将相对书写时间技术应用于下页(CF 页、CFB 页)的可能性。如果罪犯不能获得所有表单,则可能尝试使用不相关的无碳复写纸添加条目。如果可疑表单的某些页,特别是上面的 CB 页,文件检验员也无法获得,则需要进行一些额外检验,包括无损的光谱分析或有损检验(如薄层色谱法)可以确定不同的化学成分以表明使用了不相关的无碳复写纸表单。如果不相关的无碳复写纸与有争议的页面不一致,则可以通过标准的书写压痕检验程序来确定是否存在书写压痕。

在无碳复写纸上删除条目其本身就是一项困难的任务,因为如果要彻底完成,这一行为需要对每页纸张进行分别的擦除过程。由无碳复写纸系统生产的油墨从来就不容易消失。事实上,这种油墨具有在擦磨作用时容易弄脏的特点。涉及光谱分析的标准检验将是恰当的方法,可以显示出擦除的条目和进行化学擦除尝试的证据。如果在两张纸之间放置障碍物,那么显微镜检验、侧光照明以及使用灯箱是在多层无碳复写纸表单的下层纸张上尝试物理显现的恰当检验方法。但是,这种方案有其独特的特征。由于障碍物将不得不阻止打破微胶囊所需的局部压力,因此障碍物也一定阻碍压痕。此外,可疑的条目并没有出现在障碍物位置下方表单的任何其他页中。表单中的障碍物不能说明为什么一个条目没有出现在中间页中,但却出现在底页上(参见第 391 页的彩图 25.5)。

无碳复写纸的影响不仅仅局限于无碳复写纸。研究发现,在普通债券或便笺纸上面的无碳复写纸的书写压痕不仅可以创建条目的凹痕,还可以通过红外荧光显现出清晰的条目。尽管本书无法涵盖所有这样的情况,但有关无碳复写纸检验的标准方法通常包括对每个无碳复写纸页及其与无碳复写纸相关的纸张进行光谱分析和书写压痕检验。 305

Section Ⅶ　Indented Writing Impressions

第七部分　书写压痕

文件上的偶然标记和书写压痕 26

法雷尔·C.希弗

目　次

文件的起草体现了一系列有计划的行为，但有时重要因素纯粹是偶然成为文件的一部分，而不是经过文件起草人或随后的文件处理人预先计划好的。因此，潜在指纹、一些其他文件的转印字迹，不属于可疑文件上的笔画印迹以及与该可疑文件有过接触的外来物质痕迹都可能在可疑文件上发现它们的踪影。文件的作者完全不了解它们的存在，但在有利的情况下，这些偶然标记和附加物可以发挥重要的作用。

26.1　书写压痕

每当两张或更多张纸堆放在一起时，在首页上书写的痕迹往往会在下面的纸张上形成书写压痕。这些书写压痕在将某人关联到某份文件时很有用。一份合同的签署人可能坚持认为合同的特定页面在签署文件时根本不存在。如果在可疑的页面上找到了原始合同签名的压痕，此压痕则提供了明确的证据，证明该合同签署时该页面存在。在匿 309
名便笺上发现的压痕可能会提供书写者身份的线索，如以前写过字母的压痕。书写压痕的显现能够证明文件已经被变造了，可能并不是在声明的日期制备的。例如，如果对医疗记录的检验揭露了一个 2004 年 6 月的条目创建在 2004 年 7 月的文件上，这证明了 6 月的条目是不可能在其声明的日期形成。

许多因素影响书写压痕的显现。书写压痕的深度以及由此造成的压痕字迹的清晰度取决于书写笔画的压力、堆放纸张的数量、纸张下面衬垫物的性质、纸的厚度和种类以及书写工具的锐度和坚硬性。根据这些因素，压痕字迹的数量可能多到几乎整个文件，少到几个字母或单词的微小片段,以及它的易辨读性从几乎就像原来的文件到几乎无法辨认。字迹书写页正下方的页面通常具有最清晰的印记(图 26.1),但是第二页和较下面的页也可以经常显现书写压痕。书写压痕不仅包括由在纸张上面的书写压力造成的可见凹痕,还包括只能通过特殊处理才能见到的细微的纤维干扰。这些压痕不仅仅局限于手写笔迹,而且也可以是凹陷的打字字符。

图 26.1　使用静电处理技术显现的书写压痕

不是所有的压痕都可以辨读的。书写压痕的清晰是一个影响因素,但并不是使问题复杂化的唯一因素。来自若干页面上的笔迹压痕重叠,所有这些页面上的压痕都覆盖在被调查的页面上,大大限制了调查结果(图 26.2)。文件本身的可见笔迹、在透明薄膜上显示为负像或白色图像,也可能会形成干扰。文件中的皱纹和折痕可能会干扰或妨碍压痕字迹的辨读。由于过多的触摸可能造成这些起干扰作用的折痕和皱褶,因此必须采取一切预防措施来限制触摸并防止文件起皱或折叠。

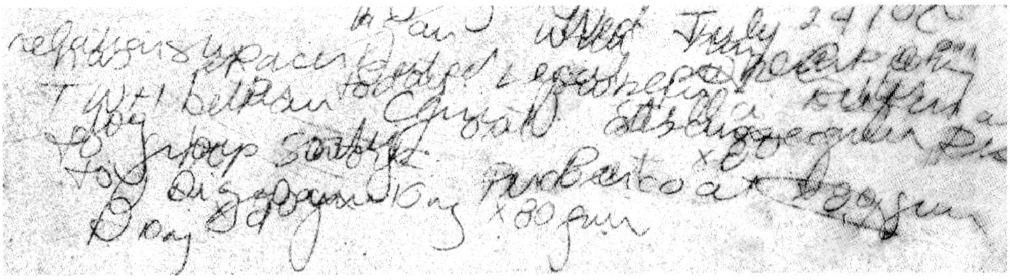

图 26.2　重叠压痕字迹的显现可能使书写压痕字迹的辨读复杂化,有时甚至妨碍辨读

有时可以通过让光线从一侧倾斜照到笔画上来清楚地读出压痕,可以在各种角度和方向上移动光源来观察文件,这些检验的结果可以通过拍照得以保存。

许多年来,已经提出了许多其他技术用于书写压痕的检验。[1]今天,最常见的两种技
310 术是使用侧光和静电检测装置对文件进行静电处理。最近出版的进行书写压痕检验的
程序标准需要使用这两种技术。[2]

原始和最常见的静电检测装置是静电检测仪(electrostatic detection apparatus,ESDA),

但也制造了其他的检测设备。〔1〕 在静电处理过程中，将可疑文件放置在真空台上并将聚合物薄膜覆盖其上。将装有电晕丝的棒掠过薄膜表面，从而把电荷留存在文件表面。然后将黑色墨粉施加到薄膜上可以在任何有压痕的地方显现出图像。有几种技术用来施加墨粉，但也许最常见的是瀑布法(the cascade method)。在该方法中，涂有墨粉的微小玻璃珠像瀑布般倾泻到薄膜表面。其他技术包括喷涂墨粉、涂刷墨粉，或者最近使用具有独立墨粉盒的小垫将墨粉涂到文件上。通过用层压板覆盖薄膜来固定显影的图像。在某些情况下，建议在尝试固定图像之前拍摄显影的压痕。即使没有图像显现出来，一些文件检验员也仍然保存静电检测装置检验的结果。

静电处理被认为是无损的，因为压痕图像是在聚酯薄膜上显影的，而不是对文件本身显影。然而，已经发现静电检测装置在处理文件时可以从铅笔字迹中除去一些石墨，并且还可能损坏用一次性打字机色带输入的文件。[2]当使用静电检测装置处理这类文件时，建议在文件处理之前需要记录文件的图像(使用照相方式或通过扫描或复制)。

在低湿度条件下可能会干扰静电检测装置的处理结果。为了确定最佳的湿度条件，已经进行了几项研究。〔2〕 湿度箱通常用于在静电处理之前加湿文件。一些实验室配备了用于静电检测装置工作的湿度控制室。有一种技术是需要对墨粉加湿而不是对文件本身。摩尔(Moore)[3]警告说，对文件的过度加湿可能对潜在指纹的显现产生有害影响。 311

不管为了产生清晰的、可辨读的结果做了多少努力，在许多情况下，作为结果的透明薄膜都需要增强。减淡与加深、自动色阶调整和对比度改变是图形软件程序中的三个功能，可帮助文件检验员制作清晰的结果以进行进一步的分析。这些内容在第29、31和34章中有详细的介绍。

文件的静电处理可导致新鲜指纹的显现。显现的指纹可能会干扰已显现的书写压痕的辨读。文件检验员在对文件进行静电处理时，有时会戴上手套。即使戴着手套，过度的处理也可能会损坏或破坏书写压痕。[4]根据使用的手套的类型，布、橡胶或胶乳，可能会消除压痕。因此，必须考虑穿戴手套的类型和处理的文件。由于潜在指纹处理也会破坏书写压痕，因此应该在对潜在指纹处理之前进行书写压痕检验。

有时可以使用静电处理来确定墨水笔画和书写压痕图像的先后顺序。〔3〕 关于这种

---

〔1〕 静电文件压痕显现装置(the indentation materializer electrostatic document device, IMEDD), VacuBox 和 DocuStat 是静电检测仪的商业替代品。一些文件检验员有定制的机器，并起各种名称。

〔2〕 几位作者研究了湿度和温度的影响。这些包括 Beal, B. L., Effects of water temperature vs. time in humidyfing documents for electrostatic detection apparatus examination, *J. Am. Soc. Questioned Doc. Examiners*, 5, 78–87, 2002; Noblett, M. G. and James, E. L., Optimum conditions for examination of documents using an electrostatic detection apparatus (ESDA) device to visualize indented writings, *J. Forensic Sci.*, 28, 697–712, 1983; Riebeling, I. J. and Kobus, H. J., Some parameters affecting the quality of ESDA results, *J. Forensic Sci.*, 39, 15–20, 1994.

〔3〕 罗伯特·W. 雷德利(Robert W. Radley)在这方面进行了研究。他的两篇关于这个问题的文章是：Determination of sequence of writing impressions and ballpoint inkstrokes using the ESDA technique, *J. Forensic Sci. Soc.*, 33, 69–72, 1993; Determination of sequence of intersecting ESDA impressions and porous tip, fibertip and rollerball pen inks, *Sci. Justice*, 35, 267–272, 1995.

确定书写时间方法的进一步讨论,请参见第29章。一项研究成功地使用静电处理来确定喷墨图像和书写压痕的顺序,但却无法确定激光打印技术和书写压痕的先后顺序。[5]

26.2 字迹转印

当一张纸上的液体墨水未干时就和另外一张纸互相接触,可能会在另一张纸上产生字迹转印。[6]在潮湿条件下保存的文件也可能会产生水溶性墨水的转印。当铅笔字迹中的石墨被转印到另一页纸时,也可能会发生类似的转印。[7]正确辨认和解释转印字迹是什么内容对那些有兴趣确定事实的人来说是一项挑战。当认识到这些痕迹通常是非常轻微的笔迹片段时,就会体会到这个挑战的全部力量。在某些情况下,由于案件的特定情况,在精确辨读转印字迹之后发现转印字迹的意义不大,但是可能会有一些情况,对转印字迹的解释可能会成为两份文件具有共同来源的有力证据。

对于微弱或不清晰的图像,一般情况总是如此,必须通过各种手段加强转印字迹。图像可能需要反转,因为转印有时是镜像方式。过去,这是通过滤光片拍摄完成,但现在更常见的是使用计算机技术(参见第31章)。每个问题都需要长时间的研究,并可能需要重复相同的方法,轻微修改才能获得最佳的辨读。

字迹转印可以用来确定据称很长时间以前制备的文件实际上是在近期制备的。[8]当
312 纸张两面都有字迹时,如果墨水是刚刚书写上的,可能会有大量的墨水转移到下面的页面上。

26.3 外来痕迹

在文件上可能会发现许多不同物质的微量附着物或痕迹,这些附着物或痕迹有助于重建它们的历史。其中许多痕迹是在制备文件和随后处理或存储文件期间纯粹与异物的偶然接触而产生的。因此,连续透过几页的相似图案污渍有助于表明它们叠放在一起已经有一段时间了。纸上的霉斑标志着文件的年龄。签名轮廓的内部及其周围的碳沉积物对其真实性产生强烈的怀疑。对于匿名信,密封的信封口盖或印章下存在的口红痕迹或唾液是进行DNA检验的理由。在文件检验中不时会遇到的油漆、锈迹、油脂等许多污渍。通过研究出现的污渍种类,或许有可能得出其存在的原因和意义。

26.4 潜在指纹

潜在的指纹通常被称为指纹,但实际上是当皮肤表皮的任何区域触摸物体时留在物体上的印记。摩擦皮肤(乳突纹线)在手的下面和脚的底部。在涉及文件的案件中,最常见的潜在指纹是由手指和“书写者的手掌”制成的。[9]

潜在指纹通过触摸附着在纸张上并保持肉眼不可见,直到进行化学显现。纸张是沉积和保留潜在指纹的最佳载体之一。潜在指纹附着在纸张的容易性和不可见性是其明显有利的条件,特别是在刑事案件调查中。如果有可能显现一个可鉴定的指纹并与嫌疑人的指纹进行比较,则会出现一种非常明确的证据形式。

用于显现文件上潜在指纹有代表性的方法包括使用化学方法,如茚三酮显现法、物理显影剂显现法和 DFO(8 - diazaflouren - 9 - one) * 显现法。偶尔,肉眼可以看见的指纹,也可以称为显在指纹(patent print),能够在文件上直接观察到而不需要进行任何专门的检验。在其他情况下,可以通过使用激光或可变光源以及不会引发任何化学反应的适当的滤光器来观察潜在指纹。任何可观察到的指纹都需要通过拍照保存。[10]

现今在纸张上显现潜在指纹最常见的方法是茚三酮技术。茚三酮与潜在指纹残留物中的氨基酸发生反应。当文件可能需要进行其他类型的检验时,如签名鉴定和笔迹鉴定、书写压痕检验、可能的变造和擦除的确定以及油墨的比较,存在一个严重的缺点。[11]使用茚三酮将污染文件,并且使用常规方法制备的茚三酮溶液,油墨能够被严重减弱或消除。茚三酮溶液即使能够以对文件损害最小的方式制备,但是可能会丢失书写压痕和一些微量物证。

有时在茚三酮显现后使用物理显影剂显现。这种方法能够显现出茚三酮显现不出来的潜在指纹。其原因是茚三酮与潜在指纹中的氨基酸反应,而物理显影剂与指纹残留 313
物中的盐、脂肪、蜡和油脂反应。使用物理显影剂将损坏文件。

在文件上显现潜在指纹的另一种技术是 DFO。像茚三酮一样,DFO 与氨基酸反应。使用激光或可变光源的特定波长光[1]可以观察到显现的指纹。由于化学品和设备的开支,这种技术不如茚三酮或物理显影剂那样经常使用。DFO 也会将文件染色,但可能比茚三酮要少一些。

用来检测纸张上潜在指纹最早的一种技术——碘熏法,有时候仍然在使用。这种技术不经常被使用是因为吸入蒸气的相关危害,以及随潜在指纹附着在纸张的时间越长显现结果的可能性越小。[2] 使用碘熏法可以表明需要进行隐蔽检验[12]以及使用的是热敏纸或无碳复写纸。[13]碘熏法具有以下优点:如果没有显现出指纹,随后可以使用其他方法进行显现,因为碘渍将消散。显现的指纹将迅速褪色,应立即成像。

调查员有时会尝试在现场处理有潜在指纹的文件,但在实验室环境下则更好一些。化学处理在现场可能是危险的,并引起健康问题。此外,大多数化学显现的指纹都容易褪色,时间是一个因素。一些调查员继续采用类似于犯罪现场勘查中的方法向文件上刷粉末。粉末相比于已经讨论过的化学技术而言不太有效,不应该使用。另外,使用粉末

---

* 原著中称 DFO 的化学名为 8 - diazaflouren - 9 - one (DFO),经查阅相关资料应为 1,8 - Diazaflouren - 9 - one,中文译为 1,8 - 二氮杂芴 - 9 - 酮。——译者注

〔1〕 波长 430nm 到 580nm。

〔2〕 如果潜在指纹在文件上已经留存 30 天或更短的时间,则可能会得到理想的结果。

可能对书写压痕图像的显现带来不利的影响。[14]

每当一个文件要进行潜在指纹显现时,应该制作文件高质量、精确比例的图像,以便如果以后出现问题,可以研究和识别出现在文件上的笔迹和内容。在纸张上显现潜在指纹的所有方法都会增加损坏或模糊笔迹细节的风险,无论如何要仔细完成。

通常,文件检验应在对文件进行潜在指纹处理之前进行。因此,文件检验员必须小心处理文件,以便自己的指纹不会留在文件上。每个触碰纸张的人都可以留下他(她)的潜在指纹。经过反复的触摸,许多指纹可能会将原来的指纹消除。因此,需要进行潜在指纹显现的纸张应加以保护以免触摸过程中留下新的潜在指纹,并应该尽快提交检验。

26.5 结论

偶然留在文件上的标记和痕迹并不一定会降低其价值,相反,具体问题的特殊情况是控制因素。然而,如果调查人员要揭露其与文件其他方面相关的事实,确定证据的真
314 正重要性,那么通过认真研究和处理,对偶然留在文件上的标记和痕迹进行辨认和鉴定则是至关重要的。

参考文献

1. Brown, J. L., Survey of techniques used to visualize markings, *J. Am. Soc. Questioned Doc. Examiners*, 1, 107–112, 1998.

2. ASTM E 2291–03, *Standard Guide for Indentation Examinations*, ASTM, West Conshohocken, PA, 2003.

3. Moore, D. S., The electrostatic detection apparatus (ESDA) and its effects on latent prints on paper, *J. Forensic Sci.*, 33, 357–377, 1988.

4. Licht, G. and Murano, E., Seeing Ghosts and Reading Demons: ESDA Effects in Light of Current Discussions, paper presented at a meeting of the American Society of Questioned Document Examiners, San Diego, 2002.

5. Mohammed, L. A., Sequencing writing impressions and laser printing or inkjet printing using the ESDA, *J. Am. Soc. Questioned Doc. Examiners*, 1, 40–42, 1998.

6. Moryan, D., Deciphering set-off writing images, *Int. J. Forensic Doc. Examiners*, 2, 342–346, 1996.

7. Gervais, R., Techniques and Terms Useful in the Examination of Graphite Offsetting, a paper presented at a meeting of the American Society of Questioned Document Examiners, Ottawa, Ontario, Canada, 2000.

8. Strach, S. J., Radley, R. W., and Westwood, P. D., Short term relative time of writing determinations by observations of ball-point pen ink transfers, *Int. J. Forensic Doc. Examiners*, 4, 152–153, 1998.

9. Shimoda, S. C. and Franck, F. E., Writer's palmar impressions, *J. Forensic Sci.*, 34, 468–474, 1989.

10. Federal Bureau of Investigation, *Latent Print Processing Guide*, FBI, Washington, D. C. , 2000.

11. Horton, R. A. and Shaver, L. C. , The effects of latent print processing on ballpoint pen inks, *J. Am. Soc. Questioned Doc. Examiners*, 3, 70 – 81, 2000.

12. Iodine fuming, *Minutiae*, Summer 2003, Issue 76.

13. Iodine fuming contest winner!!, *Minutiae*, Fall 2003, Issue 77.

14. Dunkerley, M. Y. and Riley, T. P. , The effect of fingerprint processing on ESDA impressions, *Int. J. Forensic Doc. Examiners*, 5, 280 – 282, 1999. *315*

Section Ⅷ　Altered Documents

第八部分　变 造 文 件

文件中的变造 27

苏珊·E.莫顿　邦尼·L.比尔

目　次

在许多情况下,文件会在其制备期间或完成之后被修改,这种改动是在所有有关各方充分了解的前提下,并且没有任何人企图实施诈骗。然而,还有一些其他情况——比通常想象的更多,其中添加内容或其他变造是为了在一个原本公平和合法的交易中欺骗某些当事人。当这样的行为已经发生或怀疑发生时,可以咨询文件检验员。既然这些求助呼吁并不频繁,因此通过广泛的研究和实验设计出有效的技术,不仅可以披露变造或添加内容的证据,而且还要证明已经发生了什么变化以及原始内容是什么。

文件能够以几种方式进行改变,每种方法都需要单独的技术进行检测和对原始内容进行恢复或辨读。最常见的变造过程包括通过擦除来去掉部分内容,通过不透明的标记掩盖笔迹,以及在行间或文件的扩展部分添加内容。现在我们将考虑更常见的问题,其中手写笔迹、打字或印刷文字从文件中消除或以某种方式删除。在这些条件下,最主要的目标是恢复原来的内容,使其能够被完整阅读,但是在有些情况下仅仅能够辨认出一部分。 319

27.1 擦除

众所周知,笔迹、打字字迹或印刷字迹可能会被化学试剂磨损或用锋利的工具如刀擦刮。并非所有这些方法都能够成功地擦除每一类标记,但是在各种各样的问题中都会遇到这些方法。

几乎所有的擦除都可以通过彻底的检验而被发现。在罕见的情况下,用化学擦除液或溶剂非常熟练地去除液体墨水笔迹可能未被发现,但是两个因素的综合作用应留下这种行为本身的证据。第一,化学试剂与纸张反应可以形成可见或潜在的污渍。这些污渍有可能是原来墨水的局部片段,通常可以在视觉上或在红外荧光下辨别。第二,消除液通常会从纸张上去除胶料,留下的部分比未处理纸张更易渗透和吸收。如果尝试用纤维尖笔或滚珠笔在擦除区域上书写,则液体墨水非常容易洇散并弄脏露出的纸纤维,留下明显的斑点。也可以在该区域观察到粗糙不平的纸纤维。

随着使用频率的增加,支票正在被化学清洗、干燥,有时被压平。利希特(Licht[1])进行的一项研究表明,圆珠笔是最容易去除的,不会在纸张上留下潜在的残余物。这
320 些化学清洗很难被检测(图27.1)。有时原来书写的条目不会被完全消除,可能在显微镜下或红外光下观察到(图27.2)。在红外光下,支票边缘周围的染色现象也很明显(图27.3)。

(1)经仔细检验后,可以观察到原先条目处的墨水残留物;
(2)底部图像是在红外荧光下相同部位。原始墨水的残留物不可见。

图27.1 该图描绘了支票的某部分被化学清洗

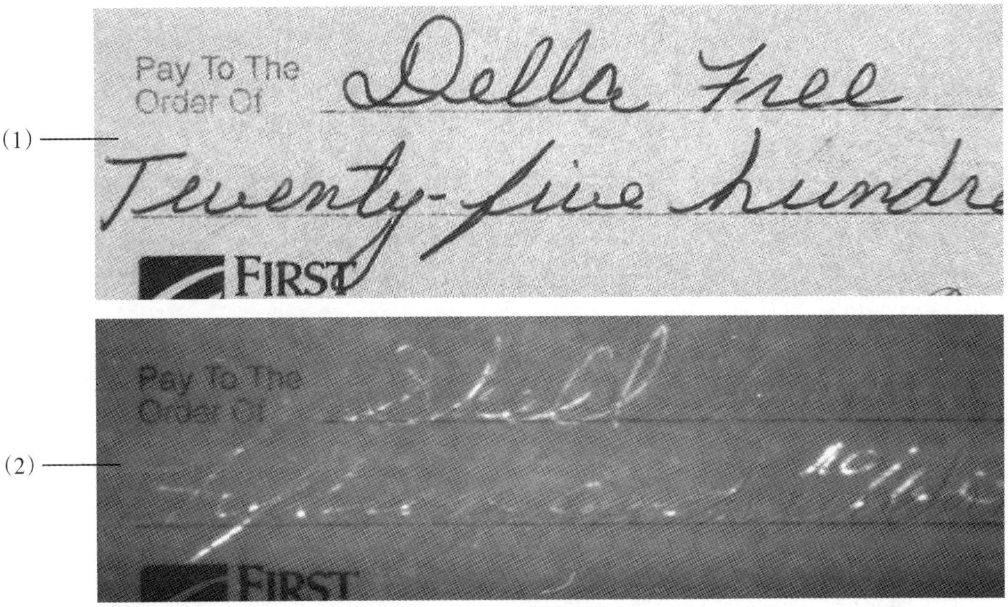

(1)部分原来的墨水仍然可见;(2)在红外荧光下,可以看到“Shell”和“Fifteen and no / 100”的原始条目。

图 27.2　较差的化学清洗示例

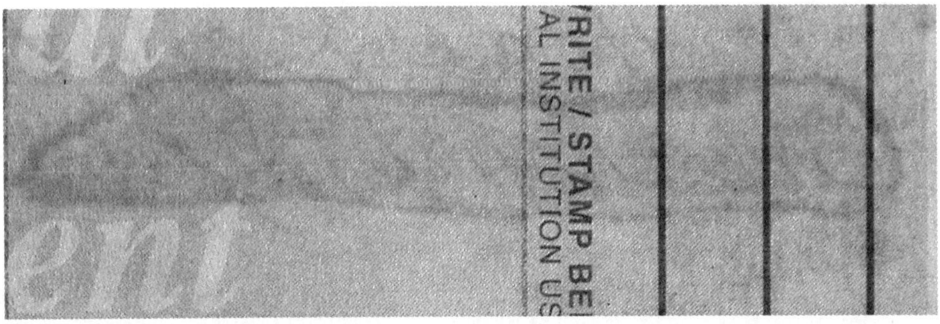

图 27.3　显示了图 27.2 所示支票的反面化学染色明显

使用圆珠笔进行掩盖可能不会出现异常现象,但仍有一些擦除的迹象。在大多数情况下,侧光检验、静电检测装置、显微镜、摄影、紫外光或红外荧光都能够确定存在变造的事实。与此相反,即使用非常熟练的擦除方法通过磨损或擦刮通常会留下更多明显的痕迹,其中包含扰乱的纸纤维和未完全除去的部分原始笔画。因此,更容易检测到这些擦除。 321

虽然第一步一直是确定存在擦除的事实,但是对于这类案件的调查来说,对那些因文件变造而被欺骗的人们来说,最重要的一步是显现或辨认被除去的内容。通过显现,这意味着原始内容或暂时或永久地在文件上显示出来,而辨读则包括能够确定被擦除内容的任何方法,如照相或其他方式。这能否成功实现取决于原来的书写介质和它被删除的方式。

就多孔尖笔或滚珠笔使用的合成染料墨水而言,漂白不仅可以消除颜色,还可以消除纸张上所有的化学成分。这里又是一个例子,即非化学擦除虽然较容易被检测,但不易被辨读。使用这些油墨、照相技术或在红外成像系统下的检验是标准方法,尽管不是每次擦除都可以被成功辨读。

碳素墨水很难彻底清除。化学试剂也不能将其漂白,但磨损擦除或巧妙地使用刀刃或剃刀可以有效地去除油墨。原先墨水的辨读通常是非常困难的。如果已经被完全擦去,这个问题实际上是不可能的。然而,每当还有一些原来文字的痕迹时,这些痕迹可以使用照相方法或数字化技术加强反差,从而至少可以辨认出部分字迹。

圆珠笔油墨不易擦除。检验可擦式圆珠笔油墨的两篇论文由彼得・普费弗利(Peter Pfefferli)和雅克・玛蒂尔(Jacques Mathyer)[2]以及威廉・J. 弗林(William J. Flynn)撰写。[3]由于油墨能够渗透入纸张并不是都附在表面上,所以需要大量的摩擦才能完全擦除。普通化学试剂完全可以从纸上清除圆珠笔油墨,[1]尽管这种技术可能会留下圆珠笔的凹痕。照相、紫外光和红外荧光方法,虽然不是万无一失,但却是辨认原来字迹较好的方法。

无论使用的是黑色的铅笔、擦不掉的铅笔还是彩色的铅笔,对被擦除铅笔字迹的辨读不仅是一项困难而且是一项艰巨而漫长的任务。可以使用软橡皮擦擦掉铅笔字迹,这在一个操作熟练的人手中几乎不会在纸张表面留下擦痕。即使如此,除非笔迹是以非常轻微的接触擦除之外,字迹完全擦除后,原始笔画的轻微凹痕仍然会保留(图 27.4),如果擦除的不完整,则会发现一些碳或颜料的痕迹(图 27.5)。压痕和痕迹都是辨读的基础。在受控光照条件下进行视觉和摄影检验,包括倾斜照明和低强度漫射光,都是辨读被擦除字迹的有效方法。[4]有时需要红外反射照相,对于彩色铅笔则需要红外荧光。

图 27.4　在斜侧光照明下观察到原来数字被擦除留下的压痕,然后再改写

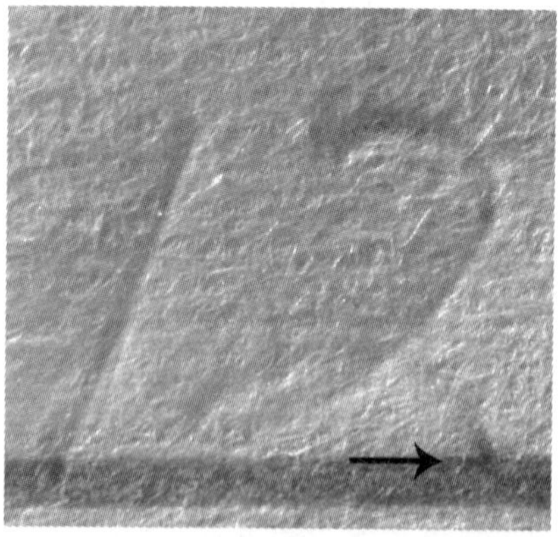

注:原始石墨的痕迹在 1 和 2 的底部可以看见。

图 27.5　使用斜侧光照明可以看到原来数值的压痕

使用红外成像系统中的成像软件是辨读擦除和捕捉案件记录中图像的好工具。文件正面和背面的静电压痕检验通常用于辨读擦刮的笔迹,或者至少可以对已经发生擦除的部位进行图像显示。

对于擦不掉的铅笔笔迹，一些未擦除的染料可以通过用喷雾酒精润湿而显现出来。[5]酒精溶解剩余的染料并使它们扩散，从而再现擦除部分。

如果在擦除过程中纸张表面变得严重粗糙，那么问题就变得更加复杂。在顺利的情况下，可以实现完整的辨读，但很多情况下只能认读出部分原来的字迹。如果原始材料 322
的痕迹仍然存在，则可以用数字图像增强软件或红外成像系统加强反差。

计算机生成的文本可能很容易或者很难以清除，具体取决于用于制备它的技术。一些喷墨墨水是水溶性的，尽管以这种方式除去它们通常会污染纸张。激光打印使用的墨粉有时可能会从页面上刮掉，但是通常情况下，物证仍然存在。这里也可以使用用于辨读擦除的相同技术，但辨读出原文通常是非常困难的。

当校正打字机使用剥离色带时，通常会留下字母的轮廓。几乎所有的颜料都会被去除，但是字母的压痕可能会更深。[6]侧光照明、红外成像系统、塑料铸型技术[5]或应用可用于 323
铅笔问题的化学溶液可以获得全部或部分的辨读效果。然而，如果遇到这样的情况，擦除十分彻底，以至于这些技术都不能给出令人满意的结果。

由于印章印文或印刷材料的去除或复写字迹的擦除而导致的问题较少，最好的结果只会得到部分辨读。受控照明和红外反射光、红外荧光或紫外光照明可能会提供一些结果。当印痕被化学试剂漂白时，后两种技术最有效，当有一些原始印痕的局部片段时，前者最为有效。在这些问题中常常是纸张表面在磨损擦除过程中严重损坏。

尽管在许多擦除问题上取得了很好的效果，但有些情况下，擦除文字的恢复或辨读可能不会成功。这很大程度上取决于具体情况——被擦除的材料，在对文件进行恢复或辨读之前的保管和处理，书写、擦除和尝试恢复或辨读三者间隔的时间，以及针对特定问题所独有的其他因素。每次恢复或辨读都需要大量的实验和时间。虽然前面的段落已经指出了可能有所帮助的科学技术，但许多进展通常是通过借助放大镜来进行视觉检验的，有时在各种受控照明的条件下减少透镜，包括斜侧光或弱光照明以及中等强度的日光照明。因此，一旦怀疑存在擦除时，请立即提交文件进行检验。这样做消除了不必要的处理，这些不必要的处理可能会降低成功的机会，并且还允许有足够的时间对问题进行彻底调查。

27.2 相关证据

虽然相关证据可能不一定涉及技术研究，但它在对擦除或变造文件的辨读以及对辨读的验证上非常有用。相关证据将是与变造文件密切相关的其他任何文件。一个明显的例子是在发生变造之前制作的复印件。找到复印件就会立即揭示出更改的内容。其他类型的证据可能包括账目记录，其中一份此类记录已更改，但在簿记制度中的其他条目尚未更改。因此，熟悉账簿保存方式的人都将能够找到相关的记载并重建原始的条目。

相关证据的部分内容也总是可能被变造。例如，在账目记录中，对特定条目的擦除和更改可能要求在段落或页面结尾处的总计也要改变。虽然关键条目可能非常小心,但小计或总计的变化常常不是很小心或只是部分擦除。其结果是,原来的总计可以比被擦除的关键数字更容易辨读。以这种方式,可以复原关键条目。可以举出许多其他例子,
324 经常与文件检验员本人协商,他(她)可能会想到在哪里去寻找这种证据。

27.3 切割

一种罕见但不是闻所未闻的文件变造方式,是通过熟练地切割文件的一些部分,然后插入新的材料来填补空白。当然,有必要想出一些方法在适当的位置固定住插入的材料。文件可以粘贴到另一页上,邮票或胶带可能贴在文件的背面(图 27.6)。支票打印机的印迹已经通过使用这种方式而变造。[7]仔细检查纸张将会显示变造,但是不小心的观察者,甚至那些在商业交易中处理文件的人、商人和银行雇员都曾被以这种方式变造的支票所欺骗。

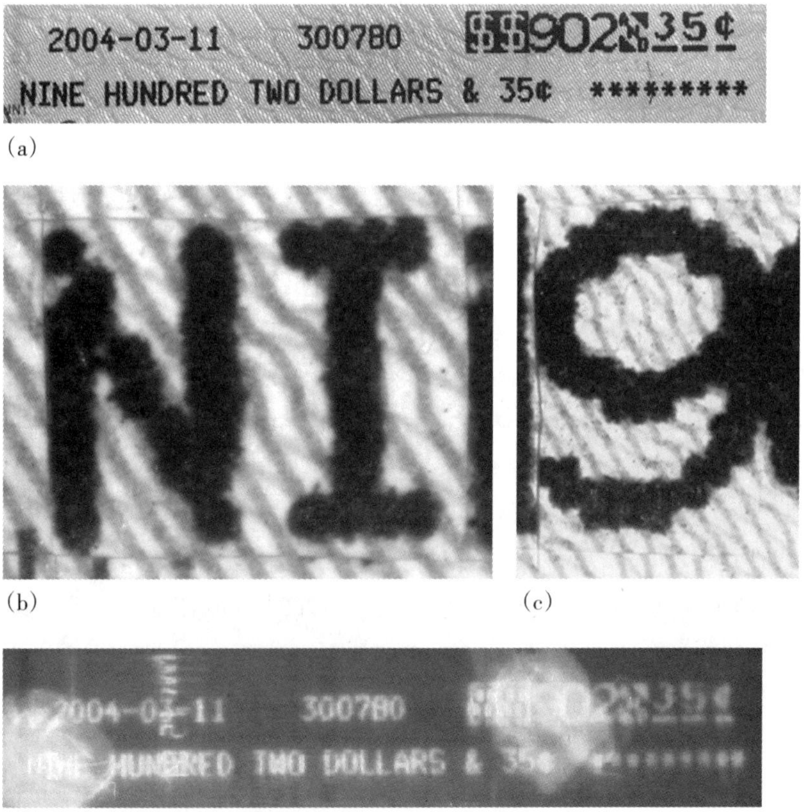

(a)显示了在正常光照条件下的一部分文件;

(b)(c)显示了通过切割文件原始部分的变造区域并用另一张现金支票的相应区域代替的放大图(在这个案例中是字母 NI 和 9);

(d)显示了在紫外光照射下,现金支票背面的黏合剂。

图 27.6 举例说明变造的现金支票

如果纸张较厚，则仅需要切割上面一层，并将插入的材料裁切成能够精确地契合到凹陷的部位中。竞赛牌和赌博券是我们所知的以这种方式修改关键数字来进行伪造的。[8]当然，检测变造是有可能的，但通常情况下不能确定原来是什么。 325

27.4 行间书写及添加

欺诈可以通过添加内容来实现，和去除某部分内容一样有效。插入修改的条款或句子可以完全改变文件的含义，这与擦除关键部分的方法一样。插入这些修改的技能因情况而异，但是与擦除一样，已经找到了能够揭示许多具有欺骗性的行间插入或添加伪造的有效方法。

显然，在行间或沿着页面边缘拥挤地插入一些重要条款立刻会引起怀疑。然而，许多添加被仔细地插入到文件的结构中是由于制备时的粗心从而在文件内或在签名之上留有非常方便的空间。当这些插入被熟练地完成时，它们可能被不细心的观察者所忽视，但是这些不明显的伪造仍然可以通过恰当的技术和研究来发现其本身固有的缺陷从而被识别。

要发现已经完成的插入或添加的内容可能涉及对整个文件进行广泛的研究。前面章节已经讨论过的许多要素都是特别重要的。墨水不均匀；文件不仅仅是由一支笔或一台输出设备所制备；如果是打印的、拥挤、不均匀的页边距或者修改处的不同间距算法；通过研究纸张和固定装置而得出的后插入页面的证据（图 27.7）；笔迹的明显变化；对于手头问题而言是独有的任何因素，其中任何一个都可能指出插入的事实。然而，还有另外一个标志可以明确指出这样的事实，即文件没有按照正常的顺序组成——证据表明相 326
交笔画的书写顺序或在纸张中写在折痕或打孔处笔画的形成次序不符合逻辑顺序，逻辑顺序是与文件自然形成或据称制备的顺序一致。

27.4.1 书写的顺序

交叉书写的笔画可能具有独特的图案，这取决于书写的顺序、两份书写材料之间的时间间隔、两个笔画的浓度和使用的油墨、书写工具和纸张的种类。通过立体显微镜或手持放大镜，并在熟练控制的光源和红外光或数字成像系统的辅助下，可以显示出制备的真实顺序并展示给外行的观察者。

看起来是明显的解决方案可能并不总是正确的答案。例如，最深颜色的线条即使是先写的，看起来却是在顶部（参见第 392 页的彩图 27.8）。在得出结论之前，必须进行仔细研究和实验。流动的墨水可能会从现有的线条下溢，使其位于以前书写的条目下面。以下段落中考虑了一些更常见的确定书写顺序的标准。[9]

如果我们考虑两个书写笔画的交叉或书写字迹与打印文字的交叉，那么大多数问题都会被包含在内了。两部分书写字迹大量的反复交叉比单独的无关紧要的交叉能够提

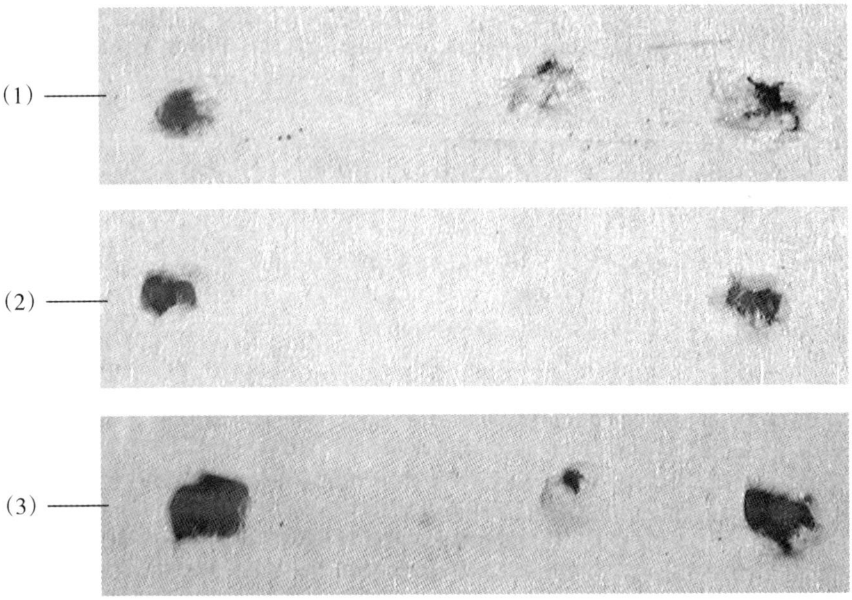

(1)顶部的图像出自第一页;(2)中间出自第二页;(3)底部出自第三页,请注意两个主要钉孔之间的额外装订孔(顶部和底部图像),当订书钉的末端穿过纸张的背面时形成。在第二页上没有找到装订孔,提供的证据表明在最初装订发生时第二页并未在现在的位置上。

图 27.7 通过检验装订孔来确定一页纸张的插入

供更高的成功概率,如一条微弱的笔画横跨过另外一条笔画或两条笔画勉强相互接触,而后种情况几乎不可能清楚地表明书写的顺序。

液体墨水容易渗透到纸张内部,当这样一条笔画穿过另外一条新鲜的液体墨水笔画或其他吸水材料时,第二条笔画会在交点处展开或变宽。这种情况会在液体墨水笔书写时和偶尔用多孔尖笔书写时遇到。如果第一个笔画完全干涸,则不太容易出现这种现象。当第一个笔画具有由硬笔尖或滚珠笔所产生的明显凹槽时,可以发现相对较轻的第二笔会在与凹槽的交点处稍微变窄或甚至跳过。也有可能使用易溶解的染料墨水和新鲜的液体墨水,第二条笔画的墨水可以溶解第一条笔画的一部分,使其墨水扩展到原来笔画的边缘(图27.9)。

使用非水性油墨的圆珠笔会将油墨滚动到纸张上。这种油墨不会流动。当两个这样的笔画相交时,由球珠上的压力所引起的凹槽线对于确定书写顺序至关重要。一条线上的凹槽边缘发生中断将表明它是先写的。如果第一个凹槽是深的,第二条笔画穿过时可能会变得狭窄,或者可能会显示出细微的跳跃。当圆珠笔穿过一条有明显凹槽的铅笔笔画时,也会发生同样的现象。

研究两个相交圆珠笔笔画边缘连续性的另外一种方法是在纸张的交点处提取一些墨水。艾戈(Igoe)和雷诺(Reynolds)[10]提出了以下方法来实现这种提取。克罗梅科

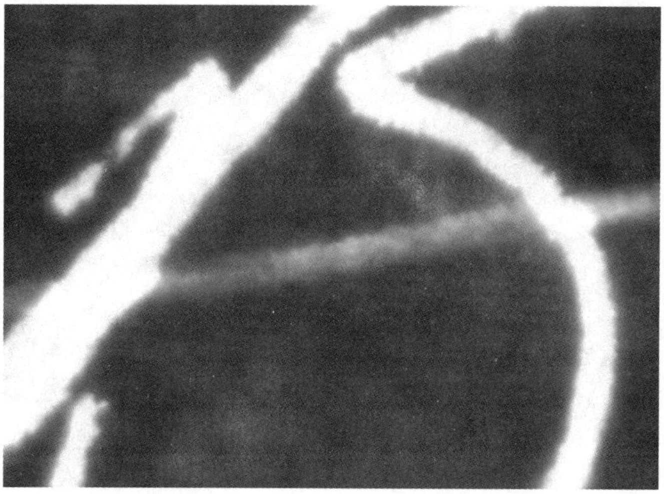

注：在红外荧光下可以观察到油墨的扩散。如果第二笔的墨水能够发出更强的荧光，从而掩盖下面的墨水扩散，则这种现象可能就看不见。

图 27.9 新鲜的液体墨水可以沿着通过顶部的钢笔笔画溢出

(Kromekote*)纸是广泛用于提取潜在指纹的高光泽度基底材料，克罗梅科纸的光泽面朝下放置在一个边缘痕迹更明显的交叉点上，纸张背面使用钝尖以均匀的压力摩擦。所得到的提取结果可以更清楚地显示两条线中哪一条线在交叉点上是连续的。为了改善提取陈旧油墨线条的效果，如那些在若干年前所写文件中的笔画，戈多沃恩(Godown)[11]已经提出了使用稀释的麝香草酚乙醇溶液对克罗梅科纸进行预处理。然后用温热的黏合 327 烙铁熨烫克罗梅科纸背面约5秒钟从而完成提取。当时，有许多公司开发仪器和软件来确定笔画交叉的问题。由韦勒贝克斯(VeerleBerx)和简·德·金德尔(Jan De Kinder)撰写了一篇关于一种这样仪器设备的论文。[12]

铅笔书写的交叉部分包含有两条笔画连续和中断的条纹或凹槽的痕迹。偶尔地，第二条笔画可以从第一条笔画中拖出颜料颗粒，如果两个笔画具有不同的颜色，则更容易观察到这种情况。事实上，对于任何一种交叉点，如果第二条笔画的书写工具从交叉线中拖出颜料或染料的颗粒，这是该笔画为后写的重要证据。

当笔迹和打印文字相交时，会发生若干种不同的情况。当液体墨水穿过相对新鲜的打字字迹或墨粉图像时，水性墨水有被打字机油墨或墨粉中的油、蜡或树脂排斥的倾向。结果，可以观察到液体墨水线条的小间隙，线条轻微变窄或油墨形成珠状的现象。当液 328 体墨水穿过新鲜的圆珠笔线条时，也可能会发生同样的情况。喷墨图像将表现得非常像液体墨水书写。如果打字机打的字迹与液体墨水笔迹之间存在相当长的时间间隔，由于打字机油性材料完全干燥后，则不会观察到排斥现象。因为打字机完全没有排斥水性墨

* Kromekote纸是世界上最好的涂布纸，美国思玛特纸业的玻璃卡纸 Kromekote 被公认为独一无二的广告系列用纸。——译者注

水,这表明打字机先打的字,但这并不是必然迹象。液体墨水扩散到完全干燥的打字机字迹中的罕见现象也有报道。这种相互矛盾的情况无疑是打字机字迹干扰纸张表面所造成的。已经有研究表明,当液体墨水最后被写过墨粉线条时,墨水可能会渗透墨粉并被吸收到下面的纤维中。[13]

通过对交叉部位低角度照明显示出的光谱反射可以识别圆珠笔字迹穿过打字字迹,或者通过交叉点的垂直照明则更容易识别。[9]这种反射的缺乏则构成了强有力的证据,表明圆珠笔字迹是在打字之前完成的。如果打字机和圆珠笔字迹都在纸张上留有压痕,则压痕边缘的状况可能有助于确认制备的顺序。同样,可以采用剥离技术,使用相对较弱、尚未干透、可拆卸的压力黏合剂。除了字迹在交叉点被覆盖以外,这种材料能够提取打字字迹。提取的图像能够显示出打字机字迹的连续轮廓,除非它被油墨覆盖。存在打字字迹的中断表明书写字迹覆盖在打字字迹上,但如果在交叉处没有中断,则可以得出相反的结论。

当打字机字迹在纸张上形成压痕而钢笔笔画在打字笔画的中心处跳过时,钢笔并未与纸张在压痕的最深部分接触,因此,进一步说明书写字迹在打字机字迹之上。这种情况通常伴随着打字机字迹笔画边缘的损伤,这是由于钢笔的压力作用于打字机字迹的边缘。

当查看墨水笔画与墨粉相交时,可以使用上述许多检验。米歇尔·诺沃特尼(Michelle Novotny)[13]进行的一项研究表明,一些墨水将通过墨粉渗入下面的纤维中。正在进行其他研究以确定不相交的墨粉和墨水笔画的先后顺序。[14,15]这两项研究展示了墨粉颗粒低于或高于墨水字迹时的差异。彩图27.10(参见第392页)描述了在使用同轴照明的情况下,覆盖在墨粉顶部的液体墨水的反射光谱。

27.4.2 纸张情况和顺序

字迹穿过折痕和穿孔处经常会留下准确的事件顺序图,可以很好地证实文件是欺诈的或是真实的。液体墨水笔画留下最清晰的画面(图27.11和图27.12)。这种墨水流过
329 纸张上磨损的折痕时明显扩散到相邻的纸张纤维中,这种方式可使鉴定人立即确定字迹是在折痕形成之后书写的。墨水笔画干燥后再通过纸张折叠发生弯曲或折断却不会产生此类现象。相反,它仍然保持不变,或者在折痕较深的情况下,油墨膜可能含有微小的断裂。圆珠笔可能会在折叠脊的远侧或凹形折叠槽内跳过,有时会在折叠交叉点处将油墨从球座上擦掉。

液体墨水字迹和穿孔的顺序遵循相似的方式。当字迹完成后在纸张上穿孔时,液体
330 墨水和圆珠笔油墨笔画都被整齐地切割(图27.13),但是当书写者试图写过打孔处时,液体墨水很容易沿着切割边缘流动。使用圆珠笔,油墨不会流动,但球珠可以陷在孔中而玷污边缘。有时,拥挤或扭曲的字迹揭示了作者曾努力完全避开打孔处。

注：这就证明了折痕是在书写之后形成的。

图 27.11 可以看到水性墨水笔画产生的平滑，连续的线条与折痕相交

注：请注意，字母 i 的向下一笔处的跳过和洇散。

图 27.12 在水性墨水笔画书写之前，纸张已经折叠

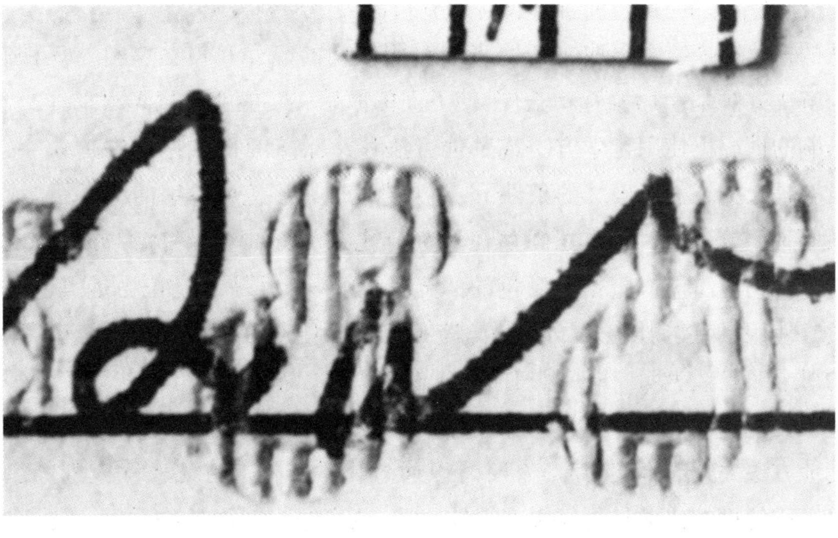

注：支票打印机印记中凸起的脊（ridge）破坏了部分墨水笔画，如数字 8 中所示，表明它是在支票被签署以后形成的，从而增加支票的面值。

图 27.13 不对齐的支票打印机印记穿透部分签名

穿过折痕和打孔的铅笔和打印文字笔画也会留下先后顺序的证据，但事实证明这是比墨水书写更复杂的问题，可能会受到更大的限制。使用铅笔和墨粉图像，就没有墨水可以流入断裂的纸张纤维中。尽管如此，书写笔画或折痕凸起脊线在连续性上的典型差别能够得出明确的结论，虽然这种现象并不会出现在每个案件中。关于这些问题，与所有书写先后顺序问题一样，经常需要在受控条件下进行实验，以验证明确得出先后顺序的结论是正确的。

在适当的情况下,可以通过这些实验明确地确定先后顺序,而且先后顺序是绝对固定的。这个证据的重要性是很大的。当从客观事实中确定一个不同寻常的形成顺序时,它本身并不证明存在欺诈的确切证据。相反,这种物证必须与案件中的其他证词和事实相结合来衡量。验证的责任通常转移给那些反对这个新证据的人,因为确定这种情况能够存在而且并不违反文件的意图或原始目的是他们的工作。

27.5 涂抹或掩盖

掩盖——也就是说,用一些不透明的材料涂抹或遮挡部分字迹——由于其显而易见,故很少用于欺诈目的。然而,这样的涂抹不时会在所有类型的文件中遇到。很多时候,书写者通过使用与文件书写时相同的书写工具完全地勾画掉字迹,从而简单地遮盖字迹。匿名信件的书写者可能会尝试在唯一可用的信封上遮挡住印刷的返回地址。

这些例子可以用来说明问题的多样性。实际上,每种情况都有自己的分支,需要各种各样的技术并难以对成功的措施做出准确的、普遍的预测。解决方案充其量是一个乏味的过程,涉及广泛的实验,而且必须认识到可能会遭遇到失败。

成功的辨读或恢复主要取决于原来书写所使用的媒介和覆盖材料。三种有可能显现字迹的解决办法是:(1)穿透覆盖层,使下面的原始文字能够被显露出来;(2)在原来文字未受影响的情况下使用化学方法或其他方法移除涂抹的物质;(3)在原来字迹或打字内容还没有被涂抹行为所破坏的条件下,努力辨读原来字迹或打字的压痕。

如果原来字迹和覆盖物质之间存在颜色或化学成分的差异,成像方法才能够成功。分离可能会受到与涂抹物质相似颜色的滤光器的影响,但是当覆盖物是黑色时,这种做法会失效。使用具有透射光、红外荧光、紫外光和斜侧光的红外成像系统也可以增加显
331 示成功的机会。已经表明,在使用扫描和成像软件时,也可以区分一些油墨。一般来说,如果要实现完整和准确的辨读,检验方法需要在各种微小差别的条件下反复尝试。

当其他方法失败或不实用时,有时可以通过化学或机械方法去除或削弱涂抹物质。成功取决于所使用的技术是否仅影响涂抹物质,或者至少对涂抹物质而言比它下面的原始字迹具有更显著的效果。蓝黑或苯胺墨水覆盖碳素墨水,铅笔笔画覆盖墨水,以及许多墨水或铅笔笔画掩盖打字字迹等组合都适合使用这些方法去除涂抹物质。普通的橡皮擦和常见的溶剂可能会影响字迹的墨水,熟练地操作可以达到预期的结果。因此,在有利的情况下,对于处理这个问题的方法是成功的,但是由于许多的物质组合不易受这种处理的影响,所以成功并不普遍。

一种涂抹形式在今天已经广泛使用。这是使用校正液或校正带代替擦除,特别是对于打字字迹。一种技术是通过覆盖在要改正的字母轮廓上的校正带或校正纸来打字。通常是在更正字母区域重新打字。另一种技术是使用液体或胶带校正材料。这些材料可以涂在或放置在要移除的区域上。同样,新的文本可以写在校正材料上。在大多数情

况下，仔细检验将揭示涂抹现象。通常可以通过透射光读取原来的字迹（图 27.14），也可以使用彩色透明胶片对纸张背面照相复制，使图像变为可读取的正片。当校正材料太厚或有来自反面的干扰时，文件可能需要浸入石油醚[16]中，或者某些校正材料可能需要除去从而进行辨读。已经发现二甲苯替代物可以有效地去除大多数溶液，对底层油墨几乎没有有害的影响。[17、18]在某些情况下，唯一的希望是不透明的材料可能是有缺陷的，原始字 332
迹的部分内容还是有可能辨读的。这些局部笔画或半涂抹字母的不清楚轮廓可以加强和辨读。总的来说，所有这些涂抹需要多种多样的方法，结合各种技术、实验和毅力，常常有很多运气成分才能确保最终的成功。

(1)
(2)
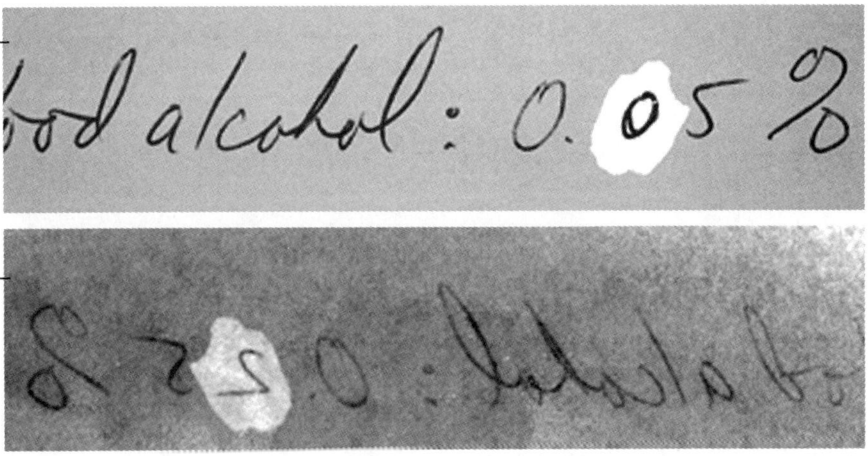

(1) 在正常照明条件下看到的用不透明溶液涂抹字迹；
(2) 使用透射光从背面观察时，底部图像显示原始数字为 2。

图 27.14　可以使用透射光读取涂抹字迹

27.5.1　重写和添写

可以通过重写单词和部分句子或插入一个字符、一个单词、一个句子或更多内容来更改文件。有时有必要尝试确定最初书写的内容。在其他情况下，只需要证明这种改变不是在文件形成时发生的。在字行间插入内容可能是非常明显的，但是如果可以证明它们是由另一个书写工具，另外一个书写者或其他打字机或打印机制成的，那么这将对否定现在这份文件的价值大有帮助。

添写可以通过书写材料的不同或手写笔迹的差异而被发现。与周围的字迹相比，显得拥挤的插入内容表明存在添加。微观研究用于检验墨水或书写工具的差异。相交笔画可能会揭示错误的顺序。使用分色滤光器、紫外光和红外光是一个有用的工具。以前各节讨论的大多数方法也能在这些问题中使用。

不是很明显的重写可以通过揭露双重笔画来确定。不属于重写单词中某个字母的笔画具有重要意义。如果有足够多的字迹，则可能表明有某人的笔迹特征，但此人不是制备剩余文件的书写人。

这种情况的案件并不常见。它们经常在伪造账目记录和支票欺诈中被发现(参见第393页的彩图27.15和彩图27.16)。偶尔,它们是完全不同种类文件难题中的附带问题。但是,它们却代表了改变文件的另一种方式,尽管其表现明显,但这种性质的变化将不时产生并作为一方诉讼的证据。它们必须被准确地评估。

整页有可能会被插入到一份多页文件中。它们的发现通常取决于研究装订标记(如装订孔,如果页面是以这种方式组装的话)(图27.7)、纸张的种类和尺寸、笔和墨水、印刷文本或铅笔。下面页面上的书写压痕可能是关键。

27.6 文件未被变造的证据

在前面的章节中,讨论了可能揭示文件变造的各种技术。但是,问题也出现了,关于能否确定文件并没有发生变造,如果可以的话,需要采取什么样的程序。

证明一张纸没有发生变造是一个具有挑战性的问题。[19]然而,这是一个重要的问题,因为证明真实性与证明存在欺骗一样是文件检验员义不容辞的责任。这种真实的证据是必要的,用以支持某些有争议文件的有效性。实际上,该程序不涉及任何单一测试的
333 应用,而是考虑所有适用的程序来确定文件中是否存在擦除,替换或任何其他类型的变造。在每种情况下,调查结果必须是没有明显的以任何方式改变文件内容为目的的变造发生。只有积累性证据才能确定文件未被变造。

因此,根据文件的制备情况,法庭文件检验员必须应用那些适当的检验,以确定没有明显的擦除,或者如果有一些小的擦除,但很明显这种行为只是为了纠正一个错误,像在制备文件时出现的拼写错误。要实现这一点,需要应用每一个适当的检验,每一个检验都能揭露擦除现象的存在,并且每个检验都必须得出否定的结论。正是这些检验的组合才能支持文件没有发生擦除的结论。

出于同样的原因,必须考虑那些能够揭示文件存在添加的检验,如那些能够显示使用不止一种书写工具的检验,在打字或计算机生成文本中添加内容的检验,或对于存在非正常顺序的笔画交叉或笔画与折痕交叉或笔画与装订孔交叉的材料插入检验。对于手写文件,所有的笔迹都是使用相同的书写工具,由同一个人书写的吗?以及该文件关键内容有没有存在不正常的拥挤现象?因此,在处理每个具体页面时,文件检验员必须能够说明没有证据表明添加了一个单词、一个句子或一个段落。

在多页文件中要进一步考虑的是,是否存在移除任何页面并替换为其他页面,或者在文件形成后又添加新页面。这些检验当然包括考虑书写工具、打印机、纸张、装订方式以及由前一页材料制成过程中产生的书写压痕。除此之外,还需要确定整个文件是否以连续的方式一次性制备的问题,其中包括考虑每一页空白的页边距、行与行的间距、处理段落的方式,以及如果是手写的话,是否在笔迹的质量上存在突然的变化,这可能暗示两

部分笔迹具有不同的书写情境。以这种方式,法庭文件检验员应该能够说明没有证据表明或确定任何页面的制备与其他页面不一致。

实际上,一份无变造的文件是没有发生擦除、添加和换页的文件。以肯定和确切的方式确定这一情况涉及考虑很多因素。有一些情况甚至在考虑到所有因素后,法庭文件检验员不能肯定地说文件没有被变造,但是他(她)可以明确地指出与任何变造不一致的证据优势。因此,文件本身多次发现的客观事实决定了对这个问题回答的肯定程度。

27.7 结论

无论文件如何被变造——无论是通过擦除、掩盖或插入新材料,对于那些被欺骗的人来说,至关重要的一点是,文件本身所包含的所有证据都会被揭露。这些内部证据可以被提取的程度已经得到了明确的表明,对其局限性也坦率地进行了讨论。尽管偶尔出现不足之处,但这些技术往往是有效的工具,通过这些工具可以揭示欺诈行为,并在许多问题中能用于阐明事实。 334

确定文件没有被变造可能需要涉及复杂的研究。没有单一的、简单的检验。所有用于证明某些内容以任何方式被擦除、添加或改变的可能检验都必须应用。当综合结果显示没有变化时,可以说没有证据表明该文件已被变造。

参考文献

1. Licht, G. A., Common chemicals for common criminals: check washing again, *J. Am. Soc. Questioned Doc. Examiners*, 3, 65, 2000.

2. Pfefferli, P. and Mathyer, J., Eraser Mate un stylo a bille à encre effacable, *Rev. Int. Criminol. Police Tech.*, 4, 407, 1979.

3. Flynn, W. J., Paper Mate's new erasable pen, *J. Police Sci. Admin.*, 7, 346, 1979.

4. Hilton, O., Photographic methods of deciphering erased pencil writing, *Int. Criminal Police Rev.*, 85, 47, 1955.

5. Longhetti, A. and Kirk, P. L., Restoration and decipherment of erasures and obliterated or indented writing, *J. Criminal Law Criminol.*, 41, 518, 1950.

6. Casey, M. A. and Purtell, D. J., IBM correcting Selectric typewriter: an analysis of the use of the correctable film ribbon in altering typewritten documents, *J. Forensic Sci.*, 21, 208, 1976.

7. Harris, J. L., Eyeing the evidence, *South. Calif. Alumni Rev.*, 21, 16, 1940.

8. Casey, M. A., Alteration of pari-mutuel tickets, *J. Criminal Law Criminol. Police Sci.*, 62, 282, 1971.

9. Godown, L., Sequence of writing, *J. Criminal Law Criminol. Police Sci.*, 54, 101, 1963.

10. Igoe, T. J. and Reynolds, B. L., A lifting process for determining the writing sequence of two intersecting ball-point pen strokes, *Forensic Sci. Int.*, 20, 201, 1982.

11. Godown, L., Recent developments in writing sequence determination, *Forensic Sci. Int.*, 20, 227, 1982.

12. Berx, V. and De Kinder, J., The Application of Profilometry in the Analysis of the "Crossing Lines" Problem, paper presented at the ASQDE Annual Meeting, San Diego, CA, August 14 – 18, 2002.

13. Novotny, M., Determining the Sequence of Original Ink Writing and Toner Printing, paper presented at the ASQDE Annual Meeting, San Diego, CA, August 14 – 18, 2002.

14. Aginsky, V. N., Determining the sequence of non-intersecting media on documents: ballpoint pen ink and laser toner entries, *J. Am. Soc. Questioned Doc. Examiners*, 5, 1, 2003.

15. Ezcurra, M., Differences between Toner Particles, above and below the Roller Ball and Gel Ink Pen Entries, paper presented at the ASQDE Annual Meeting, Memphis, TN, August 22 – 26, 2004.

16. Lewis, J. A., Petroleum Ether Immersion: A Technique to Visualize and Photograph Correction Fluid Obliterations, paper presented at the ASQDE Annual Meeting, Ottawa, Canada, August 25 – 29, 2000.

17. Licht, G. A. and Brown, J. L., Shandon Xylene substitute in document examinations, *J. Am. Soc. Questioned Doc. Examiners*, 2, 94, 1999.

18. Beal, B. L., Removal of Opaquing Solutions from Documents, paper presented at the American Academy of Forensic Sciences Annual Meeting, Dallas, TX, February 16 – 21, 2004.

19. Hilton, O., Proof of an unaltered document *J. Criminal Law Criminol. Police Sci.*, 49,
335 601, 1959.

Section Ⅸ　The Age of a Document

第九部分　文件的制成时间

多层面的方法 28

布赖恩·S. 林德布洛姆

目　次

围绕特定文件或条目形成日期的问题变化很大。例如,据称是几个世纪或几十年前文件的真实性可能是有争议的。在另一种情况下,可能会担心医疗或法律文件的内容是否会在文件记录日期后几个月或几年内完全重写。其他疑问可能涉及怀疑在记录日期之后的几天或几周内,在任用书或日记中形成对自己有利的条目。

在这种情况下会采用许多倒填日期的方法。这些范围从对手写年份的最后一位数字进行相对较小的改变到进行更复杂的工作,采用旧的造纸原料、书写工具或预先印好的表格。代表这几页的整个记录可能是使用这种材料编造的。[1]可以使用几种方法来解决这些问题。通过以下四点来进行分析:(1)在同一时间范围内将有争议的文件与其他类似的文件进行比较;(2)对一份文件或多页文件中的各种条目进行内部比较,以确定它们是否相同;(3)参考关于所使用材料的制造商信息和其他技术信息,如油墨、纸张、电脑打印机、传真机;(4)检验偶然标记和凹陷压痕。

所进行的检验在很大程度上取决于文件本身的性质。举例来说,多页医疗记录是由文件夹、索引卡、诊断表、手写的病程记录、通信地址和传真组成。很显然,在这个案例中,文件检验员可以采用的分析技术远多于对有争议的写有签名的计算机生成单页文件所采用的分析技术。无论涉及文件数量的多少,检验通常需要多层面的方法。即使问题仅限于单页,文件检验员也可能会调查纸张、墨水、笔迹和附带的标记。 *339*

检验应该以系统的方式进行,在得到授权的前提下,总是从无损方法进展到半破坏性检验。有很多潜在的调查途径。经验丰富的文件检验员可以根据提供重要证据的可能性,对特定检验给予优先考虑。要考虑的一些要素包括纸张构成、水印、信封、预先印制好的表格、墨水和笔、复印机、电脑打印机、传真机、打字机、字体、笔迹/签名演变、印章印文、无墨印凸起(dry seal embossments)、订书钉和装订孔、凹陷压痕、墨水和铅笔转印以及其他附带标记。

如果文件的任何部分被确定为并不是在文件上的落款日期形成,那么通常可以作为一个明确裁定的基础。经常需要源自综合检验的数据才能够得出结论,肯定存在倒填日期的情况。很难确定而且往往是不可能确定一份文件是在其落款日期起草的。即使所有因素与落款日期一致,最好的结论就是该文件可能是在其声称的时间制备的。

本书前面的许多章节都探讨了上述的检验技术。它们应该被称为详细的信息。下面的章节将考虑文件的各个组成部分及其它们与确定文件日期的相关性。其中第一项是研究压痕分析的作用。

参考文献

1. Purdy, D. C., Document analysis, in *Encyclopedia of Forensic Sciences*, Academic Press, London,
340 2000, p. 571.

压痕分析、转印与转移的作用 29

布赖恩·S.林德布洛姆

目　次

检验文件书写压痕的重要性已经在第 26 章中论述过。这种方法不但有可能识别可疑文件的书写者或创作者,还可能产生与文件生成日期或形成顺序有关的确凿证据。对于涉及有手写日期条目的几页纸而言,凹陷压痕的存在和位置能够明确指出条目的最早日期。通过使用压痕分析来确定文件制成时间可以分为五种情况:

(1)一份可疑文件上的书写压痕源自于一份已知日期文件上的笔迹;

(2)在已知日期的文件上存在的压痕源自可疑文件(图 29.1);

(3)来源不明的压痕在内容上足够相似,将可以鉴别出可疑文件很可能存在换页现象(图 29.2);

(4)由多个条目形成的凹陷压痕的对齐特征;

(5)来自可疑笔迹的凹陷压痕,以可以鉴别形成先后顺序的方式与已知笔迹重叠(参见第 394 页的彩图 29.3)。 341

通过考虑一些假设的案例,凹陷压痕可能会很好理解。

29.1　可疑文件上的压痕

在日期为 2003 年 2 月 15 日的可疑文件上发现日期为 2003 年 6 月 1 日手写纸张的书写压痕。在这种情况下,记录是按时间顺序排列的,较早的文件已经被置于更多同一时期文件的下方。虽然这些证据并没有明确地确定可疑文件是在 2 月 15 日签订的,但在

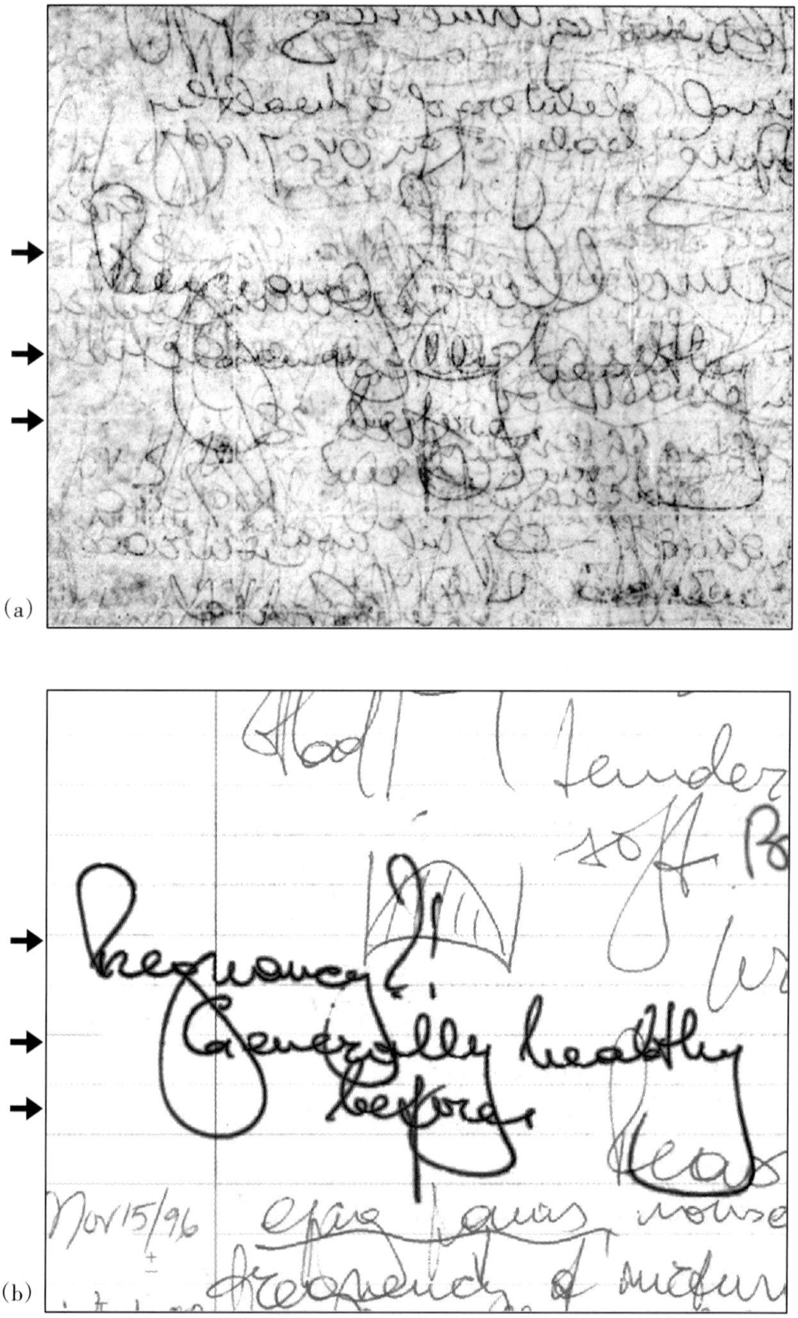

(a)

(b)

(a)用于检验压痕的页面上的日期从 1997 年 3 月 7 日至 5 月 30 日;

(b)在多数正反面能够读出的压痕是日期为 1996 年 11 月 8 日的部分病程记录。这样一个例子提供了重要的证据,即在事后加入了条目,而不是 1997 年 3 月 7 日之前。

图 29.1　这组特定的压痕不符合时间顺序

2003 年 6 月 1 日之前确实存在。例如,如果指控的有争议的页面是在 2004 年形成的,那么这个说法将会被压痕的结果驳斥。但是,如果怀疑可疑页面是 2003 年 5 月写的,证据

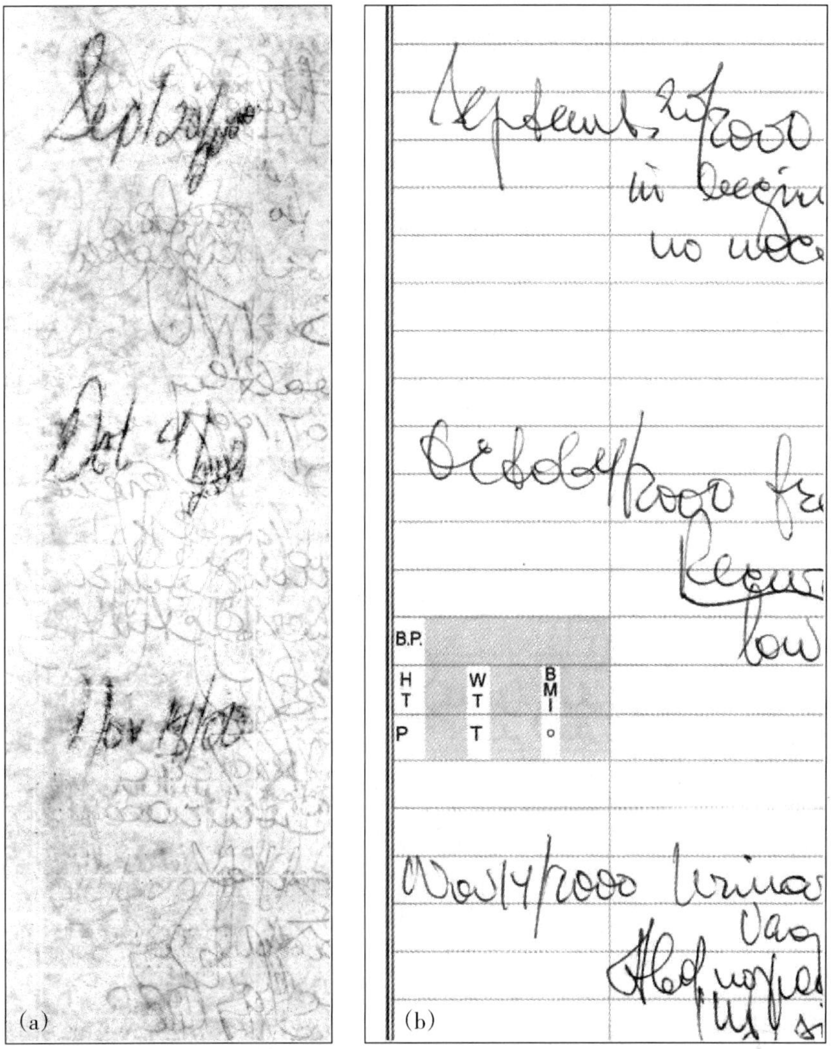

(a)页面内凹陷压痕包括日期,该日期与图(b)中另一页面上发现的条目相对应但不是源自于此;
(b)发现页面中并没有任何凹陷压痕。基于这些发现,确定页面已经被替换。

图 29.2 患者病程记录的压痕分析显示无法确定倒填日期的文件被放入到记录中的具体时间

就不会给出答案,因为可疑的笔迹完全可以在 2003 年 6 月 1 日之前的任何时间形成。

29.2 可疑文件在已知日期页面上形成压痕

来自医学实验室的诊断表格日期为 2002 年 10 月 1 日。该表格上有书写压痕,这些书写压痕源自一名患者 2001 年 5 月 10 日的可疑病程记录。由于诊断表格来自外部,具有公认的无可争议的形成日期,它提供了可靠的时间参考。由于书写压痕出现在 2002 年 10 月 1 日的表格上,所以可疑项目不可能在这之前形成。在这种情况下,可疑项目的最早形成日期将是 2002 年 10 月。

29.3 内容与可疑条目相似的未知来源压痕

股票经纪人手写的五页电话记录成为争议的主题。日期从1999年2月11日至2000年2月20日。有争议的条目涉及出现在第3页的1999年12月12日的电话咨询。压痕分析显示,除第3页之外的所有页面都有书写压痕。发现的压痕是按日期顺序排列的。换句话说,较新的条目应在较早日期的页内形成书写压痕。第4页没有来自当前第3页的压痕,但是却有来自其他页面的压痕,在文件中的其他页面也没有找到与当前第3页有相似日期和内容的压痕。这些异常强烈表明可疑条目是在不同的时间形成的,第3页是换页文件。然而,无法估计正常书写和再次书写之间的时间差。

29.4 凹陷压痕内的对齐组

一名治疗师的患者病历包含几张纸,每张都有一些注明日期的会见治疗记录。这些
343 纸张都是未装订的,全部是手写形成的。有人声称几页记录并不能反映所提供的治疗。许多页面都有病历中其他病程记录的压痕。除一页记录外,其他页上的书写压痕都是歪斜的,相对于彼此分散在整个页面上,正如所料,每个页面都是散页,其上的多个条目是在不同日期形成的。换句话说,多个条目在不同页面上书写压痕的对齐方式不会与其在原始记录中出现的方式相同。然而,代表四个日期的一整套治疗记录所形成的书写压痕,当它们与共同来源的笔迹叠加时,它们相对于彼此都能完全对准。这种现象强烈地
344 表明,这些记录可能不是在指定的时间段内完成的,而是一次形成的。

29.5 压痕顺序

个人日记在刑事诉讼中成为必不可少的证据。其中一个条目提到受害者受到她的同居伴侣的攻击。她的男朋友否认了这一指控,并认为受害者无中生有(make this up),后将这条记录添加到她的日记中。具体的记录是由三段记载中的底部两行组成。正如人们所料,日记左侧的笔迹在下面页面的同一侧形成书写压痕。同样的,右边的笔迹在下面页面的右侧形成书写压痕。可疑记录写于2002年9月16日,而下面页面的日期是9月18日。

9月18日页面的压痕分析显示,源自9月16日可疑记录的一整套压痕与经过压痕检验的页面上的可见笔迹相交。在这种情况下,可以进行压痕与笔迹形成先后顺序的研究。[1,2]在源自有争议陈述的压痕与9月18日的可见笔迹相交的部分,有几处压痕线(黑色)很牢固的,未被墨水笔画间断。在涉及日记记录无争议部分的交叉点时,观察到的情况正相反。结果显示,在9月18日的日记形成以后,可疑的陈述才被添加上。具体时间

不能确定。

29.6 转印与转移

当新写入的条目与另一张纸接触时,通常会发生墨迹转印,这将导致墨迹部分转印到接触页。转印在确定一系列条目是否为一次书写或一段时间内书写时很有价值。例如,发现有三个日期手写条目的散页将许多油墨转印到文件中的另一个散页上。这些转印将作为一个整体与源文件字迹对准或对齐。这一定会发生,是因为所有三个日期的条目都是同时书写的,因此会将新鲜的墨水转移到接触页面上。[3]

当移动的书写工具与下面页面上的现有条目相交并将油墨或石墨从该交点移动到与早些字迹相接触的页面上时,油墨和石墨就发生了转移。转移在确定一个条目相对于另一个条目的形成顺序或时间顺序方面很重要。此外,在油墨转移的情况下,它可以提供证据表明,正如条目制成日期所显示的那样,一个条目是在另一个条目完成不久之后制成的,而不是几天之后制成的。[4]

参考文献

1. Radley, R. W., Determination of sequence of writing impressions and ball pen inkstrokes using the ESDA technique, *J. Forensic Sci. Soc.*, 33, 69, 1993.

2. Radley, R. W., Determination of sequence of intersecting ESDA impressions and porous tip, fibre tip and rollerball pen inks, *Sci. Justice*, 35, 267, 1995. 345

3. Radley, R. W., Strach, S., and Westwood, P., Short term relative time of writing determinations by observations of ball-point pen ink transfers: a simple relative dating technique, *Int. J. Forensic Doc. Examiners*, 4, 152 - 153, 1998.

4. Gervais, R., Techniques and Terms Useful in the Examination of Graphite Offsetting, paper presented at the Annual Meeting of the American Society of Questioned Document Examiners, Ottawa, Canada, 2000. 346

30 根据材料确定文件制成时间：对变化进行鉴别、比较和检验

布赖恩·S. 林德布洛姆

目　次

一份典型的当代文件是由纸张上的笔迹和计算机生成的文本组成。对这些组成部分的检验，以及印章印文，预先印制好的表格、信笺抬头和文件的其他成分都可以提供能够确定最早生产日期的信息。

30.1　纸张

组成纸张的材料包含纸张何时首次生产的信息。纤维含量和各种其他材料，如涂料、填料或增白剂，所有这些都有首次使用日期。[1~3]对纸张成分的任何研究都需要两个因素来确定一个重要的日期。首先，必须知道纸张的制造商。其次，制造商必须有能够揭示关于某些材料组合首次使用的记录。通常，这些信息可以发现并具有一定价值，但很
347 多时候它不是很奏效，因为要么这些信息不能识别制造商或者发现它的记录并不完整。

一个确定纸张来源及其可能制造时间的常见方法涉及在较好等级的书写纸张、打字纸张和计算机打印纸张中发现的水印。目前，这些水印中只有少数几个水印中包括有时间码，该时间码可以允许制造商确定该纸张制造的年份。[4]尽管大多数品牌已经销售了多年，通常是可以获得标识有水印的纸张品牌何时首次在市场上销售的记录。通过水印设

计式样的变化(图 30. 1)或随着时间的推移水印辊中缺陷的发展变化,可以用来确定文件的日期或证明日期是具有欺骗性的。这里的成功取决于工厂记录的准确性。由于水印能够在扫描和照片中显示出来,所以可以向所有关注的人有效地证明生产日期的信息。

(1)　　(2)

(1)在 1976 年之前的水印样式;
(2)在 1976 年之后的水印样式。

图 30. 1　特洛伊(Trojan)证券纸中的水印

30. 2　书写墨水

在 20 世纪,研发了许多新的化学物质用于生产书写墨水。近几十年来,新型油墨已经被开发出来用于现在市场上的各种笔,包括圆珠笔、滚珠球、多孔尖笔和中性笔。每种笔都能通过书写笔画或化学成分的检验来识别。这些笔出现在特定日期文件上的情况 348
可能与书写墨水或笔的最早可用时间不一致。第 13 章关于这些笔和油墨的历史有更详细的讨论。

在 20 世纪 70 年代初期,稀土元素和后来的特殊化学物质被添加到一些油墨中,以便标记它们用于鉴定和推断时间。由于检测其存在的问题和其他分析问题,稀土成分被早早丢弃。美国酒精、烟草和枪支实验室启动了这一方法,提出了确定制造年份的相对精确的方法。虽然该计划在 20 世纪 90 年代中期停止,但在 2002 年由美国一家主要的墨水制造商重新设立。美国特勤局正在调整该计划。可以使用薄层色谱和紫外光激发的组合来识别特殊的化学物质。标记的存在不仅可以确定墨水的生产年份,而且还可以对其制造商进行识别。

美国国内和海外的政府实验室以及少数私人从业者已经开发了大量的墨水比对库。薄层色谱的应用能够区分构成墨水颜色的各种染料成分。得到的结果可以与墨水比对库进行比较并得出匹配,这能够让文件检验员确定商业应用的最早日期。这些比对样本特别有助于证明文件可能不是在某一日期写成的,因为那时墨水还未使用。

在20世纪80年代和90年代,对纸张中油墨的可提取性进行了研究,并作为书写时间的指标。酒精、烟草和枪支管理局的化学家发起了大量的研究。墨水相对书写时间的基本理论是墨水在文件上的时间越长,提取染料则越困难。或者新写入的条目能够更快地提取。因此,后者的书写时间应该能与较旧墨水书写的条目区分开。要进行这种检验,必须有一个基准条目或同一纸张上的条目之间进行比较,这些条目具有相同的墨水成分、相同的存储条件和已知日期。[5,6]开发出三个测量参数:(1)比移值;(2)提取百分比;(3)染料比例。

对此技术的修改,被称为加速老化(accelerated aging),该技术至被提出以来一直对缺少有可供比较的具有明确日期条目的案件有所帮助。[7,8]例如,它将被应用于计算机生成的文件,该文件上仅有一处使用墨水书写的签名。加速老化技术不需要用已知条目进行比较,而是使用可疑条目的加热样品作为衡量未加热的可疑墨水的比较标准。本质上,分析人员实际上是正将可疑样品与来自相同条目的另一个样品进行比较。鉴于有关加热染料对于建立制成时间明细表的努力存在影响的疑问,法庭科学界对这种技术变化尚未得到广泛的认可。目前,没有一家政府实验室在涉及墨水制成时间问题上采用这种分析方法。

染料比率法的可靠性已经引起了关注。在多次使用时,有一些实例表明存在结果差异很大的情况。在某些情况下,已经记录了逆转老化曲线。后者对于这种检验提出了一个重大的问题。

349 近年来,一些从业者进一步修改了该方法,却没有对该技术的可靠性进行重要的、可验证的研究。因此,在法庭科学文件检验界和不止一个国家的法庭上,这种方法及其变形现在已经引起了相当大的争议。[9,10]由于缺乏科学的可靠性和可疑的统计学解释,这种技术被许多法院所拒绝。[11~13]使用该方法的两次漫长的法院判决已经正式宣判。[14,15]

有前途的工作是通过研究挥发性成分而不是染料从而来研究油墨的书写时间。[16~18]这种技术用来检验油墨的载色剂,如苯氧乙醇,其理论依据是新书写的条目和以前书写条目的区别反映在油墨溶剂的浓度上。该方法有一些局限性,即挥发物仅在有限的时间内才可以检测出来。例如,文件标称2002年书写但实际上是在2004年书写的并在同一年进行检验的文件将适用于溶剂损失检验。在2004年对一份标称时间为1991年实际在1999年完成的文件使用这种技术几乎肯定会得到无法确定的结论。这是由于溶剂挥发的速度和仪器的灵敏度所决定的。

总之,必须谨慎对待油墨的书写时间。只有经过彻底研究和进行多次盲测(重现性)的方法才能被法庭科学文件检验界所接受。

30.3 打字字迹

虽然今天遇到的大多数文件类型是计算机生成的文件,但打字字迹仍然出现在各种文件上，如预先印刷的表格、信封、收据、契约、转让协议和其他房地产相关的表格。如第15章所述，研究打字机字体或字体式样可以对打字机及字球或字轮的制造商进行鉴别。每一种设计式样都有一个具体的采用日期。你可能会发现，文件上印记的某些方面特征与该打字机或其元件的采用时间不一致（图30.2）。例如，标称时间为20世纪60年代用打字机打印的临终遗嘱，采用菊花轮式打字机制备将证明文件并不是在指定的日期形成的，而是菊花轮式打字机在20世纪70年代初推出之后的某一时间完成的。

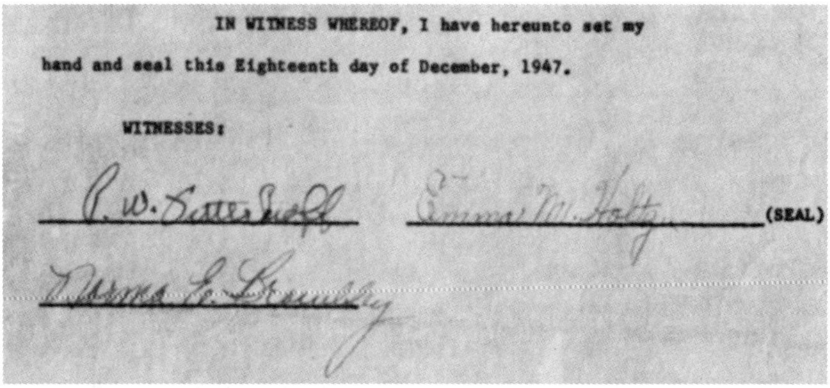

IN WITNESS WHEREOF, I have hereunto set my

hand and seal this Eighteenth day of December, 1947.

WITNESSES:

(SEAL)

图30.2　标称时间为1947年的一份遗嘱是用安德伍德Esteem型
打字机打印的（该机器于1958年3月首次发布） 350

文件检验员可以使用打字机字体数据库来帮助鉴别制造商，并提供开发日期的信息。[1] 这些记录不会确定文件的打印时间，但可以提供最早的创建日期。

通过研究打字文件来确定文件制成时间的第二种方法是搞清楚由机器或元件的逐渐磨损而造成缺陷的发展演变过程。这些缺陷可以包括损坏或弯曲的字符，字母和数字的糊版、不对齐、小珠缺陷等。这些缺陷随着时间的推移而发展，有可能建立一个缺陷时间表，并反过来按照这个时间顺序确定可疑文件的制成时间。在这种情况下，根据比较样本的数量和质量，很可能将可疑文件的制成时间限定在一个明确的时间范围内。

与任何比较检验一样，关键的第一步是确定可疑的打字文件正与实际上用于制备它的打字机或元件进行比较。同样，一系列打字的样本必须在制成可疑文件的相同机器或元件上制备。

不仅打字机或元件具有确定制成时间价值，而且色带也会为打字文件的制成时间提供非常珍贵的证据。设备（如色带自动读取装置）可用于辨别多次击打的打字机色带，并且在安装后不仅可以鉴别所涉及的机器，而且还可以提供关于文件制成日期无可争议的证据。[19] 例如，可疑打字文件上的文本可以在打字机色带上找到，其中包含在可疑文件形成前后制备文件中的其他文本。如果这些文件记载了制成日期，则可疑文件完成的时间

---

〔1〕　这样一个例子是由美国可疑文件检验员协会推出的哈斯图集的电脑版本和硬拷贝版本（其中包括由菲利普·布法德编写的一些研究出版物）。

范围将大大缩小。

30.4 复印机和打印机

像钢笔、油墨和打字机一样,复印机和打印机也已经发展了数十年。事实上,许多型号现在已经将这两者的功能和传真功能整合到一台多用途机器中。这些技术的合并使区分复印文件和打印文件面临一个相当大的挑战。因为对于这两种应用而言,一些成像系统都是很常见的,所以在打印和复印的输出中都会发现某些缺陷。

一些最早的复印机型号使用了液体墨粉。在后来的几年中,干式墨粉已成为标准。另一个变化是从模拟图像处理到数字图像处理。在过去 20 年中,我们已经看到喷墨技术的进步,以至于它与静电成像技术一起占有突出的位置。在某种程度上,点阵技术在此过程中有所衰落,尽管它仍然用于诸如印制多层无碳复写表单。因此,在可疑文件的案件中仍然不时会遇到。

对文件的研究一般会揭示所使用的复印或打印方法。有可能根据当时的复印或打
351 印方法的可用性确定文件不可能在此日期生成。例如,一份文件作为 1975 年制作的第一代副本被提交,但是明显显示出数字复制的迹象,而不是它所声称的制成方式,因为该技术直到多年后才被推出。同样,彩色复印件可能会显示技术进步以及可以鉴定出制造商和日期编码,以确定产品在可疑文件制成时间前后是否在市场上销售。

像许多电子办公机具一样,复印机和打印机会发展出对鉴别文件制成时间有意义的垃圾标记、印刷空白和条纹等缺陷(图 30.3 和图 30.4)。通过从与制备可疑文件的机器
352 上获取有代表性的样本,并使用在相关时间段内的样本进行检验,通常可以确定复印/打印页面是否在其宣称的日期制备的。这种检验必须考虑到维修、更换墨盒以及存在的短暂缺陷。

与大多数法庭科学比较检验一样,大量的样本标准跨越了广泛的时间范围,可以对缺陷历时变化进行彻底评估并可以提供必要的数据,以便对有争议文件的制成时间得出极大可能的鉴定意见。

30.5 传真机

大多数现代办公室都有一台或多台独立或多功能的传真机。传真的普及使它们在许多诉讼案件中成为审查的对象,这些案件在文件何时制成或何时传输方面出现问题。确定在有争议日期是否可以获得一个特定的成像系统或型号是重要的法庭调查工作。在一些案例中,所使用的印刷技术实际上晚于争议文件的制成日期。例如,据称是 1970 年使用喷墨打印传真机进行传输是不可能的,因为那时在传真机上找不到这种打印方式。

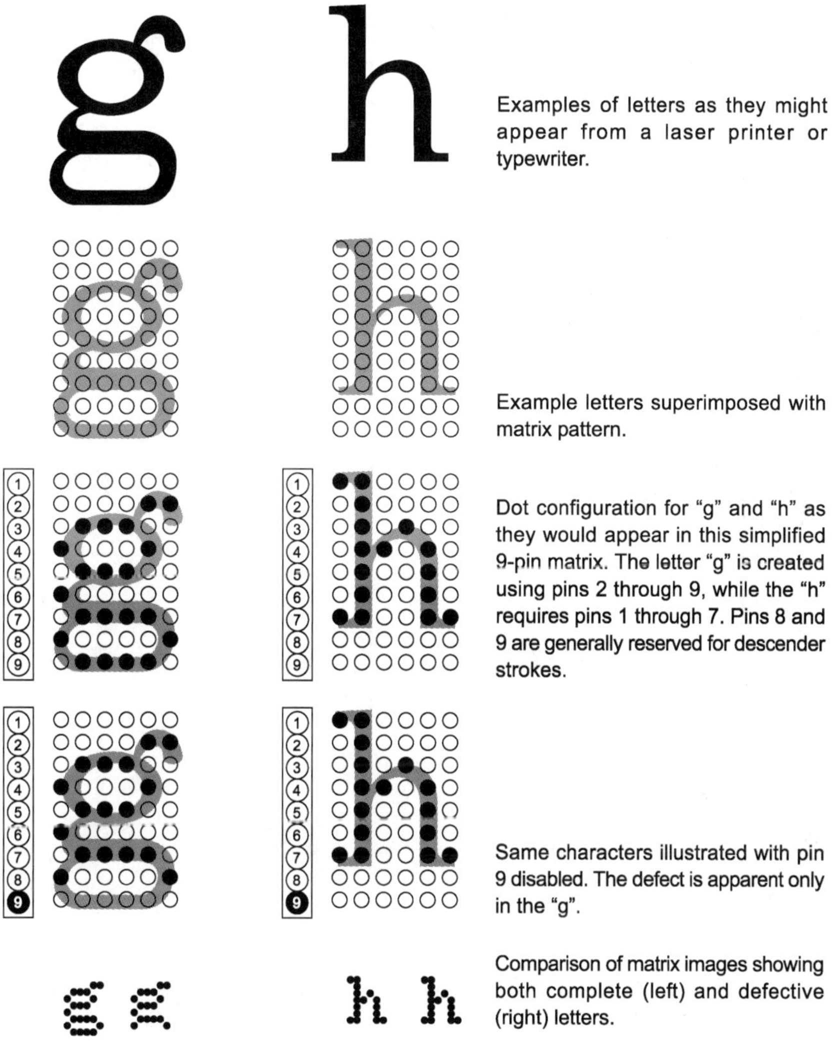

图 30.3 点阵式打印机如何生成字符的简要说明

在过去的十年左右,美国可疑文件检验员协会的成员开发了一个关于发送终端标识符和有关传真机制造商和传真机型号等其他技术数据的大型数据库。尽管收集的信息 353
不是包罗万象的,但是它为文件检验员提供了非常有价值的工具。可以根据构成发送终端标识符的字母和数字的格式和字型特征进行检索。一旦发现了可能的匹配,文件检验员可以直接与制造商进行进一步的查询从而识别可能的品牌、型号和发布日期。

通过机器上的可编程功能或对打印图像的伪造来变造发送终端标识符的报头十分常见。使用制造商的说明书非常有助于检验可疑传真文件中的不一致性。识别这些不一致能够得出该文件不是在其标称日期形成的意见。

发送或接收机器中的缺陷有助于为可疑文件建立文件制成时间的参数。两台机器在合理时间范围内有代表性的传真样本能够形成缺陷的历时变化表。这样的检验有时

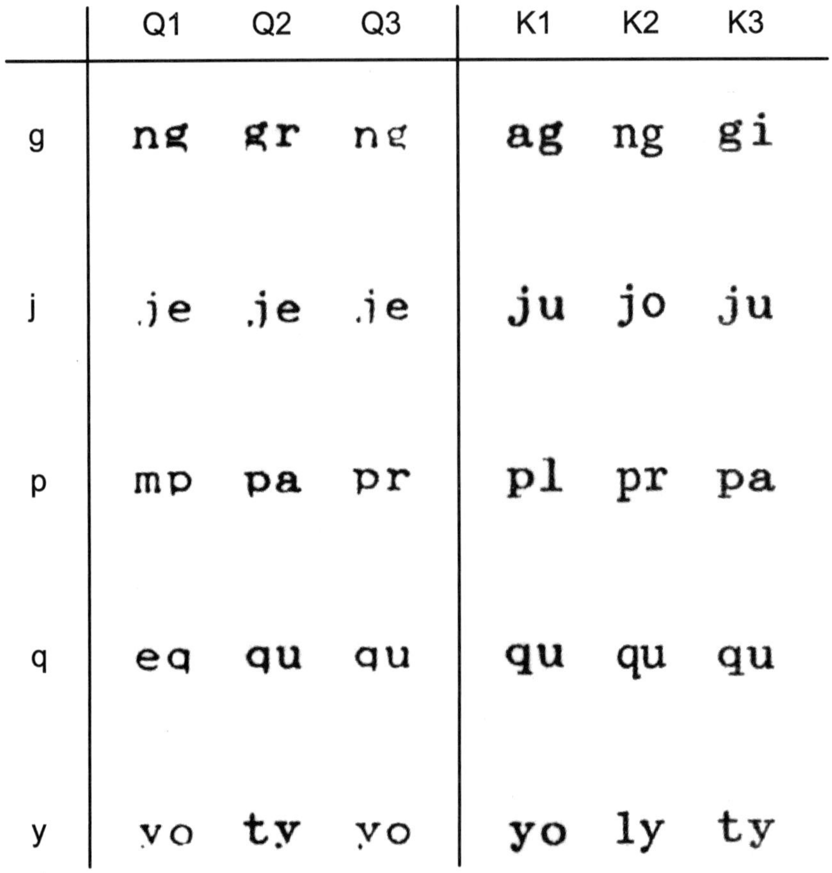

注:在这个案例中,可疑文件表现出点阵式打印机缺陷,表现出不完整的下伸部分(小写字母如p,q,j,y的下伸部分)。

图30.4 可疑文件表现出点阵式打印机缺陷在同一时间段提交的许多样本中都没有发现

是具有挑战性的,因为其中一台机器或两台机器都可能无法进行检验,或者可能难以获得与特定机器明确关联的样本。当在该文件据称形成的时间和怀疑形成的时间相隔很久时,这种情况尤其如此。

30.6 印刷品

在有信头的信纸或预先打印好表格上制备的文件经常包含关于其最早制备日期的信息。预先打印的表格有一段表明设计或印刷日期的代码。设计式样或词汇的变化可以提供按时间顺序的接触点,这些接触点有助于建立可能形成的日期范围(图30.5)。同样,信头上有关个人或商业机构的电话号码、区号、地址等的更改有时会有助于确定一份文件是否存在倒填日期的情况。这种信息可能与欺诈性文件的日期不一致。那些多次使用预先打印表单的人会忽视这些信息,因为他们没有直接了解这些变化的意义。例

如，医生经常制备患者的病程记录表，这些记录表上有药品和其他医疗产品的广告。赞 354
助者会定期更新表格，这个客观情况是医生所不注意的。

(1)
(2)

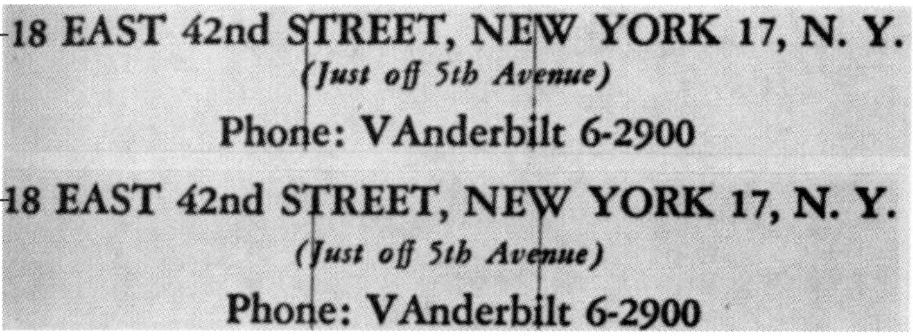

（1）上面的信头有一个无可争议的 1947 年的日期；

（2）下面的信头是 1948 年。两条印刷品的布置略有不同，如通过 STREET 的 ST 部分和 NEW 的 EW 部分的竖线所示。此外，第一行和第二行之间的间距也相差 1/16 英寸。

图 30.5 设计式样或词汇的变化有助于验证有争议文件的日期

30.7 笔迹和签名

笔迹的变化，特别是签名的变化，有时会随着时间的推移而发生。这种演变可能是渐进的或是相当突然的，取决于具体情况。事故、疾病或酒精和药品的影响可能会导致书写能力的深刻变化。这种变化可能是短暂的，或者可能会有逐渐的改善，但仍然存在残留的特征。其他特征的发展需要更长的时间。举一个例子，一个书写者发现自己从事的职业需要在整个工作周内多次签名。看到这样一个人的签名从一种完全清晰的样式变化到一种更加简洁和潦草的样式就并不罕见了。签名表面上的差异并不是很明显，微妙的变化随着时间的推移逐渐展现，通常表现为单个字母样式或者在签名结束时的字母组合更加固定化。所有这些都会潜在帮助确定一个文件的书写时间。

在研究签名的演变过程时，重要的是需要提供大量已知标准进行比较，这些标准是在相当长的一段时间内书写的。三年期间的一到两个样本不太可能为确定个人签名的书写时间提供足够的基础，因为文件检验员无法确定这些变化是与特定的时间范围有关，而不是自然变化的反映。

在某些情况下，关于人的年龄和病史的信息是非常重要的，例如，在临终遗嘱的检验中。与遗嘱日期所反映出的书写能力相比，遗嘱签名可以证明出与这个人在较早时期所反映出的书写能力更加一致。

除了在书写质量上的急剧变化外，在缺少相当数量的可疑材料和样本材料的情况下，注意到大量笔迹的细微变化是很困难的。

30.8 其他项目

文件中的每个元素都具有确定制成时间的价值。因此,印章、钢印凸起、装订材料(订书钉、回形针等)、修正液和信封上的邮戳/取消邮戳,每个都有投入使用的日期或特定的制成时间参数。因此,在文件的日期出现问题时,必须对整个文件进行彻底分析。

30.9 总结

没有统一的方法来验证有争议文件的制成时间,但是在适当的情况下,讨论的各种技术已经解决了文件何时创建的问题。不是每个文件都可以通过实验室技术确定制成
355 时间。仅仅从文件本身来确定它具体的制备日期是很少能成功的,只能在一些特殊的情况下才能实现。更经常的是,当任何制成时间都是有可能的时候,调查结果必须表达为一个时间范围内——不在一个日期之前与不在一个日期之后。文件检验员努力从围绕和组成手头文件的条件和材料中引出的正是这样的证据。

参考文献

1. Grant, J., *Books and Documents*, Grafton, London, 1937, chap. 2.

2. *Paper Knowledge*, 1st ed., Mead Corporation, 1990.

3. Nickell, J., *Pen, Ink and Evidence*, University Press of Kentucky, Lexington, 1990, p. 71.

4. Purdy, D. C., Document analysis, in *Encyclopaedia of Forensic Sciences*, Academic Press, London, 2000, p. 571.

5. Cantu, A., On the relative aging of ink: the solvent extraction technique, *J. Forensic Sci.*, 32, 1151, 1987.

6. Brunelle, R., Ink dating: the state of the art, *J. Forensic Sci.*, 37, 113, 1992.

7. Brunelle, R., A sequential multiple approach to determining the relative age of writing inks, *Int. J. Forensic Doc. Examiners*, 1, 94, 1995.

8. Brunelle, R. and Speckin, E., Technical report with case studies on the accelerated aging of writing inks, *Int. J. Forensic Doc. Examiners*, 4, 240, 1998.

9. Stewart, L. and Fortunato, S., Distinguishing between relative ink age determinations and the accelerated aging technique, *Int. J. Forensic Doc. Examiners*, 2, 10, 1996.

10. Lindblom, B., Practical Problems in the Relative Dating of Inks by the Study of Dye Components, paper presented at American Society of Questioned Document Examiners meeting, San Diego, 2002.

11. *Aptix Corp. v. Quickturn Design*, U. S. District Court, Northern District of California, San Francisco Division, 2000.

12. *Learning Curve Toys, L. P., v. Playwood Toys, Inc.*, U. S. District Court, Northern District of Illinois.

13. *Multiut Corp. v. Yehuda Draimain et al.* , Circuit Court of Cook County, Illinois, Chancery Division.

14. *Equal Employment Opportunity Commission v. Ethan Allen, Inc.* , U. S. District Court for the Northern District of Ohio, Eastern Division.

15. *Wang Din Shin and Nina Kung (Wang)*, High Court of the Hong Kong, Special Administrative Region: Court of First Instance.

16. Laporte, G. , Wilson, J. , Cantu, A. , and Mancke, A. , The identification of 2-phenoxyethanol in ballpoint inks using gas chromatography/mass spectrometry: relevance to ink dating, *J. Forensic Sci.* , 49, 155, 2004.

17. Aginsky, V. , Measuring ink extractability as a function of age: why the relative aging approach is unreliable and why it is more correct to measure ink volatile components than dyes, *Int. J. Forensic Doc. Examiners*, 4, 1998.

18. Gaudreau, M. and Brazeau, L. , Ink Dating Using a Solvent Loss Ratio Method, paper presented at the American Society of Questioned Document Examiners meeting, San Diego, 2002.

19. Hunton, R. K. and Puckett, J. T. , Restoring texts of typewriter ribbons: a reliability study of the Raw-1 ribbon analysis workstation, *J. Forensic Sci.* , 39, 21, 1994. *356*

Section X Digital Photography and Enhancement

第十部分 数字摄影及增强

照相机、扫描仪和图像增强 31

弗兰克·希克斯　布赖恩·S.林德布洛姆　罗伯特·热尔韦

目　次

31.1　照相机与扫描仪

照相机,无论是传统的设计还是较新的数字设计,都是文件检验员的必需品。通过使用摄影或数字成像(扫描仪)可以获得最清楚的证据记录。在教科书和期刊上已经介绍了很多传统摄影的内容,所以本章的重点不会在这个领域。相反,讨论将针对新的成像技术。必要时,需要在数字化摄影和传统摄影之间进行比较。

在传统摄影中,不同的胶片速度、曝光设置和照明条件都会影响照片的质量。在编写图表将其纳入报告或在法庭上演示时,传统摄影需要比数字摄影更多的步骤。传统摄影被广泛认为具有捕捉微小细节以及色彩和对比度细微差异的能力。几十年来,它一直是法庭科学摄影师和文件检验员的中流砥柱。

在扫描仪和数码相机推出之前,检验文件的副本都是在复印机上印制的。然而,即使是低端数码相机的分辨率也比模拟复印机效果更好。从模拟技术到数字技术都会有一个总体的转变,甚至复印机现在都已采用与扫描仪相同的数字系统。而且,数字复印 359
机通常也具有扫描仪的功能。

这两种形式的摄影都可以记录打字机字体中的细节、计算机生成文件所使用的打印技术类型以及在擦除过程中存在断裂的纸纤维。数字成像技术可以用来制备工作图表以此来辅助检验以及创建与检验报告相结合使用并用于证词的演示图表。

今天的数码相机和扫描仪是20世纪60年代和70年代使用的间谍卫星和美国宇航局美国空间计划的产物。这些计划的需求导致了电荷耦合器件(charge-coupled device,

CCD)的设计。本质上说,CCD 是将光转换为电信号的计算机芯片,是目前大多数数码相机的图像传感器。CCD 具有大量的被称为像素的感光二极管。相机的分辨率是用像素数来衡量的。这些像素可以检测照射到它们的光量,但不解释这种光的颜色。它只是通过使用许多不同的滤波方法中的一种,就可以解释颜色信息。在大多数数码相机中,颜色信息是从单个 CCD 阵列所收集到信息的插值。只有高端的 3 CCD 相机能够返回真实的颜色信息。

在某些应用中,数码相机比传统胶卷相机更具有优势。或许最有用的优点是图像的即时性。在大多数情况下,可以在照相机拍摄后立即观看照相机背面的液晶显示器屏幕。这能够让用户确保拍摄目标的适当区域已经在图像中,这是传统胶卷摄影中通常不会遇到的问题。然而,在这个非常小的图像上可能难以观察到小的模糊区域。许多较新型号的照相机都具有取景器,在一定程度上改善了这个问题。为了评估图像的质量,可以立即将其下载到计算机中,并以更大的幅面进行观看。如果图像在任何方面存在缺陷,都可以重新拍摄。以数字格式直接拍摄到图像,然后可以用计算机上的图像编辑软件进行处理。此外,各种附件可以使数码相机能够连接到显微镜上并允许即时显微照相。数码相机比大多数 35 毫米单反相机(single-lens reflex,SLR)稍微小一点,并且肯定小于大画幅相机。当携带照相机进入现场拍摄文件时,这可能是一个很大的优势。小型便携式扫描仪现在也可以使用,用来替代数字和常规胶卷摄影。

现在有几家公司正在开始提供数码单反相机,其外观和操作非常像 35 毫米单反相机,甚至能够使用可互换镜头。实际上,许多非数码相机的设置,如 f 制光圈(F-Stop)和感光度(ISO)现在也出现在数码相机上。当然,数码相机相比胶卷相机最实用的优势之一就是成本。数码相机不需要重复购买胶卷、显影试剂、放大机和暗室设备。

数字单反相机现在解决了过去数码相机与它们相对应的胶卷相机相比较的最大限制——分辨率。最新的数字型号能够达到 1000 万像素或更高的分辨率。尽管对于具体的数值有一些分歧,但 600 万~1000 万像素范围通常被认为是相当于 35 毫米胶卷所提供的范围。在以像素化形式(其中构成图像的各个像素开始是以明显的正方形显示出
360 来)显示之前,数字图像无法放大到超过 8×10 英寸的大小,直到这些数百万像素相机的出现。随着分辨率的持续提高,现在可以将数字照片的清晰度放大到与传统胶卷图像相当。

关于使用数码相机用于法庭科学的一个摄影考虑是需要微距功能(macro-capabilities)。大多数主流的自动对焦模式不能进行这种类型的近距离调焦。如果相机能够进行微距聚焦,它应该具有微距闪光单元的选项,因为内置闪光灯将在微距无法使用。法庭文件检验员必须识别光学变焦和插值或数码变焦之间的差别。光学变焦是相机上镜头的功能,而插值变焦是软件的功能,并且插值变焦容易导致图像质量的下降。另一个考虑是相机可用的存储格式。大多数相机可以以 JPEG 格式存储数字图像,但是这种压缩方法丢弃了许多图像信息,具体数量取决于图像质量设置。能够满足法庭科学所需图像质量的一种更有用的图像格式是标记图像文件格式(tagged image file format,

TIFF)。尽管按照惯例也会提供压缩选项导致数据损失,但其在大多数数码相机中的应用会记录图像中每个像素的所有信息。TIFF 图像的主要缺点是它们的尺寸。高质量的 TIFF 图像很容易超过 10 兆字节。在考虑相机的存储介质时,这一点就变得很重要。对于那些寻求更加真实的图像再现效果的人来说,一种更受欢迎的新格式是原始图像编码数据(RAW Image Format,简称 RAW)格式。这种格式直接从 CCD 中记录信息。因此,它不是在创建其他文件类型时进行颜色插值。令人惊讶的是,RAW 格式通常会产生较小的文件。

虽然一些相机有小容量的内存,但大量的存储都是通过被称为闪存的可移动存储设备完成的。这些设备具有不同的格式,如紧凑式闪存(compact flash,CF)和安全数字卡(secure digital,SD)和记忆棒。许多现代电脑和打印机都可以直接从相机、讲台或者存储介质中输入。

购买和使用数码相机的另一个考虑因素是可以在拍摄照片之前调整设置。一些相机提供了各种功能,如白平衡、锐化、分辨率、图像质量、曝光和闪光级别。在一些扫描仪应用中也存在类似的选项和调整。其中的一些选项可以减轻后期使用计算机图像处理程序进行图像增强的需要。

31.2 图像增强

由于使用数码相机和扫描仪采集的图像已经是数字格式,因此可以将其下载到计算机中并使用各种图像编辑程序进行增强。这个方法在许多方面都是有利的。使用数码相机或扫描仪以及图像编辑程序,电脑将成为文件检验实验室的强大工具。

有许多可以应用于数字图像的程序和技术。这些技术可以应用的原因有两个:第一是帮助法庭文件检验员进行法庭科学检验。例如,通过将图像分离成其彩色成分,可以将两种在肉眼看起来似乎相同颜色的油墨区别开来。第二,可以应用增强来帮助呈现检 *361*
验发现的情况。例如,斯佩里(Sperry)和托利弗(Tolliver[1])描述的增强技术可用于改善来自静电压痕的模糊图像。

如第 34 章关于演示图表制备中所论述的那样,对图像所进行的任何增强都必须记录。这可以通过使用内置于图形应用程序中的功能或借助第三方软件手动完成。

31.3 图像增强作为检验工具

各种图像增强和数字处理技术可以在检验过程中发挥重要作用。在打字机或电脑打印的图像上创建虚拟网格有助于检验不对齐现象。通过数字叠加和使用图层叠加图像,印刷字符、印章和无墨印的形状都可以进行比较。当书写压痕与产生它的笔迹相关联时,分层工具也是有价值的。专门的"拼接"软件允许多个图像,如那些由红外检验、物理匹配或者微距摄影形成的图像,轻松对齐并无缝地拼接成单个图像。[1] 在某些情况下,计算机扫描仪和图像编辑软件可以用于区分颜色相似的墨水,如黑色圆珠笔。[2]在数字图像中单个色彩通道中选择过饱和度可以突出微妙的色彩差异。利用图形软件使用的各种颜色模型,选择颜色过滤可用于分离可疑文件的重叠元素。这些仅是法庭文件检验员目前在检验过程中应用的一些技术,新的技术正在不断地开发。

31.4 图像增强作为演示辅助工具

通常,法庭文件检验员的研究结果很难传达给律师、陪审团成员或法官等目标受众。尽管第 34 章详细探讨了法庭图表的制备工作,但下面将描述非常适用于图表制备的一些具体的图像增强技术。

法庭文件检验员在可疑文件上发现模糊的书写压痕并不罕见。在某些情况下,这些压痕甚至可以追溯到创造它们的笔迹,或作为重要的相关信息被辨读。然而,未经训练的外行需要增强这种压痕以供观看。本章前面所述的托利弗和斯佩里所研发的技术对于这种情况是非常理想的。类似地,书写压痕和对应笔迹的重叠可以让观看者轻松理解两者之间的关系。

叠加技术在许多情况下是有用的。它可以用于显示文件擦除之后留下的残留标记与原始文件之间的关系,用于比较字体,并演示使用剪切粘贴方法伪造的签名之间的匹配关系。为了使这样的重叠易于理解,电子图像通常被着色,从而可以轻松地辨别出来。
362 Adobe®Photoshop®允许用户更改每个图层的"混合模式",以便它能够以各种方式影响下面的图层。对于法庭文件检验员最有用的设置之一是"正片叠底"(multiply)。使用这种模式,一个图层的白色区域对下面的图层没有影响。然而,图像的彩色部分与底层的彩色部分相混合。这样可以更好地鉴别两者之间的关系。

例如,复印书籍时由于页面卷曲产生的失真或者普通的复制失真可以使用图形软件对这类失真进行补偿。这样可以让外行人更容易地比较来自同一份原稿的不同复制代。用来完成这项工作的技术可以包括简单的变换或更复杂的位移贴图。这些通常只是为了有利于提供证据,因为对于法庭文件检验员而言,即使面对失真的复制件也几乎没有困难去鉴别彼此之间的关系。

31.5 总结

数字摄影和扫描功能增加了现代法庭科学实验室的设备库。继续开发和改进数字

---

〔1〕 尽管目前版本的 Adobe®Photoshop®已经集成了一个图像拼接功能,但专业软件中如魁北克的 PanaVue 软件公司的 PanaVue Image Assember,可以花费最少的力气获得出色的效果。

图像捕获技术以及加强图像增强软件的多功能性将使其广泛地应用到更多种类的文件检验案例中来。

传统摄影在文件检验方面依然占据一席之地。例如,拍摄数码生成或复制的文件(在传真机、电脑打印机或数字复印机上创建的图像)有时最好使用传统摄影。这种方法避免了由数字图像采集设备引入的像素化现象和文件本身引入像素化现象之间的任何干扰。

对于档案应用,传统的照片比由电脑打印机打印的数字图像更持久,数字图像可以更快地褪色。

对传统摄影的一些熟悉程度将有助于拍摄高质量的数字图像。现在出现在数字型号上的许多设置(如ISO)都是传统摄影中重要调整的模拟表示。如果没有对胶卷相机的基本了解,数字型号上可使用的调校和选项可能对法庭文件检验员几乎没有任何意义。

参考文献

1. Sperry, G. and Tolliver, D., Applying specific digital enhancement techniques to ESDA-developed impressions, *J. Am. Soc. Questioned Doc. Examiners*, 4, 12, 2001.

2. Bodziak, W., Using a Flatbed Scanner and Adobe Photoshop Software to Distinguish Black Inks, paper presented at the American Society of Questioned Document Examiners meeting, Ottawa, Canada, 2000. 363

Section XI ASTM Guidelines for Forensic Document Examination

第十一部分　美国测试与材料协会对法庭科学文件检验的指导方针

总结和指导方针 32

卡尔·R. 麦克拉里

目 次

1997 年,一批政府和私人文件检验员意识到需要文件检验的标准指导方针,于是成立了文件检验员技术工作组(Technical Working Group for Document Examiners,TWGDOC),后来被称为文件检验员科学工作组(Scientific Working Group for Document Examiners,SWGDOC),这个检验员工作组最初由众多联邦机构的代表组成,是第一批组建的技术工作组之一。直到 1999 年,文件检验员科学工作组在华盛顿特区的各个地点开会。文件检验员科学工作组随后在弗吉尼亚州匡提科的联邦调查局学院参加法庭科学其他学科的科学工作组,会议地点由弗吉尼亚州匡提科的联邦调查局学院提供。

1997 年以后,与会者扩大到包括私人执业检验者联合会(Coalition of Private Practice Examiners,COPPE)、各州法庭科学实验室代表以及国家和地区组织的代表。然后,文件检验员科学工作组的成员于 1999 年从组织和机构的代表发展到在当时起草的检验标准指南或术语中具有特殊经验或专业知识的个人。小组会议通常每两年举行一次,起草不同类型文件检验的标准指南和标准术语。这些标准指南的目的是不仅可以提供国家认可的法庭科学文件检验的共识方法,而且满足联邦法院制度规定的可采性、可靠性和道伯特标准。

虽然文件检验员科学工作组制定的标准被认为是共识标准,但是需要将其置于公认和受人推崇的出版物中。ASTM 已经发布了关于文件检验的四个标准:E1658、法庭文件检验员陈述结论的标准术语;[1] E444,法庭文件检验员有关工作范围的标准说明[1](Standard Descriptions of Scope of Work Relating to Forensic Document Examiners[1]);E1789,书写墨水鉴别标准指南[1](Standard Guide for Writing Ink Identification[1])和 E1422,法庭科学书写墨水比较检验方法的标准指南[1](Standard Guide for Test Methods for Forensic Writing Ink Comparison[1])。因此,ASTM 被选为文件检验员科学工作组起草文件的出版者。做出这种选择的其他因素是关键考虑到由 ASTM 成员投票,其他法庭科

〔1〕 转载经许可。版权 ASTM International. 100 Barr Harbor Drive,West Conshohocken,PA. 19428。

学领域专业人士进行复审,强制5年修订。

ASTM是世界上最大的标准制定机构之一,已有100多年的历史,其成员来自私营制造业、政府和学术界,起草和出版非强制性标准。法庭科学委员会(E30)是一家新成立的委员会,并在其短暂的成立历史中发表了许多标准指南、术语和实务。E30由各种小组委员会组成,包括跨学科法庭科学标准、犯罪学、牙科学、精神病学和行为科学。ASTM的程序规定了起草标准,通常由任务组制定;由小组委员会对这些草案投票,然后在年度会议上审议这些选票的投票情况;由主要委员会的所有成员对草案投票;并在下一次会议由小组委员会和主要委员会进行最后的审议和表决。然后向标准委员会征求批准。

迄今为止公布的E30.02标准是:

E444 法庭文件检验员有关工作范围的标准说明[1]

E1422 法庭科学书写墨水比较检验方法的标准指南[1]

E1658 法庭文件检验员陈述结论的标准术语[1]

E1789 书写墨水鉴别标准指南[1]

E2195 关于可疑文件检验的标准术语[1](Standard Terminology Relating to the Examination of Questioned Documents[1])

E2285 机械式支票打印机印痕检验的标准指南[1](Standard Guide for Examination of Mechanical Checkwriter Impressions[1])

E2286 无墨印印文检验标准指南[1](Standard Guide for Examination of Dry Seal Impressions[1])

E2287 单击薄膜色带和打印文本上断裂字模和纸纤维印记检验的标准指南[1](Standard Guide for Examination of Fracture Patterns and Paper Fiber Impressions on Single-Strike Film Ribbons and Typed Text[1])

E2288 法庭科学文件检验中纸的切割、撕裂和打孔的物理匹配的标准指南[1](Standard Guide for Physical Match of Paper Cuts, Tears, and Perforations in Forensic Document Examinations[1])

E2289 橡皮图章印文检验的标准指南[1](Standard Guide for Examination of Rubber Stamp Impressions[1])

E2290 手写项目检验的标准指南[1](Standard Guide for the Examination of Handwritten Items[1])

E2291 压痕检验的标准指南[1](Standard Guide for Indentation Examinations[1])

E2325 纸的无损检验的标准指南[1](Standard Guide for the Non-Destructive Examination of Paper[1])

E2331 变造文件的标准指南[1](Standard Guide for Examination of Altered

---

[1] 转载经许可。版权ASTM International. 100 Barr Harbor Drive, West Conshohocken, PA. 19428。

Documents[1])

E2388 法庭文件检验员最低培训要求的标准指南[1](Standard Guide for the Minimum Training Requirements for Forensic Document Examiners[1])

该学科的标准化很长时间以来一直是讨论的主题,ASTM E1658 和 E444 的通过是该领域的先锋成就。根据 1993 年道伯特诉梅里尔道制药公司的决定,考虑到美国法院接受专家证词的建议标准,合格文件检验员证词的可靠性和可采性得到文件检验员科学工作组和 ASTM 所取得成就的显著支持。道伯特决定具体阐述了以下标准:"法院应通常考虑到已知或潜在的错误率……以及控制技术操作标准的存在和维护。"1现在达成共识的标准肯定有利于满足这一考虑。 368

虽然 ASTM 标准正在美国开发和使用,欧洲业界也通过欧洲文件检验专家工作组(the European Document Experts Working Group, EDEWG)和欧洲法庭科学笔迹专家网(the European Network of Forensic Handwriting Experts, ENFHEX)制定了几项程序标准。EDEWG 在 1998 年成立,是欧洲法庭科学研究所(European Network of Forensic Science Institutes, ENFSI)工作组。EDEWG 标准包括变造检验(Examination of Alterations)、交叉线条的检验(Examination of Intersecting Lines)和书写压痕检验(Examination of Indented Impressions)等。这些标准的格式与 ASTM 所使用的格式大致相同,包括术语表、健康与安全、设备/仪器/操作条件以及结果的记录和解释等部分。除了每两年组织欧洲会议(包括研讨会)外,EDEWG 还开展质量保证实验和联合研究与开发。

欧洲法庭科学笔迹专家网成立于 1996 年,也是欧洲法庭科学研究所工作组。其目标包括建立交流、组织研讨会、促进专业知识,以及开发和修订方法和程序。

与欧洲业界一样,澳大利亚和新西兰的检验人员通过澳大利亚和新西兰文件检验特别咨询小组(the Australian and New Zealand Document Examination Special Advisory Group, DocSAG)制定了检验方法和术语。作为六个法庭科学专门咨询小组其中之一,DocSAG 是结合犯罪侦查和文件检验的特别咨询组。这些团体参与科学研究、研讨会组织、质量问题评估、知识推广与交流等活动,并向澳大利亚和新西兰法庭科学实验室(the Senior Managers of Australian and New Zealand Forensic Laboratories, SMANZFL)的高级管理人员提供有关这些主题的建议。

参考文献

1. U.S. Supreme Court ruling, *Daubert v. Merrell Dow Pharmaceuticals*, 509 U.S. 579, 1993. 369

---

[1] 转载经许可。版权 ASTM International. 100 Barr Harbor Drive, West Conshohocken, PA. 19428。

Section Ⅻ　Preparing for Court Testimony

第十二部分　准备法庭证言

准备出庭的注意事项

33

弗兰克·希克斯

任何文件检验员对案件工作的高潮可以是在证词中,在初审听证会上,在法庭上或在准司法委员会面前提交调查结果。这需要全面审查所有提交检验的文件,以及在实际检验和报告编写过程中产生的任何文书。审查确保法庭文件检验员准备好适当解释其工作、所进行检验的性质,以及所提出检验意见的依据。

虽然没有关于如何准备法庭案件审查的永恒不变的规则,但仍然可以采取一些符合逻辑的步骤。首先,应该对最初接触案件的情况进行审查。这可能有来自委托人的电话、信件或电子邮件。初次联系的日期有时在审判期间将会变得很重要,因为这与法庭文件检验员的检验无关。此联系信息还应该包括向文件检验员最初提出的鉴定要求的性质,以及民事事项中对任何矛盾冲突结果的核实。

其次,应该完成对所提交证据的审查和对该证据进行的检验。如果初次检验是在数月前进行的,可能至少需要对证据进行简要的再检验,以便熟悉材料。如果采用仪器进行检验,应该对这些检验及其得出的结果进行审查。文件检验员应该回顾所使用仪器分析技术的原理,以及如何给外行人正确地解释这些技术和检验结果。如果法庭文件检验员不能以观众(法官、陪审团、听证官等)理解的方式解释检验工作,那么无论多么出色的工作都会毫无价值。当验证的某项技术不是文件检验员证词中常见的主题时,需要对该技术进行更广泛的审查。当你意识到自己不记得为什么使用该仪器分析技术或者该仪器分析技术是如何工作的,那么证人席可不是一个好地方。

由于法庭文件检验员出具报告中的每一个细节都可以作为他(她)证词中的问题来源,所以应该详细审查案件中所发布的任何报告。所有报告中提及的观察结果以及表达的意见,文件检验员对此都应该非常熟悉,所以他(她)可以迅速而有效地回答与它们相关的任何问题。

这也是组织案例文件夹中所有文件的好时机。为了避免在证人席上翻阅许多张纸,请将所有纸张像文件那样放到文件夹中。例如,纸夹将所有来自提交人的信件都夹在一起,如果需要可以很容易地找到。在检验期间由文件检验员撰写的所有笔记也是如此。如果法庭文件检验员使用彩色纸而不是白色纸做笔记,则可以更容易地找到文件夹中特定类型的文件。例如,操作台笔记可以是一种颜色,电话记录是另一种颜色。另一种方法是将文件放置在三环活页夹中,不同类别文件之间具有隔离纸。这比一个装满活页纸的文件夹具有更加专业的外观,避免了将这些纸张掉在地板上的尴尬。

最后,如果演示的证据(a demonstrative exhibit)没有作为编写报告的一部分,那么应该对案件进行评估以确定是否应该提供演示的证据,如图表或电子演示文稿,以帮助法庭了解检验人员的意见。如果法庭文件检验员决定着手准备这个演示的证据,应该在审
374 前会议之前做好准备,以便由律师审查。

演示图表 34

弗兰克·希克斯　布赖恩·S.林德布洛姆　罗伯特·热尔韦

目　次

虽然法庭科学文件检验通常所涵盖的主题涉及大多数人所熟悉的学科，但法庭文件检验员表达观点所涉及的具体因素在没有某种类型演示图表的情况下可能难以传达。这些图表应该在报告中和法庭演示中占有一席之地。

精心准备并有适当标注的图表可以使文件检验报告更容易让接受人所了解。在某些情况下，法院会明确要求在法庭科学报告中包含哪些内容。例如，美国联邦法院要求专家的调查结果不能简单地陈述最终意见，而应该包括构成其基本原理的所有细节。一个好的图表将确保相关特征能够被清楚地说明和理解。

通常，伴随报告的图表本质上都是照片。几十年来，这些插图是用传统的湿摄影技术制备的。在制备了可疑笔迹和已知样本的照片之后，将从这些照片中切割出特定的单词或字母，以必要的格式排列，然后再次拍摄。今天仍然可以使用相同的过程，但现代技术允许使用其他方法。现在，使用计算机和数字图像处理软件完成了许多图表的组合。有许多方法可以将图像输入计算机，包括数码相机和平板扫描仪，还可以使用电子幻灯片和计算机投影仪来显示检验发现的情况。 375

34.1　选择演示方法

图表准备的第一步是选择将要使用的演示方法。这可以采用以下几种形式：印刷图表、高射投影仪透明胶片、35 毫米幻灯片或计算机演示程序和视频。传统的 35 毫米幻灯片已经被电子计算机演示方法所取代。有一些因素将有助于法庭文件检验员决定使用哪种方法是最有效的：

(1)需要演示什么?如果问题是复印伪造,并且可以获得源文件,那么幻灯片和高射投影仪可能是最简单的演示方法。如果你需要向法庭展示仪器分析技术如何工作,则正在使用的设备的视频非常有帮助。

(2)法庭如何布置?如果你想使用视频,法庭上有足够的空间来做到这一点吗?如果这不能提前确定,最好是计划另一种方法或有可用的备用计划。

(3)有多少准备时间可用?无论摄影图表多么有效,确实需要一些时间来准备。如果没有足够的时间,那么必须要考虑一个替代方案。

(4)对谁做陈述?向法官或听证官提供一对一的陈述可能需要一种陈述形式,而当将材料提交给陪审团时,另外一种形式可能效果会更好。

(5)文件检验员需要有什么设备和技能?虽然视频可能是理想的,但法庭文件检验员可能缺少所需的设备或技能,因此有必要将该项工作转包出去。计算机演示方法需要计算机、数字投影仪和屏幕。法庭可能没有配备必要的投影仪和屏幕,有必要在作证前租用和安排安装。

34.2 选择内容

图表准备过程中的下一步是选择要列入的内容。图表内容的表现方法有两种。这个行业早期使用的一种方法是将大量图像并入单个图表中。这种图表方式提供了大量信息,但考虑到出现细节的数量也使法官和陪审团难以将注意力集中在特定的特征上。第二种方式,今天更受欢迎,使用更简单的插图、较少的细节。在某些情况下,可以使用多个图表,每个图表都清楚地显示一个特定点或少量特征。

在一个签名案件中,将可疑的签名列为图表中的一个图像是恰当的决定。如果有多个可疑签名而且不是所有的签名都列入图表中,那么必须做出决定列入哪个签名,如果只能提供一个样本,重要的是选择那个最清晰而且同时能够代表这组签名的样本。在只提交文件副本的情况下,这很重要。一些副本可能比其他副本更清楚。法庭文件检验员
376 应确保为图表选择的任何可疑签名实际上来自审判中所使用的文件。因为提交给文件检验员的六个可疑文件不一定意味着所有六份文件都将在审判中成为讨论的问题。这是在审前会议中应该讨论的问题之一。

当选择已知签名样本并入图表中时,明智的做法是确保你在庭审中期望使用的样本实际上是真实的签名。图表中包含未被接受为证据的签名,这样的图表将不会被允许。被列入图表中的部分已知签名样本其制备日期应该与可疑签名制备日期接近。这些将反映书写者在争议日期前后的书写习惯。有时需要显示在几个月或几年内书写退化的模式。这可能需要一个单独的图表,其中真实签名按时间顺序出现。在某些情况下,可能会发现可疑签名显示出在已知签名样本中不常发现的、特定的、不同寻常的特征。在这种情况下,图表中最好包括至少一个这样的例子。

如果问题涉及打字机或计算机字体，则必须选择适当字母的例子，可能需要放大多倍以显示相关的缺陷或特征。同样，可能需要放大来自复印机和打印机的“垃圾标记”。通常，垃圾标记相对于页边，预先打印好的表单元素或文本段的位置在意见形成过程中是很重要的，并且必须注意拍摄放置在图表中的任何图像的周围区域。

34.3　选择输入设备

如果传统的胶卷摄影用于制作图表，则可能会涉及两步过程：第一步是拍摄文件的相关区域。然后将这些图像从打印件上切下并安装在图板上。这个过程包括将各个剪下的图像与图表边缘和中心线正确对齐，并能够正确反映它们在所要检验文件上的方向。第二步需要拍摄图表并将其放大到理想尺寸。这种方法最适合使用大画幅相机，因为最终图像将不太需要放大。

如今大多数演示图表是通过使用计算机生成的。通常，两种输入设备使用其中之一便可以采集图像并将其导入计算机：平板扫描仪和数码相机。这两个设备能够以适用于构建图表的分辨率来对图像进行采集。另外，这些方法可以生成几乎能够立即进行审查和评估的电子文件。

平板扫描仪具有一个优势——确保被成像的文件放在平面上。扫描仪盖子在文件上的重量确保其平整，使褶皱和折痕的效果最小化。扫描仪中的光源和光学元件与稿台在同一平面上工作。大多数扫描仪具有调整扫描分辨率的能力，其典型设置为150dpi、300dpi、600dpi等。必须在扫描之前决定需要扫描的分辨率。这是很重要的，原因有两个。首先，如果图像被明显放大，要么需要放到海报大小的图表上，要么可能需要展示多倍放大的微观特征，那么为了限制像素化现象可能需要更高的分辨率。其次，高分辨率的图像会在计算机中产生较大的文件。使用高出所需要的分辨率将导 377 致计算机内存浪费空间，并且还会减慢对计算机中图像的处理。至于将图表扩大至不超过手持大小，300dpi的分辨率几乎是足够的。这是成像技术科学工作组的推荐。

过去，携带平板扫描仪进入现场扫描文件是很笨重的。最新的扫描仪和笔记本电脑已经消除了这一领域的大部分限制。扫描仪和计算机现在可以放在一个电脑包中轻松运输。

数码相机具有比最好的平板扫描仪更加便携的优点。它们也不需要任何外部电源，这一点在某些地方可能是一个问题。相机在采集某些庞大的文件时可能比扫描仪更有用，例如，一本书中的某一页面或不能从医疗档案中移出来的某一份文件。数码相机根据实际情况确定是否使用相机支架。如果是手持拍摄，则存在镜头与正在拍摄的文件不平行的潜在问题。发生这种情况的证据是文件中两条平行的直线，在生成的图像中不再平行。将相机安装在相机支架上可以减轻此类问题，但会对相机的便携性产生不利影响。数码相机另一个潜在的问题是需要适当的照明。大多数相机具有内置的闪光灯,这些闪光灯在大多数文件拍摄的距离当然是足够的,但这些闪光灯通常不直接与镜头相邻。特别是如果相机非常接近正在拍摄的文件时,这将导致不均匀的照明。许多相机支架上的灯光可以克服这种不均匀照明的问题。此外,围绕相机镜头的环形微距光源,对于微距摄影也是有用的。

无论是使用传统摄影还是数字摄影,如果有可能,文件应使用玻璃面板或真空盒压平。在使用前者的情况下,必须适当考虑照明条件,以确保玻璃的反射不被采集到图像中。

最后,在摄影完成之前,需要做出关于是否加入尺子或其他比例尺的决定,以便可以计算出放大程度。当检验是比较性质的情况下,这当然是必要的,例如,涉及笔迹、电脑打印机和打字机印迹、垃圾标记、伪造品以及剪切和粘贴伪造。作为一般做法,不建议将图表中的各个组件放大到不同的百分比,因为这可能会给出读者错误的印象,觉得字符的实际大小可能不尽相同,实际上可并不是这样的。如果有必要使用不同程度的放大比例,那么应该在图表中清楚地显示出每个项目放大的百分比。

34.4 处理图像

有时需要在采集图像之前或之后处理图像。不同的计算机软件包提供了各种编辑图像的方法,但是有一些相当普遍的技术。两个基本过程是裁剪和旋转。裁剪是将感兴
378 趣的采集图像区域从较大的图像中剪切出来。这样处理可以去除对说明调查结果没有任何作用的文件周围部分。旋转图像可以调整图像的底线,使其能够反映图像在被拍摄文件中的实际方向。

一些更高级的调整包括亮度、对比度、色阶和曲线。亮度和对比度命令可以在整个图像上有选择性的或统一的应用。在某些情况下,这些命令可能会导致图像发生过度粗糙的变化,但是,在有些情况下需要进行这样的调整。通过使用色阶和曲线命令,可以对图像的亮度和对比度进行更多的改变。有这样一种观点,通过使用这些命令,操作者正在改变图像的外观,从而改变证据。然而,具有类似效果的变化可以通过,并且已经通过胶片处理和显影技术实现,其结果已经作为许多证据进行展示。此外,当然有可能由于照明或相机功能的限制,采集的图像不能准确地代表原始图像。对图像进行任何增强,重要的是要对足够大的区域进行更改,以使图像的微小部分不是撤销的重点,从而导致最终产品不能够正确地描述原始信息。当然,对图像进行的所有调整都应该记录,以便法庭文件检验员可以回答关于如何对图像进行处理的问题。现在使用的一些图像处理软件可以仔细跟踪所有发生的行为。也可以使用专门用于跟踪变化的软件。

几十年来,在图表中使用灰度图像一直是惯例。对此的理由是双重的。首先,灰度

能够采集和表现出色调中非常细微的差异。其次,观察者不会因为在给定的图像中有许多颜色而分散注意力。法庭文件检验员必须始终认识到图例的目的,并考虑颜色是否有助于达到此目的。例如,在签名的图表中,颜色几乎不会增加对字母结构相似性和差异性的评估。此外,彩色图像有时可能无法准确反映原始文件中存在的色彩和色调的细微差别,并可能导致该图表将面临不能代表原件的挑战。因此,除非颜色是必需的,打印灰度图像通常是一个好主意,并向放在图表上的标注添加颜色。彩图 34. 1(参见第 394 页)提供了有效使用灰度图像和彩色标注的示例。

34. 5 格式和标注图表

在法庭文件检验员宣读证词的过程中,给法官和陪审团提供了了解和熟悉的机会。通过使用有效、精心设计的图表,观众的注意力可以被引向与所表达的鉴定意见相关的特定重要领域。当然可以通过口头而不用图表描述相关特征来作证,但是对于观众和法庭文件检验员来说,这种做法可能既费力又乏味。就观众而言,这有可能会产生潜在的误解,而且存在法官和陪审团失去兴趣的风险。我们的社会已经习惯了各行各业的视觉展示。一个具有正确结构和标注的图表可以使观察到的事实更明显,更容易被观众所理解。 379

所选择的方式将取决于许多因素,其中最重要的是演示方法。在借助计算机、演示软件和投影仪的帮助下给出的证词将比仅仅给出照片的证词具有更多的灵活性。然而,这种灵活性可以被利用到足以掩盖演示的目的,演示是为了向法庭说明所得出意见的基本原理。诸如声音效果、不必要的动画和闪光灯之类的小玩意儿应该避免出现在法律环境中,因为它们对事实没有任何影响,只是有损于所讨论的问题。在这类展示中使用幻灯片演示的任何文本都应该足够大,以供各方阅读。如果在创建幻灯片之前不知道房间大小,经常使用比你认为需要的更大字体。如前所述,简单的、不混乱的幻灯片会是更好的,因为它们更容易让观众了解。

构建照片或电子图表时的另一个考虑因素是是否以横向或纵向模式制备图表。要列入的图像性质将是一个影响因素,使用投影幻灯片时屏幕的尺寸也是一个影响因素。横向模式明显提供了更多的横向间距,用于将图像放在列中。

如果报告中附有图表,在法庭上使用相同插图的副本通常是令人满意的。可以制作和分发多份副本。这有利于向法官或陪审团成员提供他们以后在审议期间可以参考的插图。为补充报告图表,可以将放大版本放在图表架上,以便法庭文件检验员可以在作证中更容易地指出特征。

使用签名图表,在排列图像时存在各种方法。一种方法是在图表的顶部放置一个可疑的签名,并在下面放置几个已知的签名样本。另一种方法是将可疑签名放置在图表中间,并将已知的签名样本放在其上面和下面。后一种方法可用于将可疑签名置于已知签名样本的时间顺序中,这是检验过程的一个重要部分。

现代图像编辑软件允许用户以许多有用的方式来标识图表。请注意,图表的目的是用作教学辅助来解释得出鉴定意见的基本原理。如果观众不知道图像源自哪里,将难以遵循证词。因此,每个图像都应该清楚地标注其来源,并且在大多数情况下,以及文件的形成日期。

彩图34.2到彩图34.8(参见第395页至第401页)、图34.6(a)和图34.7(a)是用于说明各种内容的图表样式的例子。在某些情况下,图像已经被着色以强调不同要素之间的相似性。在其他情况下,使用箭头、圆圈和其他突出显示方法来强调重要的特征。有
380 些时候可以使用一系列图表来展现相关细节。

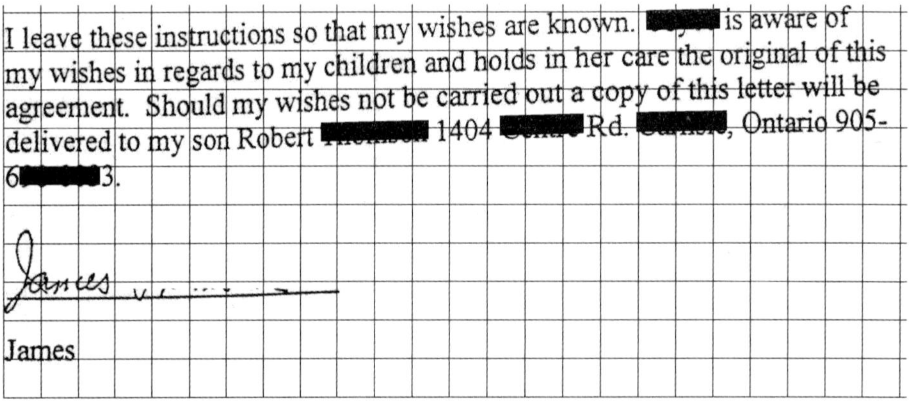

I leave these instructions so that my wishes are known. [redacted] is aware of my wishes in regards to my children and holds in her care the original of this agreement. Should my wishes not be carried out a copy of this letter will be delivered to my son Robert [redacted] 1404 [redacted] Rd. [redacted], Ontario 905-6[redacted]3.

James

注:在图中,电子网格覆盖在文本部分,突出显示了失真图像的非线性性质。

图34.6(a) 在涉及一个较差质量复印件的真实性案件中,使用了两部分图表来展示复印失真和对齐方面的事项

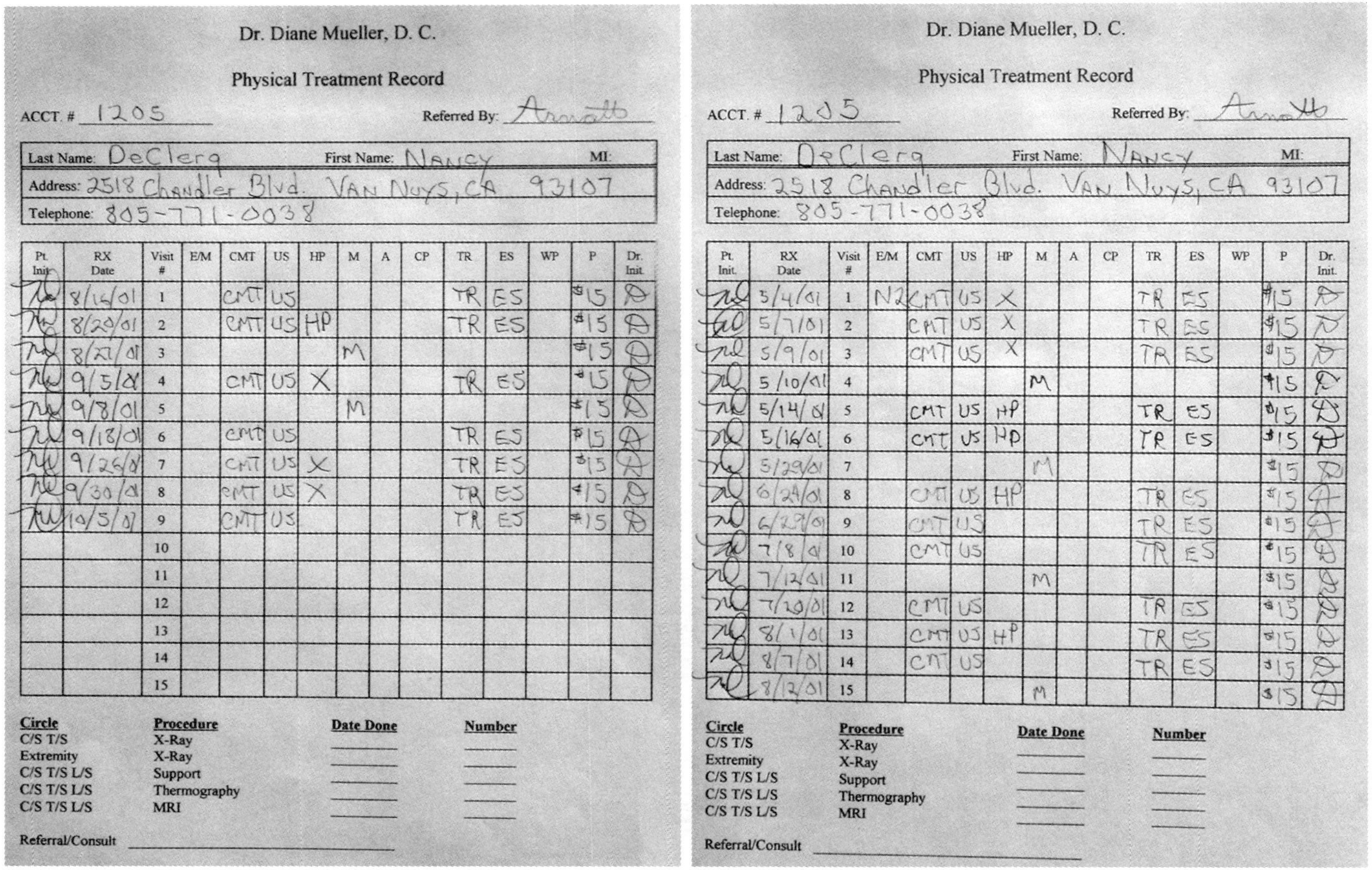

Dr. Diane Mueller, D. C.

Physical Treatment Record

ACCT. # 1205 Referred By: Arnott

Last Name: DeClerq First Name: Nancy MI:

Address: 2518 Chandler Blvd. Van Nuys, CA 93107

Telephone: 805-771-0038

Pt. Init.	RX Date	Visit #	E/M	CMT	US	HP	M	A	CP	TR	ES	WP	P	Dr. Init.
[illegible]	8/16/01	1		CMT	US					TR	ES		$15	[illegible]
[illegible]	8/20/01	2		CMT	US	HP				TR	ES		$15	[illegible]
[illegible]	8/21/01	3					M						$15	[illegible]
[illegible]	9/5/01	4		CMT	US	X				TR	ES		$15	[illegible]
[illegible]	9/8/01	5					M						$15	[illegible]
[illegible]	9/18/01	6		CMT	US					TR	ES		$15	[illegible]
[illegible]	9/26/01	7		CMT	US	X				TR	ES		$15	[illegible]
[illegible]	9/30/01	8		CMT	US	X				TR	ES		$15	[illegible]
[illegible]	10/5/01	9		CMT	US					TR	ES		$15	[illegible]
		10												
		11												
		12												
		13												
		14												
		15												

Circle	Procedure	Date Done	Number
C/S T/S	X-Ray		
Extremity	X-Ray		
C/S T/S L/S	Support		
C/S T/S L/S	Thermography		
C/S T/S L/S	MRI		

Referral/Consult

Dr. Diane Mueller, D. C.

Physical Treatment Record

ACCT. # 1205 Referred By: Arnott

Last Name: DeClerq First Name: Nancy MI:

Address: 2518 Chandler Blvd. Van Nuys, CA 93107

Telephone: 805-771-0038

Pt. Init.	RX Date	Visit #	E/M	CMT	US	HP	M	A	CP	TR	ES	WP	P	Dr. Init.
[illegible]	5/4/01	1	N2	CMT	US	X				TR	ES		$15	[illegible]
[illegible]	5/7/01	2		CMT	US	X				TR	ES		$15	[illegible]
[illegible]	5/9/01	3		CMT	US	X				TR	ES		$15	[illegible]
[illegible]	5/10/01	4					M						$15	[illegible]
[illegible]	5/14/01	5		CMT	US	HP				TR	ES		$15	[illegible]
[illegible]	5/16/01	6		CMT	US	HP				TR	ES		$15	[illegible]
[illegible]	5/29/01	7					M						$15	[illegible]
[illegible]	6/24/01	8		CMT	US	HP				TR	ES		$15	[illegible]
[illegible]	6/29/01	9		CMT	US					TR	ES		$15	[illegible]
[illegible]	7/8/01	10		CMT	US					TR	ES		$15	[illegible]
[illegible]	7/12/01	11					M						$15	[illegible]
[illegible]	7/20/01	12		CMT	US					TR	ES		$15	[illegible]
[illegible]	8/1/01	13		CMT	US	HP				TR	ES		$15	[illegible]
[illegible]	8/7/01	14		CMT	US					TR	ES		$15	[illegible]
[illegible]	8/12/01	15					M						$15	[illegible]

Circle	Procedure	Date Done	Number
C/S T/S	X-Ray		
Extremity	X-Ray		
C/S T/S L/S	Support		
C/S T/S L/S	Thermography		
C/S T/S L/S	MRI		

Referral/Consult

注：有争议文件是两页物理治疗记录。左侧表格写有最近的日期，并将其放在有更早日期的右侧表格的上面。在左侧页面书写的笔迹应该在下面的页面形成压痕。

图 34.7（a）　这两个图表用于在一起医疗纠纷案件中展示的调查结果

审前协商 35

弗兰克·希克斯

文件检验员和律师之间的审前协商是一种双方准备即将到来的法庭证词的很好方式。在更为复杂的情况下,这次会议可能意味着强大有效的证词和杂乱无力的证词之间的差别。在大多数情况下,雇用的律师很少有与法庭文件检验员接触的经历,也欢迎法庭文件检验员所提出的任何建议。

文件检验员应提供有关他(她)所检验文件和陈述鉴定意见的信息。如果法庭文件检验员要陈述的鉴定意见不止有一个,律师可以决定在法庭上只提供其中一些意见。法庭文件检验员可以就此与律师一起进行讨论,包括由此造成的任何困难。如果在法庭上提出的意见力量有限,那么造成这种限制的因素应该进行彻底的讨论。这将使律师有机会准备直接的问题来解释这些限制的性质。

由于大多数审判律师(trial attorney)很少具有或根本没有与文件检验员一同出庭的经验,所以向审判律师提供用来说明文件检验员具有专家证人资格的问题清单是完全正确的。这些类型的问题可以在各种出版物中找到,但是应该强调的是,法庭文件检验员提出的问题是根据其具体资格量身定制的。如果文件检验员在审前协商期间向审判律师提供他(她)对每一个资格问题的答案,可能会使律师的头脑休息一下。这能够确保双方至少在证人证言的初始阶段顺利地进行合作。

如果法庭文件检验员过去的证词有任何问题,应向律师披露这些信息。这样,如果当该文件检验员作证时这些问题被提及,律师可以制定一个有效的策略来应对。当己方的专家证人正在经历交叉询问时,律师不会对这些信息感到吃惊。

如果文件检验员的证词包含非常专业性的问题,那么这些问题应该与律师详细讨论。法庭文件检验员可以提出一些问题,引出简明扼要的答案,这些答案能够使证词更加清楚地告诉法庭。双方都应该认可,目标是以法庭容易理解的方式呈现事实。

在法庭文件检验员的证词中使用的可视化辅助工具是一种非常强大的工具。这也
383 需要考虑,具体涉及要展示的细节数量、图表的使用顺序以及展示方法——海报、视频、PowerPoint 或幻灯片。每种方法的优点/缺点都应予以概述,需要确定引入照片和进行陈述的逻辑顺序。制备插图的类型和方法在第 34 章中有详细的讨论。

计算机辅助演示的使用在如今的法庭上变得越来越普遍。许多现代化的法庭正在

依此想法设计中。对于其他法庭,由于其大小或实际布局的限制,这种演示方式不仅显得很尴尬,而且是不可能实现的。如果文件检验员正在考虑使用这种可视化辅助,那么明智的做法是确定法庭可能施加的任何限制。

如果案件的对方计划引入某人的证词,该证词的主题与法庭文件检验员正在作证的主题相同,则审前协商是提出该人资格的时候。同样应该获得所提供专家的履历,以便能够讨论其培训或背景方面的任何缺陷。如果该专家证人的培训不符合主流的国际法庭文件检验员组织的要求,如美国可疑文件检验员协会和美国法庭文件检验员委员会,这些要求的副本可以提供给律师在交叉询问时使用。如果能够获得对方专家证人的报告,那么应该详细审查。任何不遵循公认方法的实例或证据不支持的结论都应该注意,并制定恰当的交叉询问策略。第 37 章为应对这类专家证人提供了许多建议。 384

准备道伯特听证会 36

简·西曼·凯利　柯尔斯滕·杰克逊

目　　次

自联邦最高法院1993年做出的重大决定以来，道伯特挑战已经成为美国反复出现的现象，法庭科学文件检验已成为面临这种挑战的第一个也是最为积极的法庭科学之一。在道伯特决定之前，法庭文件检验员的证词通常包括对职业资质的简要描述，接下来是对所进行的检验和结论的解释。道伯特案件之后的证词不但需要这些内容，而且现在经常会有更多的相关内容。像所有专家一样，法庭文件检验员现在必须准备好回答关于他们专业知识的问题。

36.1　道伯特要素

在道伯特决定中，最高法院提供了确定专业知识可靠性的标准。这些被称为道伯特要素的标准是：

(1)普遍接受；

(2)理论或技术是否可以检验或已经经过检验；

(3)该技术是否经过同行评审和公开出版；

(4)存在并维护标准来控制技术的操作；

385 (5)已知或潜在的错误率。

36.1.1　法庭科学文件检验行业如何符合每一个要素

即使最高法院在其决定中写道：一项科学不必符合所有的五项标准，但是对于法庭科学文件检验这个行业而言，解释该行业圆满地满足每个要素已经成为法庭科学文件检验界所采取的方法。向法院提交的证词和证明文件是主审法官能够考虑的唯一信息来源。因此,法庭文件检验员应该准备彻底解决好每一个要素。

最高法院写道,“普遍接受”是指相关科学界对某项技术的接受。可以通过多种方法证明对法庭科学文件检验专业技术的接受:纳入全球专业的、多学科的法庭科学组织;在数以百计的联邦、州、地方和国际法庭科学实验室都有文件检验这项专门技术;本科院校与研究生学院提供的课程和学位以及社区学院的司法鉴定课程;认证机构和标准化组织的专业知识评估。具体来说,对理论和领域的普遍接受是由如下条件所满足:

(1)美国法庭科学学院是1948年成立的国家多学科组织(如犯罪学、病理学/生物学、毒理学等)。可疑文件部门是成为这个国家组织的首批学科之一。

(2)国际鉴定协会(the International Association of Identification,IAI)、中西部法庭科学家协会、中大西洋法庭科学家协会(the Mid-Atlantic Association of Forensic Scientists, MAAFS)、东北法庭科学协会(the Northeastern Association of Forensic Sciences,NEAFS)和英国、澳大利亚、德国、加拿大法庭科学协会各有一个可疑文件部门。

(3)法庭文件检验课程包括在乔治华盛顿大学(华盛顿特区)、密歇根州立大学、约翰·杰伊学院(纽约市)、国立大学(圣地亚哥)、阿拉巴马大学伯明翰分校、纽黑文大学、中央俄克拉荷马大学、伊利诺伊大学芝加哥分校和俄克拉荷马州立大学的法庭科学课程体系中。

(4)ASTM有一个致力于法庭科学(E30)的委员会和一个致力于可疑文件的小组委员会(E30.02)。

(5)方法指南由ASTM出版。这些指南在出版前不仅由法庭文件检验界,还有其他法庭学科的科学家进行审查(如人类学、工程学、病理学/生物学、犯罪学)。

(6)美国犯罪实验室理事会实验室认可委员会评估法庭科学实验室,以确定每个学科是否符合具体标准。可疑文件是评估的学科之一。

(7)协同测试服务公司(Collaborative Testing Services,CTS)为各种法庭学科提供能力测试,包括法庭文件检验。

第二个道伯特要素是技术是否可以检验或已经经过检验。法庭笔迹检验的基本前
提是:①在给定足够数量笔迹的前提下,没有两位书写者拥有相同的笔迹特征组合;②一 386
个书写者不能以同一种书写方式两次写出完全相同的字,而是在书写时将继续遵循习惯
的书写运动模式。这些基本前提已经获得以下支持:

(1)详细介绍法庭文件检验工作的出版物和论文已提交给法院。例如,为了满足第二个道伯特要素,关于笔迹检验任务的证词还应包括但不仅限于一份发表有关双胞胎笔迹的论文清单、种类特征的研究,以及出版的检验方法指南。

(2)笔迹法庭信息系统是美国1991年以来由美国特勤局法庭科学实验室维护的数据库。德国联邦警察局开发了笔迹法庭信息系统,协助调查涉及手写文件的犯罪。美国特勤局数据库存储有超过1万个不同人的笔迹样本,德国数据库存有超过10万人的笔迹

样本。无论是在美国,还是在德国的数据库中,都没有发现两个人具有相同的笔迹特征组合。

(3)纽约州立大学布法罗分校文件分析与识别卓越中心进行了一项研究,为笔迹鉴定的一项基本前提提供了科学支撑:笔迹是人各不同的。发表在 2002 年的《法庭科学》,布法罗分校文件分析与识别卓越中心的研究使用计算机软件从超过 1500 位书写者中测量所选取的笔迹特征。基于这些测量值的组合,计算机系统能够以 95% 置信度识别出书写者。

第三个道伯特要素是关于理论或技术的同行评审,该要素是通过许多同行评议的期刊来证明的,这些期刊中包括法庭文件检验员撰写的文章。同行评审的目的是确保相关科学界有机会审查理论发现任何谬误。例如,在工程类杂志上发表研究或方法指南将是毫无意义的,因为对于法庭文件检验员而言,工程科学不是相关科学。行业组织和学会的会议、科研讨论会、培训研讨会、能力测试和出版物都是同行评议的场所。

向区域、国家和国际法庭科学组织,如国际法庭科学协会(the International Association of Forensic Sciences,IAFS)、美国可疑文件检验员协会、美国法庭科学学院、中大西洋法庭科学家协会、中西部法庭科学家协会、加拿大法庭科学学会、西南法庭文件检验员协会(the Southwestern Association of Forensic Document Examiners,SWAFDE)和东南法庭文件检验员协会提交的研究报告,则提供了一种同行评审的方法。尽管向上述机构提交的研究成果只能发表一部分,但未发表的论文仍然会受到法庭科学文件检验界的同行评审。

同行评审也可以通过在同行评审的期刊上发表论文来实现,如《法庭科学》、《科学与司法》(*Science and Justice*)、《司法鉴定杂志》(*the Journal of Forensic Identification*)、《美国可疑文件检验员学会杂志》(*the Journal of the American Society of Questioned Document Examiners*)、《国际法庭文件检验员杂志》(*the International Journal of Forensic Document Examiners*)、
387 《加拿大法庭科学杂志》(*the Canadian Society of Forensic Science Journal*)、《国际法庭科学》(*Forensic Science International*)、《警务科学与管理杂志》(*the Journal of Police Science and Administration*)、《刑法与犯罪学杂志》(*the Journal of Criminal Law and Criminology*)。

法庭文件检验的同行评审程序正在进行中。以某个研究项目或个别案件为研究课题的法庭文件检验员可以在美国可疑文件检验员协会和西南法庭文件检验员协会等行业组织的图书馆查找已发表和未出版作品的副本。已发表的文章也可以通过本地图书馆订购。除了本地图书馆外,法庭文件检验员还可以访问两个参考资料数据库。美国法庭文件检验员委员会在其教学大纲中列出了 475 篇已发表的文章(按类别)。“可疑文件参考文献收集索引”(the Questioned Document Reference Article Collection Index,QDRAC)截至 1999 年已收录超过 7393 篇文章。

同行评审包括对个人技术水平的评估。美国法庭文件检验员委员会是北美的独立认证机构,其认证是一种同行评审形式。为了成为美国法庭文件检验员委员会认证的文

件检验执业者,测试候选人必须成功完成三级认证考试。一旦认证,认证的执业人员必须每五年重新认证一次。通过继续教育和向法庭文件检验界展示研究成果来实现重新认证。美国法庭文件检验员委员会的认证过程和测试标准得到了美国和加拿大的许多法庭科学学会的认可。

第四个道伯特要素涉及存在并维护标准来控制技术的操作。ASTM 是自愿协商一致的标准组织,其已经建立了一个致力于可疑文件的小组委员会(E30.02)和法庭科学主要委员会(E30)。ASTM 出版的指导方针提供了客观的书面文件,其中提供了检验方法的标准。在 ASTM 发布的文件确保指南能够反映已被接受的研究方法,这些研究方法并被法庭文件检验员和其他法庭科学界认可。现在出版的标准如下:

· ASTM E2290 手写项目检验的标准指南[1]

· ASTM E1658 法庭文件检验员陈述结论的标准术语[1]

· ASTM E444 法庭文件检验员有关工作范围的标准说明[1]

· ASTM E1422 法庭科学书写墨水比较检验方法的标准指南[1]

· ASTM E1789 书写墨水鉴别标准指南[1]

· ASTM E1732 关于法庭科学的标准术[1](Standard Terminology Relating to Forensic Science[1])

· ASTM E1492 法庭科学实验室接收、记录、存储和检索证据的标准惯例[1](Standard Practice for Receiving, Documenting, Storing, and Retrieving Evidence in a Forensic Science Laboratory[1])

· ASTM E2195 关于可疑文件检验的标准术语[1]

· ASTM E2388 法庭文件检验员最低培训要求的标准指南[1]

美国犯罪实验室理事会实验室认可委员会需要关于检验技术、案件记录和证据处理的明文规定。大多数执法部门实验室对检验技术的明文规定与 ASTM 出版的方法并行。在执法机构中,法庭文件检验部门的政策手册通常将参考 ASTM 出版的指南以及已发表的文章。对于获得美国犯罪实验室理事会实验室认可委员会认证的实验室,这提供了另一条途径,以满足科学的道伯特标准作为既定的标准。 388

第五个道伯特要素是为某一科学技术寻求已知或潜在的错误率。法庭文件检验员是首批提交一连串盲测的法庭科学家,盲测是由学术界成员完成并建立一组错误率。测试始于 1994 年,并在法庭文件检验员组织的研讨会或会议上监督完成。测试是在团体环境下,有时间限制以及有限的检验设备。这些受控条件确保测试的一致性,但可能会对结果产生不利的影响,因为测试环境并未反映出法庭文件检验员通常进行检验的实验室条件。但是,在笔迹比较工作中专业文件检验员的错误率被发现远远低于外行人员的错误率。现今,由金博士继续进行的测试将成为未来出版物的主题。

---

〔1〕 转载许可。版权 ASTM 国际。100 Barr Harbor Drive West Conshohocken PA. 19428。

为了提供明确的证词,必须了解法庭文件检验员和外行人员的成绩比例。测试如下:

金博士1994的研究成果——试点研究[3](笔迹和手写印刷体):

本研究由7名FDE(来自FBI)和10名外行(对照组)组成,

结果如下:

认错人(不正确的鉴定):FDEs,0.14285%;外行,8.0%

否错人(不正确的排除):FDEs,0.45857%;外行人,16.7%

在1994年的研究中,外行人员错误地将笔迹相关联的可能性相对于法庭文件检验员的可能性高56倍。外行人也比文件检验员错误地区分笔迹的可能性高36倍。

金博士1997的研究成果——大规模笔迹研究[4](笔迹和手写印刷体):

105名法庭文件检验员和41名外行(对照组)参加。在这项较大的研究中,38.3%的外行和6.5%的法庭文件检验员对一组笔迹错误的认定书写人。这一结果表明,外行人比文件检验员错误地认定笔迹书写人的可能性高6倍。

金博士1998的研究成果——金钱激励研究:这项研究是针对两组的批评而进行的,法庭文件检验员的风险最大,因此有动力在测试中表现最好。根据批评,测试结果不佳将会导致该行业无法在法律领域内存在。金博士对外行人的回应是提供各种货币激励措施,以获得正确的答案,并为不正确的答案扣除一定的金额。变化的金钱激励措施并没有使外行人在成绩方面形成具有统计学意义上的显著差异。外行人员的表现与在前两个测试中的表现保持一致。

金博士2001的研究成果——签名研究:69名法庭文件检验员和50名外行(对照组)参加了该签名鉴定/摹仿检测测试。本研究的结果提供了进一步的文件材料,外行人员比文件检验员更容易鉴定成错误的书写者。例如,结果表明外行人比法庭文件检验员将真实签名鉴定错误的可能性高3.5倍,并声明这是一个摹仿签名。外行人也比文件检验员将摹仿签名识别为真实签名的可能性高13倍。

金博士2003的研究成果——手写印刷体(重新分析金博士1997年的研究,手写印刷体部分):

检查了90名法庭文件检验员和34名外行人(对照组)的结果,以确定法庭文件检验员在鉴别手写印刷体中的表现是否超过了外行人。测试分为两组。第一组只有手写印
389 刷体文件,是由仅包含手写印刷体而无草写体的文件组成。第二组,非手写印刷体文件,包括草写体和手写印刷体,这是在单词中混合草写体和手写印刷体字母。在仅由手写印刷体组成的第一组中,外行人比法庭文件检验员更容易将一套手写印刷体鉴定为错误书写人的可能性高4.35%。外行人比法庭文件检验员将一套非手写印刷体文件鉴定为错误书写人的可能性高7倍。

许多文件检验员参加了能力测试项目。协同测试服务公司是为几个法庭科学提供能力测试的公司。参加能力测试项目为法庭文件检验员提供了特定任务的个人错误率。

五个道伯特要素中的每一个都代表了一门科学可靠性链条中的一个环节。每个要素实际上都会加强剩下的四个要素。例如,在同行评审的期刊中发表的文章,确保相关学界有机会审查工作。文章刊登在通用法庭科学期刊以及专门针对法庭文件检验员出版的期刊上。有些法庭质疑法庭文件检验员专门期刊中发表的文章。文章发表在这类期刊上并不减少其重要性。法庭文件检验员还能在哪发表,在《人物》(*People Magazine*)杂志而不是《新英格兰医学》(*the New England Journal of Medicine*)杂志上发表的药物研究应该能够获得多少信誉?道伯特标准指出同行评审应在相关团体进行,以确保该技术在法庭提出之前已经受到了专业人士的审查,这些专业人士知道和理解该专业知识的方法。将技术的检验、公布的标准、已知的错误率、普遍接受和同行评审联系起来,达到加强道伯特标准的目的:向法庭提交的已经用于检验的方法是合理和可靠的科学。

36.1.2 法庭文件检验员如何符合每一个要素

以前的讨论集中在法庭科学文件检验行业和应用的技术如何符合道伯特标准。尽管道伯特标准解决了技术的可靠性,但法庭文件检验员的证词应该包括一个解释,说明他(她)个人如何满足每个道伯特要素。在确定作为一名法庭科学文件检验专家的个人可靠性时,法庭文件检验员的证词需要一丝不苟。专业认证、参与外部或内部能力测试以及案件工作的同行评审都可以为单个文件检验员的可靠性提供支持。在道伯特听证会上,法庭文件检验员必须牢记,主审法官考虑的事实只是那些通过证词或出示的证据而被获准进入法庭的事实。

为了在道伯特听证会上完成证词,法庭文件检验员的资格应该被详细描述。证词应包括对培训的详细描述,培训则包括作为具有资格的文件检验员的学徒所参加的正式培训、正规教育、讲习班和研讨会。主流法庭文件检验员(也称为奥斯本式文件检验员)认为,对于受训学员来说,与一名有资格的、有经验的文件检验员完成至少 2 年的全日制培训计划至关重要。仅基于函授课程或自学法庭文件检验员参考书目的文献综述并不是可接受的培训途径。必须让主审法官了解在经验丰富的法庭文件检验员的指导下进行正规培训的重要性。如果文件检验员的培训包括研究项目、定期测试或模拟法庭,那么这些培训计划必须包含在证词中。

文件检验员的证词应该包括以下内容:专业组织的会员身份、委员会任职、在法庭文件检验员组织的相关机构任职、出席专业会议的日期、法庭文件检验员提交的论文和研究报告。发表的文章清单也应该是证词的一部分。研究的介绍和研究的出版物是证明该法庭文件检验员参与该领域的证据。参加法庭科学会议和研讨会,包括提交的论文, *390*
都可以证明文件检验员是同行评审过程的双方(研究人员和评审员)。

资格证词应包括有关该名文件检验员是否为受训人员的主要培训师或进修班讲师的信息,应详细说明作为主要培训师或讲师涉及哪些方面的内容。

需要从文件检验员如何符合道伯特要素的角度来讨论发布标准的使用情况。如果他(她)在美国犯罪实验室理事会实验室认可委员会认证的法庭科学实验室工作,应该给出关于必须遵守的政策和程序的证词。证据处理、案件记录、安全性和同行评审是作为认可实验室成员遵循的既定程序。通过描述这些程序,法庭文件检验员让法官知道他(她)在检验过程中的各个方面都在遵循标准或协议。

认证测试是满足道伯特同行评审要素的一种方法。有几家执法机构能够认证自己的文件检验员。在美国,唯一获得认可的独立法庭文件检验认证机构是美国法庭文件检验员委员会。认证究竟是内部认证或美国法庭文件检验员委员会认证来自雇主的需要,证词应包括对认证测试过程的详细描述。

36.2 结论

从本章的内容来看,很明显需要充分准备道伯特听证会。尽管最高法院在其决定中写道:专家不必满足所有五个要素,但有些法院对之前提交的专家证人要求证明他(她)是如何符合每一个要素的。因此,应向主审法官提交证词和文件材料,并向法官描述该领域,所采用的技术和法庭文件检验员是否符合每一个道伯特要素。准备一份文件,其中包含满足每一个道伯特要素所必需的信息,这是在时间上的明智投资。

参考文献

1. *Daubert v. Merrill Dow Pharmaceuticals*, *Inc.*, U. S. Supreme Court, 509 U. S. 579, 1993.

2. Srihari, S. N., Cha, S. H., Arora, H., and Lee, S., Individuality of handwriting, *J. Forensic Sci.*, 47, 856 – 872, 2002.

3. Kam, M., Westein, J., and Conn, R., Proficiency of professional document examiners in
391 writer identification, *J. Forensic Sci.*, 39, 5 – 14, 1994.

4. Kam, M., Fielding, G., and Conn, R., Writer identification by professional document examiners, *J. Forensic Sci.*, 42, 778 – 786, 1997.

5. Kam, M., Fielding, G., and Conn, R., The effect of monetary incentives on document examination by non-professionals, *J. Forensic Sci.*, 43, 1000 – 1004, 1998.

6. Kam, M., Gummadidala, K., Fielding, G., and Conn, R., Signature authentication by forensic document examiners, *J. Forensic Sci.*, 46, 884 – 888, 2001.

7. Kam, M. and Lin, E., Writer identification using handprinted and non-handprinted questioned
392 documents, *J. Forensic Sci.*, 48 (6), 1391 – 1395, 2003.

未经培训的文件检验专家证人 37

简·西曼·凯利

目　次

根据《联邦证据规则》第702条,如果证人在特定专题拥有知识、技能、经验、培训或教育,那么该证人可以作为专家作证。[1]这是法庭的判决要求,不一定符合行业组织或认证机构所持有的资格标准。未经训练的文件专家证人为有资格的法庭文件检验员提供了独特的、有时令人失望的经验。这位未经培训的专家证人不一定是为雇用他(她)的当事人充当辩护人,但却是一名缺乏必要的法庭文件检验培训的证人。由于缺乏法庭文件检验的两年正式培训期,笔迹学家/笔迹分析师、识别欺诈/伪造的侦探、犯罪学家和法庭文件检验专业的批评者都被认为是未经培训的文件检验专家。本章将讨论两组人员之间的差别和进行交叉询问时的调查领域。

37.1 具有资格的法庭文件检验员

与所有职业(包括医生、护士和律师)一样,早期从业人员也是自学成才的。随着法庭文件检验科学的发展,一个正式的培训计划是在有资格的法庭文件检验员的指导下进 393
行学习和培训,这已经成为公认的标准,这个计划在过去60年来一直使用。奥德韦·希尔顿作为美国法庭科学研究院可疑文件部门的创始人,认可了本标准,并将它作为对本部门成员的要求。其他法庭文件组织如美国可疑文件检验员协会、东南法庭文件检验员协会、西南法庭文件检验员协会以及中西部法庭科学家协会的可疑文件部门也要求完成正式的培训计划。美国法庭文件检验员委员会的毕业证书证明他(她)已经在通过认证的法庭文件检验员的指导下完成了为期两年的正式培训计划,取得检验候选人资格。

仅接受基于函授课程或有关法庭文件检验员参考书的文献综述的培训计划是不被接受的学习途径。与经验丰富的检验员并肩工作可以提供相关培训,这些训练可以对可疑材料和已知材料中所观察到的重要特征进行正确解释。除了法庭文件检验员学徒实习外,一个全面的培训计划包括研究众多文章和论文,参加由本部分前面提到的组织发起的讲习班和研讨会。法庭文件检验员的直接证词必须是在对其培训、认证和组织成员资格的讨论中彻底完成。

37.2 笔迹分析师

即使文件检验员和笔迹分析师(graphoanalysts)/笔相学家(graphologists)都会检验笔迹,他们研究的重点和目标也有所不同。过去的文章已经讨论了两个专业之间的主要差异:笔迹分析师,也称为笔相学家,检验笔迹的特征以确定性格特点;法庭文件检验员检验笔迹和签名以认定或排除书写者。除了专门的笔迹鉴定培训外,法庭文件检验员还进行了专门的培训以检验文件的变造,确定印刷方法、书写顺序问题、书写压痕等。[2~5]

有时候,外行人对于笔迹学家和具有资格的法庭文件检验员之间的差异感到困惑,笔迹学家其经历的培训仅仅是笔迹分析。这两个职业在培训、职业会员资格和目标方面差异很大。[2~5]这两者的区别可以通过打个比方来说明,就如同神经外科医生与心脏病专家进行比较。两者都是医生,每个都具有专门的技能,能够诊断和治疗影响身体特定区域(如心脏)的疾病。如果有人心脏病发作,很少有人会认为,心脏病专家而不是神经外科医生应该是治疗医师。

一些笔相学家通过笔相学组织的函授课程来接受培训。他们的个人简历可以列出为其颁发证书或笔相学大师认证的函授学校。国际笔迹分析学会(the International Graphoanalysis Society,IGAS)提供的函授课程专注于笔迹分析,而不是法庭文件检验。一封出自国际笔迹分析学会官员的信件清楚地说明,国际笔迹分析学会提供了为期一周的课程,其中包括对可疑文件行业的概述。国际笔迹分析学会认识到,法庭文件检验是
394 一个单独的领域,有自己的技术和专业要求。根据国际笔迹分析学会的意见,对笔迹分析的研究并不具备法庭文件检验员的资格。[6]

37.3 欺诈/伪造调查员

执法机关或金融机构可能会雇用欺诈或伪造调查员,其职业是调查欺诈性文件。由于他们经常接触到假签名或假笔迹,所以经常怀有错误的假设,即这种经验使他们有资格作为法庭文件检验员作证。执法人员可以参加美国特勤局提供的为期两周的可疑文

件课程。从这次培训回来后，执法人员“开设店铺”并声称是有资格的法庭文件检验员的情况十分常见。在某些情况下，侦查员成为警察部门的法庭文件检验员，因为该机构认为两周的培训是足够的。不幸的是，他们作为该机构专家的委派使人们有理由相信他们所做的检验和结论。几名参加特勤局课程人员对法庭文件检验工作的滥用令该机构的官员发出一封信，说明学校并没进行完整的培训课程。[7]该信件详细说明课程的目标，以及在发送给申请人及其主管的通信中附有额外的免责声明，对该课程的意图提供了明确的评论。特勤局非常清楚，调查人员远非是合格的法庭文件检验专家。

“我不是专家，但是这些笔迹在我看来是一样的”，这样的评论比起任何其他调查员来说，欺诈/伪造调查员说得更多。这个评论与其说是使法庭文件检验员烦恼，不如说是给他（她）一个关于“正确”答案的提示。由于某些欺诈/伪造调查员未能认识到法庭文件检验的复杂性，调查员可能不会寻求法庭文件检验员的帮助，并根据自己的笔迹检验意见对嫌疑人提起诉讼。这个先入为主的观念阻止调查人员认识到自己的局限，以及某些证据所固有的限制。

欺诈或伪造调查员通常是这类案件的主办侦查员。作为调查员，他（她）能够接触到受害者并使嫌疑犯现身。他（她）作为调查员和笔迹专家的双重角色，阻止他（她）成为证据的倡导者。与非专业人员一样，调查员在笔迹或签名中极为注重明显的相似之处，同时忽视或无法认识到细微的不明显特征。最终，由于尚未完成正式的最少两年的培训计划，调查员对文件案件中应用的方法缺乏了解。

37.4　犯罪学家

就像欺诈/伪造调查员一样，犯罪学家有时也被接受为合格的法庭文件检验员，这是因为法庭未能认识到他们在文件检验方面缺乏正式的培训。如果之前提交的专家在预备审查中没有广泛地质疑有关他（她）在文件检验方面的培训，那么作为法庭文件检验员作证的犯罪学家是有问题的。在法庭科学中，在一个具体学科的培训时间不足对某人来
说是不能满足其在相对应科学的其他领域从事检验工作。每个看似相当的学科都是一 395
种复杂的科学，是由其自身的方法论组成的，这些方法论是这个专门知识所独有的。没有适当和具体的培训，法庭文件检验员提供有关枪支或潜在指纹的专家证言是不合适的。对于没有在法庭文件检验领域完成两年正式培训计划的犯罪学家也是如此。每个学科都需要最短的培训时间，以便受训人员能够正确地解释证据。

37.5　法庭文件检验专业的批评者

对法庭文件检验学科的职业批评者是将被讨论的最后一批未经培训的人士。批评者已经在美国法院挑战了几个法庭科学学科，包括文件检验。这些批评者通常来自学术

界——研究领域不是法庭科学的博士们。根据粗略的文献综述,批评者认为法庭科学缺乏可靠性。

一般来说,批评者对法庭学科的术语和检验方法不了解。有限的文献综述导致了狭隘的理解,使批评者得出的结论明显反映出无法在正确的背景下辨别信息。例如,这个小组的成员已经证实,法庭文件检验员无法识别手写印刷体,他们的证词建立在1955年以前出版的书籍和文章的基础上。这时期的文章将手写印刷体描述为一种新的书写风格,从英国传入到美国。虽然在1955年以前没有一篇文章论述手写印刷体缺少可识别的特征,但考虑到手写印刷体在20世纪20年代至40年代是美国书写者采用一种新的书写风格的背景下,这些作品中讨论的一些观点也是可以理解的。在这个历史时期,大多数成年人没有在初级中学学习过手写印刷体,因为它不是一个确定的科目。另外,这些批评者忽略了目前的文献,目前的文献是由许多关于手写印刷体的研究组成,包括某些字体型式的种类特征。当代的研究与他们的立场和主张是相违背的。因此,法庭文件检验员必须将这些研究纳入直接证词或再询问证词中,以便使法官知道法庭文件检验从业者使用的现代方法论不是基于过时的信息,而是有历史进展的持续研究。

37.6 对资格证书的交叉询问

在法庭文件检验中发现缺少恰当的证书只能通过在有资格的法庭文件检验员的协助下进行有力的交叉询问来完成。律师有责任调查任何对方提供专家(proffered expert)简历中的培训、教育、专业组织成员资格、奖励和参考资料。律师应联系行业组织以确保专家是其会员。该法庭文件检验员可以通过了解主流组织的会员要求来提供帮助。

不是所有的认证都是相同的。如果认证被声明,应该联系认证机构以确定认证过程、重新认证要求,以及所列出来的专家是否现在通过该组织拥有认证。如前所述,一些
396 笔迹分析师获得认证作为笔相学大师,这不会使他们被认证为法庭文件检验员。欺诈检验员认证协会(The Association of Certified Fraud Examiners)向参与欺诈/伪造调查人员提供认证。此类特殊认证不会使调查员成为认证的法庭文件检验员。由于有几个组织提供认证,律师的交叉询问应包括要求澄清关于谁颁发认证的问题、检验过程的详细说明、认证机构是否是独立组织(如美国法庭文件检验员委员会),或者是通过专业会员资格组织或政府机构。例如,在互联网上提供了一些认证计划。这样一个计划是在成功完成由道德问题组成的书面测试后提供认证。从这些认证计划中申请其中某个认证的法庭科学家被称为有“支票簿”证书。[8]

律师应该核实专家履历所列出的培训和参考资料,但是这点不能过分强调。有些情况下,一些未经培训的文件专家声称是由奥德韦·希尔顿进行了培训。经常发生这种情况,希尔顿在1996年写了一封信解释说,他从来没有培训任何人,他在研讨会上的演讲不应该被视为一对一的训练。[9]这表明不应该以表面价值来考虑培训和参考资料的列表。

37.7　结论

不幸的是，一些人错误地认为他们可以根据他们识别表面相似性的能力进行文件检验。其他几个学科也面临这个问题。例如，潜在指纹检验员不会听从侦查员的告知，侦查员确信潜在指纹看起来与已知指纹卡上的指纹相同。对法庭文件检验的复杂性缺乏认知导致未经培训的文件检验专家的扩散，这些未经培训的文件专家缺乏必要的培训，认识到他们没有资格就签名或大量笔迹的真实性做出结论。

为了在法庭上揭露未经培训的文件专家，法庭文件检验员应确保律师知道主流组织，包括成员资格要求和认证机构的要求。律师还应该了解笔迹分析和法庭文件检验之间的差别。律师应调查简历上列出的有关培训、参考资料、成员资格和认证等内容，以便揭露那些已经美化其证书或虚假声称进行一对一培训的人员。虽然律师有责任调查专家的证书，但法庭文件检验员应该愿意协助律师进行调查。

文件检验员应该了解那些试图拒绝法庭文件检验员作证的批评者的背景和过去的证词。与所有未经培训的证人一样，批评者激烈的交叉询问将揭示其缺乏适当的资格，他（她）主张将法庭文件检验专业逐出法庭。

所有未经培训的文件专家证人都有一个共同点：缺乏有组织的两年正式培训计划。像道伯特案件一样，这种缺乏培训将会对当代美国法庭造成很大影响。在美国，道伯特
标准和《联邦证据规则》第 702 条要求专家使用经过检验、普遍接受和正确应用的方法。 397
如果提供的专家缺乏培训，对法庭文件检验所使用方法的意义和应用缺乏了解，那么从事法庭文件检验工作将是相当困难的。

参考文献

1. Rules of Evidence (2004). Available at www. law. cornell. edu/rules/fre/rules. htm.

2. Morris, Ron N. (2000). *Forensic Handwriting Identification: Fundamental Concepts and Principles*, Academic Press, San Diego, p. 224.

3. Levinson, Jay (2001). *Questioned Documents: A Lawyer's Handbook*, Academic Press, San Diego, p. 56.

4. Harrison, Wilson R. (1958). *Suspect Documents*, Nelson-Hall Publishers, Chicago, pp. 518 – 519.

5. Hilton, Ordway (1982). *Scientific Examination of Questioned Documents*, Elsevier Science Publishing, New York, p. 5.

6. ABFDE Resource Kit, letter to Brian Lindblom from Corrine A. Lamb, Director, Office of Public Affairs of the International Graphoanalysis Society, November 9, 1995.

7. ABFDE Resource Kit, correspondence from Secret Service Chief Document Examiner John W. Hargett, December 2, 1993.

8. Hansen, M. (2000). *Expertise to Go*. Available at http://www. abanet. org/journal.

9. ABFDE Resource Kit, correspondence from Ordway Hilton to Floyd Whiting, August
13, 1996. 398

38 文件检验员在法庭上的证词

简·西曼·凯利

目　次

文件检验员的证词反映了检验程序的高潮和在具体情况下出具的检验结果。出示提交的证据和审前会议是已经完成的两个任务。本部分前面的章节已经讨论了法庭准备、道伯特听证通告、演示图表和审前会议。本章将重点介绍法庭文件检验员在法官或陪审团面前应该明确阐明的知识,以有效地实现为证据发言的目的。

美国、加拿大、英国和欧盟的法庭制度也会得到讨论。所有自由国家都建立了为其公民提供平等公正的法庭制度。成功交付证词始于对该国审判制度有一个基本的了解。了解司法程序将大大有助于法庭文件检验员作为证据的有效倡导者。

38.1　法庭听证/证词司法程序的相关知识

38.1.1　美国

美国的司法制度由地方、州和联邦法院组成。军事和破产法院被列入联邦法院系
399 统。法庭的证词是在对抗气氛中进行的,即每一起法律纠纷都有两方,即原告方(或起诉人)和辩护方。原告律师和辩护律师各自有责任尽其最大所能代表他们的客户。每个律师都主张他(她)自己的立场。主审法官是确保法律和法庭程序得到正确理解和遵循的裁判。这种对抗法庭制度与法庭科学家的立场相违背。无论哪个学科,法庭科学家的作

用都是作为证据的倡导者。他(她)的证词是反映证据的准确性,无论哪方会得到帮助或受到阻碍。因此,法庭科学家可以预料到在基于对抗程序的法庭管辖权允许下来自对方律师激烈的交叉询问。

《联邦证据规则》是管辖美国法庭诉讼的规则。《联邦证据规则》第 7 条的重点是鉴定意见和专家证词。《联邦证据规则》第 702 条[1]专门针对专家的准入及其证词。这项规定于 2004 年修订,规定如果科学、技术或其他专门知识有助于事实审判者了解证据,则通过知识、技能、经验、培训或教育成为专家的证人可以证明他的意见,证人提供的证词符合以下三个标准:

(1)证词是基于充分的事实;

(2)证词是可靠的原则和方法的产物;

(3)原则和方法已经可靠地应用于案件事实。

第 702 条规则与道伯特要素密切相关。第 702 条规则的目的是确保专家的证词是可靠的,并通过提供陪审团知识库之外的信息来协助陪审团(事实的审判者)。确定证词是否有助于事实的审判者完全在于主审法官。因此,对于法庭文件检验员而言,明确说明他(她)的结论是建立在使用已接受和确定的方法进行客观检验的基础上得出的,这是非常重要的。

38.1.2 加拿大

联邦和省级政府组成加拿大的司法制度。联邦政府任命各省级高等法院的法官。国会设立了加拿大最高法院、联邦法院和税务法院。刑法和刑事诉讼程序由议会授权。[2]

省级政府将法院分为两类:省级法院和高级法院。[2]省级法院审理涉嫌刑事犯罪案件,部分省份的省级法院审理少量金额的民事案件。高级法院由审判法庭和上诉法庭组成。严重的刑事案件和民事案件由审判法庭审理。高级法院的上诉法庭审理从审判法庭上诉的案件。

在莫林上诉案件中(*R vs. Morin*[3]),加拿大最高法院概括出在审判程序中使用法庭专家的一些限制。专家证据的采信必须符合下列标准:[3]

(1)**相关性**是由加拿大最高法院确定的门槛要求。法官将其确定为第一个要求,因为它是一个法律问题。相关性问题是一个复杂的问题,因为法官必须在专家证词的证明 *400*
价值和价值观偏见之间取得平衡。法官担心的是他的决定可能让陪审团更加重视专家的调查结果,从而危及事实调查过程。加拿大最高法院指示审判法官确定如下情况:[4]

a. 证据的证明价值;

b. 通过允许专家作证,误导或混淆陪审团的危险;

c. 实现证据价值与证据不利影响之间的平衡。

(2)**协助事实审判者的必要性**是确定专家证据是否应被采纳的第二个标准。为了达到这一标准,由专家提供给陪审团的信息必须在陪审团的经验和知识之外。

(3)**一名恰当的有资格专家**是通过具体领域的学习或经验获得专业知识的专家。法官是基于专家证人证词的预先审查部分做出了这一决定。

(4)**没有任何排除规则**是最终的标准。审判法官决定证词是否违反任何证据排除规则。如果是,那么专家的证词即使符合其他三个标准也是不能采信的。例如,如果专家证词的唯一目的是提高另一名证人证言的可信性,那么专家的证词是不能采信的。

尽管法院制度是在议会政府内部运作,但是证词仍然出现在对抗的气氛中。截至2004年,加拿大尚未举行道伯特听证会。然而,在法庭文件检验员的证词交叉询问阶段,道伯特式的问题已经被询问。直接证词应包括对所接受方法的解释,以便满足道伯特式的问题,并协助审判法官对法庭文件检验员的专门知识是否会协助事实的审判者作出裁决。

38.1.3 英国、北爱尔兰和威尔士

议会主权制使议会统治所有政府机构,包括君主和法院。立法和司法职能由议会监督。1948年以来,正式陪审团负责审理刑事案件。[5]

在民事案件中,必须先获得法院的许可,才能召集专家或者将其报告纳入证据。民事案件中有关专家证据要求的规则以及专家报告的形式和内容可以在《实践指导:专家和评审者》的补充刑事诉讼规则(Criminal Procedure Rules, CPR)第35部分中找到。[6]在这个补充规则中列出了一个有趣的要求,它指出专家有责任帮助法庭处理自己专业范围内的事项。这个要求继续说明这一义务是至关重要的,并且不顾专家对给其指示者和支付其薪酬者的任何义务。[6]这一要求肯定与美国和加拿大的司法制度相违背。

主审法官决定专家意见的证词是否超出法官或陪审团的经验或知识。如果这些信
401 息在其知识范围内,专家很可能将不被允许作证。[7]

38.1.4 欧盟

1992年《欧洲联盟条约》正式签署。其目的是承认个人权利是共同体法律的基本原则。欧盟的成员国有27个法律体系(被称为成员国的国家)。这项条约的目的是为刑事诉讼中的嫌疑人制定程序保障。[8]除了英国和爱尔兰外,奥地利、比利时、塞浦路斯、捷克共和国、丹麦、爱沙尼亚、芬兰、法国、德国、希腊、匈牙利、意大利、拉脱维亚、立陶宛、卢森堡、马耳他、荷兰、波兰、葡萄牙、斯洛伐克、斯洛维尼亚、西班牙和瑞典都是成员国。

即使成员国统一制定司法程序标准,但所使用的专家证词也各不相同。在一些国家,像奥地利、丹麦、爱沙尼亚和马耳他,法院任命专家证人。在芬兰、法国、意大利和波兰,专家和雇用方之间的沟通是被告才有的特权。如果雇用方是检察机关或法院,其余成员国不承认特权通信,因此,所有通信都需要被公开。[9]

对加拿大、英国和欧盟的专家规则的讨论不够深入。在此简要概述的目的是强调理解需要提供专家证言的司法制度的重要性。知道什么是允许的,什么是不允许的,将确

保法庭文件检验员能够根据特定法院的要求提供他(她)的证词。

38.2　直接证词

进入法庭后,文件检验员将被要求举起他(她)的右手宣誓讲实话。一旦坐下来,雇用法庭文件检验员提供法律服务的律师将通过详细询问他(她)的证书问题来开始证词阶段。询问的最初阶段被称为预先审查。反方可以明确要求提供法庭文件检验员的资格。正在进行预先审查的律师同意接受要求或告诉主审法官他(她)很愿意法官或陪审团听审专家资格。由提问引出有关法庭文件检验员的学术教育,具体到法庭文件检验的培训、认可组织的会员资格、在这些组织中担任的职务、研究报告或出版物以及继续教育或培训的信息都在己方预先审查的证词中进行讨论。如果文件检验员已通过认证,证词应包括测试过程的详细说明,还有重新认证的要求。一旦己方预先审查结束,对方的律师就可以选择对法庭文件检验员进行交叉审查,或者选择不质疑其资格。一旦法庭接受该名法庭文件检验员有资格在法官或陪审团面前作为法庭文件检验员作证,则将接受其直接证词。

法庭文件检验员的证词应该始终遵循 WYSIWYM(what you say is what you mean,你所说的是你的意思)规则。一个聪明的诉讼律师可能会试图说服文件检验员修改其在证据或证书中的陈述,以避免辩护律师认为是弱点。语言变化或确定性程度的变化不仅仅影响证据的准确性,而且还可能影响法官或陪审团对法庭文件检验员诚实的看法。例如,一份报告或证词表述“检验结果无法确定”可能会对起诉方造成一定程度的损害,但 402
有利于刑事审判中的辩护方。“我无法排除琼斯先生的嫌疑”是另一种表示检验结果不确定的方式。由于第二份声明强调无法排除琼斯先生,现在的证词则意味着法庭文件检验员正在出具一定程度的认定结论,而不是中立的结论。另一个例子是在预先审查中消除限定词。例如,法庭文件检验员作证,“我在联邦调查局学院参加了为期 2 周的文件检验学习。(I have attended the 2 - week document examination school at the FBI Academy.)”这个说法有一个限定词:培训是两周的时间。一些律师认为培训的时间减少了训练的重要性。他们可能会鼓励法庭文件检验员说:“我在联邦调查局学院参加了文件检验学习。(I have attended the document examination school at the FBI Training Academy.)”后者的说法听起来比第一个更令人印象深刻。但是,如果在交叉询问期间,法庭文件检验员被问及联邦调查局培训班的长度,他(她)已经给陪审团不相信其余证词的理由,因为省略了培训班的长短。

直接证词的焦点集中在检验过程和报告中出具的结论。一般来说,关于检验方法和出具结论的证词是直截了当的。但是,有些情况下,检验会导致了无法确定或有保留的意见。相同点和差异点参差不齐,导致有保留或有局限的结论,其意义必须是由法庭文件检验员在其直接证词中向法官或陪审团解释清楚。局限可能是由于以下原因造成的:

可疑内容的形成条件,如有争议的签名是真实签名套摹形成的,或由于可比的已知样本数量不足妨碍得出一个明确的结论。无论是什么限制,法庭文件检验员都必须阐明其原因,并解释有保留的结论意味着什么。通过花时间详细论证专家证词,讨论导致出具不太明确结论的优势和劣势,法庭文件检验员正在履行其作为证据倡导者的角色。

在直接证词中,律师要求文件检验员鉴别已被提交至法院作为出示证据的文件。法庭文件检验员应该花时间研究每一个出示的证据,以确定是否为提交检验的文件之一。仔细审查每一份文件将允许法庭文件检验员鉴别任何未提交检验的文件,但这些文件已被列入(有意或无意)到出示的证据组中。文件检验员应该毫不犹豫地说明一份出示的证据看起来不太熟悉。

鉴定同一与排除嫌疑的基本前提和得出结论所使用的方法是直接证词的重要部分。例如,关于一起笔迹案例的证词应包括通过解释这个学科的两个主要前提:没有两个人的笔迹完全一样,没有人书写相同的字母两次完全一样来说明为什么笔迹是可以鉴别的。尽管主要的前提对于经验丰富的法庭文件检验员来说是基础,但直接证词应该解释法庭文件检验的基础,因为这些信息已经超出了事实审判者的预期知识。一旦建立了基础,直接证词就会将焦点缩小到与法庭审理案件相关的检验和结论上。

使用演示图表是直接证词的必不可少的组成部分。在法院出庭之前,法庭文件检验员必须确保他(她)选择的媒体演示可以在指定的审判室使用,例如,PowerPoint、艾路摩视频展示台(ELMO)、幻灯片投影仪或放大的图表。如果法庭不能容纳 PowerPoint 或幻灯片演示,则放大的图表可能是唯一的选项。无论演示的图表如何呈现,示例必须能够
403 准确反映原始证据。如果出示的证据包含任何经过增强技术处理的细节,法庭文件检验员应该在使用出示的证据时说明这一点。演示的证据显示其未经增强的图像状态可能是明智的,然后伴随着为增强内容而对所采取步骤的解释增强所出示的证据。法庭文件检验员应该说明,增强只会增加图像的清晰度,并且它不会用来作为改变证据的工具。例如,在检验的页面上发现多个书写压痕,通过在图像处理软件中使用自动调整设置来提高这些压痕的可读性是有利的。所得到的图像将更清晰,法官或陪审团更容易理解。如何提高书写压痕可见性的解释应该伴随着图表的演示。

法庭文件检验员的直接证词结束后,接下来开始进行交叉询问。对方律师对文件检验员直接证词中所讨论的任何信息提出质疑时,都有很大的自由。在证词的各个阶段,法庭文件检验员必须仔细听取问题以便完整回答。对方律师最喜欢的方法是坚持要求法庭文件检验员只能对他(她)提出的问题回答是或否。如果这个问题不能用这种答案诚实地回答,文件检验员需要告诉法庭,需要一个叙述性的答复。在美国法院采用道伯特标准之前,一个字的回答策略被成功地使用,因为主审法官要求证人以对方律师所指导的方式回答这个问题。道伯特时代一个字回答的策略几乎全部失效,因为主审法官知道专家证人必须证实更多的信息。如果出现这样的情况,专家本方的律师应要求对方给出在交叉询问中提出这样问题的解释。通过要求进一步阐述,再询问的证词将为法官或

陪审团的信息提供准确的解释。交叉询问可以持续几分钟或几天。在准备法庭证词时，应预料到冗长的交叉询问。投入时间回顾工作记录，演示在法庭上出示的证据和基础的信息将给法庭文件检验员提供所需要的信心来忍受证词过程中的直接证词部分和交叉询问部分。

从聘请的律师那里提出的再询问证词是证词过程的最后阶段。值得注意的是，对方律师将有机会对证词的再询问阶段中所讨论的任何信息对法庭文件检验员进行交叉询问。再询问的问题仅限于交叉询问期间讨论的信息。一般来说，再询问的证词用于澄清在交叉询问期间法庭文件检验员被询问的问题。这为法庭文件检验员提供了一个机会能够对交叉询问阶段被提问的问题进行更加完整的阐述。

38.3 结论

直接证词是文件检验员的机会，能够作为证据的倡导者发言。准备工作包括回顾法庭科学文件检验的基本原理、案件工作记录和报告。法庭文件检验员还应该花些时间熟悉法庭程序。这尤其重要，特别是如果法庭文件检验员在他(她)很少作证的司法领域作证，或者在他(她)以前从未作证过的法官面前作证。美化的证词或暗示的东西实际上不仅仅是产生了不服从正义的污点证词。虽然法庭文件检验员必须在对抗气氛中作证，但 404
传播的是科学家代表证据的客观立场，既不是代表原告方也不是代表辩护方，向事实审判者提供所需要的信息以便其作出公正的判决。

参考文献

1. Federal Rules of Evidence, LII 2004 ed.

2. Canada Department of Justice government website, http://www.canada.justice.gc.ca.

3. *R v. Morin*, 89 C. C. C (3d) 402 at p. 411, 114 D. L. R. (4th) 419 (S. C. C.), 1994.

4. Chayko, G. M. and Gulliver, E. D., Forensic evidence in Canada, in*Canada Law Book*, Aurora, Ontario, 1999.

5. Wikipedia, the Free Encyclopedia, Parliament of the United Kingdom, http://wikipedia.org/wiki/Parliament_of_the_United_Kingdom.

6. Department for Constitutional Affairs, Civil Procedure Rules, *Practice Direction: Experts and Assessors* (this Practice Direction supplements CPR Part 35).

7. Radley, R., E-mail correspondence, 2005.

8. Treaty on the European Union, February 7, 1992.

9. Law Society of England and Wales, Study of the laws of evidence in criminal proceedings throughout the European Union, 2004, www.lawsociety.org.uk. 405

彩图部分

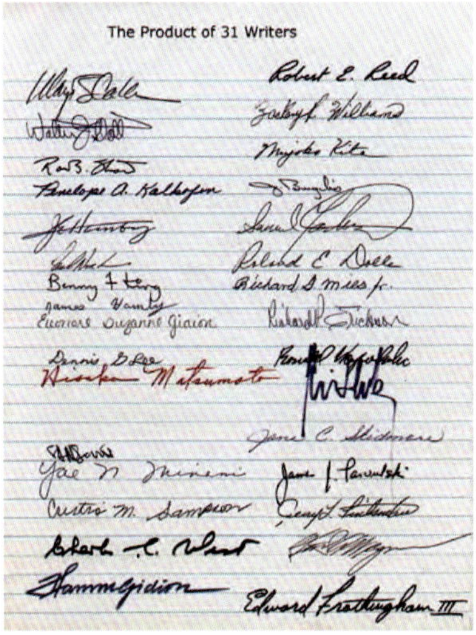

图 9.12　在经过反复练习的情况下，某人复制其他 31 个人的签名

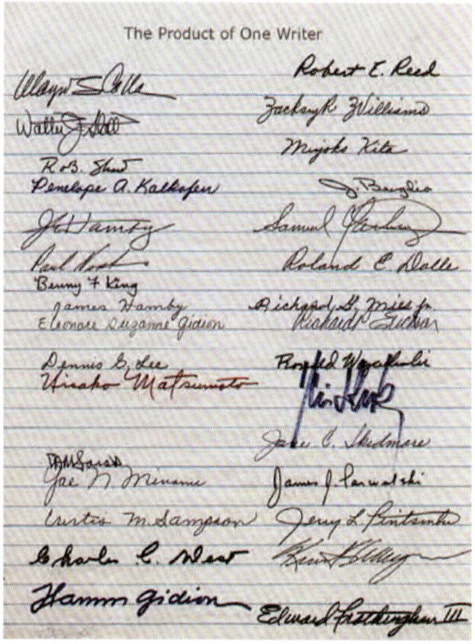

图 9.13　在没有大量的学习或练习的情况下，某人复制其他 31 个人的签名

注：图 9.12 和图 9.13 上面两图显示了一个人复制其他 31 个人签名方面的技能。伪造者具有非常好的手眼协调能力并且很注意细节。他的伪造无疑会随着不断练习而得到明显改善。这个证据展示了需要考虑的要点，其中最重要的是需要多个已知签名的样本，线条特征的重要性和特定书写工具对签名外观可能产生的影响，以及它们在评断过程中所创造的困难。

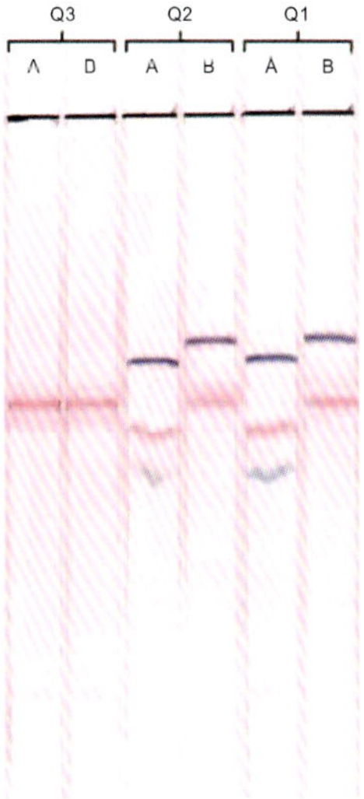

注：借助于薄层色谱，在这个检验层次上可以区分至少三种墨水。Q1 和 Q2 使用两种墨水进行了签名，而 Q3 上的签名则使用不同的第三种墨水。

图 13.8　由两位书写者（A 和 B）书写各种签名所使用的墨水样本无法用肉眼、显微镜或通过使用滤光器进行区分

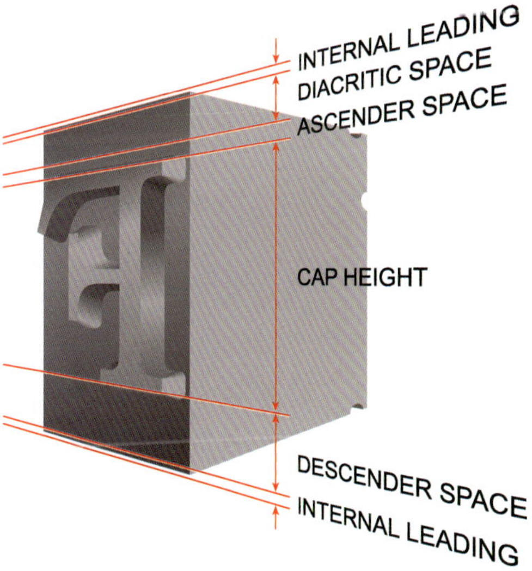

图 14.8　如果字符具有发音符号，那么 100 磅的字体在垂直高度上进行测量实际会超过 100 磅

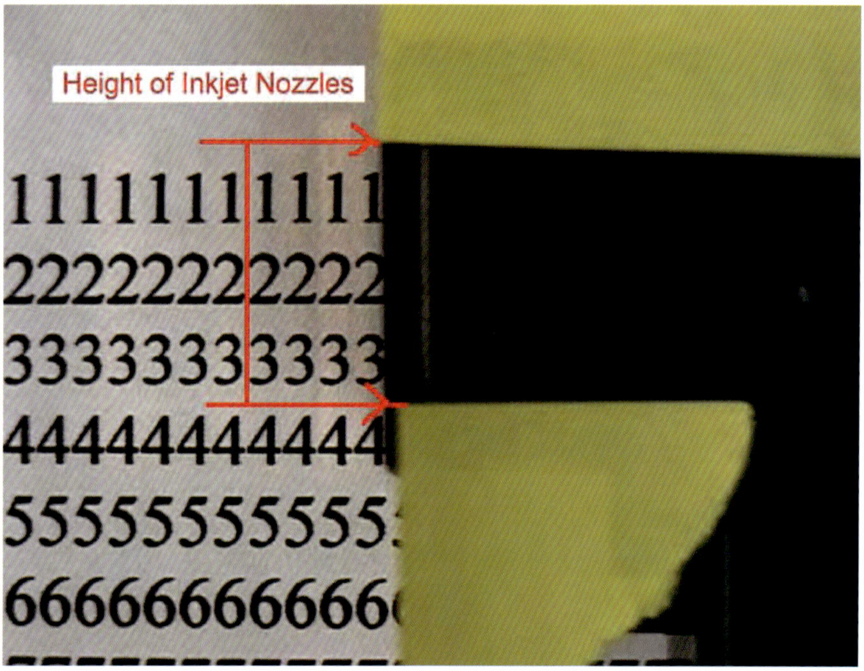

注:在图中,黄色胶带用来标记惠普喷墨打印机黑色墨盒最上面和最下面的喷嘴。10 磅新罗马体数字向左侧打印三行,然后以重复的方式向右打印三行。

图 16.2 喷嘴阵列的垂直尺寸决定了一次可以打印多少行

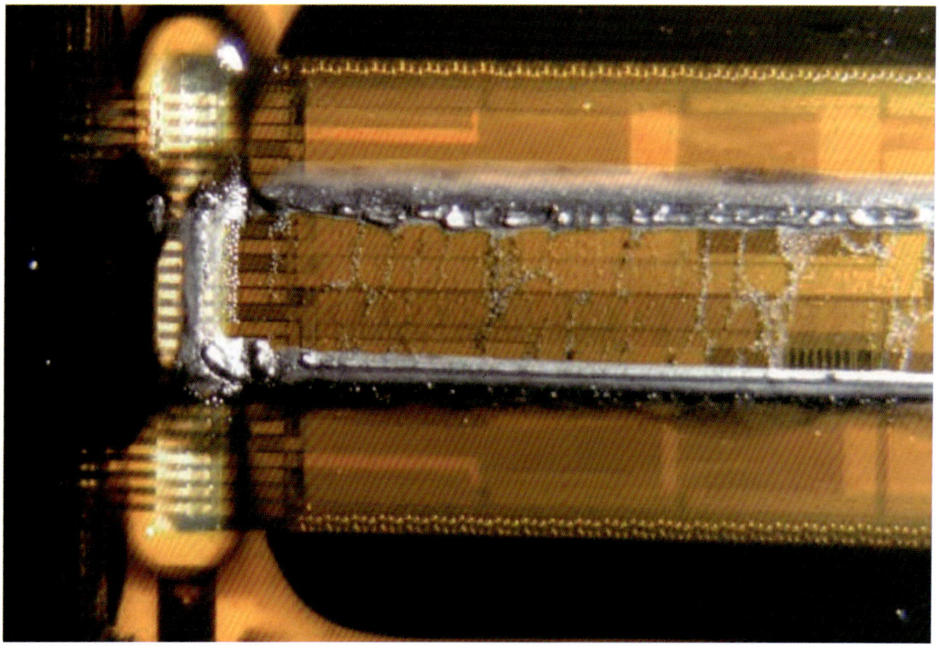

图 16.3 现代喷墨打印头阵列的显微照片

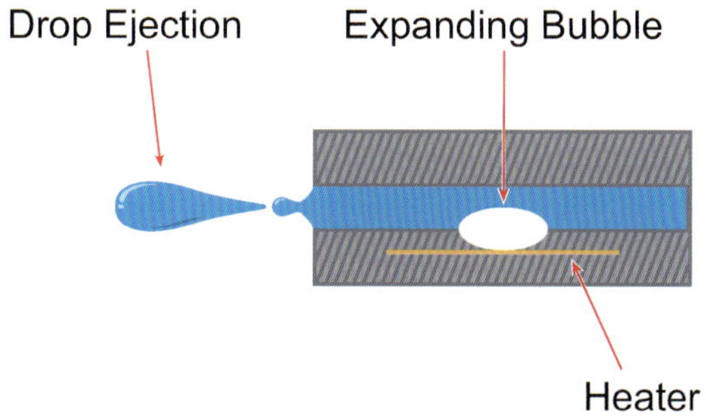

图 16.4　热按需喷墨机构的示意图

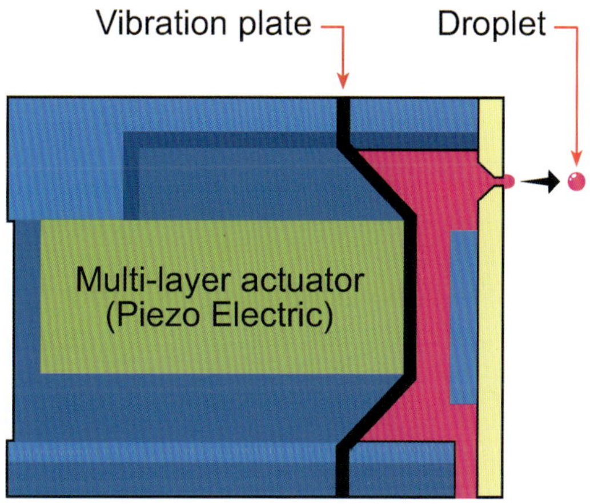

图 16.5　压电喷墨机构示意图

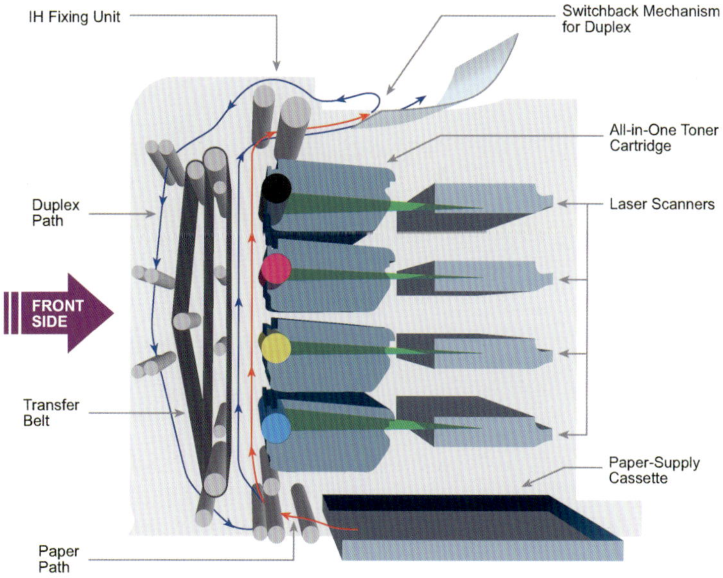

图 16.7　佳能四色激光打印机示意图，排成直线的垂直打印引擎

图 16.8　热蜡打印机的剖面图

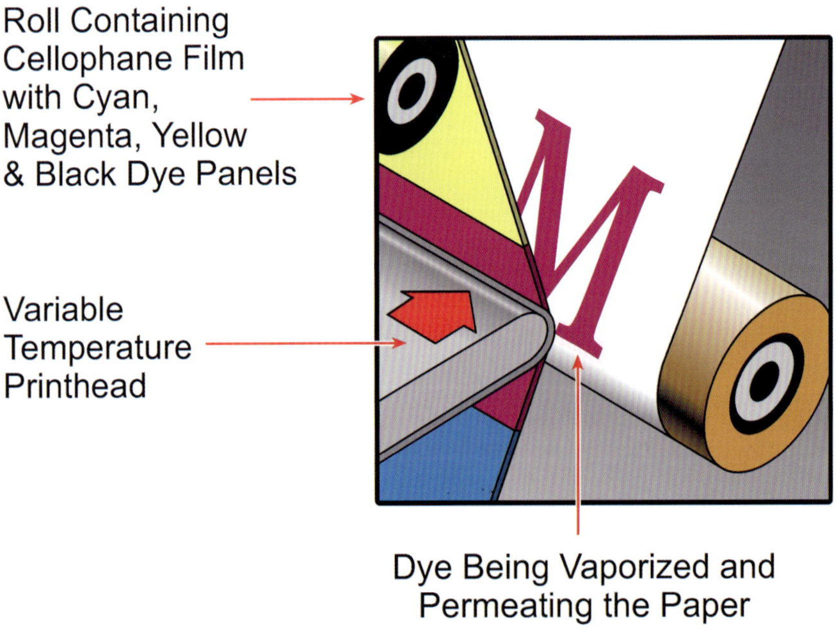

图 16.9　染料升华打印装置

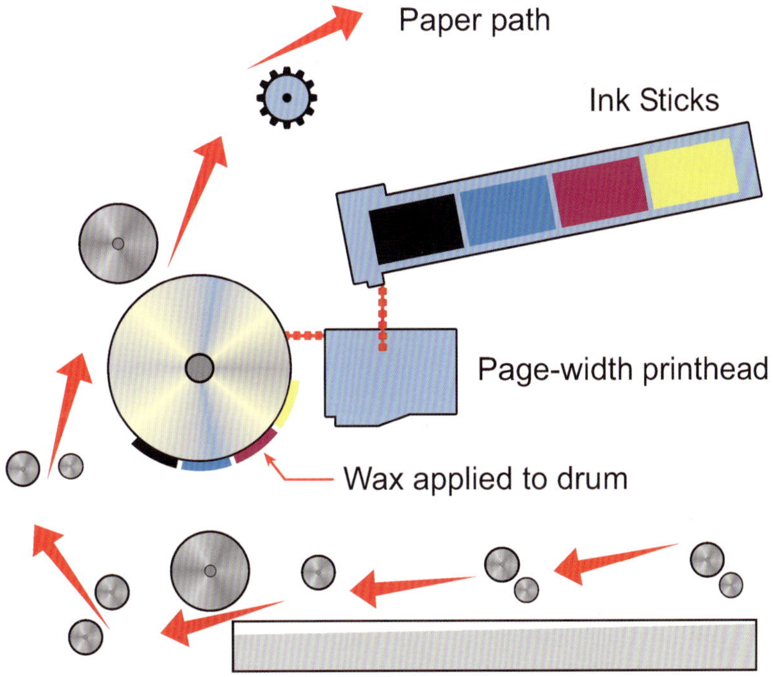

图 16.11　Xerox 8400 干墨棒式打印机的示意图

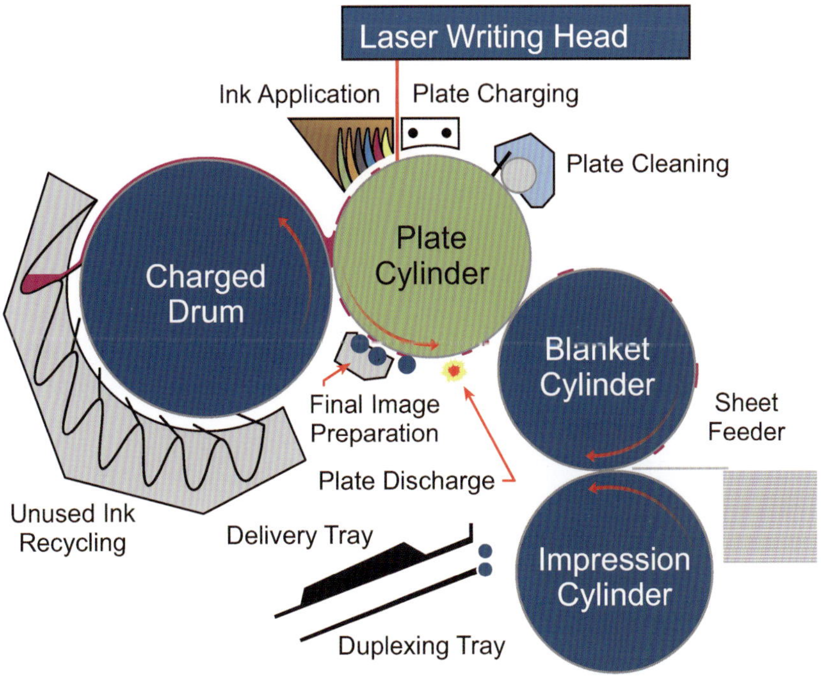

图 16.12　数字胶印机图示

(a)

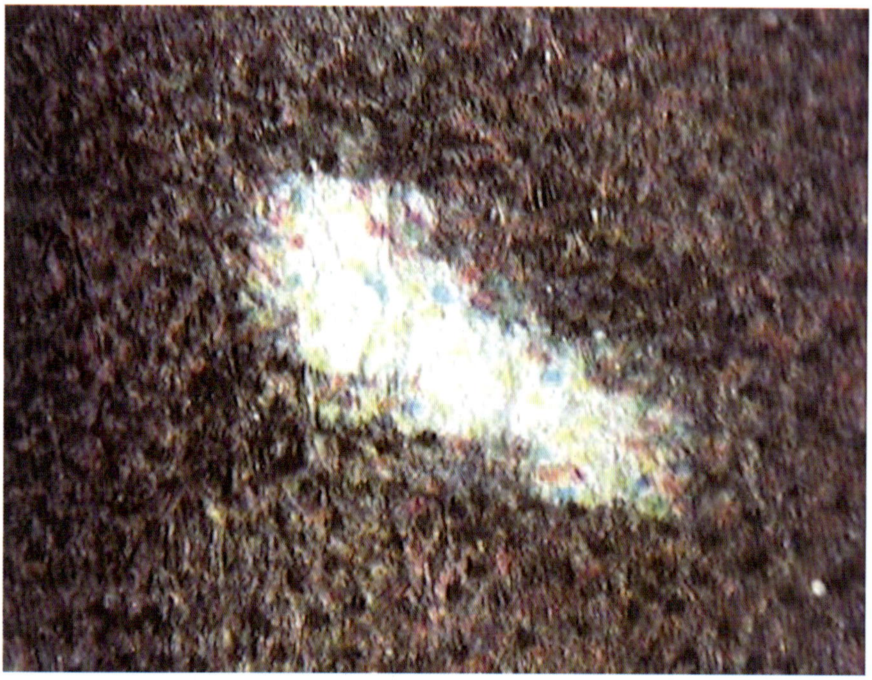

(b)

(a)喷墨打印样品,打印头向左移动;(b)该图像显示与喷墨打印彩色图像有关的典型的四色(青色、黄色、品红色和黑色)抖动图案。

图 16.17　出现在字符一侧的卫星墨滴是喷墨打印机的典型标志,可用于确定打印头行进的方向

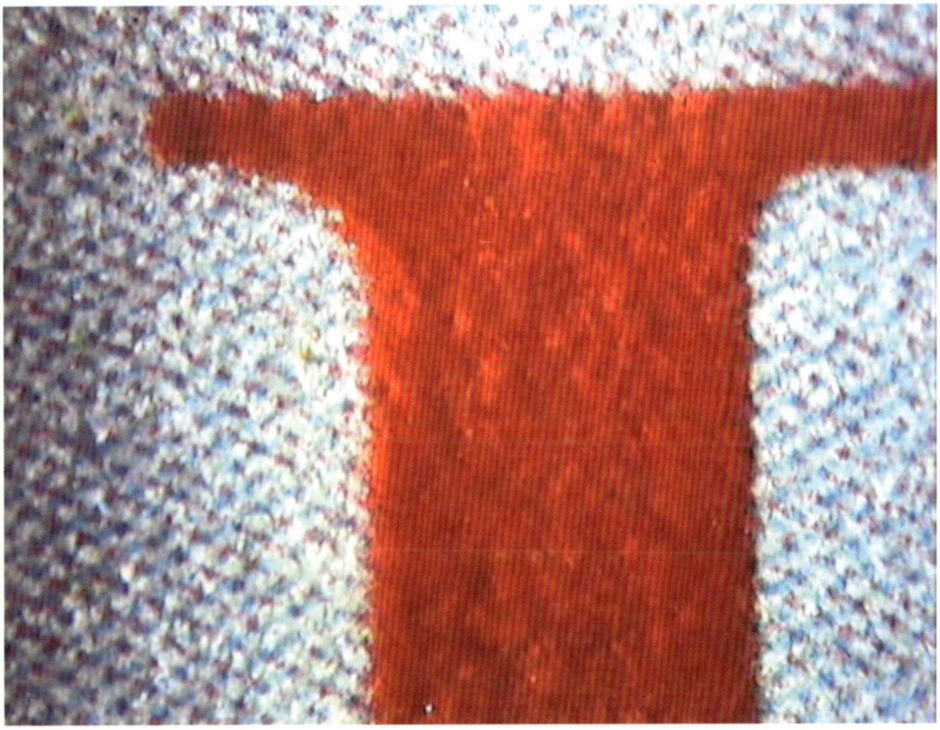

图 16.19 四色(CMYK)激光打印样品

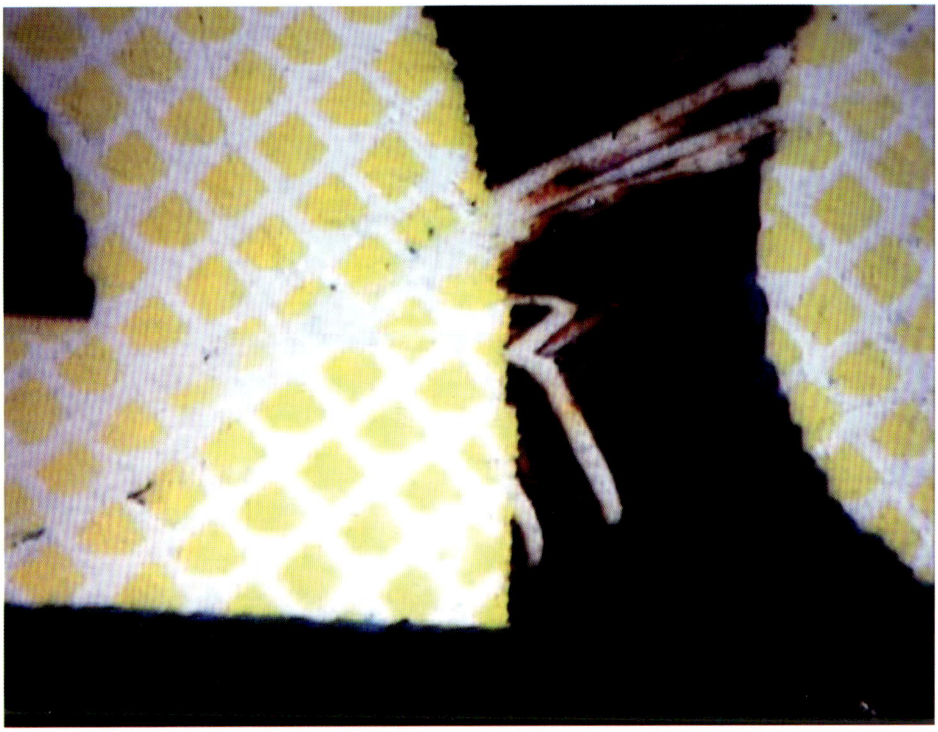

注：请注意，蜡质材料可以用锋利的物体容易地去除。

图 16.20 热蜡打印机的样品

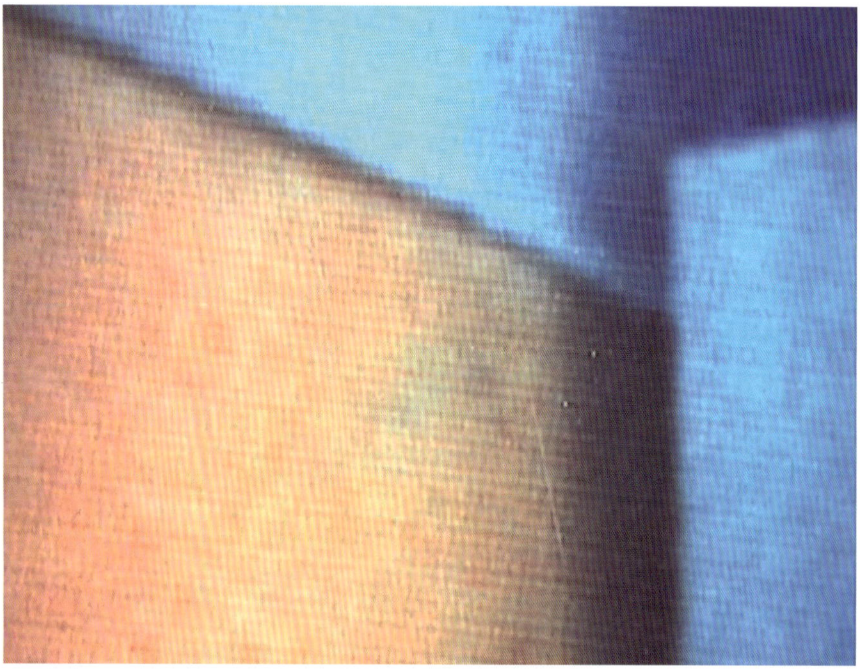

注:这个图像不是调焦不准。将染料作为气体转印到纸上,从而在高倍放大镜下产生典型的模糊图像。

图 16.21 染料升华打印机的样品输出

注:来自固体油墨打印机的 CYMK 墨滴喷到转印鼓后被压印到纸张中。在旧机型中,这些墨滴沿着鼓旋转轴呈泪珠状或椭圆形。据悉,较新的型号现在可以产生更圆润的墨滴。

图 16.23 固体墨棒式打印机输出的显微照片

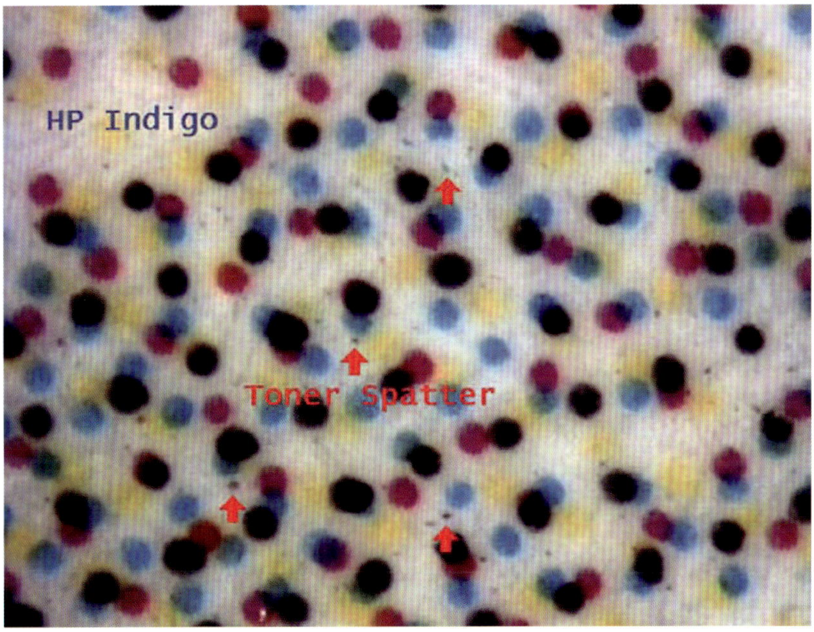

图 **17.2** 这里显示的是 **HP Indigo** 打印机的半色调图像，
可以观察在半色调线之间溅出的微小墨粉颗粒

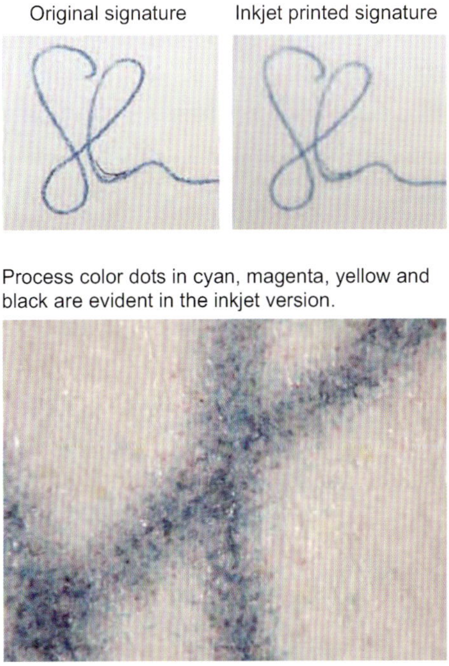

图 **19.1** 当文件作为原件提交时，应对其进行显微镜检验，以确定是否存在实际墨线或是否存在复制迹象

注：你可能也会发现微量物证或附着在订书钉上的血迹。

图 **22.3** 文件的剩余部分，该文件已经从一套装订文件中移除

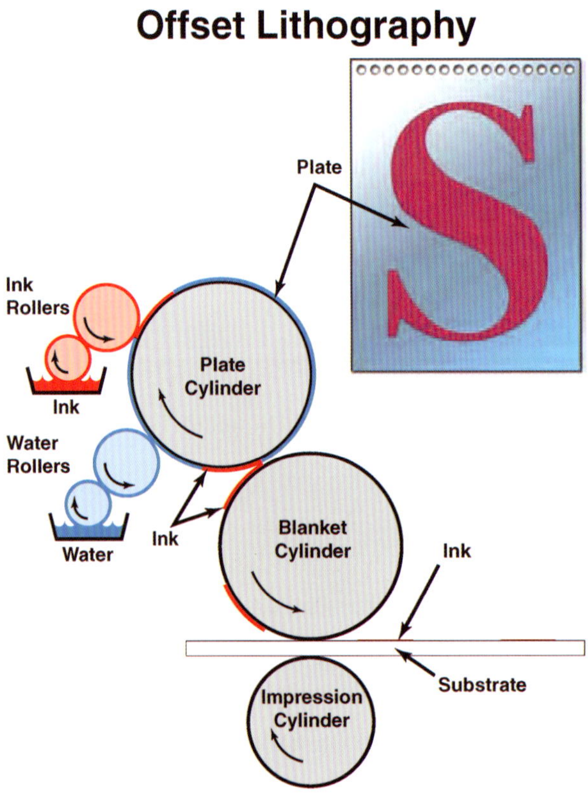

图 23.1 平版胶印印刷方法的图示

注:注意清晰的线条,平淡的印迹。

图 23.2 单色胶印

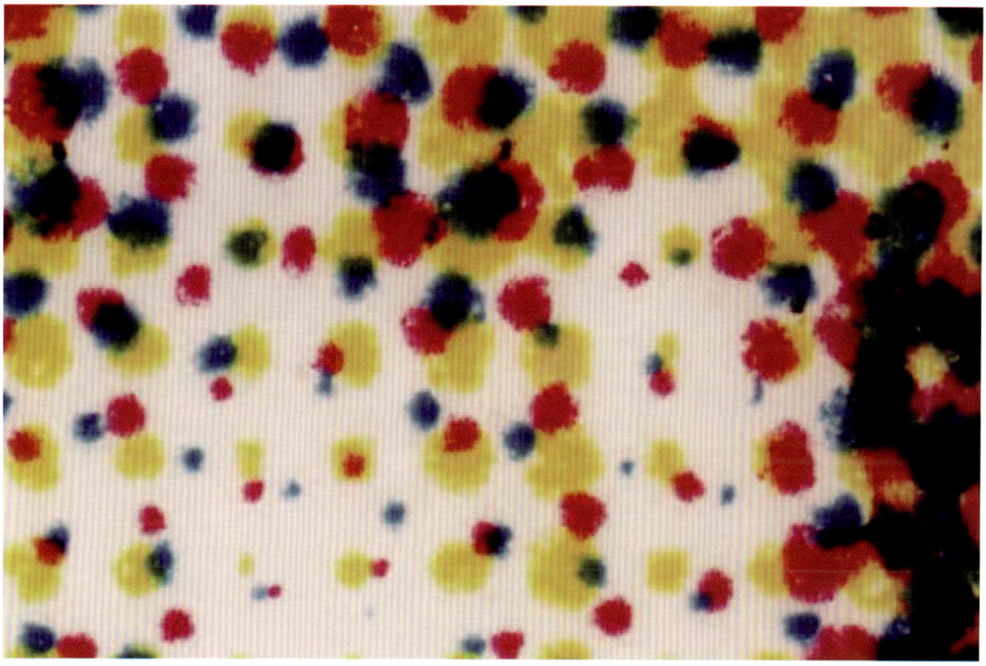

注：请注意使用半色调网屏来改变点的大小和点阵图案的高度有组织性。

图 23.3　四色胶版印刷

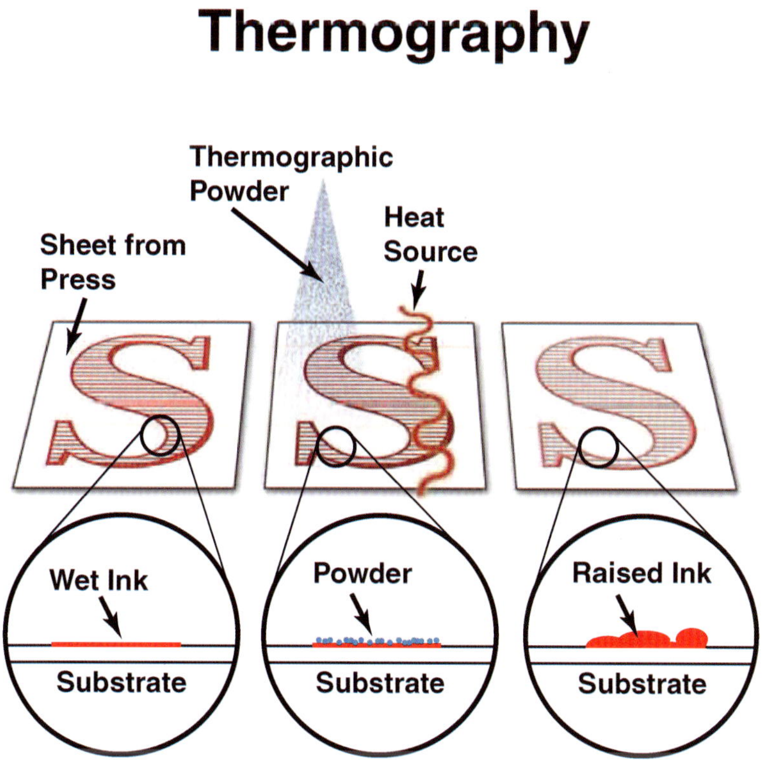

图 23.4　热熔印刷图示

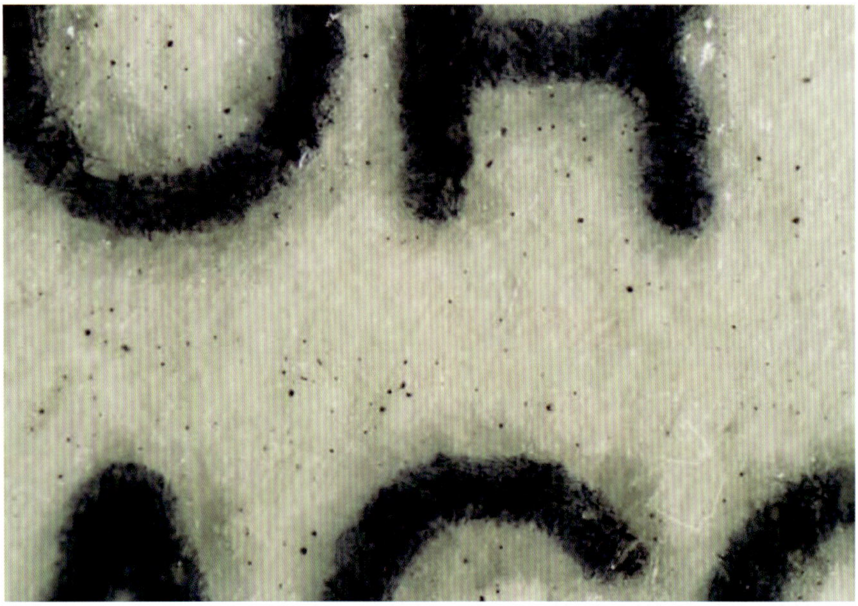

图 23.5 注意热熔树脂中存在一些气泡

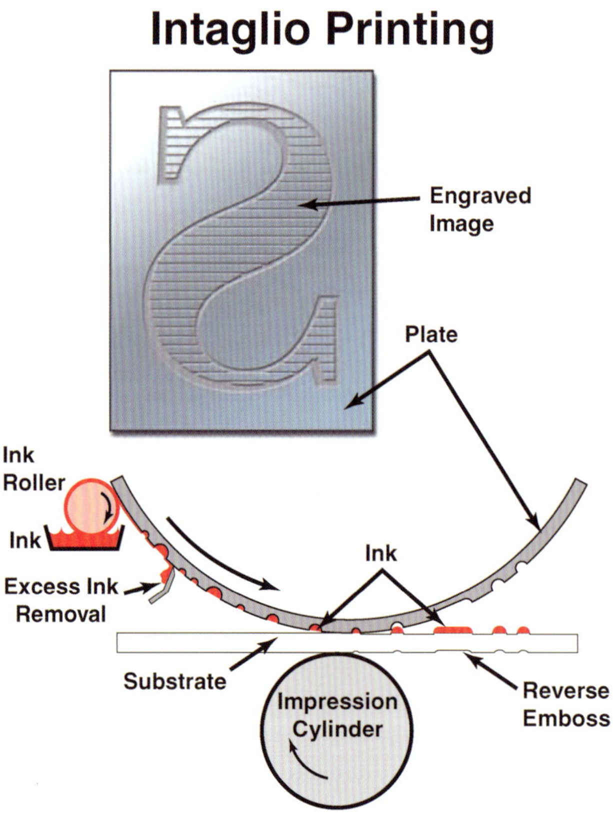

图 23.6 凹版印刷的图示

图 23.7 注意凹版印刷中油墨的厚度和特殊的羽化现象

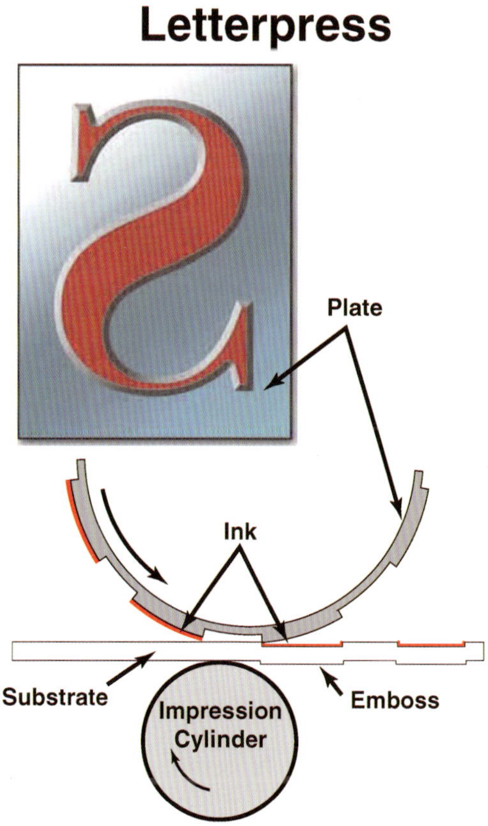

图 23.8 凸版印刷的图示

图 23.9　注意凸版印刷中笔画边缘周围的墨水光环以及字母周围的轻微凸起

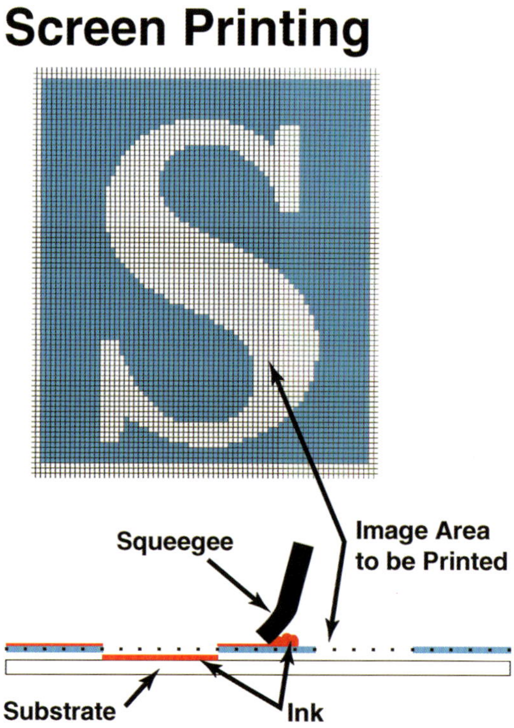

图 23.10　丝网印刷的图示

图 23.11　注意丝网印刷中印刷区域边缘的锯齿状外观

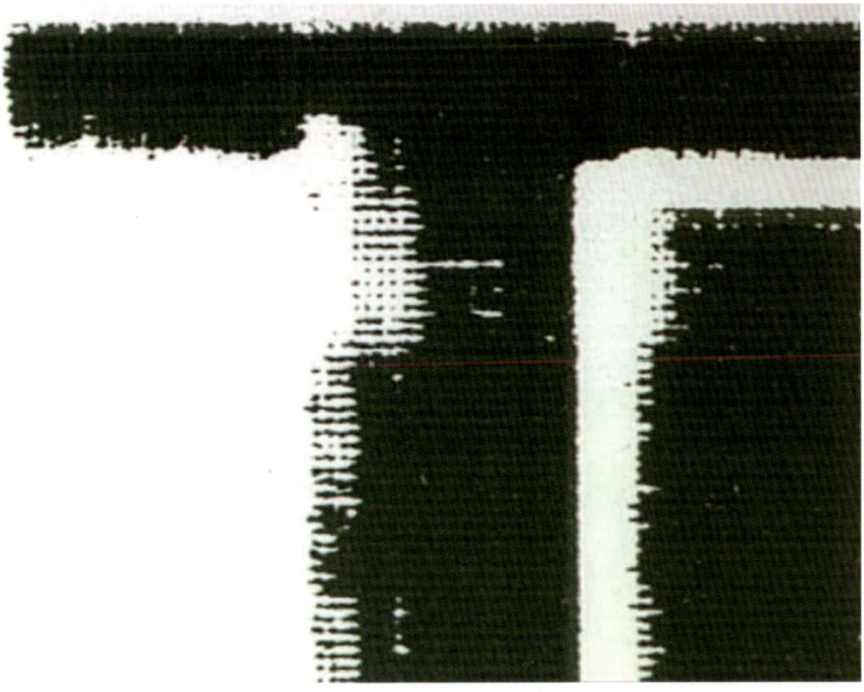

图 23.12　在丝网印刷中，丝网的外观在这些图像中是很明显的

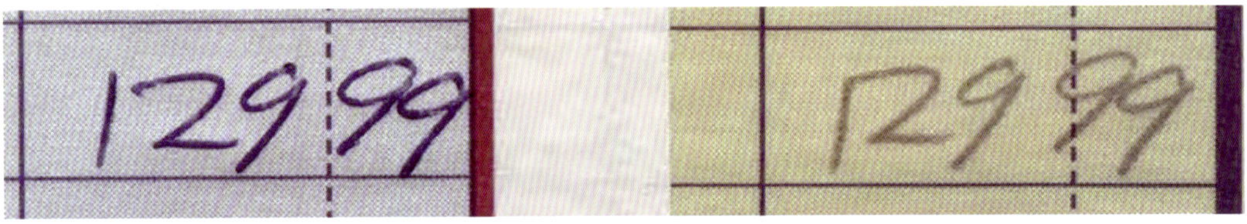

注:此发票表格有三份不同颜色的副本。通常上面的副本是白色的,中间的副本是黄色的,底下的副本是粉红色的。但是,此标准不一定总是适用。

图 25.1　典型的无碳复写纸文件

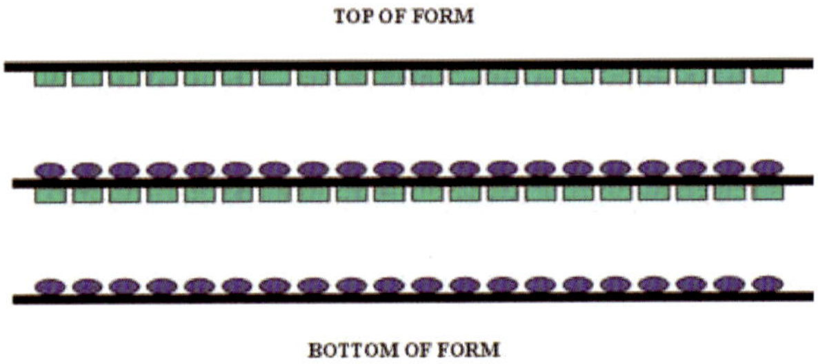

图 25.2　由无色染料微胶囊(矩形)和无色共反应物(椭圆形)组成无碳复写纸的化学配制体系

注:黄页上的对齐变化为这种改变提供了证据。

图 25.4　在复写纸各页分开并重新放好之后加入数字 1

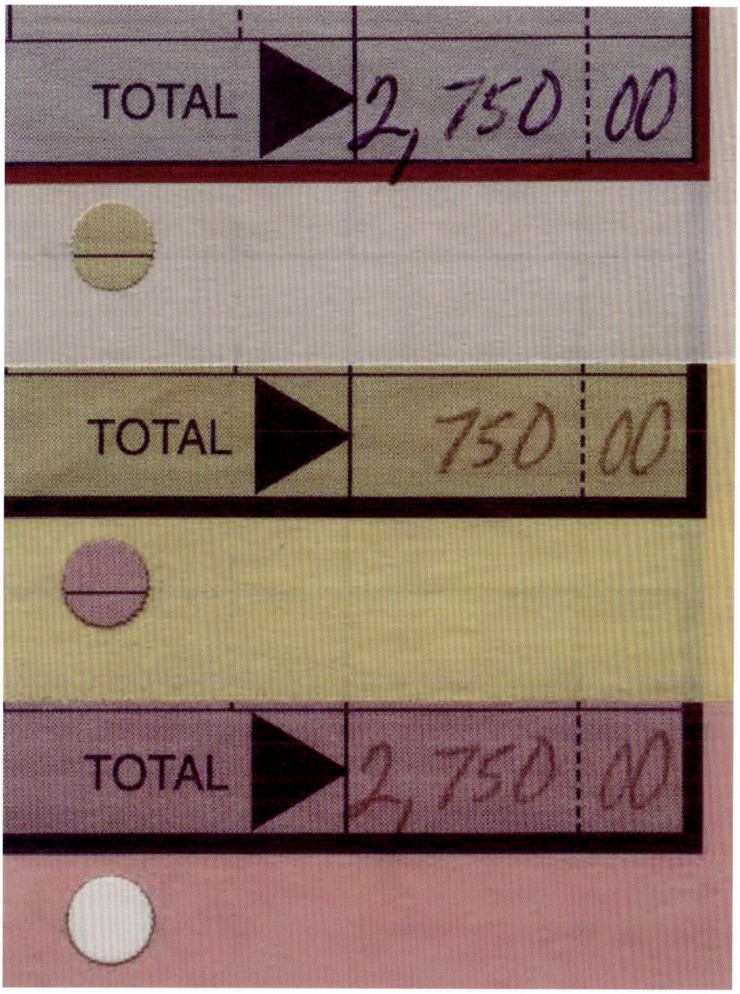

注:当发现底联(粉红色)与黄联"总计"条目中的数字不同而与白联相同时,客户对发票受到变造的投诉获得支持。商店声称有物体无意中挤入到表单中并不受物证支持,因为任何干扰微胶囊破裂所需压力的物体都会对所有后续页面产生影响。

图 25.5 有争议发票的底联(粉红色)被发现与黄联"总计"条目中的数字存在重大差异,但与白联(顶部)相同

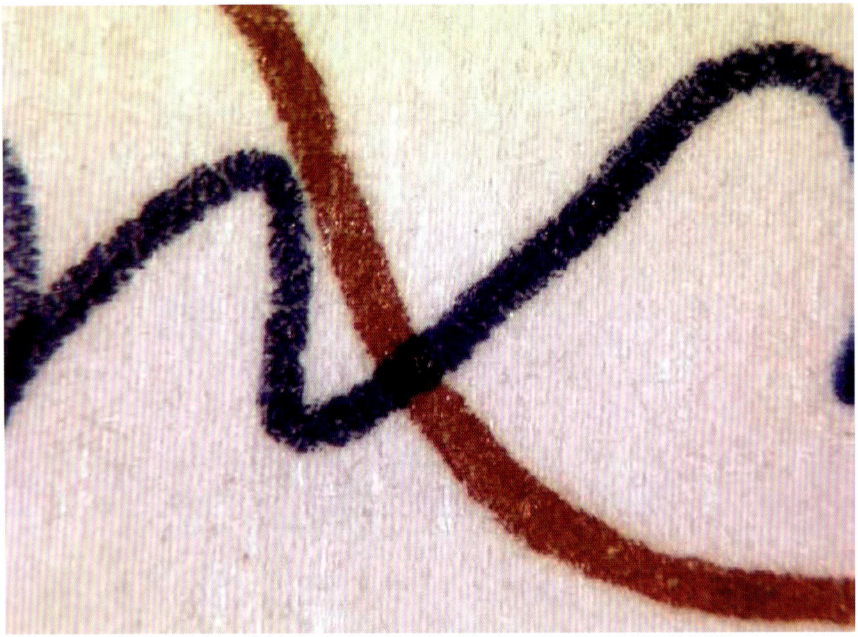

注:蓝色墨水似乎在上面,实际上最后写下的是红色墨水。

图 27.8 在较深和较浅墨水的交点处产生视觉错觉

注:在红色液体墨水与印刷的 t 相交处,在左侧观察到反射光谱。这表明红色墨水位于墨粉的顶部。相反的是在 n 的拱部和斜的红线交叉处看到的结果正相反,在那里没有反射光谱,得出墨水在墨粉下面的结论。

图 27.10 液体墨水与墨粉线相交

(1)

(2)

(1)图像在正常照明条件下制备；

(2)画面显示的是在红外荧光下的反应。原来的金额为＄12.00，上升后的金额为＄1200.00。覆盖的部分发光，而红色墨水书写的原来金额是吸收光的。注意，原来的字迹只能在与发荧光的黑色液体墨水字迹相交的位置才可见。

图 27.15　支票上数量的两个视图

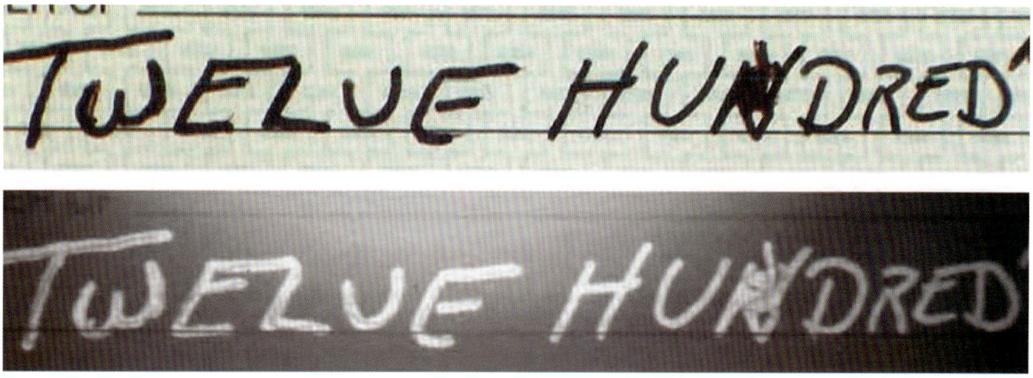

注：与数字一样，黑色液体墨水是发荧光的，而下面的红色墨水是吸收光的。在单词 HUNDRED 中，没有迹象表明有吸收光的红色墨水，只有在 TWELVE 中有。

图 27.16　与图 27.15 中的支票相同，显示的是手写的数额

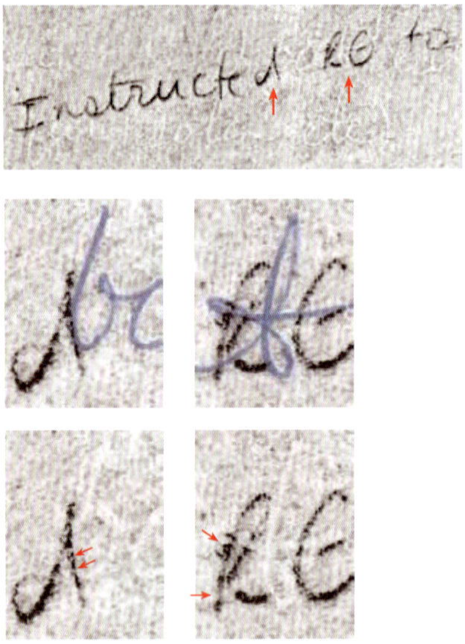

(1)说明了在测试页面上的书写压痕与可见笔迹的负片图像的交集。箭头表明这两个区域在下面的图中放大;

(2)和(3)透明正片已经被测试的页面对准,显示出可见的笔迹和书写压痕重叠的位置。每个交点处的完整墨水线使这些位置适合于解释先后书写顺序;

(4)和(5)显示了一些由箭头指出的点,紧密相连的压痕线(黑色)冲断可见笔迹的负像(清晰)。

图 29.3　因为压痕线是连续的,所以先写的笔迹,后形成的书写压痕

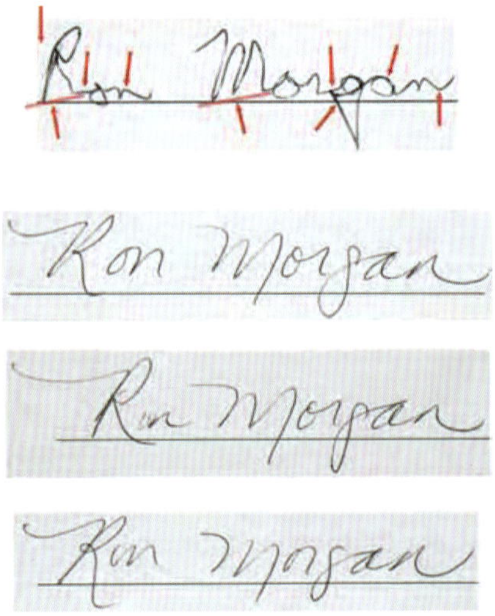

注:他提供了大量业务过程中的签名。该图显示了在可疑签名下的三个真实签名。用末端箭头来标识的字母指的是在报告中存在一些明显差异的文本。

图 34.1　摩根否认合同上的签名

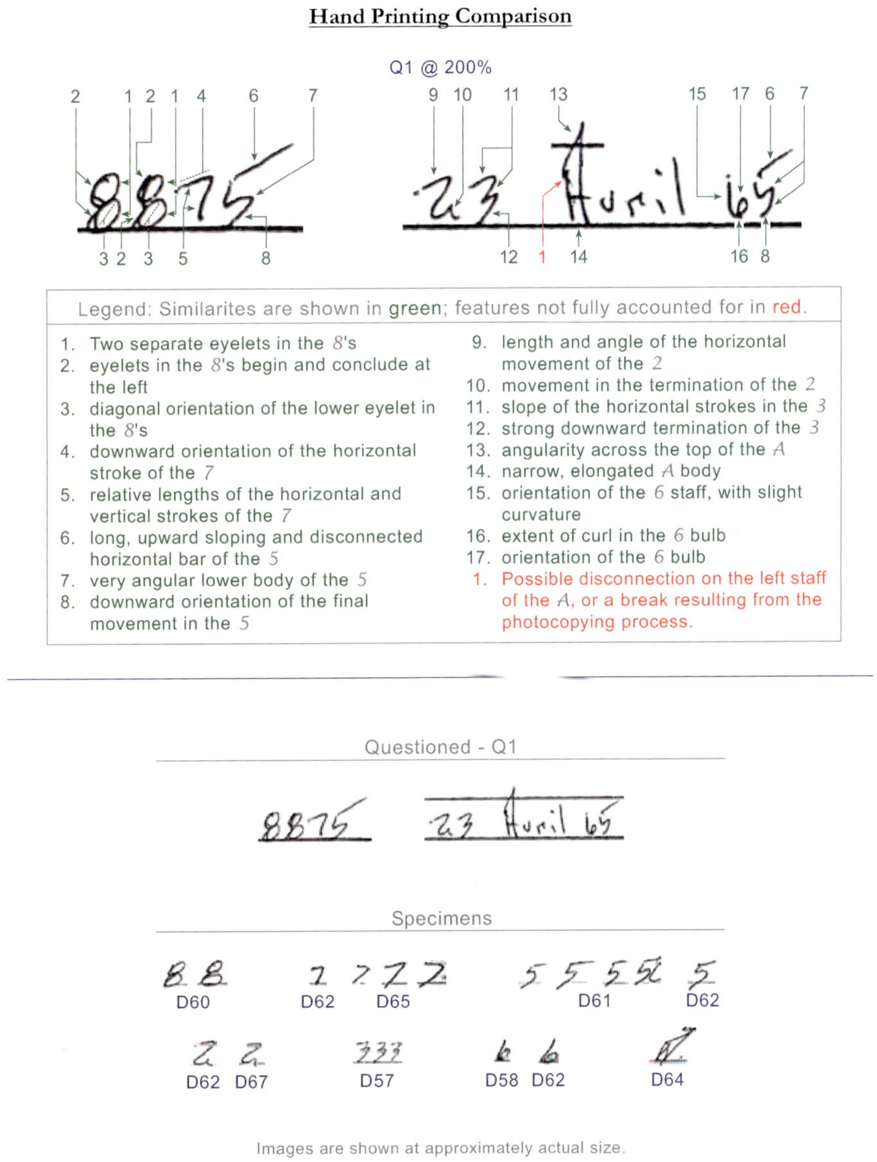

注:下面的图显示出相似的字母和数字。图表上部和下部之间由放大造成的区别需要指出。

图 34. 2　在有箭头和数字的放大图中的手写印刷体特征与所附文字说明描述的特征一致

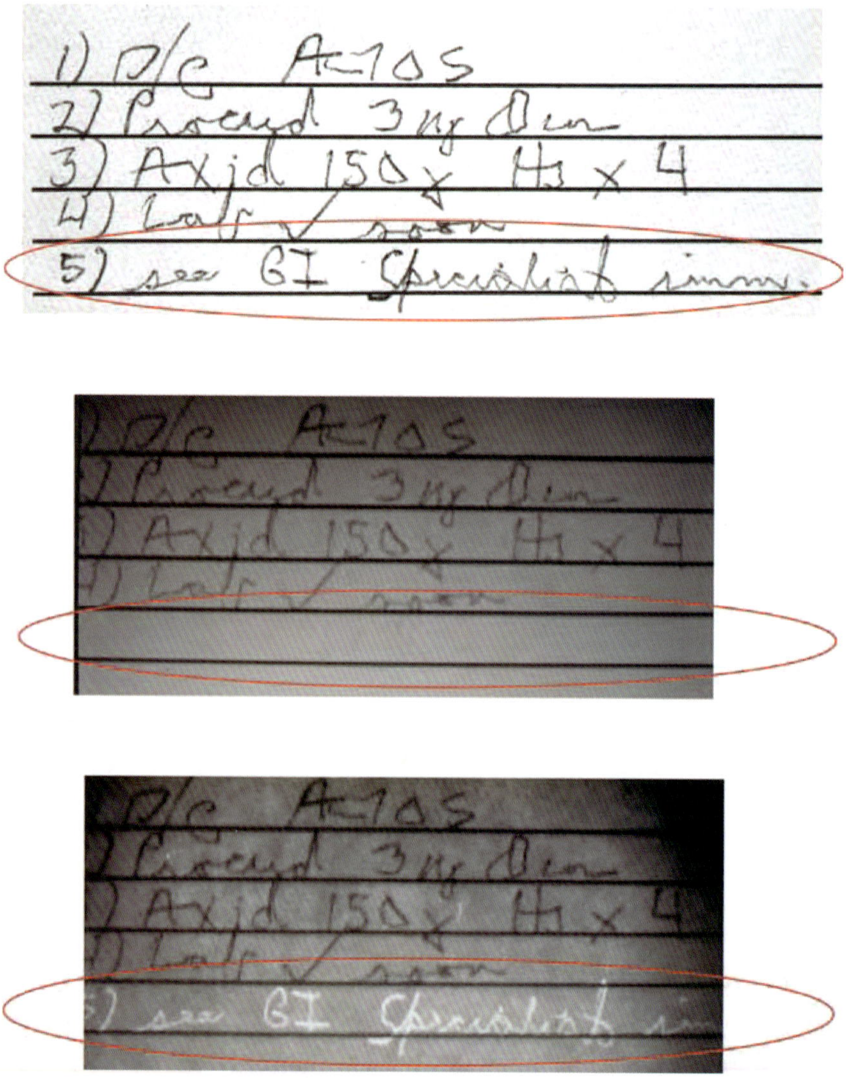

注:患者声称她从未转诊到 GI 专家处。医生说他和患者讨论过这个问题,当写完其他四个条目后,又在她的治疗计划中写了第 5 行条目。

图 34.3　无损油墨检验显示,第 5 行使用的墨水与其他条目的墨水不同

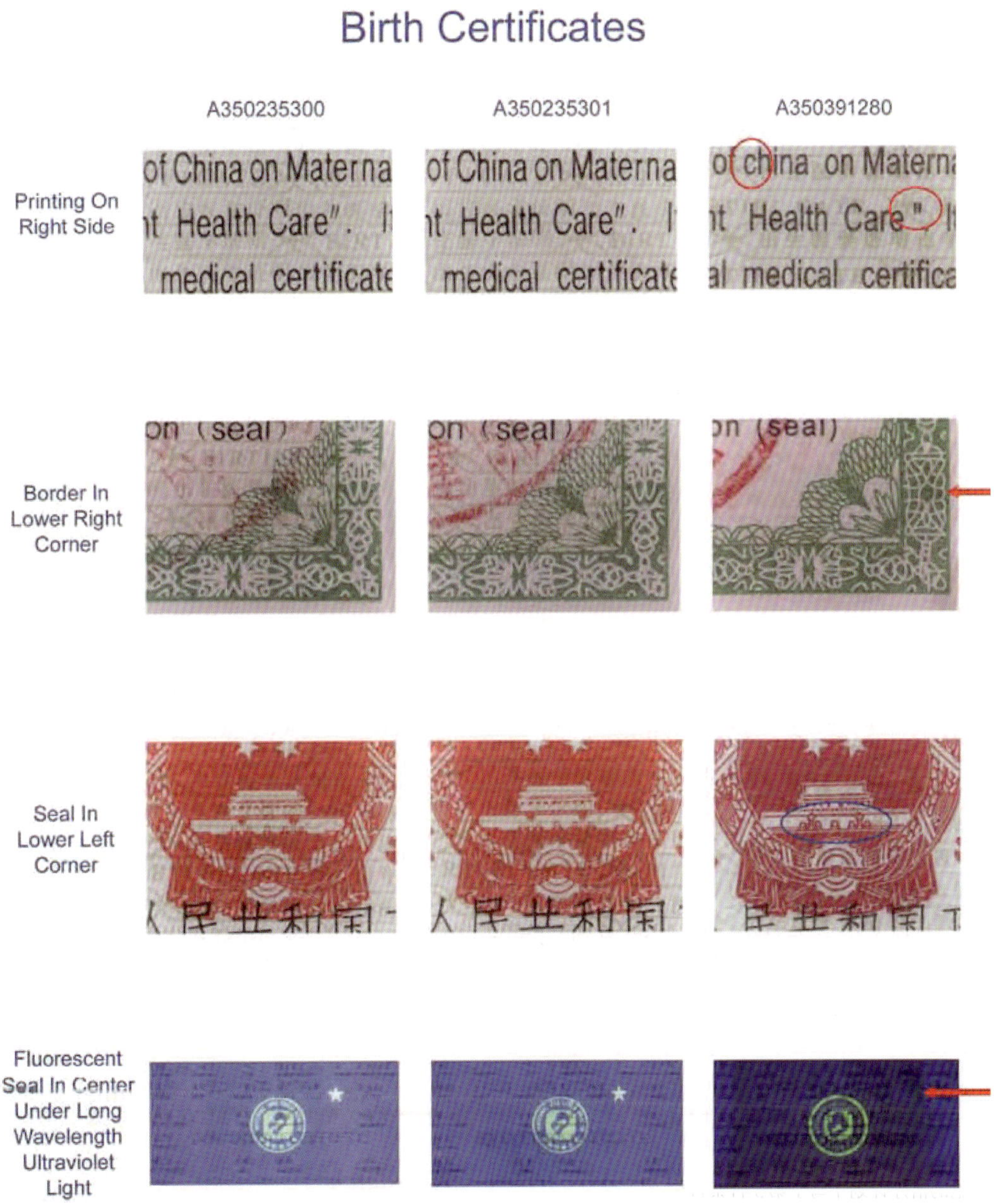

注：中华人民共和国三份出生证明提交检验。问题是三张出生证明是否有可能是伪造的。由于没有提交经确认为是真实的出生证明，所以不可能回答这个问题，而是从每个证书中分离出四个区域，很明显，右边的证书与另外两个证书不同。箭头和圆圈突出了一些更加明显的差异。

图 34.4 检验中华人民共和国的三份出生证明

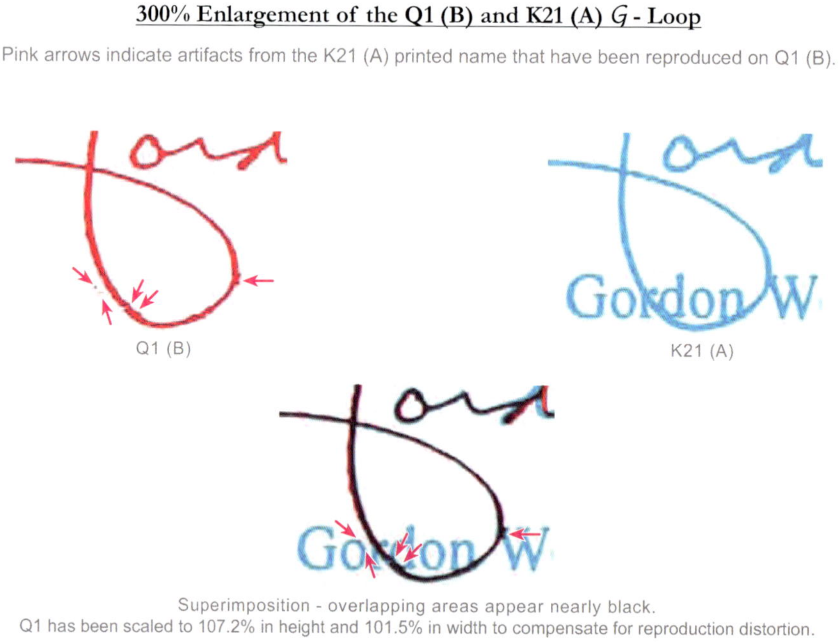

注:出现在K21(A)上的签名被复制到Q1(B)上,在此过程中,重叠文本的部分保留在转移的签名中。缩放比例在补偿复制失真时是必需的,并已在图表中清楚地描述。

图34.5 利用图像着色和叠加来方便进行相关项目的比较

注:为了说明这些发现,可疑文本被一层膜覆盖,在上面进行连续的打字。原始文件中的字体和大小在透明塑料膜中复制,运行文字处理程序中的“显示全部”功能。然后创建一系列窗体,每个都连续输入更多的文本。图表显示没有间距异常。

图 34.6(b) 利用行距特征评估签署区域的位置与文件的其余部分是否一致

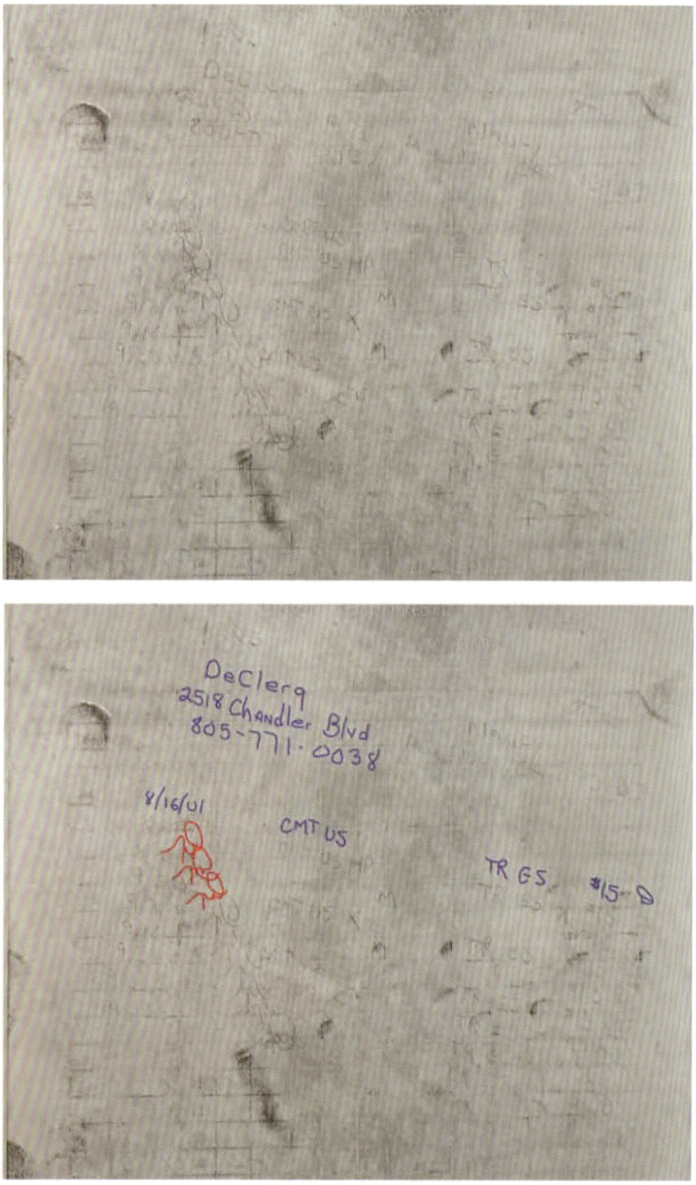

注:这些压痕来自第二页的笔迹。在下面的图像中,一些压痕被着色以突出其内容和位置。鉴别出两组登记的内容。一组包括所有医生的条目,其中的例子用蓝色突出显示。第二组部分用红色突出显示,包括所有患者姓名的大写字母,并且被发现时相对于另一组压痕呈现不同的压痕角度。仅有一些选定数量的压痕被突出显示,以便使读者可以不受阻碍地查看其余部分。对齐组的证据表明,所有条目不是按照所记录的日期逐步完成的,而是每组都是在同一段时间内完成的。

图 34.7(b) 上面的静电检测仪的透明薄膜图像显示了由图 34.7a 所在页下方表格显现的压痕

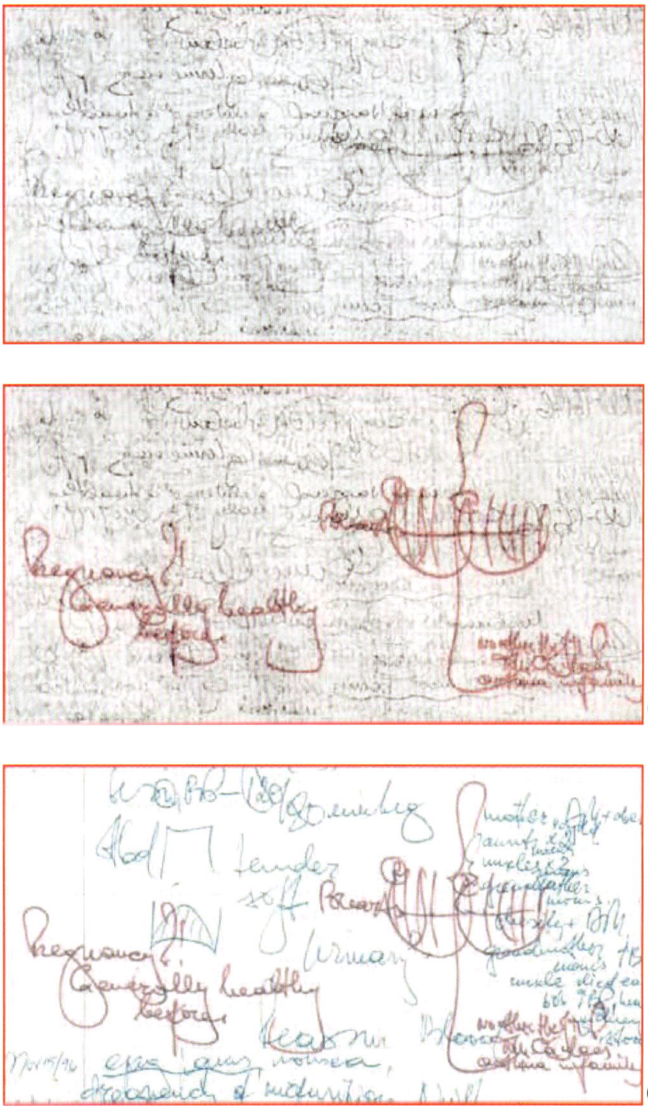

(a)

(b)

(c)

(a)显示了有书写压痕的部分透明薄膜，该薄膜出自医疗文件中某一页。由于该图中包含多个重叠的书写压痕；

(b)提供了一个突出显示的版本，以便使观察者注意相关内容；

(c)带有笔迹的原文件与相应的条目一起用红色显示。再者，首先呈现压痕透明正片的原始图像。在最终图像中使用的颜色有助于将原始文件上的条目与图表中其他幅图像的书写压痕区分开来。

图 34.8　原来笔迹的日期远在具有相应书写压痕文件的日期之前，并提供了倒填日期的证据

词汇表

偶然特征(accidental feature)——在个人笔迹或签名的代表性样本中无法找到的一个不同寻常的特征。这种偶然的特征可能是仅发生一次,也可能是在一个未知条件或一组未知条件下形成的。无论这种异常情况是否重要,如果在可疑文件中发现都将是一个凭经验的决定。

变造(alteration)——文件中的变化(修订或修改),或者是在履行义务上或者是作为合法证据力上,改变其法律效力。

变造文件(altered document)——包含某些添加或删除变化的文件。

美国法庭文件检验员委员会(American Board of Forensic Document Examiners)——由美国法庭科学学院、美国可疑文件检验员协会和加拿大法庭科学学会主办的法庭文件检验员认证机构。

美国可疑文件检验员协会(American Society of Questioned Document Examiners)——法庭文件检验员的专业协会。

模拟复印机(analog copier)——使用基于静电复印技术成像系统的复印机,其中原稿的图像被照相转移到感光鼓上。

顶点(apex)——一个字符的最高点(ASTM 2195)。[1]

连拱(arcade)——用于形成草书字母 m 和 n 的弧状笔画;也是一种草写体风格,其中向上的弧线形式占主导地位。

上伸部分(ascender)——在字母组成的主体高度以上的笔画(ASTM 2195)。[1]

ASCLD - LAB——美国犯罪实验室理事会实验室认可委员会。政府和私人实验室的独立认证机构。ASCLD - LAB 实验室主要在美国。

辅助手写签名(assisted hand signature)——书写者的手或手臂由另一个人稳定住从而完成的签名(ASTM 2195)。[1]

不适用的手写(awkward hand)——参见另一只手的笔迹(opposite-hand writing)。

球形元件(ball element)——击打式打印设备的元件,在球形装置的外表面排满字符,通常称为高尔夫球元件(ASTM F 909)。[1]

圆珠笔(ballpoint pen)——一种书写工具,它起标记作用的笔尖是小的、自由旋转的

---

[1] 转载许可。版权所有 ASTM International,100 Barr Harbor Drive,West Conshohocken,PA,19428。

滚珠,滚珠可以将油墨滚到纸张上。油墨通常是高黏度和非水性的。

基线(baseline)——书写或打字所依赖的横隔线或假想的线条(ASTM 2195)。[1]

位图(bitmap)——计算机存储器中的图形图像是由行和列的点表示。每个点的值(无论是否被填充)都存储在一个或多个数据位中。对于简单的黑白图像,一位数据足以表示每个点,但是对于彩色和灰度图像,每个点则需要多于一位的数据。用于表示一个点的位数越多,则可以表示的颜色和灰度越多。点的密度称为分辨率,决定了图像的清晰程度。这通常以每英寸点数(dpi)或简单地以行数和列数(如640×480)表示。有许多位图文件格式,包括但不仅限于.bmp、.tif、.jpg、.gif和.png。位图图像也称为光栅图像或绘制图像。

污点(blemish)——在支票打印机印迹的着墨区域附近发现的一个小的外部斑点,这是使用色带作为着色物的机器特征(ASTM 2285)。[1]

碗状(bowl)——连接主干的弯曲笔画,其完全或部分地包围一个区域形成类似于碗的形状。

亮度(brightness)——(1)图像明暗的度量。(2)在纸张中,根据光谱中蓝紫光部分的反射率来测量的白纸特征(ASTM F149)。[1]

大写字母(capital letters)——大写字母(large, uppercase letters,也称为majuscules或者caps)。

无碳复写纸(carbonless paper)——涂有压力激活输墨系统的纸张原料,通常被称为NCR(no carbon required)纸。

案件记录(case notes)——法庭文件检验员从事与具体案件有关活动的书面记录。案件记录包括提交文件和记录的副本,无论是书写、绘制、突出显示还是电子记录,这些案件记录能够描述法庭文件检验员在检验过程中的观察结果以及所使用的方法,也称为工作记录(work notes)。

案例审查(case review)——评估案件文件夹的内容准备出庭作证。

CB——背面涂层的缩写,参考双涂层转印型无碳纸(ASTM F549)。[1]

CCD——见电荷耦合器件(charge-coupled device)。

CF——前面涂层的缩写,参考双涂层转印型无碳纸(ASTM F549)。[1]

CFB——前后涂层的缩写,参考双涂层转印型无碳纸(ASTM F549)。[1]

字符(character)——任何语言符号(如字母、数字、标点符号或其他符号)、其他符号或修饰符号(ASTM 2195)。[1]

电荷耦合器件(CCD)——将光转换为电信号的计算机芯片,通常使用缩写CCD。

图表(chart)——为了说明法庭文件检验员(FDE)检验发现的情况而专门创建的信息视觉显示。

---

[1] 转载许可。版权所有ASTM International, 100 Barr Harbor Drive, West Conshohocken, PA, 19428。

支票打印机(checkwriter)——手动、电动或计算机控制的设备,设计用于将货币数值,与其他外围信息一起通过上墨、压花、打印、穿孔或切割方式形成在文件表面(ASTM 2285)。[1]

化学墨粉(chemical toner)——聚合成非常细小、均匀球体的墨粉。

种类特征(class characteristic)——在一个群体或种类中的共同特征。

CMYK——这些字母代表青色(cyan)、品红色(magenta)、黄色(yellow)和黑色(black),是大多数四色印刷技术中使用的四种颜色。当这四种颜色适当组合,使用半色调时,眼睛可以被欺骗看到数百万种颜色。青色、品红色和黄色是这种减色模式中的三原色。

收集的样本(collected specimens)——笔迹样本、机具生成的样本、纸张样本或从个人或商业文件中提取的其他材料样本,另见业务过程中的样本(course of business exemplar)。

紧凑式闪存(compact flash)—— 一种便携式数字存储器。

连接笔画(connecting stroke)——连接两个相邻字符的线条(ASTM 2195)。[1]

对比度(contrast)——图像色调范围的度量。

复印机伪造文件(copier fabrication)——使用复印机建立一个文件来进行欺骗,通常是通过将签名或其他文本从现有文件转移到新的文件中。

字帖字体式样(copybook form)——一个特定书面文字系统所特有的字母设计式样,并提供给学生进行模仿。

复制(copying)——在文件或其他受体介质上产生图像的行为,此图像是另一个文件上图像的副本,如通过照相、静电复印或传真,或通过碳复写纸或无碳复写纸产生图像(ASTM F335)。[1]

伪造文件(counterfeit document)——未经授权创建或更改的文件。在许多情况下,它试图模仿一个真正可转让票据或其他具有货币价值或鉴别价值的文件,如货币、过境签证、身份证和护照。

业务过程中的样本(course of business exemplar)——在手写或机器生成的文件中,在日常经营过程中形成的样本。这些样本在制备时并没有可以用于法庭文件检验的想法。业务经营过程中样本的例子是注销支票、合同、租约或租赁协议以及个人信件。

裁切(cropping)——移除图像周边部分的过程。

交叉询问(cross-examination)——在直接证词后,这是对方律师质疑证人的机会。

交叉标记(cross mark)——历史上,一个简单的标记或设计式样,很多时候是X或“十”字,由没有受过教育或无法写出更加个性化签名的个人所使用。在法律上,这个简单的标志或符号如果得到妥善的见证可以被作为个人的合法签名所接受。

---

〔1〕 转载许可。版权所有 ASTM International,100 Barr Harbor Drive,West Conshohocken,PA,19428。

简历(curriculum vitae)——一个人的教育、职业经历和工作经验的总结。

草写体(cursive writing)——一种书写形式,其中字母连接在一起,书写工具在大多数笔画书写之后并未抬起(ASTM 2195)。[1]

曲线调整(curves)——在数字图像处理软件中将图像中的任何亮度值映射到任何其他亮度值的程序。

菊花轮(daisy wheel)——见字轮(type wheel)。

水印辊(dandy roll)——在造纸过程中覆盖有钢丝网的圆筒、钢丝网骑在纤维毡上。水印辊有固定到金属网上的凸起或凹陷的设计式样,以标记通过的纸张并产生水印。

道伯特听证(Daubert hearing)——听证以确定一门学科是否满足以下五个因素中的一些或全部:(1)方法或理论是否已经检验;(2)技术或理论是否受到同行评审;(3)控制技术操作的标准的存在和维护;(4)技术或理论的普遍接受;(5)已知或潜在的错误率。最高法院在道伯特诉梅里尔道制药公司(92-102),509 U.S. 579(1993)中的裁决。

辨读(decipherment)——弄清楚无法辨认的内容或被消除内容的过程。在本书中,辨读是指读取或解释难以辨认的被擦除或涂抹材料的过程。

被告(defendant)——在民事诉讼中某人针对其提起诉讼;在刑事诉讼中,是被指控犯罪的人。

下伸部分(descender)——延伸到字母组成的基线以下的笔画(ASTM 2195)。[1]

发音符号(diacritic)——一个符号,如重音或变音符,用于表示字母的不同声音或音值,或者区分其他方面明显相同的单词。

差异(difference)——出现在可疑文件中但没有出现在样本中的特征。在笔迹中,它可能是重复的,并且超出此人的书写范围,并可能导致无法同一认定。

数字化(digital)——以一系列二进制数字或类似离散形式为代表的数据来运行。

数字复印机(digital copier)——在激光对感光鼓进行充电之前,原稿的图像经过数字处理器处理的复印机。

数字增强(digital enhancement)——借助计算机软件对图像进行更改,目的是提高其中包含信息的可见性。

数字胶版印刷(digital offset printing)——融合静电成像、液体墨粉和胶版印刷辊和压印辊的工艺。大多数新型数字胶印机可以使用超过四种传统胶印颜色(CMYK)。

数码照片处理软件(digital photo processing software)——能够编辑数字存储图像的计算机程序。

直接证词(direct testimony)——由证人提供的证据,证人为传唤他(她)的一方作证。

伪装笔迹(disguised writing)——故意改变笔迹,目的是通过改变他(她)本人的习

---

[1] 转载许可。版权所有 ASTM International,100 Barr Harbor Drive,West Conshohocken,PA,19428。

惯来隐藏书写人的身份。

争议的文件(disputed document)——有争论或争议的文件,与可疑文件(questioned document)可互换。

变化笔迹(distorted writing)—— 笔迹看起来不是但很可能是自然的。这种外观可能是由于自愿因素(如伪装、摹仿)或非自愿因素(如书写者的身体状况、书写条件)(ASTM 2290)。[1]

抖动(dithering)——指的是任何几种半色调模型,在其中使用不同模式的点来模拟灰色图像。这种技术通常扩展到彩色模型,其中抖动应用于各个通道以模拟更多的颜色。

文件检验员(document examiner)——科学研究文件的细节和要素,以确定其来源或确定其真实性或完整性的人员。

文件(documents)——包含能够传达意义的可见、部分可见或不可见的标记、符号或标志的任何材料。

点阵(dot matrix)—— 击打式打印机其中一列或多列电子驱动钢针通过色带压印字符。

拖线(drag line)——一个非常细的墨水笔画,书写者打算在此处提笔,可用于显示笔的方向,也称细线笔画(hairline stroke)。

染料升华(dye sublimation)——通常使用热染料色带的印刷工艺。所选择的有机染料在加热时升华(直接从固体转化为气体),渗透到基材表面,并恢复固体状态。基材必须专门设计用于接受升华,因此,普通纸不能使用。

消除(efface)——擦掉(rub out)、刮除(strike or scratch out),或擦除(erase)。

电子束打印机(electron beam printer)——与激光打印机类似,使用电创建图像而不是光。这是从离子沉积演变而来的,用于超高速页面打印机,超过800ppm。

静电检测装置(EDD)——用于显现书写压痕的各种设备的通用名称。静电检测仪是最常见的装置。

放大(enlargement)——物理尺寸增加的图像、照相或电子照片。

擦除(erasure)——从文件中删除笔迹、打字或打印。它可以通过两种手段来实现:化学消除,其中笔迹被化学试剂除去或漂白,或磨料擦除,其中笔迹通过摩擦而消除,如使用橡皮擦。

样本(exemplar)——由已知的特定个人、机具或制造商手写或制成的笔迹、印刷文本、纸张、油墨等样品。

孔眼(eyelet)——一个小的椭圆形或环形,是草书体或手写印刷体字母的一部分。

法庭文件检验员(FDE)——法庭文件检验员的缩写。

---

[1] 转载许可。版权所有 ASTM International,100 Barr Harbor Drive,West Conshohocken,PA,19428。

联邦证据规则(Federal Rules of Evidence)——美国使用的证据法典。

纤维尖笔(fiber-tip pen)——参见多孔尖笔(porous-tip pen)。

固定间距字体(fixed-pitch font)——参见等宽字体(monospaced font)。

闪存(flash memory)——一种便携式数字存储器。

平模印章(flat-die stamps)——具有低或无浮雕的印模模具,并使用热敏或光爆技术制造。

装饰(flourish)——用于装饰的笔画。

流畅(fluency)——线条特征平滑、一致,在书写线条上有节奏感。

字体(font)——一组字符的设计式样。字体是字型和其他特征的组合,如尺寸、间距和间隔。例如,Times Roman 是一个字型,定义了每个字符的形状。然而,在 Times Roman 字型内,有很多字体可供选择,如不同的大小、斜体或粗体。

字体系列(font family)——一组字体分享一个共同的基本设计式样。这个系列中的一个成员可能是窄体(condensed),另一个成员使用小型大写(small caps)。

字体大小(font size)——字体的高度,通常以磅(pts.)表示,包括内部行距、发音符号空间、上伸部分和下伸部分的空间以及大写字母高度。由于此测量包括不可见部分的间距,所以设定的大小几乎总是超过大写字母的可见高度。

字体样式(font style)——字体样式指定文本是将使用正常、斜体、粗体,或斜面体(oblique face)来显示。

字体变体(font variant)——字体变体是构成字体正常字形的许多种可能的替代选择之一。这些可以是替代效果的形式,如小型大写、双下画线,以及阴影或完全呈现的变体,如 condensed、narrow 和 demi。

字体粗细(font weight)——相对于同一字体系列中的其他字体,用于呈现文字字形的粗细或浅淡程度。字体的粗细通常与构成字符的笔画宽度成正比。

法庭文件检验员(forensic document examiner)——科学研究文件的细节和要素,以确定其来源或确定其真实性或完整性的人员也称为 FDE 或文件检验员(document examiner)。

伪造(forgery)——法律术语,将书写者的意图作为其定义的一个要素。这个术语一般是指不真实的笔迹。认定签字或创建文件是以诈骗为目的,是由事实上的审判者所做的一个判定。

组成(formation)——构造一个字母、数字或标点符号。

格式(formatting)——文件上的字符、单词或句子的实际排列。

长网造纸机(fourdrinier)——由路易·罗伯特(Louis Robert)研发,亨利和西利·富德里尼耶(Sealy Fourdrinier)资助的造纸机,能够生产连续的纸幅;也是造纸机连续的金属丝网筛或带状网筛部分的术语,通过金属丝网筛或带状网筛进行第一次除水(creativepro. paperspecs. com/resources/glossary/f. htm)。

欺诈签名(fraudulent signature)——未经署名人许可而由非署名人制备的署名人本人签名。如果真实签名用于制备它以外的目的,如复印伪造,则真实签名也被认为是欺诈签名。

徒手摹仿(freehand imitation)——纯粹通过摹仿而不是通过描摹真实签名的轮廓而创建的欺诈签名,也称为摹仿伪造(a simulated forgery)。

花环(garland)——一个圆形的,像槽一样的笔画,如在字母 u 中;这些类型笔画占主导地位的个人笔迹风格。

中性笔(gel pen)——像圆珠笔和滚珠笔一样,使用封装的金属球珠输送油墨。最初,这类书写工具使用高黏度、颜料型、不透明的油墨,其不会像水性滚珠笔或多孔尖笔那样渗透到纸张纤维中。现代黑色中性油墨同时包含染料和颜料着色,可以使用各种各样的油墨颜色。

字形(glyphs)—— 在排版中,传递信息的象形文字或其他符号,特别是指在字体中单个字符的设计式样。

图形用户界面(GUI)—— 控制用户如何与计算机交互以执行各种任务的图形化方法。用户不用在提示符下发出命令,而是通过使用鼠标从显示屏上显示选项的控制面板中进行选择来执行所需的任务。这些是以图形按钮(图标)和列表的形式展现。一些 GUI 工具是动态的,并且用户必须在屏幕上操纵图形对象以调用功能,如移动滚动条以设置参数值、设置地图的比例(www. mcaggis. com/glossary. htm)。

笔迹分析(graphoanalysis)——尝试通过研究他(她)的笔迹来解读个人的特点或性格的行为,也称为笔迹学。笔迹分析与笔迹鉴定无关。

笔迹学(graphology)—— 参见笔迹分析(graphoanalysis)。

灰度图(grayscale)—— 由离散的灰色色调组成,特别是与摄影有关。

指导签名(guided signature)——参见辅助手写签名(assisted hand signature)。

习惯(habit)——多次重复出现的使某人笔迹个性化的任何要素或细节。

手写字体(hand lettering)——参见手写印刷体(hand printing)。

手写印刷体(hand printing)——一种书写风格,其中字母彼此不连接,书写工具在书写大多数笔画之后抬起(ASTM 2195),[1]也称为手写字体(hand lettering)。

手戳(hand stamp)—— 印章模具安装在木制或塑料手柄上,需要将模具压印在单独的印台上着墨。

犹豫(hesitation)——书写运动中的暂停或停止,其间书写工具与书写承受物表面仍然保持接触。

间断(hiatus)——在书写运动结束或紧随其后的字符重新写到书写表面时由于抬起书写工具引起的墨水线中的空白。

---

〔1〕 转载许可。版权所有 ASTM International,100 Barr Harbor Drive,West Conshohocken,PA,19428。

高浮雕模具(high-relief dies)——模具字符凸起于模具背景(非印刷区域)。由硫化橡胶、光聚合物、预混凝胶、脱盐橡胶、泡沫和干粉制成的冲压模具是高浮雕模具的例子。

亲笔书写的文件(holographic document)——全部都由作者撰写的文件。

图像(image)——由透镜或镜像系统产生的物体光学对应物或物体的图形表示(ASTM F335)。[1]

压痕(indentations)——纸张或其他介质中的潜在或可见的印痕(ASTM 2195)[1]

个体特征(individual characteristic)——任何特征或要素,其明显不同寻常且重复出现。这些特征在互相组合时可以为鉴别签名书写者和识别生成印刷文本的机具等工作提供依据。

红外检验(infrared examination)——使用超出可见光谱中红光部分的不可见辐射进行文件检验。

红外荧光(infrared luminescence)——当用光谱的蓝绿光部分的窄波段光照射时,墨水和彩色铅笔中使用的一些染料在远红外或近红外范围会出现发荧光的现象。

起笔(initial stroke)——导入字符、单词或签名的第一笔。

油墨消除剂(ink eradicator)——能够漂白油墨的化学溶液。

喷墨打印机(inkier printer)——一种非击打式打印机,其中通过将墨滴喷射到基材上形成字符(ASTM F909)[1]。

插入(insertion)——在文件中另外添加文字、文本或其他材料,如在行与行之间或段与段之间,或对整个页面进行添加。

凹版印刷(intaglio printing)——一种安全印刷方法,其中印版被雕刻到各种深度,形成文件上凸起的图像。凹版广泛用于印刷纸币、护照和其他身份证件。

行间插入(interlineation)——在两行或两段信息之间插入笔迹、打字或印刷文字的行为。

内部一致性(internal consistency)——笔迹的要素,其中相同或相似笔画或笔顺出现在不同的字母中。

插值(interpolate)——两个已知值之间估算一个函数值或一序列值。插值用于数字图像处理。

JPEG——数字图像压缩的标准算法(联合图像专家组,joint photogaphic experts group,JPEG缩写的来源)。

对齐(justification)——字母和单词的排版调整使其左边距一致,右边距一致或两边距一致。当字符的每一行在边缘开始和结束时,一个段落是完全对齐的。

字距调整(kerning)——在排版中,字距调整是指调整字符之间的空间,特别是通过将两个字符比正常情况更紧密地放在一起。字距调整用于美观的目的,使某些字母组

---

[1] 转载许可。版权所有 ASTM International,100 Barr Harbor Drive,West Conshohocken,PA,19428。

合,如 WA、TA 和 VA,看起来更好看。

已知样本(known)——参见 exemplar。

潜在指纹(latent prints)——通常由手的摩擦脊表面形成的沉积物或痕迹是肉眼完全不可见的。通过适当的处理,可以显现或使其可见。

分层工具(layering tool)——数字照片处理软件中的一项功能,可以覆盖图像。

LED——发光二极管的首字母缩略词。正向偏置时半导体二极管发出单色光。发射的光可以是红色、黄色、橙色、绿色、蓝色或不可见的红外线,有时使用 LED 而不是激光在干式墨粉打印机的感光涂层上形成图像。

凸版印刷(letterpress printing)——传统的广泛使用的印刷方法,其中印版细节在表面凸起,导致印刷文件上字符处的相应凹痕。如今,它主要用于记录发票、申请、护照、门票、股票以及其他文件上的序列号和其他可变信息。

色阶(levels)——通过修改图像的三个色调部分:高亮度、中间调和阴影来对图像进行调整。

光爆技术(light-burst technology)——使用高强度光爆(如氙气闪光灯发射的那些光)来密封平面印模上的非印刷区域。该方法仅允许墨水通过平模印面的文本区域流出。印面的其余部分(背景)干燥,无油墨。

线条特征(line quality)——笔迹的重要特征。它是书写速度、技能、运动自由度、书写节奏和笔压的组合。

液体墨粉(liquid toner)——由悬浮在液体载体中的碳颗粒或着色剂组成的调色剂材料。

平版印刷(lithography)——参见胶版印刷(offset lithography)。

小写字母(lowercase)——与其相对应的大写字母相比较,书写或打印的字母较大写字母小,而且在设计式样上经常与大写字母不同。

低浮雕模具(low-relief dies)——模具中的字符与模具背景在同一平面或接近同一平面上。与高浮雕模具相反,模具中的字符不会高于模具背景。它是平的,也称为平模或无浮雕模具。

微距(macro)——范围大。在摄影中,这个术语是指在不损失细节的情况下拍摄特写的能力。

手写字体(manuscript writing)——参见手写印刷体(hand printing)。

主要形态(master pattern)——尽管在设计细节上存在一些差异,但是字符的一般结构具有家族相似性。

机械墨粉(mechanical toner)——通过研磨树脂生产的墨粉,其特征在于不规则形状的颗粒。

百万像素(megapixel)——在数字成像设备中,像素数大于等于 1 000 000 的分辨率范围。

记忆棒(memory sticks)——一种便携式数字存储器。

微胶囊化(micro-encapsulation)——与无碳纸有关,通过该方法,上墨的化学品包含在纸张的表面,并在压力下打开。

显微照相(microphotograph)——通过显微镜的目镜或光电管拍摄图像。

签名摹本(model signature)——一个签名作为原型,通过手写、电子方式或其他方式来进行摹仿或复制(ASTM 2195)。[1]

等宽字体(monospaced font)——所有字符(无论其形状或宽度)都分配相同水平空间的字体。因此,字符在页面的宽度上分成统一的列。Courier 字体就是这样一个例子,也称为固定间距字体(a fixed-pitch font)。

模具水印(mould watermark)——圆网造纸机上生产的水印。这种类型的机器是通过将旋转的辊筒部分浸入纸浆料桶中来造纸。在此过程中,当水排出时,纸张在金属丝覆盖的圆筒或模具上形成一片,将纤维留在圆筒表面上。圆网水印产生不同密度的纸张纤维,并形成了高质量图像和肖像,这些图像和肖像用于世界各地的货币和其他安全文件中。

活字(movable type)——可以设置为形成页面文本的单个字母和标点符号,通常指凸版印刷方法。

运动(movement)——笔迹的一个重要元素。它包含与书写工具的运动有关的所有因素——技能、速度、自由度、犹豫、节奏、着力点、抖动等。书写工具的移动方式,即通过手指、手或手臂的动作,可能会影响这些因素。

多功能设备(multi-function devices)——可以代替多台独立设备的计算机外围设备。例如,打印机、扫描仪、复印机和传真机组合成一台机器。也称为一体机。

正常笔迹(natural writing)——书写时没有任何试图控制或改变其通常书写特征的任何笔迹样本(ASTM 2290)。[1]

NCR 纸(NCR paper)——参见无碳纸(carbonless paper)。

倾斜光检验(oblique light examination)——一种控制照明的检验,以便以非常低的角度从一侧照射到文件的表面,也称为侧光检验。

涂抹(obliteration)——阻止或掩盖文件上的笔迹,打字输入的文本或其他信息,使原始条目不可见或无法辨认。

胶版印刷(offset lithography)——印刷方法中最常见的形式。印版在图像和非图像区域都是平的。潜在图像从印版转移到胶版,然后转印到文件上。印刷的图像既不凸起也不缩进。

操作系统(operating system)——操作系统(有时缩写为 OS)是在启动过程中最初加载到计算机后,可以管理计算机中所有其他程序的一种软件。

---

〔1〕 转载许可。版权所有 ASTM International,100 Barr Harbor Drive,West Conshohocken,PA,19428。

意见(opinions)——基于专业知识并由专家提供的判断。

另一只手的笔迹(opposite-hand writing)——使用正常书写相反的手完成的任何笔迹。有时作为伪装自己笔迹的方法。也称为不习惯手(unaccustomed hand)或不适用的手(awkward hand)。

修补(patching)——修饰一部分书写的笔画(ASTM 2195)。[1]

收款人处打孔(payee perforation)——支票打印机上的可选设备,用于在数字印迹区域上方穿孔或切割图案,以保护收款人条目免受变造(ASTM 2285)。

笔的着力点(pen emphasis)——用逐渐增加的压力间歇性地将笔压在纸张表面的行为。

提笔(pen lift)——从书写纸张表面上移走书写工具而导致的笔画中断(ASTM 2195)。[1]

笔尖(pen nibs)——形成蘸水笔或钢笔书写部分的两个尖端。

笔的位置(pen position)——相对于纸或书写表面的执笔方式。

笔压(pen pressure)——书写工具接触纸张的力(ASTM2195)。[1]

复印伪造(photocopy manipulation)——使用复印机伪造或变造文件。

皮卡(pica)——(1)在打字时,是指 10 个字符占用一英寸的间距。(2)排版单位,1 皮卡等于 1/6 英寸,也等于 12 磅。

压电式喷墨系统(piezoelectric inkjet systems)——由存储墨水的腔室,喷射墨水的孔口和压电晶体组成的喷墨系统。当电流施加到晶体时,它会弯曲到墨水腔,使墨水喷射出来。

间距(pitch)——打字的水平间距。

像素化(pixelation)——通常通过放大显示数字图像中的各个图像元素(像素)。

像素(pixels)——图像元素的简称。像素是图形分解中的最小元素。

原告(plaintiff)——在民事诉讼中,向另一人或集团(如企业或公司)提起诉讼的人。

磅(point)——通常用于测量字体和行间距的排版单位(缩写为 pt.)。在北美,尽管磅通常近似于 1/72 英寸,实际上它相当于英寸的 1/72.27(0.13837 英寸)。12 磅相当于 1 皮卡。

多孔尖笔(porous-tip pen)——一种书写工具,其中标记部件或尖由多孔材料组成,油墨可以通过该材料流出。这些笔通常被称为纤维尖或毡尖笔。

前置代码(prefix)——(1)支票打印机印迹的一部分,位于最左侧数字的左侧。(2)支票打印机旨在创建上述印迹的部分。

预加油墨印章(pre-inked stamp)——其中油墨和模具是整合到一起的。模具内充满墨水,使其成为墨水源。

---

[1] 转载许可。

打印部分(printing element)——不包括前置代码的整个支票打印机的印迹,其中包括货币类型、小数点和逗号(ASTM 2285)。[1]

比例字体(proportional type)——分配给每个字符的水平空间与其设计式样成比例的字体。因此,字符不会将整个页面分成宽度相同的列,也称为可变间距字体(a variable-pitch font)。

公诉人(prosecutor)——在刑事诉讼中,向刑事指控的被告提起刑事诉讼的政府律师。

可疑文件(questioned document)——有争论或争议的文件。

变化范围(range of variation)——在字母、单词或数字的主要形态周围观察到的特征变化。个体之间的变化程度很大。

光栅图像(raster image)——参见位图(bitmap)。

RAW——用于存储数字图像的文件格式,数字图像中由电荷耦合器件捕获的颜色信息尚未插值。并不是所有的数码相机都允许访问这种中间格式。

接收终端标识符(RTI)——通常是在接收传真的顶部或底部出现的一行数据串。数据是接收传真设备的功能,可以包括识别信息,如发送人姓名、公司和电话号码、日期、时间、接收人电话号码、传输号码和页码。

要求书写的样本(requested specimens)——明确用于法庭比较目的而制备的样本。

分辨率(resolution)——每单位长度的像素数,通常指定为每英寸点数(dpi)。

恢复(restoration)——任何使擦除、消褪、染色或损坏的笔迹或其他信息恢复或清晰的过程。

修饰(retouching)——参见修补(patching)。

回笔(retracing)——在以前写过的笔画上从反方向往回写(ASTM 2195)。[1]

RGB——加色法三原色的缩写:红色、绿色和蓝色。

节奏(rhythm)——以规律的或周期性再现为标志的书写运动要素。它可以从书写特性上分为流畅、间歇或生涩。

脊和凹槽(ridge and groove)——一种支票打印机的印迹格式,导致产生一系列平行凸起的峰和谷。

滚珠笔(roller ball pen)——一种书写工具,其中滚珠轴承与水性液体油墨组合将墨水转印到纸张上。

RTI——参见接收终端标识符(receive terminal identifier)。

橡皮图章(rubber stamp)——由低浮雕或无浮雕或高浮雕模具组成的标记装置,该模具是由附着在印模底座上的硫化橡胶、光聚合物、脱盐橡胶或预混凝胶制成。当模具与油墨接触然后被压在诸如纸张的表面上时,将产生印章印文。

---

[1] 转载许可。版权所有 ASTM International,100 Barr Harbor Drive,West Conshohocken,PA,19428。

联邦证据规则第702条(Rule 702)——美国联邦证据规则的一个章节,专门针对专家证人。

可缩放字体(scalable fonts)——可缩放字体也称为矢量或轮廓字体。复制字符所需的信息被存储为用来描述构成字符的曲线或轮廓的一系列等式。最常用的可缩放字体是 TrueType 和 PostScript。

丝网印刷(screen printing)——涉及油墨通过丝网的打印技术,丝网已经在框架上拉伸。通过使用漏字板或光乳剂来阻止网格区域,从而将油墨的使用仅限于图像区域。

安全数字卡(secure digital)——一种便携式数字存储器。

回墨印章(self-inking stamp)——印模和印台组成印章。印模与印台接触,并且按下印章时,印模旋转并接触纸张,完成盖印。

笔顺(sequence of strokes)——笔画在纸张上书写的顺序。

浓淡变化(shading)——适用于手写笔画,由于在弹性笔尖上增加了压力或通过使用自来水笔或金属尖笔,从而造成了墨迹的宽度增加。

显著差异(significant difference)——项目之间个性化特征的分歧,无论是手写、打字、盖印等。

明显符合(significant similarity)——两个或多个项目之间共有的个性化特征,无论是手写、打字、盖印等。

单反相机(single-lens reflex)——缩写 SLR 为人们所熟知,相机使用放置在镜头和胶片之间的镜子将通过透镜看到的图像投影到磨砂对焦屏。大多数单反相机使用五棱镜通过目镜观察图像。

技能(skill)——建立在一致性、统一性、书写工具压力和总体艺术特质的基础上,某人书写能力或熟练程度。

倾斜(slant)——字母轴线相对于基线的角度或倾斜度,也称为 slope。

倾斜(slope)——参见倾斜(slant)。

固态墨水打印机(solid-ink printer)——使用熔化成液体的蜡油墨棒。油墨被引导到鼓上,类似于激光打印机,然后转印到纸张上以产生高质量的输出。

间距(spacing)——无论是打字还是手写,字母或单词之间的距离。

书写速度(speed of writing)——书写大量笔迹或签名的迅速程度。考虑到书写速度可能是一个重要的鉴别要素。它不能从完成材料上精确地测量,但可以广义地解释为慢速、中速或快速。

伪造签名(spurious signature)——一个欺诈签名,其中没有明显的摹仿企图。

标准(standard)——收集的笔迹、机具或其他类型的样本,能够确定来源或确认书写者。

笔画(stroke)——在一个字符中的一条直线或曲线。

升华(sublimation)——物质在加热时直接从固体变为气体,或在冷却时从气体到固体的物理特性。在染料升华印刷中,树脂材料被快速加热并以气体形式转印到纸张上。

(书写)系统[system (of writing)]——基本字母、数字设计式样以及学校所教授的相关书写运动的组合。通过练习、笔迹与书写系统会发生分歧,但通常会保持一些来自基础训练的影响。

技术(technique)——系统程序,能够完成复杂的或科学的任务。

收笔(terminal stroke)——从字符、单词或签名中导出的最后笔画。

证词(testimony)——证人在向法庭或审议机构宣誓后发表的声明。

热蜡打印机(thermal wax printer)——能够将蜡质油墨转印到纸张上的打印机。当纸张和色带在热打印头下同时移动时,色带上的蜡质油墨熔化在纸张上。单色打印机使用黑色板打印,而彩色打印机采用三个(CMY)或四个(CMYK)彩色板打印。

薄层色谱(TLC)——根据混合物中组分的不同极性来进行分离的技术。将少量样品放置在涂有硅胶的平板上,然后随着一种溶剂或溶剂组合通过毛细作用在板上流动。不同的组分在表面上移动不同的距离。薄层色谱是油墨成分检验中有用的分析工具。

TIFF——标记图像文件格式的缩写,它是用于存储在标记字段中的静态图像位图的文件格式。

墨粉(toner)——通过电荷将材料(通常与黏合剂混合的干粉,或悬浮在液体中的颗粒)以受控的图案转印到成像鼓或成像带上,然后转印到纸张上。墨粉可以应用在使用电子照相(静电复印)技术的打印机、传真机和复印机中。

套摹签名(traced signature)——通过用书写工具实际沿着真实签名的轮廓来制备真实签名的复制品。套摹可以借助于复写纸首先绘制轮廓,然后用适当的油墨笔画覆盖轮廓。第二种方法涉及使用透过文件的光线,并且在摹本上绘制签名。这种方法多次使用将在摹本签名周围留下压痕。

发送终端标识符(TTI)——这通常是出现在接收传真顶部的单行数据字符串。该数据是发送传真设备的一项功能,该数据并且包括诸如发送者姓名、公司和电话号码、日期、时间、收件人电话号码和页码等识别信息。

垃圾标记(trash marks)——出现在复印件、传真复印件或计算机打印文件上的标记,这些标记并不是来源于原始文件,而是由图像处理过程中或打印机具中某处的碎片或缺陷引起的。这些标记具有鉴定价值。

抖动(tremor)——颤抖,不规则的书写运动,发生在慢速书写的笔迹或签名中,或是由老年人、紧张或身体/精神疾病的人所书写的,也是一种伪装的症状,表现为由不自然的慢写所引起的颤抖的、不规则的笔画,这是由于书写者有意识地注意字母形式而不是自发式书写。

TTI——参见发送终端标识符(transmit terminal identifier)。

字球(typeball)——参见球形元件(ball element)。

字杆(typebar)——一个带有字母和数字的字块附在金属臂上。当按下相应的键时,字杆就会工作。

字型(typeface)——(1)对一个具有类似外观和设计式样的字符集(字母、数字、标点和符号)的解释,如笔画宽度以及是否存在衬线。(2)铅字块或字模的打印面。

字轮(typewheel)——一个打字元件,是由一系列轮辐(或臂)环绕的轮毂组成,每个辐条的末端包含一个字符。轮子旋转并且字锤撞击字符背面产生印迹,也称为菊花轮。

排版(typography)——印刷品的排列、外观和风格。

紫外光检验(ultraviolet examination)——利用来自可见光谱中蓝紫色光末端的紫外光与一些物质反应,引起发出可见光(UV 荧光)来进行检验。

不惯用的手(unaccustomed hand)——参见另一只手的笔迹(opposite-hand writing)。

大写(uppercase)——参见大写字母(capital letters)。

变化(variation)——相同笔迹特征重复出现时存在的偏差通常会在每位书写者的习惯中表现出来(ASTM 2290)。[1]该术语也可以应用于印刷品、纸张和其他材料的偏差,这些都是法庭科学分析的主题。

矢量图形(vector graphic)——由使用数学方程式描述的轮廓组成的图像。矢量图可以放大,并且仍然保持其完整性。

虚拟网格(virtual grids)——使用计算机软件创建的电子网格,允许将其覆盖在图像上,可用于评估文件中的对齐和间距特征。

预先审查(voir dire)——对宣誓的将任陪审员或证人进行初步审查,以确定其能力或适合性。

水印(watermark)——在制造过程中,一些半透明的设计式样压印到某些纸张中。

证人席(witness stand)——证人在法庭提供证词的地点。

工作记录(work notes)——查看案件记录(case notes)。

书写条件(writing condition)——笔迹制备的环境和影响书写者书写能力的因素。与制备有关的情况包括书写者的姿势(如坐着、站立、躺着)、纸张的支撑和衬垫以及书写工具。

书写习惯(writing habits)——笔迹的任何特征,其足够独特并且已经确立可以作为鉴定的基本特征。

书写压痕(压痕)[writing impression (indentation)]——书写行为在一张纸上形成的压痕。它们可以出现在原来书写笔迹正下方的纸张上或接下来的纸张上。这些印迹可能是清晰可见的压痕或潜在的压痕,只有通过专门的检验技术才可以清晰地观察到,也称为 indented writing。主要压痕:由书写行为或其他动态行为引起的印迹(ASTM 2291)。[1] 次要压痕:与压痕的凸起面接触而不是由书写行为引起的纤维扰乱(ASTM

[1] 转载许可。版权所有 ASTM International,100 Barr Harbor Drive,West Conshohocken,PA,19428。

2291)。[1]

字迹转印(writing offset)——纸张与新鲜墨水笔迹接触的结果。它可能是整个单词或句子的镜像,或只是单词或字母的片段。转印量可能是肉眼可见的,或仅能通过专门的检验技术观察。

反手笔迹(wrong-handed writing)——参见另一只手的笔迹(opposite-hand writing)。

静电复印(xerography)——使用干式照相或复印方法制作手写或印刷材料、图片等副本的技术,其中由带电鼓上的树脂粉末形成的图像被转移并加热固定在纸张或其他复印介质表面上。

[1] 转载许可。版权所有 ASTM International,100 Barr Harbor Drive,West Conshohocken,PA,19428。

索　引*

* 本索引中所用页码为英文原著页码，即本书正文边栏中标示的页码。——译者注

G

J

K

L

N

O

Q

R

U

V

W

图书在版编目(CIP)数据

可疑文件的科学检验：第2版／(美)简·西曼·凯利(Jan Seaman Kelly)，(美)布赖恩·S.林德布洛姆(Brian S. Lindblom)主编；李震，胡祖平译. -- 北京：法律出版社，2018

书名原文：Scientific Examination of Questioned Documents, 2 edition

ISBN 978-7-5197-2897-7

Ⅰ.①可… Ⅱ.①简… ②布… ③李… ④胡… Ⅲ.①文件检验 Ⅳ.①D918.92

中国版本图书馆 CIP 数据核字(2018)第261100号

可疑文件的科学检验(第2版)
KEYI WENJIAN DE KEXUE JIANYAN (DI 2 BAN)

[美]简·西曼·凯利
[美]布赖恩·S.林德布洛姆 主编
李　震　胡祖平 译
王　全　李　震 审校

策划编辑 马丽娟
责任编辑 马丽娟
装帧设计 鲍龙卉

出版 法律出版社
总发行 中国法律图书有限公司
经销 新华书店
印刷 中煤(北京)印务有限公司
责任校对 杨锦华
责任印制 沙　磊

编辑统筹 综合出版分社
开本 787毫米×1092毫米 1/16
印张 27.5
字数 604千
版本 2018年11月第1版
印次 2018年11月第1次印刷

法律出版社／北京市丰台区莲花池西里7号(100073)
网址／www.lawpress.com.cn
投稿邮箱／info@lawpress.com.cn
举报维权邮箱／jbwq@lawpress.com.cn
销售热线／010-83938336
咨询电话／010-63939796

中国法律图书有限公司／北京市丰台区莲花池西里7号(100073)
全国各地中法图分、子公司销售电话：
统一销售客服／400-660-6393
第一法律书店／010-83938334/8335　西安分公司／029-85330678　重庆分公司／023-67453036
上海分公司／021-62071639/1636　深圳分公司／0755-83072995

书号：ISBN 978-7-5197-2897-7　**定价**：128.00元